2016上海房地产年鉴

华　伟　主编
《上海房地产年鉴》编纂委员会　编

线装书局

上海市住房和城乡建设管理委员会领导

顾金山　上海市住房和城乡建设管理委员会主任
袁嘉蓉　上海市住房和城乡建设管理委员会副主任
裴　晓　上海市住房和城乡建设管理委员会副主任
邓建平　上海市住房和城乡建设管理委员会副主任
于福林　上海市住房和城乡建设管理委员会副主任
马　韧　上海市住房和城乡建设管理委员会副主任
金　晨　上海市住房和城乡建设管理委员会秘书长
刘千伟　上海市住房和城乡建设管理委员会总工程师

上海市规划和国土资源管理局领导

孙继伟　上海市人民政府副秘书长
　　　　上海市规划和国土资源管理局局党组书记、局长
徐毅松　上海市规划和国土资源管理局副局长
史家明　上海市规划和国土资源管理局局党组成员、副局长
蒋蔚超　上海市规划和国土资源管理局局党组成员、纪律检查组组长
王训国　上海市规划和国土资源管理局副局长
岑福康　上海市规划和国土资源管理局局党组成员、副局长
杨联萍　上海市规划和国土资源管理局局党组成员、副局长
许　健　上海市规划和国土资源管理局局党组成员、总工程师

上海实用房产指南

厉无畏

全国政协原副主席　厉无畏

蓝天绿水楼市旺
安居乐业奔小康

庄晓天
二〇〇四年六月

上海市原副市长　庄晓天

安居樂業

上海市房地产经济学会原会长　桑荣林

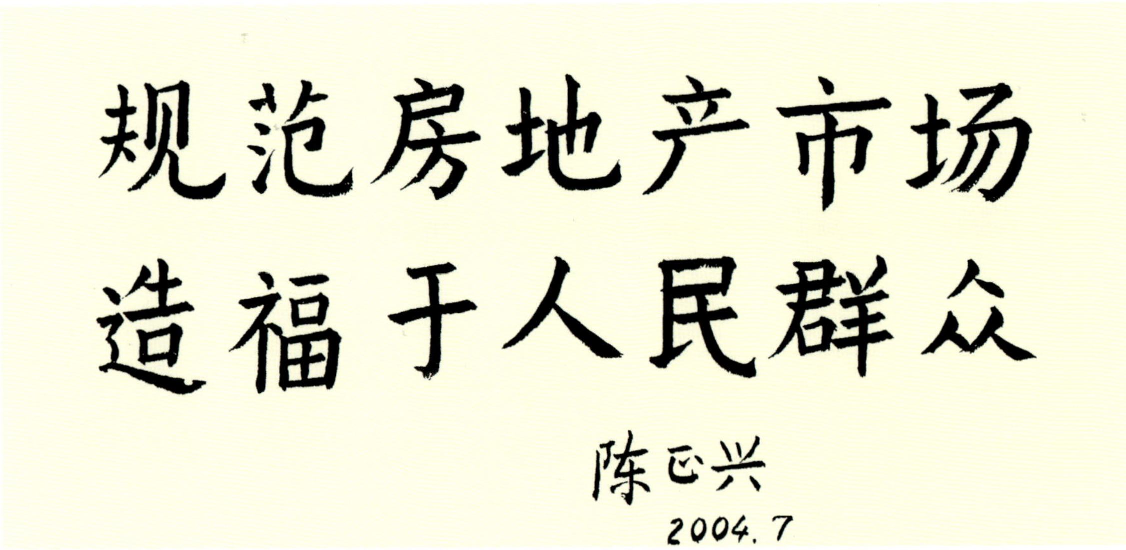

上海市政协原副主席　陈正兴

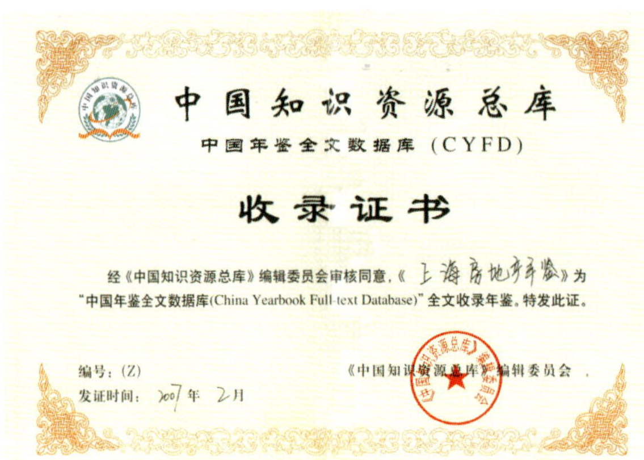

中国知识资源总库

中国年鉴全文数据库（CYFD）

收录证书

经《中国知识资源总库》编辑委员会审核同意，《上海房地产年鉴》为"中国年鉴全文数据库(China Yearbook Full-text Database)"全文收录年鉴，特发此证。

编号：(Z)

发证时间：2007年 2月

《中国知识资源总库》编辑委员会

《上海房地产年鉴》被收录进"中国知识资源总库"

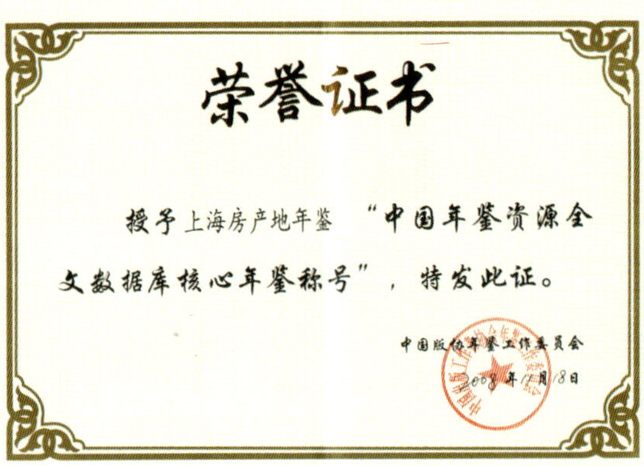

荣誉证书

授予上海房产地年鉴 "中国年鉴资源全文数据库核心年鉴称号"，特发此证。

中国版协年鉴工作委员会

2007年12月18日

《上海房地产年鉴》被中国版协年鉴工作委员会授予"中国年鉴资源全文数据库核心年鉴称号"

1 2015年3月，副市长蒋卓庆、市政府副秘书长黄融赴浦东新区航头保障性住房大型居住社区调研

2 2015年10月，市规划国土资源局局长庄少勤实地考察了社区生活环境

1 2015年7月，长宁智慧社区生活服务中心正式对外运营

2 2015年10月，联合国人居署执行主任华安·克洛斯博士参观2015上海城市空间艺术季

3 金山廊下特色民居家园

1 2015年2月，市政府召开上海市2015年住房保障工作推进会议

2 2015年5月，市住房保障房屋管理局召开房管系统党风廉政和政风行风建设会议

3 上海2040城市规划听取青少年意见

上海地产（集团）有限公司

上海地产（集团）有限公司成立于2002年11月18日，是经上海市委、市政府批准，在对上海国有房地产企业进行整合的基础上成立的国有多元投资企业，注册资金42亿元人民币。2009年经市国资委批准，上海地产集团调整为国有独资企业集团。

集团成立10年来，在市委、市政府的正确领导下，在市政府相关委办局、各区县政府、各相关企业的关心支持下，紧紧围绕“土地储备主渠道、旧区改造主力军、土地占补平衡指标主要来源、保障性住房建设的主要骨干和示范、国有房地产企业的引领和主导、国家级开发区建设管理”的6项定位目标，充分发挥国有企业集团的优势，在土地储备前期开发、滩涂造地建设管理、保障性住房开发建设、国有资产保值增值等方面出色地完成了市委、市政府下达的各项工作任务，较好地完成了服务社会和发展自身两篇文章。

金茂府
JIN MAO PALACE

上海亚通置业发展有限公司

上海亚通置业发展有限公司是上海亚通股份有限公司的全资子公司，于2003年6月成立，主要从事房地产开发与经营。公司将“服务民众、报效社会”作为企业使命，向社会倾力提供安全、便捷、可靠、温馨的产品和服务，致力于提高社会民众的生活质量。公司秉持健康生态的开发理念，抱着为亲人筑宅的态度，不断在业务中突破创新，为置业者提供高品质的楼宇和服务。

亚通置业坚持贯彻先进的规划设计理念，从建设生态岛要求出发，注重绿化环境和人文环境的营造，强调人与自然的和谐共处以及人与人之间的沟通交流，致力于打造舒适和谐的社区。

亚通置业已成功打造龙馨嘉园、海岛星城、江海名都等项目，目前正全力打造亚通水岸景苑项目。亚通水岸景苑为崇明首个百米樱花水岸社区项目，位于崇明新老城区交汇处，毗邻百联商业中心及卫生服务中心并引入在国内具有良好声誉的南京西路幼儿园，坐拥纯熟的商业、医疗、教育配套。社区内围绕550米天然景观河并有河滨花园、御庭花园、紫藤花园、玉兰花园、棕榈花园、圣泉花园六大主题生态花园，遍植多种名贵绿植，让置业者不出家门即可踏青赏花。项目一期于2015年1月开盘并热销，二期将于近期开盘。

延吉物业
YANJI PROPERTY

上海延吉物业管理有限公司

上海延吉物业管理有限公司成立于1993年，经过企业转制、收购等运作。企业自有资产2亿，公司坚持“精益求精、重信守诺、服务入微、优质高效”的服务理念，提升传统物业管理品质，通过“多元化、集团化”的管理探索物业管理新模式。公司具有国家一级物业管理资质。2013年进入中国物业行业综合实力200强，名列第121位，2015年进入行业百强。是上海市物业管理协会常务理事单位和中国物业管理协会会员单位。

公司服务的物业类型既有为政府排忧解难的公房、售后房，又有高级写字楼、政府办公楼、大学校园、教学楼、留学生公寓以及大规模高品质的商品住宅和高速公路等。公司管理的物业总面积超过500万平方米。其中非住宅项目近270万平方米，员工接近4000人。

目前公司独资、投资公司共计17家，其中外地分公司、海外公司各2家；非民办社团养老机构1所；接受政府委托运营上海市房地产热线962121和上海市城市管理服务热线962151。公司十分重视企业文化的塑造和对社会效益的贡献，公司连续10届被评为上海市文明单位。

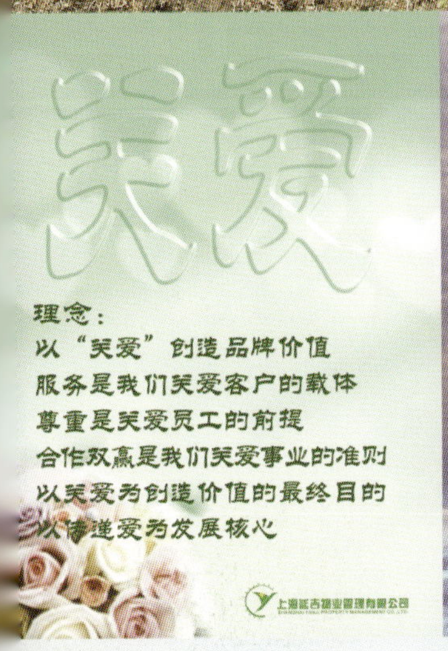

上海众众房地产开发有限公司

上海众众房地产开发有限公司于1998年联合行业同仁共同组建，注册资金2000万元，房地产开发二级资质，是1996年8月26日成立的上海众众实业发展有限公司在房地产领域的子公司。

公司成立以来，先后开发“众众家园”一期、二期、三期，建造小高层达6.8万平方米，获上海市最佳优秀房型奖、工程质量优质奖，并获建设系统“闵行杯”奖杯；开发“众众德尚世嘉”住宅小区，建筑面积达16多万平方米，总投资约10亿人民币，获上海“四高小区”等称号；开发“众昌金城”酒店公寓约3.6万平方米，上海市莘庄工业区“众众工业园”。2014年完成“众众德尚世嘉”小区东区都市府邸的项目；奉贤区南桥镇光明工业区10万平方米项目，首期已完成2万平方米工业标准厂房的建设。

2016年适逢母公司成立20周年。公司在20年的发展中始终秉承“人、建筑、环境、自然和谐的统一”追求，坚持“有序、节拍、时效、创新”的经营理念，不断发展成长。目前总资产达3亿元，现有员工29人，大专及以上学历占80%，其中中高级人才占53%。公司荣获上海市工商局2002—2012年首批认定的企业合同信用等级A级单位；2003年被推荐为上海市房地产行业协会理事单位；2004年获国家工商行政管理总局、商标局批准公司司标和开发、资本投资商标注册证，并获批续展至2024年；2005年成为中国工商业联合会会员单位，2005年被行业确认为上海市首批诚信守诺120家企业之一；2009年中国房地产诚信品牌企业；2010年“百强”地产杰出贡献企业；2011年11月—2015年12月诚信创建“五星”级企业，2015年上海市房地产开发企业诚信承诺先进单位。

保集控股集团

BOILL HOLDING GROUP

保集控股集团成立于1996年，总部设在上海，是一家集地产开发、国际贸易、金融投资、产业投资、资产管理为一体，在全球拥有近40家全资子公司的多元化集团企业。

近20年来，保集控股集团在地产开发中坚持以“造就品质生活”为使命，致力于成为最值得信赖的居住服务运营商。截至2015年底，保集控股集团总资产规模超近200亿，至今累计开发量近700万平方米。保集控股集团业务从地产+贸易发展成地产、大健康、智能制造、资产管理、金融投资等，业务开展区域从国内华东、华北走向了日本、澳大利亚、中国香港。保集启动了国际化业务布局研究探索，在中国香港参与收购了创业板上市公司，在澳洲成立了基金公司，积聚了在境内外购并上市公司的能量，为实现产业+基金+上市公司模式奠定了基础。

保集控股集团在新的经济形势下提出“一核三体，顺势而为”的战略定位。一核代表资本运作，通过资本市场获取资金，服务于地产、投资及产业。三体代表地产、金融投资、产业；地产作为保集的主业，今后继续创新发展；金融投资与资本运作互为依托，抓准机遇发展资产管理，以高水平的投资收益为目标，探索新的利润增长点；产业包括大健康、智能制造和贸易等业务，顺应社会对大健康、大消费的需求。

“保集”品牌通过多年精品项目的建设和客户良好口碑的积累，已赢得了市场的好评和社会的尊重。2008年被国家统计局收录为中国最大企业集团500强之一，保集控股集团2010-2016年连续七年荣获中国房地产TOP10研究组颁发的“中国房地产百强企业”称号，并在2016中国房地产百强企业研究中，蝉联“2016中国房地产百强之星”。

在裘东方董事长为核心的决策层的卓越领导下，保集奉行“创新、共享、服务”的核心价值观，将企业文化贯穿于经营活动中，优化资源配置，极大提升了企业的核心竞争力。保集用心为客户打造品质空间，为员工搭建事业平台，为合作伙伴共享发展成就，为社会创造长远价值，不断超越，全力向中国综合实力百强企业挺进，在实现保集梦的发展征程中全速远航。

中国铁建
CRCC
青秀城
青秀·卓庭
GREEN MANSION
格调公馆 卓尔不凡
约(建面) 78①-106②m²
经典版式 城市菁英置业优选
新顾城 商圈环伺
洋房住区 富氧美宅
星级装修 轻奢优雅
经典板式 全明通透
NEAR THE WATERSIDE, AMONG THE FOREST
SUNSHINE HOUSE
①40#102 ②40#103

目 录

第一篇 专论

第二篇 环境

第三篇 行业

第四篇　类型

第五篇 区域

第六篇 附录

第一篇 专论

ALMANAC OF SHANGHAI REAL ESTATE

第一章　综述

第一节　房地产市场长效机制与正确定位

尹伯成

中央经济工作会议提出要建立房地产市场长效机制是出于我国多年来房地产市场调控政策的结果：一是房价涨势难逆转，即无论当时调控如何严厉，房价长期上涨态势仍难逆转；二是“控”“松”怪圈走不出，即房价飞涨就调控限购，引起需求不足和经济下行压力增大，放松调控限购，房价再涨，又来一次调控限购，如此循环往复。这两大结果根子其实是一个：调控没有对症下药。中国房地产市场的病根是什么？供给计划性和需求市场性严重不对称。

供给计划性是指土地供给受政府计划控制。造房子最主要三大生产要素是土地、劳动力和钢铁、水泥等材料。其中最稀缺的是土地。我国本来就地少人多。为了保障18亿亩耕地，中央政府不得不根据行政区划实行建设用地目标管理。各地政府再根据指标确立年度建设用地指标。在用地中首先要满足基础设施用地，接着是工业用地，商品房市场化用地比例不到30%。可是，这点商品房市场化用地的出让收入却是地方政府十分重要的财政收入来源，支持了城市建设和旧城改造。由于各级城市政府拥有建设用地支配权，并且土地转让收入完全用于本地建设，于是就形成了通过房地产开发拉动土地价格以提高土地转让收入，再利用这种收入新建和扩建城市的发展模式。这种土地管理制度和城市开发模式，必然导致各地政府根据规划和用地指标分年度大体均匀供地。这种高度的计划性不可能根据房地产市场情况任意改变。当然，城市土地稀缺程度在全国各地并不一样。北京、上海和广州、深圳三大都市圈，由于经济发达、人口稠密等原因，建设用地就受到更严格控制，而三四线城市经济欠发达，人口导入较少，供地则较多，从而形成了房地产发展的区域不均衡。这样，房地产供给的计划性和非均衡性就成为我国房地产市场的一大国情。其中，城市土地的稀缺和土地财政的需要使这种供给必须是计划性的，而城市土地的国有制度又使这种供给的计划性成为可能。[1]

需求的市场性是指商品住房买卖是自由的，无论是自住，还是投资、投机的需求者，都可以在商品房市场上买卖，不但可在全国各地买卖，而且可到银行贷款购买。我国改革开放以来一部分先富起来的人，必然考虑如何使手中的货币不贬值并且升值，就需要寻找投资渠道，结果发现投资房产最好。投资股市，风险太大，其他渠道也不行，唯独房价一路上涨。他们这样看，这样做，使我国房地产投资需求持续升温，房价不断上升，造成房价严重脱离广大居民实际购买能力，严重脱离房租水平。房地产泡沫越来越大。

面对我国一线城市和部分二线城市如此火爆的楼市形势，中央政府多年来采取了许多调控政策，但是这些调控政策一直注重的是需求方面，而且采用的主要是行政手段，如限购、限贷甚至限价，而从未注重于供给方面，也很少采用市场经济政策手段。多年来尽管社会上许多人士呼吁要开征房地产持有税以抑制投资、投机需求，中央政府也几次提过此问题，但迟迟没有出台。这既有经济原因（目前经济下行压力较大，如果开征会影响房地产开发和销售从而影响整个国民经济发展，因为房地产业涉及上下游60多个行业发展）、利益原因（这一税收开征要影响到许多有钱人特别是有多套房产人的利益），也有技术方面原因（包括信息、税率、税基如何决定等），因此首先要立法。正是因为多年来房地产调控政策具有以上特点，因此不仅没有能够抑制住商品住房价格不断上涨趋势，而且形成并加强了人们这样一种预期：任何一次包括限购、限贷在内的房地产调控都一定是暂时的，只要经济出现困难，需要房地产来救了，调控一定会松动，到时候房价又会上涨。因此，不管调控严厉阶段住房销售如何困难，开发商就是不愿降价，二手房价格也不下调，但是调控一旦松动，房价立即上涨。

半年多以前，由于人们对我国房地产的“房子是用来住的，不是用来炒的”正确定位缺乏认识，一看到GDP增速开始明显下行，就立刻想起房地产这根救命稻草，于是把“限购”等调控政策来一大松动，除了北京、上海等三四个城市没有取消限购，其他城市限购统统取消，房地产信贷也降低门槛，还有其他一些政策也大为松动，结果投资、投机需求迅速东山再起，各地特别是一线和部分二线城市房价立刻暴涨，北京均价达到每平方米6万多，上海达到5万多，上个月上海商品房价格同比就上涨40%多，真是骇人听闻。各地尤其北上广深以及南京、合肥、郑州等城市的房地产市场的火爆程度几乎达到要失控程度，人们争先恐后要去抢房。正是在这种情况下，党中央在今年中央经济工作会议上及时提出，要“加快研究符合国情、适应市场规律的房地产平稳健康发展长效机制”，并确定了“房子是用来住的，不是用来炒的”定位。这预示着房地产市场将迎来全面改革。

什么是“符合国情、适应市场规律的房地产平稳健康发展长效机制”？这个长效机制和“房子是用来住的，不是用来炒的”定位又有什么样关系？如何来建立这样的长效机制？

第一，所谓“房地产平稳健康发展”是指，房地产业和房地产市场的发展，一要平稳，不能大起大落，无论涨落，都要逐步、小幅度慢慢进行；二要健康，就是要落实“房子是用来住的，不是用来炒的”定位。购房主要是为了消费，而不能是为了搏取买卖差价的投机，因此房价也不能过分脱离广大居民的实际购买能力，房价和租金的比例也要基本合理。显然，这个“房子是用来住的”定位是目标，这个“长效机制”是手段。手段是为了实现目标。第二，所谓“长效机制”是指，长期有效地起作用的机制，虽然不能说是永远不变的，至少不能像过去几年那样的调控政策是反反复复变动，一会儿紧，一会儿松，无法让人们形成稳定的预期。第三，这样的长效机制必须是符合国情的、适应市场经济规律的。“符合国情”，实际上是指中国的房地产供给目前以及今后相当长时期内还是上面所说的是计划性的、不平衡性的。“适应市场经济规律的”，实际上是指中国的房地产市场需求目前以及今后都已经是并且也只能是市场化的了。

为什么过去的调控政策不能促使房地产市场平稳健康发展？首先是因为房地产政策目标定位上出了问题。习近平同志说“房子是用来住的，不是用来炒的”，那就是说房地产政策首先应当是社会政策、民生政策，发展房地产首先是为了改善人民的住房条件，改善人民的生活，其次才是推动经济发展。可是，长期以来，各级、各地政府一直把房地产政策首先当作经济政策，发展房地产业首先是为了拉动经济发展，因此，房价涨得失控时，就来一个“限购”等政策措施，一旦房地产因此受到影响并进而影响经济增速时，马上又来一个放松调控，造成了人们认为任何房地产调控措施都一定是“兔子尾巴长不了”的预期，并影响到他们的房地产消费、投资和投机行为，使房价不断上涨。第二是房地产调控政策手段上也有问题：只调需求，不调供给，而且重行政手段，轻市场办法，用行政手段时又没有说清楚原因。就拿“限购”这一政策措施来说。“限购”无疑是抑制投资、投机需求最有效措施，但一直受到许多人非议：“房地产既然是市场经济，为什么还要用计划经济的行政手段来管理？”显然，这种非议完全忘记了中国国情，忘记了中国房地产市场的供给侧还是计划性的，由中国城市土地制度决定的房地产供给的计划性决定了必须也只能用行政手段来管理投资和投机需求，就像当年计划经济年代物资短缺时只能采用凭票供应那样。供给是计划性的，满足需求的办法也只能是计划性的行政手段。如果不用限购办法，当地居民的基本居住需求根本无法满足。在当前商品房的投资、投机需求如此旺盛情况下，限购是完全必须的，符合国情的，能够体现“房子是用来住的，不是用来炒的”定位。我认为，在房产持有税出台以前，“限购”不应当取消，否则调控政策的效果又会走上过去的老路。

如何才能建立起“符合国情、适应市场规律的房地产平稳健康发展长效机制”？从目前情况看，可能以下几点措施是值得采用的。第一，要增加土地供给，包括可否考虑打破政府垄断土地一级市场格局，在目前城市规划中适当增加土地供应以降低土地供应成本[2]，如目前北京明确未来5年供地6 000公顷以保障150套住房建设需要。第二，切实增加保障性住房建设和供应，解决买不起房的工薪阶层和进城务工人员的住房困难。第三，大力发展住房租赁市场，千方百计增加房源，降低房租。第四，重新认识“限购”的必要性，将“限购”制度化，以改变人们对“限购”是政府在特定时间的“临时措施”和“权宜之计”的预期。第五，进一步在信贷和其他方面抑制房地产投资、投机需求。第六，加紧房产税立法的准备工作，进一步提高房产交易所得税税率，将投机所得大部分转为社会所有。第七，更好根据各地实际情况，实施“分类调控”“因城施策”，将房地产的去泡沫和去库存结合好。第八，进一步整顿和规范市场秩序，真正做到信息公开，买卖公平，坚决打击市场炒作，造谣生事，弄虚作假等破坏市场秩序的非法行为。可能还有其他措施需要采取，总的精神是要根据我国国情，总结前几年房地产调控的经验教训，研究我国未来经济增长、城镇化和人口变动趋势，从经济新常态和供给侧结构性改革以及未来社会经济发展的五大理念的高度，形成一套“符合国情、适应市场规律的房地产平稳健康发展长效机制”以形成和稳定人们对房地产市场未来健康发展的预期，从而落实“房子是用来住的，不是用来炒的”定位。

如果不能研究和建立这样一套长效机制，我国房地产市场就难以稳定健康发展，一有风吹草动，就会出现问题。例如最近河北雄安新区成立消息一公布，各路炒房客、看房团就直奔而去，当地本来几千元一平米的房价立马飙升到两三万元。这个新区的设立，本来是以习近平同志为核心的党中央做出的一项重大的战略决策，为的是疏解北京非首都功能，调整优化北京天津河北的城市布局和空间结构，打造全国创新驱动发展新引擎。但要使这一伟大战略决策成功，首先就需要遏制当前这股炒房风，否则的话，这个新区还没有来得及发挥功能，过高的商务成本就已经把实体经济发展和创新驱动扼杀在摇篮中了。

建立“符合国情、适应市场规律的房地产平稳健康发展长效机制”，将对我国未来房地产市场走势产生巨大而深远影响。由于从根本上铲除了炒房风，房价就会逐步稳定下来，各地的房价会逐步和当地经济和老百姓实际收入相适应。这不仅有利于促进房地产消费，进一步改善居民居住条件，而且有利于各路资金逐步离开房地产炒作渠道，从而有利于实体经济发展。

注：

[1]《上海证券报》2017 年 3 月 21 日第 12 版

[2]《社会科学报》2017 年 4 月 6 日第 1 版

第二节　2015 年上海房地产市场回顾

在经历了 2014 年房地产市场一轮调整后，2015 年上海市房地产市场坚持“以居住为主、市民消费为主、普通商品住房为主”原则，严格执行住房限购政策，继续支持自住和改善型住房需求。年初中央提出稳定住房消费，出台了一系列刺激楼市的政策，受此影响上海市房地产市场呈现交易活跃、房价上涨的局面，但在宏观经济步入新常态的背景下，上海市房地产开发投资增速出现回落。

一、房地产开发投资状况分析

受国内经济下行压力影响，上海市房地产开发投资增长趋缓，2015 年全市房地产开发投资 3 468.94 亿元，比上年增长 8.2%，增幅较上年回落 5.5%。但从 2015 年上海市房地产开发投资占全社会固定资产投资比重来看，继续呈上升趋势，达 54.6%，比上年提高 1.3 个百分点（见图 1-1）。

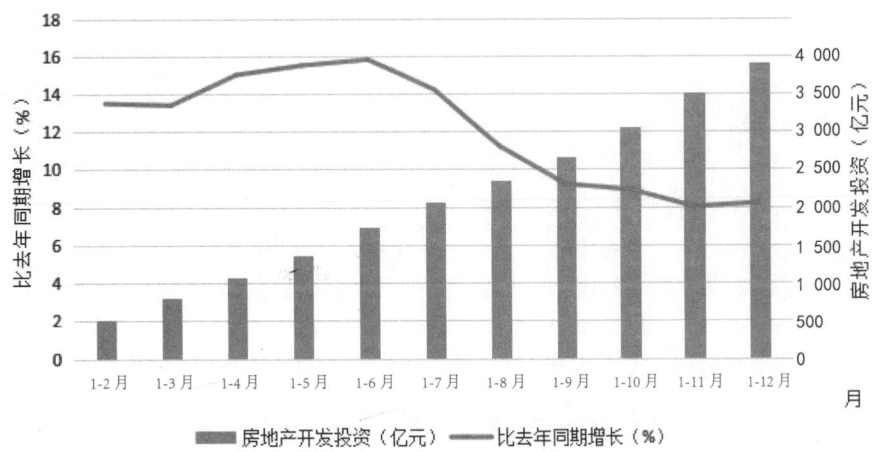

图 1-1　2015 年上海市房地产开发投资情况

从房屋类型看，非住宅投资继续快于住宅投资。2015 年，上海市住宅投资 1 813.32

亿元，比上年增长 5.1%，占全部房地产开发投资的 52.3%；办公楼投资 654.54 亿元，增长 22.4%，占 18.9%；商业营业用房投资 467.67 亿元，增长 2.1%，占 13.5%(见表 1-1)。

从全国范围看，2015 年，全国房地产开发投资 95 979 亿元，比上年名义增长 1.0%（扣除价格因素实际增长 2.8%），增速比 1～11 月份回落 0.3 个百分点。其中，住宅投资 64 595 亿元，增长 0.4%，增速回落 0.3 个百分点。住宅投资占房地产开发投资的比重为 67.3%。

表 1-1　上海房地产开发投资情况　　单位：亿元、万平方米

年份	房地产开发投资		住宅开发投资		商品房新开工面积		住宅新开工面积	
	数值	同比(%)	数值	同比（%）	数值	同比（%）	数值	同比(%)
2015	3 469	8.2	1 813	5.1	2 605	-6.4	1 560	0.8
2014	3 206	13.7	1 725	6.8	2 782	2.8	1 547	-5.8
2013	2 820	18.4	1 616	11.3	2 706	-0.7	1 643	5.1
2012	2 381	9.7	1 471	5.1	2 910	-20.1	1 563	-36.8

二、房地产建设状况分析

2015 年上海市房屋施工面积 15 095.33 万平方米，比上年增长 2.8%。其中，住宅 8 372.12 万平方米，下降 1.8%。2015 年上海市房屋新开工面积 2 605.08 万平方米，比上年下降 6.4%。其中，住宅 1 560.28 万平方米，增长 0.8%。2015 年上海市房屋竣工面积 2 647.18 万平方米，比上年增长 14.4%。其中，住宅 1 588.95 万平方米，增长 3.5%（见表 1-2）。

表 1-2　2015 年上海市房屋新开工及竣工情况

指 标	新开工面积		竣工面积	
	（万平方米）	增速（%）	（万平方米）	增速（%）
全部房屋	2 605.08	-6.4	2 647.18	14.4
#住宅	1 560.28	0.8	1 588.95	3.5
办公楼	304.87	-16.5	219.23	32.8
商业营业用房	307.57	-20.7	306.45	47.1

三、上海房地产市场交易状况分析

2015 年，上海市严格执行住房限购等房地产调控措施，继续贯彻好国家住房政策，同时支持居民合理住房需求。

2015 年本市房地产市场持续回暖，交易保持活跃状态。新建房屋销售面积 2 431.36 万平方米，比上年增长 16.6%。其中，新建住宅销售面积 2 009.17 万平方米，增长 12.8%。

与新建房市场相比，存量房市场更为火爆。2015 年本市存量房交易量 3 341.85 万平方米，

比上年增长 94.4%。其中，存量住宅 3 034.42 万平方米，增长 1.1 倍。从月度交易量看，3 月底利好政策出台后，市场持续回暖，月均交易量持续在 300 万平方米上下，全年月均交易量达到 278.49 万平方米，明显高于近几年平均水平。

截至 2015 年底，本市市场化新建住宅网上可售面积降至 1 075 万平方米，比 2014 年底减少 257 万平方米。按近半年的月均成交量计算，2015 年底库存消化期为 7.9 个月。

四、商品住宅价格分析

2015 年上海楼市商品住宅成交均价 32 284 元 / 平方米，与 2014 年相比大幅上扬 18.85%，涨幅创近 5 年新高。较之往年，2015 年中高端项目成交比重加大，购房者不再一味追求低价，优质的改善型住房和高端项目也是购房者关注的重点。

从月度来看，进入 4 月后成交均价上扬明显，5 月份成交均价突破 3 万元 / 平方米，5 月份以后，虽然中间价格有所波动，但月度成交均价一直保持在 3 万元 / 平方米以上，11 月份的成交均价最高值约 3.5 万元 / 平方米。根据分析，中高端项目的持续放量或是抬高全市整体成交价格的主要原因。部分中高端项目表现突出，年内均价在 5 万～ 7 万元 / 平方米的中高端项目多次跻身全市月度成交榜前 10 名，造成了楼市整体成交均价持续走高。受宽松的金融环境和中高端项目所在区域利好政策的刺激，中高端项目成交良好，促成成交均价坚挺不降，新政利好信息持续发酵，加之开发商推盘数量增加进一步刺激市场，新房价格上调成为普遍现象。

从区域成交均价走势来看，全市 17 个区县相比 2014 年整体成交均价基本出现上涨的态势。最大涨幅出现在闸北区，2015 年成交均价 59 277 元 / 平方米，涨幅高达 33.82%。其次涨幅较大的是宝山区，2015 年成交均价是 27 193 元 / 平方米，涨幅达 21.56%。崇明县和金山区出现降价态势，降幅最大的是崇明县，2015 年成交均价是 18 069 元 / 平方米，降幅达 5.78%。

从各区县 2015 年的成交均价来看，成交均价高于 3 万元 / 平方米的有 10 个，比 2014 年无增减，分别是普陀、杨浦、徐汇、闸北、长宁、新黄浦区、虹口、浦东新、闵行区和静安，其中静安区成交均价最高，报于 91 055 元 / 平方米。值得注意的是闸北静安合并成新静安，加之闸北区内改善住宅推盘量大等因素，2015 年闸北区的商品住宅成交均价跻身年成交均价 5 万元 / 平方米的行列。

五、房地产资金到位情况分析

受降准降息降首付、提高公积金贷款额度等多重信贷利好因素影响，房地产开发项目到位资金趋松。2015 年上海市房地产项目本年到位资金 5 531.86 亿元，比 2014 年增长 5.0%。截至 2015 年底，上海市中资商业银行本外币房地产贷款余额 13 889.77 亿元，比 2014 年增长 12.4%。其中，房地产开发贷款余额 5 408.59 亿元，下降 1.5%；个人购房贷款余额 7 951.38 亿元，增长 23.7%。截至 2015 年底，上海市公积金贷款余额 2 770.08 亿元，比上年增长 37.7%。

2015 年，上海市房地产项目本年到位资金合计 5 531.86 亿元，比 2014 年增长 5%。从本年到位资金来源渠道看，四大类资金呈现“一增三降”，特别是利用外资下降明显，说明外资对上海房地产市场的观望（见表 1-3）。

表 1-3　2015 年上海市房地产项目本年到位资金情况

指　标	本年到位资金（亿元）	增速（%）	比重（%）
本年到位资金	5 531.86	5.0	100.0
国内贷款	1 516.59	-7.5	27.4
利用外资	33.92	-51.3	0.6
自筹投资	1 519.99	-2.6	27.5
其他资金	2 461.36	23.0	44.5

六、土地供应与成交分析

2015 年上海土地市场总成交面积 601.9 万平方米，较 2014 年下滑 29.3%，其中，商品住宅性质用地成交 311.2 万平方米，商业用地成交 128.04 万平方米，保障房用地出让 162.57 万平方米。

2015 年上海土地市场共计成交土地（剔除工业用地）133 幅，较 2014 年下滑 33.3%。其中，商品住宅用地（含普通商品房、商住办混合）土地成交 52 幅，商业用地（商业、办公及餐饮等）成交 49 幅，另外保障房用地（动迁安置房）成交 32 幅。

2015 年上海土地市场总成交金额 1 500.21 亿元，较 2014 年下滑 9.88%. 其中商品住宅性质用地成交 1 022.79 亿元，商业用地成交 360.32 亿元，保障房用地成交 117.11 亿元（见图 1-2、图 1-3、图 1-4）。

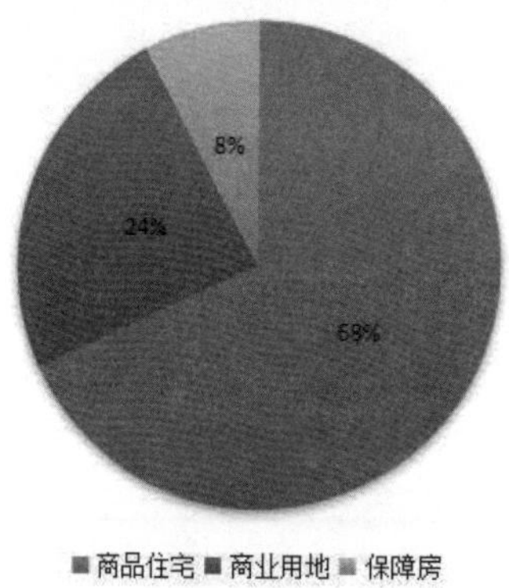

图 1-2　2015 年上海市分类型土地成交情况

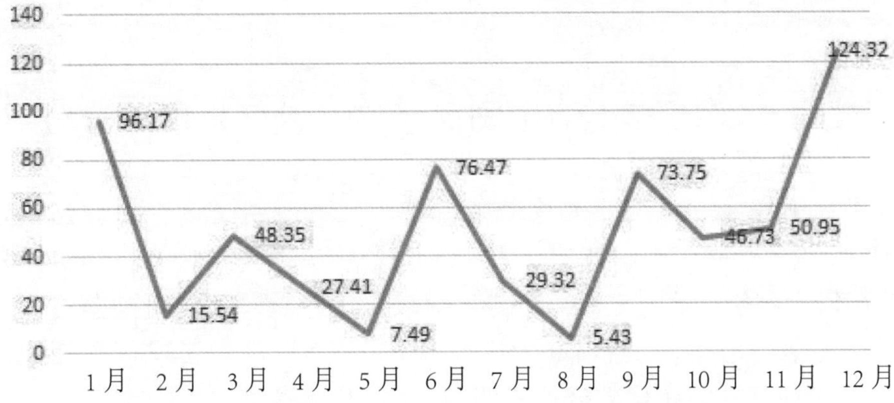

图 1-3　2015 年上海市每月土地成交面积走势（包含保障性住房用地）（万平方米）

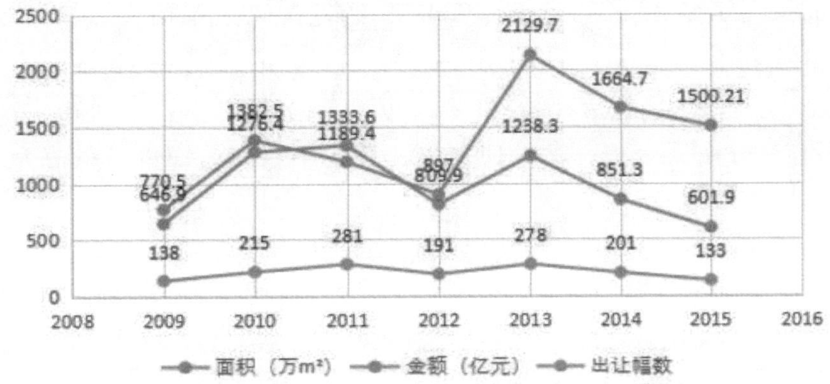

图 1-4　2009 ～ 2015 年上海市土地市场出让面积与金额走势

第二章　2015 年上海市国民经济和社会发展统计公报

2015 年，在党中央、国务院和中共上海市委、上海市人民政府的坚强领导下，全市全面贯彻党的十八大和十八届三中、四中、五中全会及中央经济工作会议精神，积极应对各种风险挑战，主动适应经济发展新常态，坚持稳中求进工作总基调，全面落实国家稳增长、促改革、调结构、惠民生、防风险一系列重大政策措施，全力推进创新驱动发展、经济转型升级，国民经济保持平稳增长，发展质量和效益不断提高，民生持续改善，人民生活水平进一步提升。

一、综 合

全年实现上海市生产总值（GDP）24 964.99 亿元，比上年增长 6.9%（见图 2-1）。其中，第一产业增加值 109.78 亿元，下降 13.2%；第二产业增加值 7 940.69 亿元，增长 1.2%；第三产业增加值 16 914.52 亿元，增长 10.6%。第三产业增加值占上海市生产总值的比重为 67.8%，比上年提高 3.0 个百分点。按常住人口计算的上海市人均生产总值为 10.31 万元。

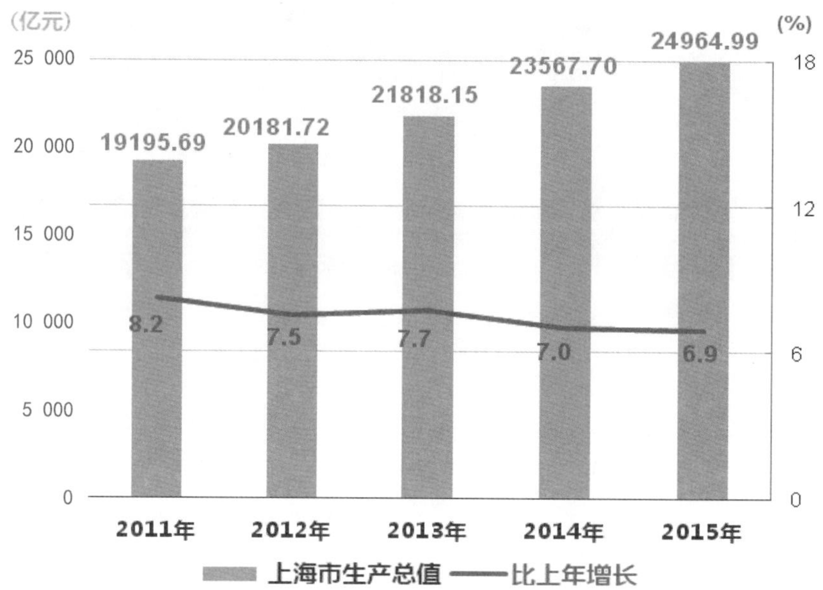

图 2-1　2011 ～ 2015 年上海市生产总值及其增长速度

在上海市生产总值中，公有制经济增加值 12 045.56 亿元，比上年增长 7.2%；非公有制经济增加值 12 919.43 亿元，增长 6.7%。非公有制经济增加值占上海市生产总值的比重为 51.8%，比上年提高 0.1 个百分点。

全年战略性新兴产业增加值 3 746.02 亿元，比上年增长 4.5%。其中，制造业增加值 1 673.49 亿元，下降 0.1%；服务业增加值 2 072.53 亿元，增长 8.7%（见表 2-1）。战略性新兴产业增加值占上海市生产总值的比重为 15.0%。

表 2-1　2015 年战略性新兴产业增加值及其增长速度

指　标	绝对值（亿元）	比上年增长（%）
战略性新兴产业增加值	3 746.02	4.5
制造业	1 673.49	-0.1
服务业	2 072.53	8.7

全年经工商登记新设立各类市场主体 29.67 万户，比上年增长 8.0%，其中，内资企业（不含私营企业）6 009 户，减少 6.2%；外商投资企业 8 824 户，增长 15.7%；私营企业 23.95 万户，增长 13.6%；个体工商户 4.17 万户，减少 14.1%。

全年一般公共预算收入 5 519.50 亿元，比上年增长 13.3%。一般公共预算支出 6 191.56 亿元，增长 19.5%（见表 2-2）。

表 2-2　2015 年一般公共预算收支及其增长速度

指　标	绝对值（亿元）	比上年增长（%）
一般公共预算收入	5 519.50	13.3
# 增值税	1 012.80	4.5
营业税	1 215.49	21.3
个人所得税	487.61	19.3
企业所得税	1 104.08	17.1
契　税	270.99	26.4
一般公共预算支出	6 191.56	19.5
# 一般公共服务支出	259.84	4.4
公共安全支出	269.20	7.3
教育支出	767.32	0.4
社会保障和就业支出	543.16	5.6
医疗卫生与计划生育支出	303.46	14.6
节能环保支出	104.35	35.0
城乡社区支出	1 173.88	46.5

全年完成全社会固定资产投资总额 6 352.70 亿元，比上年增长 5.6%。其中，第三产业投资占全社会固定资产投资总额的比重为 84.8%；非国有经济投资占全社会固定资产投资总额的比重为 68.9%（见表 2-3）。

表 2-3　2015 年全社会固定资产投资及其增长速度

指　标	绝对值（亿元）	比上年增长（%）
全社会固定资产投资总额	6 352.70	5.6

按经济类型分		
国有经济	1 974.08	9.9
非国有经济	4 378.62	3.8
#私营经济	1 017.10	-16.6
股份制经济	2 124.52	17.2
外商及港澳台经济	1 164.72	5.6
按产业分		
第一产业	3.95	-66.7
第二产业	958.84	-17.1
第三产业	5 389.91	11.2
按行业分		
#工 业	957.17	-17.2
交通运输、仓储和邮政业	794.56	73.0
金融业	24.49	19.2
卫生和社会工作	45.56	43.1

以上年价格为100，全年居民消费价格指数为102.4，其中，食品类价格指数为102.9，居住类价格指数为104.6（见表2-4）；固定资产投资价格指数为97.0；工业生产者出厂价格指数为96.1，工业生产者购进价格指数为90.6。

以上年末价格为100，新建住宅销售价格指数为115.5，其中商品住宅价格指数为118.2；以上年价格为100，新建住宅销售价格指数为103.0，其中商品住宅价格指数为103.5。

表2-4 2015年居民消费价格指数

指 标	指 数（以上年价格为100）
居民消费价格指数	102.4
食 品	102.9
烟 酒	104.2
衣 着	107.8
家庭设备用品及维修服务	102.9
医疗保健和个人用品	99.3
交通和通信	97.6
娱乐教育文化用品及服务	100.3
居 住	104.6

二、农业

全年全市实现农业总产值287.84亿元，比上年下降12.7%。其中，种植业145.90亿元，下降16.7%；林业12.19亿元，增长33.7%；牧业64.23亿元，下降11.4%；渔业54.49亿元，下降 10.7%；农林牧渔服务业 11.04 亿元，下降 7.5%。上海域外市属农场实现农业总产值 24.84 亿元，增长 12.6%。

全年全市农作物播种面积 34.16 万公顷，比上年减少 4.8%，其中粮食播种面积 16.19 万公顷，减少 1.8%。粮食产量 112.08 万吨，比上年下降 0.7%；生牛奶产量 27.69 万吨，增长 2.4%；水产品产量 30.18 万吨，增长 0.5%（见表 2-5）。

表 2-5　2015 年全市及域外主要农副产品产量

产品名称	单 位	全市产量	比上年增长（%）	域外产量	比上年增长（%）
粮　食	万吨	112.08	-0.7	18.20	147.6
蔬　菜	万吨	349.42	-7.5	0.02	—
生猪出栏	万头	204.37	-15.9	63.27	15.5
生牛奶	万吨	27.69	2.4	8.97	21.2
家禽出栏	万羽	1 943.86	-10.3	17.97	541.8
水产品	万吨	30.18	0.5	3.23	5.4

至年末，全市有 1 631 家企业、7 590 个产品获得“三品一标”农产品认证。其中，绿色食品证书使用企业 191 家，绿色食品 275 个；无公害农产品证书使用企业 1 432 家，无公害农产品 7 289 个。

至年末，全市累计建成设施粮田面积 86.53 千公顷，市级蔬菜标准园 150 家，标准化畜禽养殖场 317 家，标准化水产养殖场 270 家。至年末，全市有农业产业化龙头企业 387 家，农民专业合作社 6 302 家，经农业主管部门认定的粮食家庭农场 3 555 个。

三、工业和建筑业

全年实现工业增加值 7 109.94 亿元，比上年增长 0.5%。全年完成工业总产值 33 211.57 亿元，下降 0.5%，其中规模以上工业总产值 31 049.57 亿元，下降 0.8%。在规模以上工业总产值中，国有控股企业 11 528.27 亿元，增长 0.7%。

全年节能环保、新一代信息技术、生物医药、高端装备、新能源、新材料和新能源汽车等战略性新兴产业制造业完成工业总产值 8 064.12 亿元，比上年下降 1.1%。

全年 6 个重点行业完成工业总产值 20 769.44 亿元，比上年下降 0.2%，占全市规模以上工业总产值的比重为 66.9%（见表 2-6）。

表 2-6　2015 年 6 个重点行业工业总产值及其增长速度

指 标	绝对值（亿元）	比上年增（%）
6 个重点行业工业总产值	20 769.44	-0.2
电子信息产品制造业	6 159.55	-1.8

汽车制造业	5 168.22	-2.3
石油化工及精细化工制造业	3 375.31	7.1
精品钢材制造业	1 159.53	-7.6
成套设备制造业	4 001.94	0.3
生物医药制造业	904.89	2.0

全年规模以上工业产品销售率为99.5%。全年原油加工量2 521.83万吨，比上年增长12.6%；工业机器人产量2.11万套，增长23.1%；手机产量6 747.50万台，增长4.7%；汽车产量242.97万辆，下降1.8%（见表2-7）。

表2-7 2015年主要工业产品产量及其增长速度

产品名称	单 位	产 量	比上年增长（%）
乳制品	万吨	49.97	-7.0
精制食用植物油	万吨	111.45	1.5
原油加工量	万吨	2 521.83	12.6
钢 材	万吨	2 202.72	-4.6
汽 车	万辆	242.97	-1.8
工业机器人	万套	2.11	23.1
电力电缆	万千米	187.31	1.8
移动通信手持机（手机）	万台	6 747.50	4.7
集成电路	亿块	217.36	-2.0
发电机组（发电设备）	万千瓦	2 080.69	-30.2

全年规模以上工业企业实现利润总额2 650.59亿元，比上年下降0.9%，实现税金总额2 049.41亿元，增长10.2%。规模以上工业企业亏损面为23.4%。

全年实现建筑业总产值5 652.47亿元，比上年增长2.8%；房屋建筑施工面积36 659.77万平方米，增长4.8%；竣工面积7 258.69万平方米，下降4.3%。

四、批发和零售业

全年实现批发和零售业增加值3 826.42亿元，比上年增长4.3%。

全年实现商品销售总额9.34万亿元，比上年增长6.4%，其中批发销售额8.44万亿元，增长6.1%。

全年实现社会消费品零售总额10 055.76亿元，比上年增长8.1%（见表2-8），其中无店铺零售额1 250.60亿元，增长26.9%。网上商店零售额1 091.35亿元，增长31.6%，占社会消费品零售总额的比重为 10.9%，比上年提高 1.5 个百分点。

表 2-8　2015 年社会消费品零售总额及其增长速度

指 标	绝对值（亿元）	比上年增长（%）
社会消费品零售总额	10 055.76	8.1
#批发零售贸易业	9 047.80	8.2
住宿餐饮业	1 007.96	7.3
#国 有	254.94	7.5
私 营	2 028.52	8.4
股份有限公司	798.01	-4.8
港澳台商投资	1 599.45	6.4
外商投资	1 909.67	10.6
#无店铺零售额	1 250.60	26.9
#网上商店零售额	1 091.35	31.6

至年末，全市购物中心数达 163 家，其中建筑面积 10 万平方米以上的购物中心 71 家。全年购物中心实现营业收入 1 288.58 亿元，比上年增长 17.2%；剔除新开店因素，同口径增长 5.4%。

五、交通、邮电和旅游

全年实现交通运输、仓储和邮政业增加值 1 130.88 亿元，比上年增长 7.3%。

全年各种运输方式完成货物运输量 91 238.67 万吨，比上年增长 1.0%。旅客发送量 18 571.34 万人次，增长 7.9%（见表 2-9）。

表 2-9　2015 年货物运输量与旅客发送量及其增长速度

指 标	单 位	绝对值	比上年增长（%）
货物运输量	万吨	91 238.67	1.0
铁 路	万吨	471.28	-14.1
水 运	万吨	49 769.51	6.8
公 路	万吨	40 627.00	-5.2
机 场	万吨	370.88	2.6
旅客发送量	万人次	18 571.34	7.9
铁 路	万人次	9 692.10	9.6
港 口	万人次	112.97	25.2
公 路	万人次	3 766.00	0.3
机 场	万人次	5 000.27	10.6

全年上海港口货物吞吐量达到71 739.64万吨，比上年下降5.0%；集装箱吞吐量3 653.70万国际标准箱，增长3.5%。集装箱水水中转比例为45.0%，国际中转比例为6.9%。上海浦东、虹桥两大国际机场全年共起降航班70.58万架次，增长7.7%；进出港旅客达到9918.90万人次，增长10.6%。其中，国内航线进出港旅客6 643.88万人次，增长9.4%；国际及地区航线进出港旅客3 275.02万人次，增长13.2%。

全年上海港接待邮轮靠泊341艘次，其中以上海为母港的邮轮317艘次。邮轮旅客吞吐量164.26万人次，比上年增长35.2%。

至年末，全市轨道交通运营线路达到15条。全年优化调整公交线路280条，其中新辟68条。至年末，公交运营车辆达1.65万辆，其中新能源公交车3116辆；运营出租车4.89万辆。全年市内公共交通客运量66.41亿人次，比上年增长0.9%。其中，轨道交通客运量30.68亿人次，增长8.5%；公共汽电车客运量25.48亿人次，下降4.4%。

至年末，全市拥有各类民用汽车282.32万辆，比上年增长10.6%，其中私人汽车208.71万辆，增长13.8%。

全年完成邮政业务总量385.75亿元，比上年增长24.2%；电信业务总量780.3亿元，增长30.5%。邮政业全年完成邮政函件业务10.06亿件、包裹业务341.30万件、快递业务17.08亿件；快递业务收入455.25亿元。年末固定电话用户797.3万户，其中住宅电话461.5万户。移动电话用户3 259.9万户，比上年末减少32.8万户。移动电话用户普及率134.4部 / 百人。

全年实现旅游产业增加值1 535.64亿元，比上年增长3.0%。

至年末，全市已有星级宾馆247家，旅行社1276家，A级旅游景区（点）98个，红色旅游基地34个（见表2-10）。

表2-10　2015年旅游设施情况

指标	单位	绝对值
星级宾馆	家	247
# 五星级	家	68
四星级	家	66
旅行社	家	1 276
# 经营出境旅游业务的旅行社	家	134
A级旅游景区（点）	个	98
#5A级景区（点）	个	3
4A级景区（点）	个	51
红色旅游基地	个	34
# 全国红色旅游基地	个	9
旅游咨询服务中心	个	49
旅游集散中心站点	个	4

全年接待国际旅游入境者 800.16 万人次，比上年增长 1.1%(见图 2-2)。其中，入境外国人 614.64 万人次，增长 0.6%；港、澳、台同胞 185.52 万人次，增长 3.0%。在国际旅游入境者中，过夜旅游者 653.59 万人次，增长 2.2%。全年接待国内旅游者 27 569.42 万人次，增长 2.8%，其中外省市来沪旅游者 13 924.39 万人次，增长 6.8%。全年入境旅游外汇收入 59.6 亿美元，增长 4.5%；国内旅游收入 3 004.73 亿元，增长 1.9%。

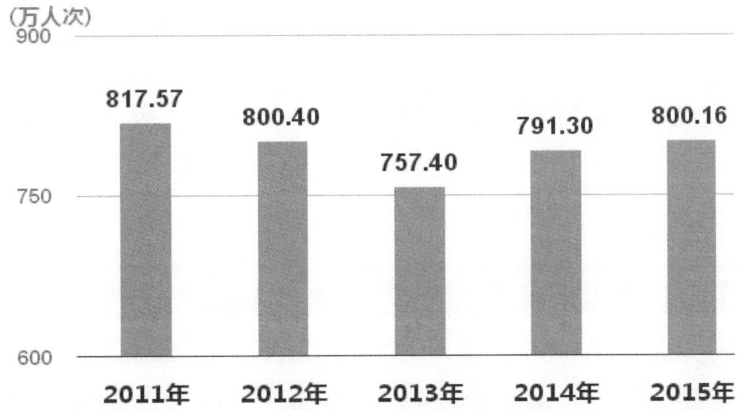

图 2-2　2011 ～ 2015 年国际旅游入境人数

六、金融和保险

全年实现金融业增加值 4 052.23 亿元，比上年增长 22.9%。

全年新增各类金融单位 93 家。其中，货币金融服务单位 17 家；资本市场服务单位 57 家；保险业单位 19 家。至年末，全市各类金融单位达到 1 430 家。其中，货币金融服务单位 618 家；资本市场服务单位 350 家；保险业单位 382 家。至年末，全市各类金融单位中，在沪经营性外资金融单位达到 230 家。

至年末，全市中外资金融机构本外币各项存款余额 103 760.60 亿元，比年初增加 13 328.75 亿元；贷款余额 53 387.21 亿元，比年初增加 4 880.58 亿元（见表 2-11）。

表 2-11　2015 年中外资金融机构本外币存贷款情况

指 标	绝对值（亿元）	比年初增减额（亿元）
各项存款余额	103 760.60	13 328.75
# 住户存款	23 384.73	645.70
非金融企业存款	38 041.95	4 327.99
广义政府存款	13 398.86	999.31
非银行业金融机构存款	25 365.51	9 167.92
各项贷款余额	53 387.21	4 880.58
# 住户贷款	11 717.97	2 011.65

非金融企业及机关团体贷款	39 330.98	1 971.10
非银行业金融机构贷款	305.08	195.48
#人民币个人消费贷款	10 751.60	1 997.95
#住房贷款	7 765.81	1 506.98
汽车消费贷款	1 869.75	345.46

全年通过上海证券市场股票筹资8 712.96亿元，比上年增长1.2倍；发行公司债17 413.67亿元，增长4.9倍。至年末，上海证券市场上市证券5 914只，比上年末增加2 156只，其中股票1 125只，增加86只。

全年金融市场交易总额达到1 462.73万亿元，比上年增长1.0倍。上海证券交易所总成交金额266.37万亿元，增长1.1倍，其中股票成交金额133.10万亿元，增长2.5倍。上海期货交易所总成交金额63.56万亿元，增长0.5%。中国金融期货交易所总成交金额417.76万亿元，增长1.5倍。银行间市场总成交金额704.26万亿元，增长94.8%。上海黄金交易所总成交金额10.78万亿元，增长68.8%。

全年保险公司原保险保费收入1 125.16亿元，比上年增长14.0%。其中，财产险公司原保险保费收入385.89亿元，增长12.5%；寿险公司原保险保费收入739.27亿元，增长14.9%。全年保险赔付支出473.59亿元，增长25.1%。其中，财产险赔款支出191.38亿元，增长8.0%；寿险给付229.25亿元，增长44.7%；健康险赔款给付44.28亿元，增长18.0%；意外险赔款支出8.69亿元，增长57.9%。

七、对外经济

全年上海关区货物进出口总额50 838.17亿元，比上年下降4.2%。其中，进口19 772.45亿元，下降5.4%；出口31 065.72亿元，下降3.3%。

全年上海市货物进出口总额28 060.88亿元，比上年下降2.1%。其中，进口15 832.33亿元，增长0.5%；出口12 228.56亿元，下降5.3%（见表2-12）。按市场分，对欧盟进口3 514.07亿元，下降11.9%；出口2 250.06亿元，下降5.8%；对美国进口1 772.70亿元，增长8.7%；出口2 829.60亿元，下降7.6%；对东盟进口1 948.45亿元，增长4.4%；出口1 366.73亿元，下降5.0%；对日本进口1 772.65亿元，下降7.6%；出口1 325.00亿元，下降7.5%（见表2-13）。

表2-12　2015年上海市货物进出口总额及其增长速度

指 标	绝对值（亿元）	比上年增长（%）
上海市货物进出口总额	28 060.88	-2.1
上海市货物进口总额	15 832.33	0.5

#国有企业	2 860.47	21.8
外商投资企业	10 543.02	1.7
私营企业	2 316.14	-0.8
#一般贸易	8 101.17	-0.2
加工贸易	2 161.43	-5.0
#机电产品	8 185.37	-4.3
#高新技术产品	5 266.66	4.6
上海市货物出口总额	12 228.56	-5.3
#国有企业	1 577.63	-8.0
外商投资企业	8 201.53	-5.7
私营企业	2 337.02	-2.4
#一般贸易	5 204.19	-3.7
加工贸易	5 233.87	-7.4
#机电产品	8 573.53	-4.1
#高新技术产品	5 354.66	-2.1

表 2-13 2015 年上海对主要国家和地区货物进、出口总额及其增长速度

国家和地区	出口额（亿元）	比上年增长（%）	进口额（亿元）	比上年增长（%）
美 国	2 829.60	-7.6	1 772.70	8.7
欧 盟	2 250.06	-5.8	3 514.07	-11.9
东 盟	1 366.73	-5.0	1 948.45	4.4
日 本	1 325.00	-7.5	1 772.65	-7.6
中国香港	1 201.50	5.9	133.21	174.4
韩 国	528.04	20.0	1 256.30	7.2
中国台湾	379.76	-7.5	966.36	-4.5
俄罗斯	105.91	-42.8	174.58	46.0

全年上海市服务贸易进出口总额（按国际收支统计口径，下同）1 966.72 亿美元，比上年增长 12.2%。其中，出口 525.31 亿美元，增长 6.4%；进口 1 441.41 亿美元，增长 14.5%。服务贸易进出口总额占全市对外贸易总额的比重为 30.3%，提高 3.0 个百分点。

全年新设外商直接投资合同项目 6 007 项，比上年增长 27.9%；合同金额 589.43 亿美元，增长 86.5%；全年外商直接投资实际到位金额 184.59 亿美元，增长 1.6%。全年第三产业实际到位金额 159.38 亿美元，下降 2.7%，占全市实际利用外资的比重为 86.3%。至年末，在上海投资的国家和地区达 165 个。在上海落户的跨国公司地区总部达到 535 家，投资性公司

312 家，外资研发中心 396 家。年内新增跨国公司地区总部 45 家，其中亚太区总部 15 家；投资性公司 15 家；外资研发中心 15 家。

全年备案和核准对外直接投资项目 1 338 项，比上年增长 1.3 倍；对外直接投资中方投资额 398.97 亿美元，增长 2.8 倍。签订对外承包工程合同金额 111.00 亿美元，增长 1.9%；实际完成营业额 74.55 亿美元，增长 0.7%；派出人员 5 866 人次，下降 31.2%。对外劳务合作派出人员 14 369 人次，下降 20.9%。至年末，上海对外承包工程和劳务合作涉及的国家和地区达 178 个。

全年举办各类展览会项目 851 个，总展出面积 1 512.98 万平方米，比上年增长 22.0%。其中，国际展览会项目 292 个，展出面积 1 124.06 万平方米，增长 24.8%；国内展览会项目 559 个，展出面积 388.92 万平方米，增长 14.4%。

八、中国（上海）自由贸易试验区建设

年内完成中国（上海）自由贸易试验区扩区，实施范围扩展至 120.72 平方公里。其中，上海外高桥保税区、上海外高桥保税物流园区、洋山保税港区、上海浦东机场综合保税区 4 个海关特殊监管区域 28.78 平方公里，陆家嘴金融片区 34.26 平方公里，金桥开发片区 20.48 平方公里，张江高科技片区 37.20 平方公里。

在新扩区域全面推行负面清单管理模式，深化商事登记制度改革，实现企业新设、变更的“一口受理、信息共享、并联办事、统一发证”。全年区内新增注册企业 18 269 户。其中，内资企业 14 943 户，注册资本 9 078 亿元；外商投资企业 3 326 户，合同外资 396.26 亿美元（见表 2-14）。全年对外直接投资中方投资额 229.10 亿美元，占全市的 57.4%。

创新“一线放开、二线安全高效管住、区内自由”的贸易监管制度，海关、检验检疫等部门推出 32 项创新举措。拓展国际贸易“单一窗口”功能，货物状态监管试点扩大到保税区所有物流企业。

实施自贸试验区新一轮金融开放创新试点，推出 40 条具体措施。启动自由贸易账户外币服务功能，年内共有 42 家机构接入分账核算单元体系，开设自由贸易账户 44 186 个。全年保税区域跨境人民币结算总额 12 026.40 亿元，跨境人民币境外借款业务金额 69.82 亿元，跨境双向人民币资金池业务收支总额 3 392.07 亿元。黄金国际版正式运行，累计成交 4 795 吨，占上海黄金交易所黄金交易量的 14.1%。

深入推进以政府职能转变为核心的事中事后监管制度创新。完成 2014 年度年报公示企业 13.61 万户，占应报送企业数的 84.7%，重点行业年报公示率达到 98%。

表 2-14　2015 年中国（上海）自由贸易试验区主要经济指标及其增长速度

指 标	单位	绝对值	比上年增长（%）
税收总额	亿元	1 022.20	6.8
商品销售额	亿元	26 866.48	6.0
服务业营业收入	亿元	3 599.06	4.0

保税区域航运物流服务收入	亿元	1 200.00	持平
工业总产值	亿元	3 901.03	-3.3
外商直接投资合同金额	亿美元	396.26	—
对外直接投资中方投资额	亿美元	229.10	6.2 倍

九、城市基础设施和房地产

全年完成城市基础设施建设投资 1 425.08 亿元，比上年增长 34.8%。其中，交通运输邮电通信投资 854.89 亿元；市政建设投资 374.10 亿元；公用事业投资 66.73 亿元（见表 15）。

中环线全线贯通，轨道交通 11 号线迪士尼段、12 号线西段、13 号线部分区段建成通车。至年末，全市轨道交通运营线路长度达到 617.53 公里，公交专用道路达到 312.4 公里。国家会展中心建成运营，迪士尼主题乐园主体结构基本建成。

表 2-15　2015 年城市基础设施投资及其增长速度

指 标	绝对值（亿元）	比上年增长（%）
城市基础设施投资	1 425.08	34.8
电力建设	129.36	-3.6
交通运输	759.23	79.7
邮电通信	95.67	8.8
公用事业	66.73	103.4
市政建设	374.10	-1.5

全市自来水日供水能力 1 137 万立方米，与上年持平。全年供水总量为 31.22 亿立方米，下降 1.6%；售水总量为 24.58 亿立方米，比上年下降 1.0%。全年全市用电量 1 405.55 亿千瓦时，增长 2.7%（见表 16）。年内全面实现城市管道燃气天然气化，至年末，全市家庭人工煤气用户 0 户，家庭液化气用户 335.5 万户，家庭天然气用户 651.8 万户。

表 2-16　2015 年公用事业主要指标及其增长速度

指 标	单 位	绝对值	比上年增长 (%)
自来水日供水能力	万立方米	1137	0
自来水供水总量	亿立方米	31.22	-1.6
自来水售水总量	亿立方米	24.58	-1.0
# 工业用水	亿立方米	4.94	-4.2
用电量	亿千瓦时	1 405.55	2.7

#城乡居民生活用电	亿千瓦时	185.49	6.7
煤气销售总量	亿立方米	0.54	-82.0
液化气销售总量	万 吨	42.4	1.4
天然气销售总量	亿立方米	69.3	4.1

全年完成房地产开发投资3 468.94亿元，比上年增长8.2%。其中，住宅投资1 813.32亿元，增长5.1%；办公楼投资654.54亿元，增长22.4%；商业营业用房投资467.67亿元，增长2.1%。商品房施工面积15 095.33万平方米，增长2.8%；竣工面积2 647.18万平方米，增长14.4%。商品房销售面积2 431.36万平方米，增长16.6%，其中住宅销售面积2 009.17万平方米，增长12.8%。全年商品房销售额5 093.55亿元，增长45.5%，其中住宅销售额4 319.93亿元，增长47.8%。全年存量房买卖登记面积2 647.83万平方米，增长66.9%。

十、城市信息化

全年实现信息产业增加值2 747.64亿元，比上年增长9.8%。其中信息服务业增加值1 753.49亿元，增长12.0%。

至年末，全市光纤到户覆盖总量达910万户，比上年末增加69万户，实际使用用户达到454.9万户，新增45.7万户。家庭宽带平均接入带宽达30M。下一代广播电视网（NGB）覆盖680万户家庭，比上年末增加80万户。全市第四代移动通信（4G）网络已基本全覆盖，第三代移动通信技术（3G）和第四代移动通信技术（4G）用户总数达到2 211.3万户，比上年末增加547.1万户。互联网上网人数1 773万人，互联网上网人数普及率为73.1%。城市公共区域WLAN接入热点累计达14.2万个；新建450处i-Shanghai接入场所，总量达900处。互联网宽带接入用户551.1万户，比上年末增加19.0万户。各类互联网数据中心（IDC）机架数总量达6.0万个，比上年末增加1.9万个。IPTV用户数达177万户，减少23万户。数字电视用户数达662万户，增加58万户。

全年完成电子商务交易额16 452亿元，比上年增长21.4%。其中，B2B交易额12 312亿元，增长15.7%，占电子商务交易额的74.8%；网络购物交易额4 140亿元，增长42.6%，占25.2%。全年口岸税费电子支付系统电子单证传输量为27 015万张，实现电子支付金额12 445亿元，下降2.7%。

至年末，共有120万家单位持有有效法人数字证书“一证通”153万张。至年末，“市民信箱”累计注册用户483.10万人，比上年增长6.8%。

年内市公共信用信息服务平台正式开通运行。至年末，市公共信用信息服务平台已有包含行政机关、司法机关、公用事业单位在内的99家信息源单位，归集信息事项3 444个，基本覆盖全市常住人口及138万企业法人、事业法人和社会组织法人。

十一、教育和科学技术

至2014～2015学年末，全市共有普通高等学校67所，普通中等学校875所，普通小学764所，特殊教育学校29所。普通小学毕业生数有所增加，普通高等学校和普通中等学校的毕业生数均有所减少（见表2-17）。全市共有48家机构培养研究生，全年招收研究生4.60万人，在校研究生13.83万人，毕业研究生3.79万人。九年义务教育入学率保持在99.9%以上，高中阶段新生入学率达97.1%。

表2-17　2014～2015学年各级各类学校学生情况及其增长速度

类 别	在校学生数（万人）	比上学年增长（%）	毕业学生数（万人）	比上学年增长（%）
普通高等学校	51.16	1.0	12.87	-2.8
普通中等学校	67.38	-3.3	18.25	-5.0
普通中学	57.05	-2.3	14.55	1.6
高 中	15.82	0.5	5.12	0.5
初 中	41.23	-3.4	9.43	2.2
中等专业学校	7.24	-6.4	2.49	-29.7
职业学校	2.31	-14.9	0.96	-7.7
技工学校	0.78	-2.0	0.25	-17.2
普通小学	79.87	-0.5	13.79	5.1
特殊教育学校	0.45	-3.2	0.08	-8.2

至2014～2015学年末，全市共有民办普通高校20所，在校学生10.01万人；民办普通中学117所，在校学生7.39万人；民办小学173所，在校学生13.94万人。全市共有成人中高等学历教育学校33所，成人职业技术培训机构636所，老年教育机构291所。全市共有校外教育机构22所。其中，少年宫（含青少年活动中心）17所，少年科技站4所，少年之家1所。

全年用于研究与试验发展(R&D)经费支出925亿元，相当于上海市生产总值的比例为3.7%（见图2-3）。

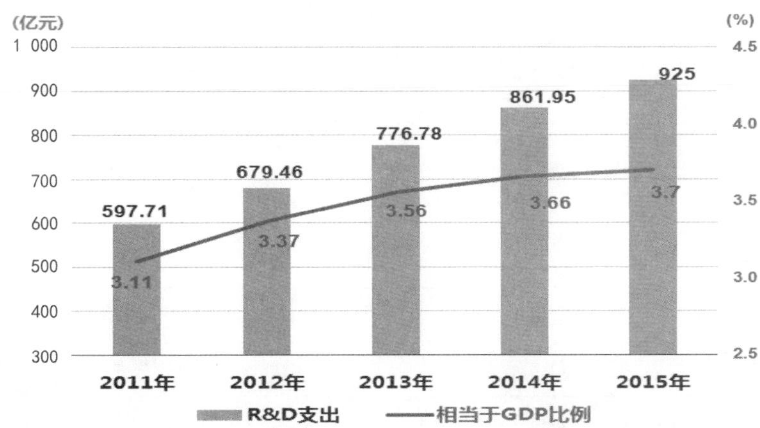

图2-3　2011～2015年R&D经费支出及其相当于上海市生产总值的比例

全年受理专利申请100 006件，比上年增长22.5%，其中受理发明专利申请46 976件，增长20%。全年专利授权量为60 623件，增长20.1%，其中发明专利授权量为17 601件，增长51.5%。至年末，全市有效发明专利达69 982件。全市科技小巨人企业和小巨人培育企业共1 427家，高新技术企业6 071家，技术先进型服务企业253家。年内全市认定和复审高新技术企业2 089家。年内认定高新技术成果转化项目603项，其中电子信息、生物医药、新材料等重点领域项目占83.4%。至年末，共认定高新技术成果转化项目10 500项。全年经认定登记的各类技术交易合同2.25万件，比上年下降10.8%；合同金额707.99亿元，增长6.0%。

十二、文化、卫生和体育

年内成功举办第三十二届“上海之春”国际音乐节、第十七届中国上海国际艺术节、第三届市民文化节等重大文化活动。全年市民参与文化活动人数达到1 233.9万人次。完成公共文化服务人员“三年万人培训计划”，三年共培训公共文化服务人员10 150人次。至年末，全市有市、区（县）级文化馆、群众艺术馆25个，艺术表演团体233个，市、区（县）级公共图书馆25个，档案馆44个，博物馆100个。全市共有公共广播节目21套，公共电视节目25套。有线电视用户754.83万户，有线数字电视用户640.42万户。全年生产电视剧52部，共2 102集；动画电视3 318分钟。全年共出版报纸10.80亿份、各类期刊1.27亿册、图书3.53亿册；摄制完成44部影片。

至年末，全市共有医疗卫生机构5 016所，卫生技术人员17.02万人（见表2-18）。全年全市医疗机构共完成诊疗人次数2.65亿人次。全年共批准单独夫妻再生育申请1.73万例，占同期再生育审批总量的68%。全市婴儿死亡率为4.58‰，孕产妇死亡率为6.66/10万。

表2-18　2015年卫生机构基本情况

指　标	单　位	绝对值
卫生机构数	所	5 016
#医院	所	338
门诊部	所	633
社区卫生服务中心	所	306
疾病预防控制中心	所	19
卫生监督所	所	18
卫生技术人员数	万人	17.02
#执业医生	万人	6.31
#医院执业医师	万人	3.86
注册护士	万人	7.54

年内成功举办国际滑联花样滑冰锦标赛、F1 中国大奖赛、上海国际马拉松赛等 71 项国际性体育赛事和全国跳水锦标赛、全国艺术体操冠军赛、中国足球超级联赛等 93 项全国性体育赛事。上海运动员在第一届全国青年运动会上获得 30 枚金牌、19 枚银牌和 28 枚铜牌，在第三届全国智力运动会上获得 14 枚金牌、6 枚银牌和 6 枚铜牌。市民体育大联赛全年参赛市民达到 238 万人。至年末，全市共建成社区健身苑点 9 905 个、社区公共运动场 390 处、农民体育健身工程 1 033 个、百姓健身房 125 个、百姓健身步道 317 条、百姓游泳池 37 个。上海市民体质达标率达到 97.1%，连续 3 次位列全国第一。

十三、人口和就业

至年末，全市常住人口总数为 2 415.27 万人。其中，户籍常住人口 1 433.62 万人，外来常住人口 981.65 万人。全年常住人口出生 18.19 万人，出生率为 7.52‰；死亡 12.28 万人，死亡率为 5.07‰；常住人口自然增长率为 2.45‰。全年户籍常住人口出生 10.38 万人，出生率为 7.25‰；死亡 11.5 万人，死亡率为 8.03‰；户籍常住人口自然增长率为 -0.78‰。

全市户籍人口平均期望寿命达到 82.75 岁。其中，男性 80.47 岁，女性 85.09 岁。

全年新增就业岗位 59.66 万个（见图 2-4），其中，农村富余劳动力实现非农就业 10.33 万个。全年新安置就业困难人员 13 358 人，新消除零就业家庭 168 户。全年帮扶引领成功创业人数 10 592 人，帮助 9 776 名长期失业青年实现就业。全年共完成职业培训 51 万人，其中，农民工职业培训 24.55 万人。至年末，累计有 771 人入选国家“千人计划”，676 人入选上海“千人计划”。高技能人才占技能劳动者比例达到 30.2%。至年末，全市城镇登记失业人员 24.81 万人，城镇登记失业率为 4.1%。

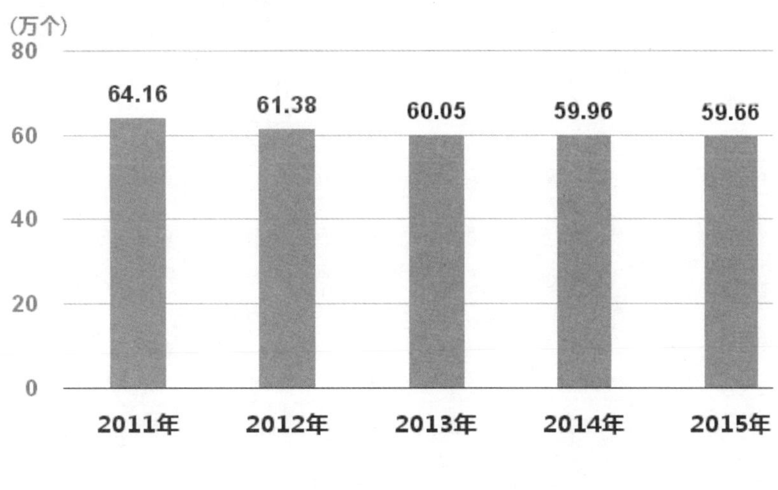

图 2-4　2011 ～ 2015 年新增就业岗位情况

十四、人民生活和社会保障

据抽样调查，全年全市居民人均可支配收入 49 867 元，比上年增长 8.5%，扣除价格因素，实际增长 6.0%。其中，城镇常住居民人均可支配收入 52 962 元，增长 8.4%，扣除价格因素，实际增长 5.9%；农村常住居民人均可支配收入 23 205 元，增长 9.5%，扣除价格因素，实际增长 6.9%。全市居民人均消费支出 34 784 元，比上年增长 5.2%。其中，城镇常住居民人均消费支出 36 946 元，增长 5.0%；农村常住居民人均消费支出 16 152 元，增长 9.0%。

全年新建和筹措各类保障性住房和实施旧住房综合改造 19.7 万套，基本建成 20.5 万套。完成中心城区二级旧里以下房屋改造 65.9 万平方米。至年末，城镇居民人均住房建筑面积 35.5 平方米，折合人均住房居住面积 18.1 平方米（见图 2-5）。居民住宅成套率达到 96.8%。

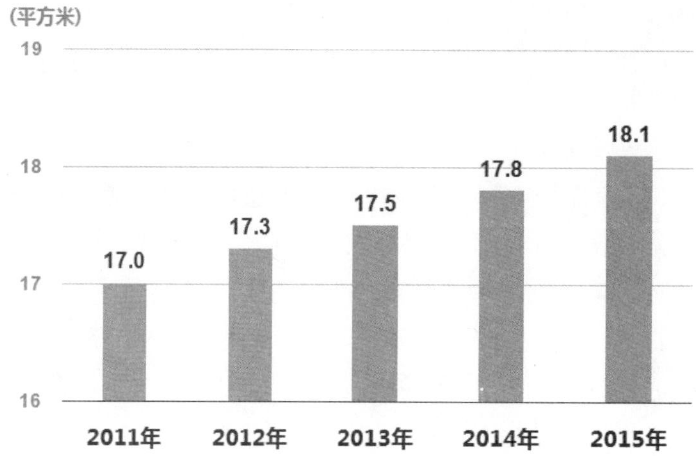

图 2-5　2011 ～ 2015 年城镇居民人均住房居住面积

至年末，全市共有 1 493.80 万人（包括离退休和“镇保”人员）参加城镇职工基本养老保险，有 89.77 万人参加城乡居民基本养老保险。城镇最低生活保障标准从上年的每人每月 710 元提高到 790 元，农村最低生活保障标准从每人每月 620 元提高到 790 元，城乡低保标准实现统一。月最低工资标准从 1 820 元提高到 2 020 元，小时最低工资标准从 17 元提高到 18 元。

至年末，全市共有 1 377.32 万人（包括离退休人员）参加职工基本医疗保险。至年末，城镇居民基本医疗保险的参保人数达 262.87 万人。

至年末，全市民政部门共有各类提供住宿的收养性社会服务机构 706 个，床位 12.97 万张，其中养老机构 699 家，床位 12.6 万张。在全市养老机构中，由社会投资开办的有 344 家，床位 5.8 万张。至年末，全市有社区居家养老服务社 244 家，为 30.2 万名老年人提供居家养老服务。社区老年人日间服务中心 442 家，社区老年人助餐服务点 634 个。

全年各级政府支出城镇居民最低生活保障金 14.20 亿元、农村居民最低生活保障金 1.94 亿元、农村五保供养资金 0.18 亿元、粮油帮困资金 0.55 亿元、医疗救助金 2.67 亿元（含资助参保金 3 319.8 万元）。年内新办福利企业 10 家，新安置 180 名残疾人就业。

十五、环境保护

全年全社会用于环境保护的资金投入 708.83 亿元，相当于上海市生产总值的比例为 2.8%。

全年环境空气质量优良率（AQI）为70.7%，比上年下降6.3个百分点。二氧化硫年日均浓度17微克/立方米，比上年下降5.6%；可吸入颗粒物（PM10）年日均浓度69微克/立方米，下降2.8%；细颗粒物（PM2.5）年日均浓度53微克/立方米，上升1.9%；二氧化氮年日均浓度46微克/立方米，上升2.2%；一氧化碳年日均浓度0.9毫克/立方米，上升12.5%；臭氧日最大8小时滑动平均值达标率89.9%，下降3.0个百分点。全市平均区域降尘量4.9吨/平方公里·月，比上年下降10.2%。

年末，城市污水处理厂日处理能力达794.6万立方米，比上年末增长0.9%；城镇污水处理率达到91%，比上年提高1.2个百分点。全年清运生活垃圾789万吨，生活垃圾无害化处理率达到100%，比上年提高5个百分点；年内新增2 020个垃圾分类收集处置场所，实现生活垃圾分类居住区覆盖家庭400万户；“绿色账户”激励机制覆盖105万户。

全年新建绿地1 190公顷，其中公园绿地515公顷；新增造林面积3 241公顷，其中人工造林3 241公顷。至年末，人均公园绿地面积达到7.6平方米，建成区绿化覆盖率达到38.5%，全市森林覆盖率达到15.0%。至年末，自然保护区达到4个，其中国家级自然保护区2个。

十六、安全生产

全年共发生道路交通、工矿商贸、火灾、铁路交通、农业机械生产安全事故5 954起，造成死亡1 147人，分别比上年下降19.2%和3.3%。其中，工矿商贸生产安全事故295起，造成死亡226人，分别上升4.2%和0.4%；道路交通事故1 044起，造成死亡868人，分别下降10.9%和3.8%；火灾事故4 606起，造成死亡52人，分别下降21.9%和11.9%；铁路交通事故2起，下降60.0%，未发生人员死亡。农业机械事故7起，上升40.0%，死亡1人。全年亿元生产总值生产安全事故死亡人数为0.046人。

上海市统计局
国家统计局上海调查总队
2016年2月29日

说明：

1. 本公报数据为初步统计数。

2. 上海市生产总值、各产业增加值和总产值绝对数按当年价格计算，增长速度按可比价格计算。2015年上海市生产总值数据执行国家统计局2012年制定的《三次产业划分规定》。

3. 公有制经济增加值按国有经济、集体经济以及国有或集体控股的混合所有制经济口径计算。

4. 战略性新兴产业包含战略性新兴制造业和战略性新兴服务业两个部分，是本市根据国家制定的战略性新兴产品目录进行的行业划分。其中，战略性新兴产业制造业增加值和总产值均为规模以上口径。

5. 域外市属农场是指上海光明食品（集团）有限公司所属的外地农场，其产量和产值不包括在上海市总量中。

6. 电信业务总量按2010年不变价格计算。

7. 旅游产业和信息产业的增加值是依据若干行业的有关资料进行跨行业核算的，不能将其与上海市生产总值中其他行业的增加值进行简单加总，否则会造成重复计算。

8. 银行间市场成交额包括银行间本币市场和外汇市场成交额。上海黄金交易所成交额按双边计算，上海证券交易所、上海期货交易所、中国金融期货交易所、银行间市场成交额按单边计算。

9. 学年是指教育年度，即从一年的9月1日（学年初）至第二年的8月31日（学年末）。

10. 2012年四季度，国家统计局实施了城乡一体化住户调查改革，统一了城乡居民收入名称、分类和统计标准，在上海选取6 000宅（户）城乡居民家庭，直接开展调查。2015年起，发布城乡可比的新口径全市居民人均可支配收入以及城乡常住居民人均可支配收入。

11. 环境空气质量优良率（AQI）是国家发布的新环境空气质量评价标准。AQI监测体系包括二氧化硫、二氧化氮、可吸入颗粒物(PM10)、细颗粒物(PM2.5)、一氧化碳和臭氧六项污染物指标。

第二篇 环境

ALMANAC OF
SHANGHAI REAL ESTATE

第三章 政策制度环境

第一节 上海房地产市场政策制度环境构成

房地产政策制度是经济关系在房地产领域投射的产物，或者说是房地产经济关系外在体现和反映。按照房地产行业的行为内容及结构，可将房地产政策制度分为土地政策制度、金融政策制度、开发政策制度、拆迁与租赁政策制度、交易政策制度、物业管理政策制度六部分。

2015 年是稳增长、调结构的紧要之年。中国房地产市场在宽松的政策刺激下，总体步入了复苏通道，市场成交、房价等指标总体上出现回暖，甚至好于预期。但同时，土地成交量、新开工量、开发投资额等指标非常低迷，全国商品房库存压力继续增大，三四线城市市场依然偏弱。

一、土地政策制度

土地政策制度一般是指：中央或地方政府、行政机构，为调整土地关系（包括人地关系与人与人之间的利益关系），实现土地的合理利用及其所代表的社会阶级集团的经济利益而制定的行为准则。

2015 年是稳增长、调结构的紧要之年。为适应经济新常态，2015 年土地政策在继续强化耕地保护和节约用地的前提下，更加注重服务社会经济发展，出台了一系列有关稳增长、调结构的用地政策。同时，更加强调土地治理能力的提升，进一步推进了不动产统一登记、农村土地制度试点改革及法制国土建设。土地的利用规划计划政策主要是在以往政策实施的基础上进行调整，一是进一步推进了土地利用总体规划完善调整；二是持续推进“多规合一”和城市开发边界划定试点探索；三是进一步强化土地利用计划管理。总体来看，为满足宏观经济发展与资源生态保护的需求，2015 年的土地政策更加注重保资源和保发展的能力建设，更加注重参与宏观调控的科学化和精准化，更加注重制度建设的系统性和可操作性，并且稳妥推进了农村土地制度试点改革，更好地发挥了土地政策在国家治理中的作用。

表 3-1 2015 年国家土地方面的主要政策制度

土地政策制度	颁布日期	颁布机构
关于支持旅游业发展用地政策的意见	2015.11.25	国土资源部
关于支持新产业新业态发展促进大众创业万众创新用地的意见	2015.09.18	国土资源部
中共国土资源部党组关于全面推进法治国土建设的意见	2015.08.11	国土资源部

国务院关于开展农村承包土地的经营权和农民住房财产权抵押贷款试点的指导意见	2015.08.10	国务院
国务院关于进一步做好城镇棚户区和城乡危房改造及配套基础设施建设有关工作的意见	2015.06.25	国务院
关于优化2015年住房及用地供应结构促进房地产市场平稳健康发展的通知	2015.03.26	住房和城乡建设部

上海市最近六年来相关的土地政策制度根据时间顺序可归纳为表3-2。

表3-2 上海市现行的主要土地政策制度

土地政策制度	颁布日期	颁布机构
上海市市级土地整治项目和资金管理办法	2015.11.30	上海市规划和国土资源管理局
上海市土地交易市场监督管理办	2015.11.23	上海市规划和国土资源管理局
上海市国有建设用地使用权出让预申请管理办法	2015.11.23	上海市规划和国土资源管理局
上海市征地房屋补偿争议协调和处理试行办法	2015.09.30	上海市规划和国土资源管理局
关于遏制“投机种植”牟取法外高额征地补偿问题的若干意见	2015.06.01	上海市规划和国土资源管理局
上海市国有建设用地土地核验管理规定	2015.05.07	上海市规划和国土资源管理局
上海市农用地转用、土地征收、使用集体土地和土地供应报批程序	2015.04.30	上海市规划和国土资源管理局
关于国有建设用地使用权招标拍卖挂牌出让投标竞买保证金专户管理有关问题的通知	2015.04.29	上海市规划和国土资源管理局
上海市外商投资企业土地使用管理办法实施中若干问题的说明与规定	2015.04.29	上海市规划和国土资源管理局
上海市房屋立面改造工程规划管理规定	2014.12.17	上海市规划和国土资源管理局
上海市征收集体土地房屋补偿评估管理规定	2014.05.05	上海市规划和国土资源管理局
上海市征地房屋补偿争议协调和处理试行办法	2013.11.09	上海市规划和国土资源管理局
关于做好本市集体土地所有权日常登记工作的意见	2013.11.06	上海市规划和国土资源管理局
上海市土地违法案件查处现场勘测工作规定	2013.07.16	上海市规划和国土资源管理局
关于下达2013年土地利用计划的通知	2013.05.21	上海市规划和国土资源管理局
上海市征地房屋补偿争议协调和处理试行办法	2012.09.28	上海市规划和国土资源管理局

上海市农村集体土地所有权总登记实施细则	2012.09.25	上海市规划和国土资源管理局
上海市市级土地整治项目和资金管理暂行办法	2012.06.01	上海市规划和国土资源管理局
上海市征收集体土地房屋补偿评估技术规范	2012.05.10	上海市规划和国土资源管理局
上海市征收集体土地房屋补偿评估管理暂行规定	2012.05.10	上海市规划和国土资源管理局
上海市征收集体土地房屋补偿实施单位及工作人员管理试行办法	2012.05.10	上海市规划和国土资源管理局
上海市征收集体土地房屋补偿暂行规定	2011.11.04	上海市人民政府
上海市国有土地上房屋征收与补偿实施细则	2011.10.19	上海市人民政府
上海市设施农用地管理办法（试行）	2011.04.28	上海市规划和国土资源管理局
农村集体建设用地流转试点操作规范（试行）	2010.08.24	上海市规划和国土资源管理局
关于完善我市农民建房管理 切实维护农民权益的通知	2010.08.24	上海市规划和国土资源管理局
关于明确土地评估相关工作要求的通知	2010.08.21	上海市规划和国土资源管理局
关于转让花园住宅和非居住用房补交土地使用权出让金有关问题的通知	2010.04.27	上海市规划和国土资源管理局、上海市住房保障和房屋管理局
关于开展农村集体建设用地流转试点工作的若干意见	2010.01.27	上海市人民政府办公厅

二、房地产税费政策

房地产税费政策是调节房地产各经济利益主体经济利益的主要手段，主要包括房地产各阶段需要发生的各种税收及费用。

2015 年国家全面完成营改增，国务院批转国家发改委《关于 2015 年深化经济体制改革重点工作的意见》，将营改增范围扩大到建筑业、房地产业、金融业和生活服务业等领域。与此同时，房产契税新政策新鲜出炉，按照新的契税政策，个人购买住房实行差别化税率。根据规定，个人购买普通住房，且该住房为家庭唯一住房的，所购普通商品住宅户型面积在 90 平方米（含 90 平方米）以下的，契税按照 1% 执行；户型面积在 90 平方米到 144 平方米（含 144 平方米）的，税率减半征收，即实际税率为 2%；所购住宅户型面积在 144 平方米以上的，契税税率按照 4% 征收。购买非普通住房、二套及以上住房，以及商业投资性房产（商铺、办公写字楼、商务公寓等），均按照 4% 的税率征税（见表 3-3）。

表 3-3 2015 年国家房地产税费方面的主要政策制度

房地产税费政策制度	颁布日期	颁布机构
关于体育场馆房产税和城镇土地使用税政策的通知	2015.12.17	国家税务总局

完善研究开发费用税前加计扣除政策	2015.11.02	国家税务总局
关于企业重组业务企业所得税征收管理若干问题的公告	2015.06.24	国家税务总局
关于2015年深化经济体制改革重点工作的意见	2015.05.08	国务院
关于调整个人住房转让营业税政策的通知	2015.03.30	国家税务总局
关于企业改制重组有关土地增值税政策的通知	2015.02.02	国家税务总局

2015年，上海市落实国务院批转国家发改委《关于2015年深化经济体制改革重点工作的意见》，加大房产税的征收，严格执行住房限购政策，继续支持自住和改善型住房需求。年初中央提出稳定住房消费，出台了一系列刺激楼市的政策，受此影响本市房地产市场呈现交易活跃、房价上涨的局面，特别是在二、三季度上海楼市出现了明显的“量增价涨”的格局，但在宏观经济步入新常态的背景下，房地产开发投资增速出现回落。上海市最近五年来相关的房地产税费政策制度根据时间顺序可归纳为表3-4。

表3-4 上海市现行的有关房地产税费政策方面的相关政策制度

房地产税费政策制度	颁布日期	颁布机构
关于调整个人住房转让营业税政策的通知	2015.03.30	上海市财政局、上海市地方税务局
关于调整本市普通住房标准的通知	2014.11.13	上海市住房保障和房屋管理局、上海市财政局、上海市地方税务局
于本市农产品批发市场及农贸市场免征房产税和城镇土地使用税备案事项的通知	2013.05.24	上海市地方税务局
关于《上海市人民政府关于印发〈上海市开展对部分个人住房征收房产税试点的暂行办法〉的通知》继续有效的通知	2012.12.26	上海市人民政府
上海市人民政府关于印发《上海市开展对部分个人住房征收房产税试点的暂行办法》的通知	2011.01.27	上海市人民政府
上海市地方税务局关于本市个人住房房产税征收管理有关事项的公告	2011.01.30	上海市地方税务局

三、开发政策制度

房地产开发是相当复杂的管理过程，涉及规划、计划、建筑等方面的各种管理政策制度。

2015年以来，在延续2014年经济下行压力加大、楼市库存高企、市场信心不足的背景下，宏观政策层面进一步导向稳增长、调结构，房地产方面则积极聚焦于促消费，鼓励自住和改善性需求。央行实行灵活适度的货币政策，连续降准降息，降低二套房首付，构建宽松的金融信贷环境，减轻购房压力，提升消费能力（见表3-5）。

表 3-5　2015 年国家房地产开发方面的主要政策制度

房地产开发政策制度	颁布日期	颁布机构
关于优化 2015 年住房及用地供应结构促进房地产市场平稳健康发展的通知	2015. 03. 25	国土资源部、住房城乡建设部
国家新型城镇化规划（2014 ～ 2020 年）	2014. 03. 16	国务院
关于继续做好房地产市场调控工作的通知	2013. 02. 26	国务院办公厅
关于开展国家智慧城市试点工作的通知	2012. 11. 22	住房和城乡建设部办公厅
关于严格执行土地使用标准大力促进节约集约用地的通知	2012. 09. 06	国土资源部
关于做好 2012 年房地产用地管理和调控重点工作的通知	2012. 02. 15	国土资源部
关于进一步加强住房公积金监管工作的通知	2012. 02. 06	住房和城乡建设部

最近 5 年来上海市相关的房地产开发政策制度根据时间顺序可归纳为表 3-6。

表 3-6　上海市现行的有关房地产开发方面的相关政策制度

房地产开发政策制度	颁布时间	颁布机构
住房城乡建设部关于住房公积金异地个人住房贷款有关操作问题的通知	2015. 09. 15	住房和城乡建设部办公厅
上海市人民政府关于《上海市人民政府关于印发〈上海市开展对部分个人住房征收房产税试点的暂行办法〉的通知》继续有效的通知	2014. 12. 11	上海市人民政府
关于调整本市普通住房标准的通知	2014. 11. 13	上海市住房保障和房屋管理局 、上海市规划和国土资源管理局、上海市财政局、上海市地方税务局
上海市人民政府办公厅印发关于本市贯彻《国务院办公厅关于继续做好房地产市场调控工作的通知》实施意见的通知	2013. 03. 30	上海市人民政府办公厅
上海市人民政府办公厅关于进一步严格执行房地产市场各项调控政策的通知	2012. 07. 26	上海市人民政府办公厅
上海市人民政府办公厅关于进一步严格执行房地产市场调控政策完善本市住房保障体系的通知	2012. 02. 27	上海市人民政府办公厅
上海市人民政府办公厅关于公布本市 2012 年度新建住房价格控制目标的通知	2011. 03. 24	上海市人民政府办公厅

四、拆迁与租赁政策制度

拆迁与租赁政策制度主要涉及房屋拆迁的管理、租赁管理、廉租房相关政策。

2015 年全国性拆迁与租赁方面政策没有新的制度安排。上海市最近 5 年来相关的拆迁与租赁政策制度根据时间顺序可归纳为表 3-7。

表 3-7　上海市现行的有关房屋拆迁与租赁的相关政策制度

拆迁与租赁政策制度	颁布时间	颁布机构
上海市公共租赁住房房地产登记技术规定	2015.01.08	上海市住房保障和房屋管理局 上海市规划和国土资源管理局
关于房管系统集中开展打非治违专项行动的通知	2014.08.22	上海市住房保障和房屋管理局
关于做好市筹公共租赁住房换租工作的通知	2013.12.20	上海市住房保障和房屋管理局
上海市人民政府关于调整和完善本市廉租住房政策标准的通知	2013.04.08	上海市住房保障和房屋管理局
关于做好涉及市政建设项目“先拆迁腾地，后处理纠纷”裁决后遗留矛盾有关工作的通知	2012.12.28	上海市住房保障和房屋管理局
上海市国有土地上房屋征收与补偿实施细则	2011.10.19	上海市人民政府
上海市人民政府关于调整本市廉租住房申请条件和配租标准的通知	2011.08.09	上海市人民政府
上海市动迁安置房管理办法	2011.07.29	上海市人民政府

五、交易政策制度

房地产交易政策制度主要有以下两个部分：房地产登记制度与政策及房地产销售管理政策制度。

表 3-8　2015 年国家房地产交易方面的主要政策制度

房地产交易政策制度	颁布日期	颁布机构
关于规范房地产市场外资准入和管理的意见	2015.08.19	中华人民共和国住房和城乡建设部和国家发展和改革委员会
关于做好不动产登记信息管理基础平台建设工作的通知	2015.08.06	国土资源部
不动产登记暂行条例	2014.11.24	中华人民共和国国务院
关于印发《商品房买卖合同示范文本》的通知	2014.04.09	中华人民共和国住房和城乡建设部、 中华人民共和国国家工商行政管理总局

住房城乡建设部关于进一步规范房地产估价机构管理工作的通知	2013.10.24	中华人民共和国住房和城乡建设部
住房和城乡建设部关于修改《房地产估价机构管理办法》的决定	2013.10.16	中华人民共和国住房和城乡建设部
国务院办公厅关于继续做好房地产市场调控工作的通知	2013.02.26	国务院办公厅
关于境内外资银行申请2012年度中长期外债规模有关问题的通知	2012.01.21	国家发展改革委办公厅

上海市最近6年来相关的房地产交易政策制度根据时间顺序可归纳为表3-9。

表3-9 上海市最近6年颁布的有关房地产交易的相关政策制度

房地产交易政策制度	颁布时间	颁布机构
关于开展房地产估价管理工作检查的通知	2015.09.21	上海市住房保障和房屋管理局
关于区县年度房屋征收计划上报备案的通知	2015.03.12	上海市住房保障和房屋管理局
关于调整本市普通住房标准的通知	2014.11.13	上海市住房保障和房屋管理局、上海市规划和国土资源管理局、上海市财政局、上海市地方税务局
关于严格执行住房限购措施有关问题的通知	2013.11.08	上海市住房保障和房屋管理局
关于加强商品住房项目附属会所交易和使用管理的通知	2012.12.26	上海市住房保障和房屋管理局
关于对本市房地产估价机构进行检查的通知	2012.10.26	上海市住房保障和房屋管理局
关于开展住房限售政策等执行情况检查的通知	2012.09.06	上海市住房保障和房屋管理局
关于进一步严格执行房地产市场各项调控政策的通知	2012.07.26	上海市人民政府办公厅
关于执行住房限售政策中查验社会保险缴纳证明材料问题的通知	2012.07.05	上海市住房保障和房屋管理局
关于进一步严格执行房地产市场调控政策完善本市住房保障体系的通知	2012.02.27	上海市人民政府办公厅
关于调整本市普通住房标准的通知	2012.02.13	上海市住房保障和房屋管理局、上海市规划和国土资源管理局、上海市财政局、上海市地方税务局
关于加强本市商品住房销售行为监管严格执行住房限售政策等有关问题的通知	2011.07.20	上海市住房保障和房屋管理局
关于本市贯彻执行住房限售等政策有关问题的通知	2011.02.17	上海市住房保障和房屋管理局

关于执行本市及外省市居民家庭只能在本市新购一套商品住房有关问题的补充通知	2011.01.06	上海市住房保障和房屋管理局
关于进一步加强本市房地产市场监管规范商品住房预销售行为的通知	2010.09.02	上海市住房保障和房屋管理局

六、物业管理政策制度

物业管理政策制度是指为规范物业管理活动，维护业主和物业服务企业的合法权益，改善人民群众的生活和工作环境而制定的相关政策制度。

上海市最近五年来相关的物业管理政策制度根据时间顺序可归纳为表 3-10。

表 3-10 上海市近 5 年颁布的有关物业管理的相关政策制度

物业管理政策制度	颁布日期	颁布机构
关于推进本市住宅物业使用领域信用信息管理工作若干问题的通知	2015.04.24	上海市住房保障和房屋管理局 上海市征信管理办公室
关于加强住宅小区烟花爆竹燃放管控的紧急通知	2015.02.17	上海市住房保障和房屋管理局
关于调整公有住宅售后小区物业服务收费标准的通知	2014.12.26	上海市住房保障和房屋管理局 上海市物价局
关于调整公有住宅售后小区物业服务收费标准的通知	2013.11.22	上海市住房保障和房屋管理局 上海市物价局
上海市物业管理招标代理机构管理规则	2012.07.24	上海市住房保障和房屋管
上海市物业管理招投标管理办法	2012.07.24	上海市住房保障和房屋管
上海市物业服务企业和项目经理信用信息评价试行标准	2012.07.24	上海市住房保障和房屋管
上海市物业服务企业和项目经理信用信息管理办法	2012.07.24	上海市住房保障和房屋管
关于调整公有住宅售后物业服务费收费标准的通知	2012.07.31	上海市住房保障和房屋管理局、 上海市物价局
上海市住宅物业保修金管理暂行办法	2011.11.22	上海市人民政府办公厅
加强本市住宅小区业主大会、业主委员会建设的若干规定	2011.10.28	上海市住房保障和房屋管理局

七、 住房保障政策制度

住房保障政策，是指有关社会保障性质的住房相关政策制度，保障性住房主要包括两限商品住房、经济适用住房、政策性租赁住房以及廉租房等方面。

2015 年国家住房保障工作，注重抓制度建设，信息透明全力推进棚户区改造、加大公租房配套设施建设和分配管理力度、完善住房保障的结构和方式，推进公共租赁住房和廉租住房并轨运行，探索公有产权住房的发展。

表 3-11 近 4 年国家住房保障方面的主要政策制度

住房保障政策制度	颁布日期	颁布机构
国务院关于进一步做好城镇棚户区和城乡危房改造及配套基础设施建设有关工作的意见	2015.06.25	国务院
关于运用政府和社会资本合作模式推进公共租赁住房投资建设和运营管理的通知	2015.04.21	财政部、国土资源部、住房和城乡建设部中国人民银行、国家税务总局、中国银行业监督管理委员会
关于《城镇住房保障条例（征求意见稿）》公开征求意见的通知	2014.03.28	国务院法制办公室
关于公共租赁住房和廉租住房并轨运行的通知	2013.12.02	住房和城乡建设部、财政部、国家发展和改革委员会
住房城乡建设部关于做好 2013 年城镇保障性安居工程工作的通知	2013.04.03	住房城乡建设部
关于加快推进棚户区（危旧房）改造的通知	2012.12.12	住房和城乡建设部、国家发展和改革委员会、财政部、农业部、国家林业局、国务院侨务办公室、中华全国总工会
关于印发《住房保障档案管理办法》的通知	2012.11.06	住房城乡建设部
关于鼓励民间资本参与保障性安居工程建设有关问题的通知	2012.06.20	住房和城乡建设部、国家发展和改革委员会、财政部、国土资源部、中国人民银行、国家税务总局、中国银行业监督管理委员会
公共租赁住房管理办法	2012.05.28	住房和城乡建设部
关于做好 2012 年住房保障信息公开工作的通知	2012.05.28	住房和城乡建设部办公厅
关于做好 2012 年城镇保障性安居工程工作的通知	2012.03.14	住房和城乡建设部

上海市相关的住房保障政策制度根据时间顺序可归纳为表 3-12。

表 3-12 上海市近 5 年颁布的有关住房保障的相关政策制度

住房保障政策制度	颁布时间	颁布机构
关于大型居住社区商业配套用房房地产交易与登记相关问题的通知	2015.07.28	上海市住房保障和房屋管理局
关于公有住宅售后维修资金列支物业服务费有关问题的通知	2015.07.27	上海市住房保障和房屋管理局、上海市公积金管理中心

关于做好提取住房公积金支付房屋租赁费用 申请人房屋状况查询比对的通知	2015.04.27	上海市住房保障和房屋管理局、上海市公积金管理中心
关于调整本市普通住房标准的通知	2014.11.13	上海市住房保障和房屋管理局、上海市规划和国土资源管理局、上海市财政局、上海市地方税务局
关于做好市筹公共租赁住房换租工作的通知	2013.12.20	上海市住房保障和房屋管理局
关于本市廉租住房和公共租赁住房统筹建设、并轨运行、分类使用的实施意见	2013.07.12	上海市住房保障和房屋管理局、上海市发展和改革委员会、上海市城乡建设和交通委员会、上海市国有资产监督管理委员会、上海市财政局
关于对部分共有产权保障住房（经济适用住房）申请对象调整住房面积核算方式的意见	2013.04.09	上海市住房保障和房屋管理局
关于调整和完善本市廉租住房政策标准的通知	2013.04.08	上海市人民政府
关于加强共有产权保障住房（经济适用住房）申请审核、严肃查处隐瞒虚报行为的通知	2012.08.03	上海市住房保障和房屋管理局、上海市民政局
上海市廉租住房保障家庭复核管理试行办法	2012.07.02	上海市住房保障和房屋管理局
上海市廉租住房实物配租实施细则（试行）	2012.06.20	上海市住房保障和房屋管理局
上海市廉租住房申请审核实施细则	2012.06.19	上海市住房保障和房屋管理局、上海市民政局
上海市廉租住房申请对象住房面积核查办法	2012.06.12	上海市住房保障和房屋管理局
关于保障性住房房源管理的若干规定（试行）	2012.06.01	上海市住房保障和房屋管理局、上海市发展和改革委员会、上海市城乡建设和交通委员会、上海市规划和国土资源管理局、上海市财政局
上海市廉租住房实物配租申请条件和配租标准	2012.02.15	上海市住房保障和房屋管理局
上海市2012年共有产权保障房（经济适用住房）准入标准和供应标准	2012.02.07	上海市住房保障和房屋管理局、上海市发展和改革委员会、上海市城乡建设和交通委员会、上海市民政局
上海市经济适用住房价格管理试行办法	2011.03.01	上海市发展和改革委员会、上海市住房保障和房屋管理局

八、　金融政策制度

房地产金融政策制度是指为调节房地产市场健康发展，降低金融风险，中央或地方政府所采取的包括银行信贷、信托、证券、债券、保险等政策制度。

2015年，房地产金融政策制度为进一步改进对保障性安居工程建设的金融服务，继续支持居民家庭合理的住房消费，促进房地产市场持续健康发展。

表 3-13　2015 年国家房地产金融方面的主要政策制度

房地产金融政策制度	颁布日期	颁布机构
关于进一步发挥住宅专项维修资金在老旧小区和电梯更新改造中支持作用的通知	2015.10.17	住房和城乡建设部办公厅财政部办公厅
关于个人住房贷款政策有关问题的通知	2015.03.30	中国人民银行、住房城乡建设部、中国银行业监督管理委员会
关于贯彻落实住房公积金基础数据标准的通知	2014.12.09	住房和城乡建设部办公厅
关于发展住房公积金个人住房贷款业务的通知	2014.10.09	住房和城乡建设部、财政部、人民银行
中国银行业监督管理委员会关于进一步做好住房金融服务工作的通知	2014.09.29	人民银行、银监会
关于调整住房公积金存贷款利率的通知	2012.06.08	住房和城乡建设部
关于进一步加强住房公积金监管工作的通知	2012.02.06	住房和城乡建设部

表 3-14　上海市近年颁布的有关房地产金融的政策制度

房地产金融政策制度	颁布日期	颁布机构
关于在沪工作的外籍人员、获得境外永久（长期）居留权人员和台湾香港澳门居民参加住房公积金制度若干问题的通知	2015.09.24	上海市公积金管理中心
关于开展 2015 年度全市住房公积金缴存情况执法检查的通知	2015.04.08	上海市公积金管理中心
关于试行上海住房公积金网上缴存跨行支付业务的通知	2015.03.20	上海市公积金管理中心
《上海市低收入经济困难职工家庭提取住房公积金支付物业服务费实施办法》操作细则	2014.09.22	上海市公积金管理中心
《上海市提取住房公积金支付房屋租赁费用实施办法》操作细则	2014.09.22	上海市公积金管理中心
上海市住房公积金账户封存管理办法实施细则	2014.04.22	上海市公积金管理中心
上海市住房公积金信息公开办法（试行）	2014.04.18	上海市住房公积金管理委员会
关于开展全市住房公积金缴存情况执法检查的通知	2013.04.15	上海市住房公积金管理委员会
关于 2012 年度上海市调整住房公积金缴存基数和月缴存额上下限的通知	2012.06.13	上海市住房公积金管理委员会
关于调整本市住房公积金存贷款利率的通知	2012.06.08	上海市公积金管理中心
关于调整购买第二套住房公积金个人贷款首付比例的通知	2011.02.01	上海市公积金管理中心

关于印发《上海市降低住房公积金缴存比例或缓缴住房公积金审批办法》的通知	2010.01.21	上海市公积金管理中心

第二节 上海房地产市场法律环境构成

根据宪法规定，省、自治区、直辖市的人民代表大会及其常务委员会，在不同宪法、法律、行政法规相抵触的前提下，可以制定地方性法规，报全国人民代表大会常务委员会和国务院备案。地方性法规是地方人民代表大会及其常务委员会制定和发布的规范性文件。地方性法规只能在本地方范围内有效，其法律效力低于宪法、法律和行政法规。

行政法规是指最高国家行政机关国务院根据宪法和法律制定的有关行政管理活动的规范性文件。国务院所属的各部委在各部门权限内，发布具有规范性的规章、指示和命令等，属于广义的行政管理法规，其地位低于国务院的行政法规和其他规范性文件，但高于地方性法规。

对与房地产有关的法律和行政法规的归纳如下。

一、国家法规

房地产相关的国家法规按时间顺序可归纳为表 3-15。

表 3-15 近些年来有关房地产市场的国家法规

时间	名称
2015.08.19	关于调整房地产市场外资准入和管理有关政策的通知
2014.11.24	不动产登记暂行条例
2013.02.26	关于继续做好房地产市场调控工作的通知
2012.11.28	中华人民共和国土地管理法修正案（草案）
2011.01.21	国有土地上房屋征收与补偿条例
2010.12.25	中华人民共和国水土保持法

二、部门法规及其他相关法规

（一）住房和城乡建设部

根据第十一届全国人民代表大会第一次会议批准的国务院机构改革方案和《国务院关于机构设置的通知》（国发〔2008〕11 号），设立住房和城乡建设部，为国务院组成部门。将原建设部的职责划入住房和城乡建设部。

1. 住房和城乡建设部的主要职责

住房和城乡建设部的职责主要包括：

（1）承担保障城镇低收入家庭住房的责任。拟订住房保障相关政策并指导实施。拟订廉租住房规划及政策，会同有关部门做好中央有关廉租住房资金安排，监督地方组织实施。编制住房保障发展规划和年度计划并监督实施。

（2）承担推进住房制度改革的责任。拟订适合国情的住房政策，指导住房建设和住房制度改革，拟订全国住房建设规划并指导实施，研究提出住房和城乡建设重大问题的政策建议。

（3）承担规范住房和城乡建设管理秩序的责任。起草住房和城乡建设的法律法规草案，制定部门规章。依法组织编制和实施城乡规划，拟订城乡规划的政策和规章制度，会同有关部门组织编制全国城镇体系规划，负责国务院交办的城市总体规划、省域城镇体系规划的审查报批和监督实施，参与土地利用总体规划纲要的审查，拟订住房和城乡建设的科技发展规划和经济政策。

（4）承担建立科学规范的工程建设标准体系的责任。组织制定工程建设实施阶段的国家标准，制定和发布工程建设全国统一定额和行业标准，拟订建设项目可行性研究评价方法、经济参数、建设标准和工程造价的管理制度，拟订公共服务设施（不含通信设施）建设标准并监督执行，指导监督各类工程建设标准定额的实施和工程造价计价，组织发布工程造价信息。

（5）承担规范房地产市场秩序、监督管理房地产市场的责任。会同或配合有关部门组织拟订房地产市场监管政策并监督执行，指导城镇土地使用权有偿转让和开发利用工作，提出房地产业的行业发展规划和产业政策，制定房地产开发、房屋权属管理、房屋租赁、房屋面积管理、房地产估价与经纪管理、物业管理、房屋征收拆迁的规章制度并监督执行。

（6）监督管理建筑市场、规范市场各方主体行为。指导全国建筑活动，组织实施房屋和市政工程项目招投标活动的监督执法，拟订勘察设计、施工、建设监理的法规和规章并监督和指导实施，拟订工程建设、建筑业、勘察设计的行业发展战略、中长期规划、改革方案、产业政策、规章制度并监督执行，拟订规范建筑市场各方主体行为的规章制度并监督执行，组织协调建筑企业参与国际工程承包、建筑劳务合作。

（7）研究拟订城市建设的政策、规划并指导实施，指导城市市政公用设施建设、安全和应急管理，拟订全国风景名胜区的发展规划、政策并指导实施，负责国家级风景名胜区的审查报批和监督管理，组织审核世界自然遗产的申报，会同文物等有关主管部门审核世界自然与文化双重遗产的申报，会同文物主管部门负责历史文化名城（镇、村）的保护和监督管理工作。

（8）承担规范村镇建设、指导全国村镇建设的责任。拟订村庄和小城镇建设政策并指导实施，指导村镇规划编制、农村住房建设和安全及危房改造，指导小城镇和村庄人居生态环境的改善工作，指导全国重点镇的建设。

（9）承担建筑工程质量安全监管的责任。拟订建筑工程质量、建筑安全生产和竣工验收备案的政策、规章制度并监督执行，组织或参与工程重大质量、安全事故的调查处理，拟订建筑业、工程勘察设计咨询业的技术政策并指导实施。

（10）承担推进建筑节能、城镇减排的责任。会同有关部门拟订建筑节能的政策、规划并监督实施，组织实施重大建筑节能项目，推进城镇减排。

（11）负责住房公积金监督管理，确保公积金的有效使用和安全。会同有关部门拟订住房公积金政策、发展规划并组织实施，制定住房公积金缴存、使用、管理和监督制度，监督全国住房公积金和其他住房资金的管理、使用和安全，管理住房公积金信息系统。

（12）开展住房和城乡建设方面的国际交流与合作。

（13）承办国务院交办的其他事项。

2. 住房和城乡建设部颁发的与房地产相关的法规（见表 3-16）

表 3-16　住房和城乡建设部（包括原建设部）近年来颁发的与房地产相关的法规

时间	名称
2015.03.27	关于优化 2015 年住房及用地供应结构促进房地产市场平稳健康发展的通知
2014.04.09	关于印发《商品房买卖合同示范文本》的通知
2013.12.02	关于公共租赁住房和廉租住房并轨运行的通知
2012.07.19	关于进一步严格房地产用地管理巩固房地产市场调控成果的紧急通知
2011.01.20	房地产经纪管理办法
2010.12.01	商品房屋租赁管理办法

（二）国土资源部

1. 国土资源部的主要职责

根据第十一届全国人民代表大会第一次会议批准的国务院机构改革方案和《国务院关于机构设置的通知》（国发〔2008〕11 号），设立国土资源部，为国务院组成部门。

承担保护与合理利用土地资源、矿产资源、海洋资源等自然资源的责任。承担规范国土资源管理秩序的责任。承担优化配置国土资源的责任。负责规范国土资源权属管理。承担全国耕地保护的责任，确保规划确定的耕地保有量和基本农田面积不减少。承担及时准确提供全国土地利用各种数据的责任。承担节约集约利用土地资源的责任。承担规范国土资源市场秩序的责任。负责矿产资源开发的管理。负责管理地质勘查行业和矿产资源储量。承担地质环境保护的责任。承担地质灾害预防和治理的责任。依法征收资源收益，规范、监督资金使用，拟订土地、矿产资源参与经济调控的政策措施。推进国土资源科技进步。开展对外合作与交流。承办国务院交办的其他事项。

2. 国土资源部近年颁布的与房地产相关的法规（见表 3-17）

表 3-17　国土资源部颁发的与房地产相关的法规

时间	名称
2015.07.10	关于做好不动产统一登记与房屋交易管理衔接的指导意见
2014.05.07	国土资源行政处罚办法
2012.12.27	土地复垦条例实施办法
2012.06.01	闲置土地处置办法
2011.12.21	闲置土地处置办法（修订草案）
2011.06.03	国有土地上房屋征收评估办法

（三）财政部

1．财政部的主要职责

财政部是中华人民共和国国务院的组成部门，是国家主管财政收支、财税政策、国有资本金基础工作的宏观调控部门，其在房地产方面的调控职责有：

(1) 拟订财税发展战略、规划、政策和改革方案并组织实施，分析预测宏观经济形势，参与制定各项宏观经济政策，提出运用财税政策实施宏观调控和综合平衡社会财力的建议，拟订中央与地方、国家与企业的分配政策，完善鼓励公益事业发展的财税政策。

(2) 起草财政、财务、会计管理的法律、行政法规草案，制定部门规章，组织涉外财政、债务等的国际谈判并草签有关协议、协定。

(3) 承担中央各项财政收支管理的责任。负责编制年度中央预决算草案并组织执行。受国务院委托，向全国人民代表大会报告中央、地方预算及其执行情况，向全国人大常委会报告决算。组织制订经费开支标准、定额，负责审核批复部门（单位）的年度预决算。完善转移支付制度。

(4) 负责政府非税收入管理，负责政府性基金管理，按规定管理行政事业性收费。管理财政票据。制定彩票管理政策和有关办法，管理彩票市场，按规定管理彩票资金。

(5) 组织制定国库管理制度、国库集中收付制度，指导和监督中央国库业务，按规定开展国库现金管理工作。负责制定政府采购制度并监督管理。

(6) 负责组织起草税收法律、行政法规草案及实施细则和税收政策调整方案，参加涉外税收谈判，签订涉外税收协议、协定草案，制定国际税收协议和协定范本，研究提出关税和进口税收政策，拟订关税谈判方案，参加有关关税谈判，研究提出征收特别关税的建议，承担国务院关税税则委员会的具体工作。

(7) 负责制定行政事业单位国有资产管理规章制度，按规定管理行政事业单位国有资产，制定需要全国统一规定的开支标准和支出政策，负责财政预算内行政机构、事业单位和社会团体的非贸易外汇和财政预算内的国际收支管理。

(8) 负责审核和汇总编制全国国有资本经营预决算草案，制定国有资本经营预算的制度和办法，收取中央本级企业国有资本收益，制定并组织实施企业财务制度，按规定管理金融类企业国有资产，参与拟订企业国有资产管理相关制度，按规定管理资产评估工作。

（9）负责办理和监督中央财政的经济发展支出、中央政府性投资项目的财政拨款，参与拟订中央建设投资的有关政策，制定基本建设财务制度，负责有关政策性补贴和专项储备资金财政管理工作。负责农业综合开发管理工作。

（10）会同有关部门管理中央财政社会保障和就业及医疗卫生支出，会同有关部门拟订社会保障资金（基金）的财务管理制度，编制中央社会保障预决算草案。

（11）拟订和执行政府国内债务管理的制度和政策，编制国债余额限额计划，依法制定地方政府性债务管理制度和办法，防范财政风险。负责统一管理政府外债，制定基本管理制度。代表我国政府参加有关的国际财经组织，开展财税领域的国际交流与合作。

（12）负责管理全国的会计工作，监督和规范会计行为，制定并组织实施国家统一的会计制度，指导和监督注册会计师和会计师事务所的业务，指导和管理社会审计。

（13）监督检查财税法规、政策的执行情况，反映财政收支管理中的重大问题，负责管理财政监察专员办事处。

（14）承办国务院交办的其他事项。

2．财政部颁发的与房地产相关的法规（见表 3-18）

表 3-18　财政部颁发的与房地产相关的法规

时间	名称
2015.01.28	关于放宽提取住房公积金支付房租条件的通知
2014.10.17	城镇保障性安居工程贷款贴息办法
2013.12.02	关于棚户区改造有关税收政策的通知
2012.09.03	关于农产品批发市场农贸市场房产税城镇土地使用税政策的通知
2011.05.04	关于进一步推进公共建筑节能工作的通知
2011.04.26	关于购房人办理退房有关契税问题的通知

（四）国家税务总局

1．国家税务总局的主要职责

国家税务总局的职责主要包括：

（1）具体起草税收法律法规草案及实施细则并提出税收政策建议，与财政部共同上报和下发，制订贯彻落实的措施。负责对税收法律法规执行过程中的征管和一般性税政问题进行解释，事后向财政部备案。

（2）承担组织实施中央税、共享税及法律法规规定的基金（费）的征收管理责任，力争税款应收尽收。

（3）参与研究宏观经济政策、中央与地方的税权划分并提出完善分税制的建议，研究税负总水平并提出运用税收手段进行宏观调控的建议。

（4）负责组织实施税收征收管理体制改革，起草税收征收管理法律法规草案并制定实施细则，制定和监督执行税收业务、征收管理的规章制度，监督检查税收法律法规、政策的贯彻执行，指导和监督地方税务工作。

（5）负责规划和组织实施纳税服务体系建设，制定纳税服务管理制度，规范纳税服务行为，制定和监督执行纳税人权益保障制度，保护纳税人合法权益，履行提供便捷、优质、高效纳税服务的义务，组织实施税收宣传，拟订注册税务师管理政策并监督实施。

（6）组织实施对纳税人进行分类管理和专业化服务，组织实施对大型企业的纳税服务和税源管理。

（7）负责编报税收收入中长期规划和年度计划，开展税源调查，加强税收收入的分析预测，组织办理税收减免等具体事项。

（8）负责制定税收管理信息化制度，拟订税收管理信息化建设中长期规划，组织实施金税工程建设。

（9）开展税收领域的国际交流与合作，参加国家（地区）间税收关系谈判，草签和执行有关的协议、协定。

（10）办理进出口商品的税收及出口退税业务。

（11）对全国国税系统实行垂直管理，协同省级人民政府对省级地方税务局实行双重领导，对省级地方税务局局长任免提出意见。

（12）承办国务院交办的其他事项。

2．国家税务总局颁发的与房地产相关的法规（见表 3-19）

表 3-19　国家税务总局颁发的与房地产相关的法规

时间	名称
2015.03.30	关于调整个人住房转让营业税政策的通知
2014.08.11	关于促进公共租赁住房发展有关税收优惠政策的通知
2014.06.16	关于房地产开发企业成本对象管理问题的公告
2013.08.02	关于房改房用地未办理土地使用权过户期间城镇土地使用税政策的通知
2013.06.20	关于进一步做好土地增值税征管工作的通知
2012.01.20	关于物流企业大宗商品仓储设施用地城镇土地使用税政策的通知
2011.08.30	关于房屋 土地权属由夫妻一方所有变更为夫妻双方共有契税政策的通知
2011.08.17	关于纳税人转让土地使用权或者销售不动产同时一并销售附着于土地或者不动产上的固定资产有关税收问题的公告

2011.04.26	关于购房人办理退房有关契税问题的通知
2011.01.27	关于调整个人住房转让营业税政策的通知
2010.12.24	关于房地产开发企业注销前有关企业所得税处理问题的公告
2010.09.29	关于调整房地产交易环节契税、个人所得税优惠政策的通知
2010.09.27	关于支持公共租赁住房建设和运营有关税收优惠政策的通知
2010.05.25	关于加强土地增值税征管工作的通知
2010.03.09	关于首次购买普通住房有关契税政策的通知

（五）中国人民银行

1．中国人民银行的主要职责

（1）拟订金融业改革和发展战略规划，承担综合研究并协调解决金融运行中的重大问题、促进金融业协调健康发展的责任，参与评估重大金融并购活动对国家金融安全的影响并提出政策建议，促进金融业有序开放。

（2）起草有关法律和行政法规草案，完善有关金融机构运行规则，发布与履行职责有关的命令和规章。

（3）依法制定和执行货币政策；制定和实施宏观信贷指导政策。

（4）完善金融宏观调控体系，负责防范、化解系统性金融风险，维护国家金融稳定与安全。

（5）负责制定和实施人民币汇率政策，不断完善汇率形成机制，维护国际收支平衡，实施外汇管理，负责对国际金融市场的跟踪监测和风险预警，监测和管理跨境资本流动，持有、管理和经营国家外汇储备和黄金储备。

（6）监督管理银行间同业拆借市场、银行间债券市场、银行间票据市场、银行间外汇市场和黄金市场及上述市场的有关衍生产品交易。

（7）负责会同金融监管部门制定金融控股公司的监管规则和交叉性金融业务的标准、规范，负责金融控股公司和交叉性金融工具的监测。

（8）承担最后贷款人的责任，负责对因化解金融风险而使用中央银行资金机构的行为进行检查监督。

（9）制定和组织实施金融业综合统计制度，负责数据汇总和宏观经济分析与预测，统一编制全国金融统计数据、报表，并按国家有关规定予以公布。

（10）组织制定金融业信息化发展规划，负责金融标准化的组织管理协调工作，指导金融业信息安全工作。

（11）发行人民币，管理人民币流通。

（12）制定全国支付体系发展规划，统筹协调全国支付体系建设，会同有关部门制定支付结算规则，负责全国支付、清算系统的正常运行。

（13）经理国库。

（14）承担全国反洗钱工作的组织协调和监督管理的责任，负责涉嫌洗钱及恐怖活动的资金监测。

（15）管理征信业，推动建立社会信用体系。

（16）从事与中国人民银行业务有关的国际金融活动。

（17）按照有关规定从事金融业务活动。

（18）承办国务院交办的其他事项。

2．中国人民银行颁发的与房地产相关的法规（见表3-20）

表3-20　中国人民银行颁发的与房地产相关的法规

时间	名称
2008.12.08	廉租住房建设贷款管理办法
2004.09.02	商业银行房地产贷款风险管理指引
2002.04.01	中国农业银行住房按揭贷款流程
2002.04.01	中国农业银行个人住房抵押贷款流程
2002.04.01	中国农业银行个人营业用房贷款流程
2002.04.01	中国农业银行公积金贷款流程
2001.02.01	中国人民银行行政复议办法
2001.02.09	中国人民银行行政处罚程序规定
2000.03.30	中国建设银行个人住房贷款办法

第四章　经济社会环境

第一节　经济增长

一、上海市总体经济状况

2015 年，全年全市生产总值完成 24 964.99 亿元，按可比价格计算，比上年增长 6.9%，增速比上年回落 0.1 个百分点。其中，第一产业增加值 109.78 亿元，下降 13.2%；第二产业增加值 7 940.69 亿元，增长 1.2%；第三产业增加值 16 914.52 亿元，增长 10.6%。第三产业增加值占全市生产总值的比重达到 67.8%，比上年提高 3.0 个百分点（见表 4-1）。

表 4-1　2015 年上海市经济状况表

指标	2014	2015	2015 年比 2014 年增长（%）
上海市生产总值（亿元）	23 560.94	24 964.99	6.9
第一产业增加值	124.26	109.78	-13.2
第二产业增加值	7 845.40	7 940.69	1.2
第三产业增加值	15 271.89	16 914.52	10.6
全社会固定资产投资总额（亿元）	6 016.43	6 352.70	5.6
地方财政收入（亿元）	4 585.55	5 519.50	13.3
工业总产值　（亿元）	34 071.19	31 049.57	-0.8
外贸进出口总额（亿美元）	8 634.55	4207.09	-2.1
社会消费品零售总额（亿元）	9 303.49	10 055.76	8.1

二、上海社会经济主要指标占全国比重

表 4-2　2015 年上海社会经济主要指标占全国比重

指　　标	全　　国	上　　海	上海占全国比重（%）
生产总值（亿元）	676 708	24 964.99	3.7
第一产业增加值	60 863	109.78	0.2
第二产业增加值	274 278	7 940.69	2.9
第三产业增加值	341 567	16 914.52	5.0
港口货物吞吐量（亿吨）	78.40	7.17	9.1

全社会固定资产投资总额（亿元）	551 590	6 352.70	1.2
社会消费品零售总额（亿元）	300 931	10 055.76	3.3
外商直接投资实际到位金额（亿美元）	1 262.70	184.59	14.6

三、上海市生产总值增长情况

表 4-3　主要年份上海市生产总值比上年增长（按三次产业分）

指标	2014	2015	2015 年比 2014 年增长（%）
上海市生产总值	23 567.70	25 123.45	6.9
第一产业	124.26	109.82	-13.6
第二产业	7 845.40	7 991.00	1.2
工　业	7 126.52	7 162.33	0.5
建筑业	831.86	855.22	8.3
第三产业	15 275.73	17 022.63	10.6
交通运输、仓储和邮政业	1 044.46	1 130.88	7.0
信息传输、计算机服务和软件业	1 211.83	1 374.51	12.0
批发和零售业	3 647.33	3 826.42	3.7
住宿和餐饮业	379.32	374.82	-1.2
金融业	3 400.41	4 052.23	22.6
房地产业	1 530.96	1 696.02	9.0

四、吸收外资

2015 年上海市利用外资规模位居全国首位，合同利用外资达到 589 亿美元，同比增长 86%；对外直接投资总额 573 亿美元，同比增长 3.7 倍，规模均居全国之首；实际利用外资达到 184.59 亿美元，同比增长 1.6%，连续 16 年实现增长；新签对外承包工程合同额 111 亿美元，连续 8 年超过百亿美元。

第二节　居民收入与消费水平结构

城乡居民收入水平继续提高，且增长率较高。据 2015 年上海市抽样调查，2015 年上海居民人均可支配收入 49 867 元，比上年增长 8.5%，扣除价格因素，实际增长 6.0%。农村常住居民人均可支配收入 23 205 元，增长 9.5%。全市居民人均消费支出 34 784 元，比上年增长 5.2%，农村常住居民人均消费支出 16 152 元，增长 9.0%。

一、从业人员收入

表 4-4　2015 年上海市各行业职工工资总额　单位：亿元

行　业	合　计	国有单位	集体单位	港澳台及外商投资单位	其他单位
总　计	71 268	105 774	50 852	109 547	51 749
按产业分					
第一产业	38 544	63 933	31 297	52 852	37 015
第二产业	56 850	100 599	46 221	78 139	44 771
第三产业	80 509	106 212	53 194	144 006	56 241
按行业分					
农、林、牧、渔业	39 416	66 393	34 590	51 957	37 707
采矿业	131 501				131 501
制造业	58 120	74 739	42 429	77 637	42 860
电力、热力、燃气及水的生产和供应业	138 759	170 727	66 675	131 754	119 327
建筑业	49 213	82 099	60 135	118 416	47 566
批发和零售业	62 004	62 741	31 571	125 233	33 141
交通运输、仓储和邮政业	75 464	96 702	26 355	96 256	64 939
住宿和餐饮业	41 558	60 376	37 833	52 576	35 869
信息传输、软件和信息技术服务业	115 122	89 604	43 472	190 280	81 847
金融业	206 679	208 162	42 075	261 346	193 940
房地产业	57 590	59 070	32 309	101 917	50 672
租赁和商务服务业	70 742	42 459	51 726	206 231	38 752
科学研究和技术服务业	104 559	132 993	85 923	197 488	73 598
水利、环境和公共设施管理业	62 920	82 678	42 867	159 056	57 946
居民服务、修理和其他服务业	33 720	50 653	35 060	64 880	29 707
教　育	95 957	110 204	77 355	113 029	57 305
卫生和社会工作	115 126	141 128	89 104	182 346	60 535
文化、体育和娱乐业	69 443	99 808	55 739	83 091	55 684
公共管理、社会保险和社会组织	107 534	117 801	57 160		77 502

二、城市居民家庭生活基本情况

表 4-5 2015 年上海城市居民家庭生活基本情况表

项目	年份	
	2014	2015
调查户数（户）	1 000	1 000
平均每户家庭人口（人）	2.7	2.64
平均每一就业者负担人数（人）	1.83	2.09
平均每人可支配收入（元）	47 710	52 962
平均每人消费支出（元）	30 520	36 946
可支配收入比上年增长（%）（按当年价格）	8.8	8.5
恩格尔系数	35.0	-

三、城市居民家庭消费支出及其构成

表 4-6 2014 ～ 2015 年上海城市居民家庭消费支出及其构成 单位：元

	2014 年	2014 年（%）	2015 年	2015 年（%）
消费支出	30 520	100	36 946	100
食品	10 677	35.0	9 691	26.2
衣着	2 038	6.7	1 711	4.6
生活用品及服务	1 779	5.8	1 573	4.3
医疗保健	1 449	4.7	2 362	6.4
交通和通信	4 885	16.0	4 457	12.1
教育文化娱乐服务	4 931	16.2	4 046	11.0
居住	3 031	9.9	12 137	32.8
其他商品和服务	1 730	5.7	969	2.6

四、农村居民家庭生活基本情况

表 4-7 2015 年上海农村居民家庭生活基本情况

项目	2014 年	2015 年
调查户数（户）	12 00	12 00
平均每人可支配收入（元）	21 192	23 205
平均每人生活消费总支出（元）	15 291	16 152
平均每人年底居住房屋面积（平方米）	58.92	—

五、居民消费水平

表 4-8　2015 年上海城乡居民人均消费支出

居民消费支出（元 / 人）	2014 年	2015 年
农村居民	15 291	16 152
城镇居民	30 520	36 946

第三节　固定资产投资

一、固定资产投资概况

2015 年全年完成全社会固定资产投资总额 6 352.70 亿元，比上年增长 5.6%。其中，第三产业投资占全社会固定资产投资总额的比重为 84.8%；非国有经济投资占全社会固定资产投资总额的比重为 68.9%。从投资主体看，国有经济首次出现正增长，并且增幅较大；民营经济首次出现负增长，降幅达 18.9%，下降幅度值得警醒；集体经济继续减少；股份制经济及港澳台投资继续增长，外商经济连续两年持续出现负增长。

表 4-9　2015 上海市固定资产投资概况

指标	2015（亿元）	2015 比 2014 增长（%）	占全社会固定资产投资总额（%）
从产业投向看			
第一产业	3.95	-66.7	0.06
第二产业	958.84	-17.1	15.1
第三产业	5 389.91	11.2	84.8
# 房地产业	3 468.94	12.4	54.6
从投资主体看			
国有经济	1 974.08	9.9	31.1
非国有经济	4 378.62	3.8	68.9
集体经济	53.62	-2.6	0.84
私营经济	1 017.10	-16.6	16
联营经济	5.55	-9.2	0.1
股份制经济	2 124.52	17.2	33.4
外商经济	534.11	35.6	8.4
港澳台经济	630.61	-16.3	9.9
其他经济	13.11	-44.9	0.2

二、固定资产投资构成

2015年上海市固定资产投资结构发生略有变化，全社会固定资产投资总额比上年增加336.27亿元。一、二产业投资下降较快，第三产业投资保持增长势头，房地产投资占第三产业比重较大，占整个固定资产投资一半还多，其中房地产施工面积略有下降，增长比率为-0.7%，住宅施工面积增长-1.5%，住宅竣工面积增加4.4%。

表4-10　2015年上海市固定资产投资的构成情况　单位：亿元

指标	2014年	2015年	2014年比2015年增加（%）
投资总额	6 016.43	6 352.70	5.6
按隶属关系分			
中央项目	538.44	593.78	10.6
地方项目	5 477.99	5 758.92	5.1
按构成分			
建筑安装工程	3 713.25	3 787.88	2.0
设备、工具、器具购置	624.83	761.20	21.8
其他费用	1 678.35	1 803.63	7.5
按建设性质分			
# 新　建	1 913.30	1 837.92	-3.9
扩　建	303.63	289.65	-4.6
改　建	335.59	345.03	2.8
单纯购置	220.62	391.54	77.5
按产业分			
第一产业	11.86	3.95	-66.7
第二产业	1 157.27	958.84	-17.1
第三产业	4 847.30	5 389.91	11.2
按经济类型分			
国有经济	1 796.22	1 974.08	9.9
非国有经济	4 220.21	4 378.62	3.8
集体经济	55.07	53.62	-2.6
私营经济	1 219.43	1 017.10	-16.6
联营经济	6.11	5.55	-9.2
股份制经济	1 812.77	2 124.52	17.2
港澳台经济	465.14	630.61	35.6
外商经济	637.90	534.11	-16.3

其他经济	23.79	13.11	-44.9
新增固定资产	2 739.79	3 281.26	19.8
固定资产交付使用率　(%)	45.50	51.70	13.6
房屋建筑面积　(万平方米)			
施工面积	18 010.06	17 885.94	-0.7
# 住 宅	8 573.04	8 443.82	-1.5
竣工面积	2 682.42	2 923.42	9.0
# 住 宅	1 549.64	1 617.86	4.4

注：按建设性质分中不包括房地产开发投资和农户投资。

第四节　人口总量与结构

至2015年末，全市常住人口总数为2 415.27万人。其中，户籍常住人口14 33.62万人，外来常住人口981.65万人。全年常住人口出生18.19万人，出生率为7.52‰；死亡12.28万人，死亡率为5.07‰；常住人口自然增长率为2.45‰。全年户籍常住人口出生10.38万人，出生率为7.25‰；死亡11.5万人，死亡率为8.03‰；户籍常住人口自然增长率为-0.78‰。

一、人口主要构成情况

表4-11　2015年上海市户籍人口主要构成情况

指　　标	年末数（万人）	比重（%）
全市总人口	1 442.97	100.0
其中：男性	716.37	49.6
女性	726.60	50.4
其中：0～17岁	162.05	11.2
18～34岁	291.40	20.2
35～59岁	553.57	38.4
60岁及以上	435.95	30.2

二、家庭户规模及户籍人口期望寿命

2015年，全市共有家庭户536.76万户，持较慢增长趋势。平均每个家庭的人口为2.69人，户籍人口期望寿命82.75岁，男性为80.47岁，女性为85.09岁，略有提升。

三、在校学生数

表 4-12　2015 年上海市在校学生数　　单位：万人

指　标	2014 年	2015 年	2015 年比 2014 年增加（%）
普通高等学校	50.66	51.16	0.99
普通中等学校	69.67	67.39	-3.27
其中：中等专业学校	7.74	7.24	-6.46
普通中学	58.42	57.05	-2.35
职业学校	2.72	2.32	-14.71
技工学校	0.79	0.78	-1.27
普通小学	80.30	79.87	-0.54
特殊教育学校	0.46	0.45	-2.17

四、人口迁移

表 4-13　2015 年上海市户籍人口迁移情况

年　份	迁　入		迁　出		机械增长	
	人　口（万人）	迁入率（‰）	人　口（万人）	迁出率（‰）	人　口（万人）	增长率（‰）
2014	11.55	8.05	5.78	4.02	5.77	4.03
2015	11.61	8.06	5.32	3.69	6.29	4.37

五、各区县人口数和人口密度

表 4-14　2015 年上海各区县人口数和人口密度

地　区	土地面积（平方公里）	年末常住人口（万人）	其　中 外来人口	人口密度（人 / 平方公里）
全　市	6 340.50	2 415.27	981.65	3 809
浦东新区	1 210.41	547.49	234.32	4 523
黄浦区	20.46	65.86	16.52	32 190
徐汇区	54.76	108.91	26.82	19 889
长宁区	38.30	69.11	16.71	18 044
静安区	7.62	23.69	5.22	31 089
普陀区	54.83	128.80	34.35	23 491

闸北区	29.26	83.71	20.88	28 609
虹口区	23.46	80.94	15.65	34 501
杨浦区	60.73	131.52	26.09	21 657
闵行区	370.75	253.79	127.26	6 845
宝山区	270.99	202.29	84.57	7 465
嘉定区	464.20	156.80	90.79	3 378
金山区	586.05	79.80	27.34	1 362
松江区	605.64	176.02	108.58	2 906
青浦区	670.14	120.91	72.05	1 804
奉贤区	687.39	115.99	59.93	1 687
崇明县	1 185.49	69.64	14.57	587

第五节 建筑业主要指标

一、建筑业宏观情况

表 4-15 2015 年上海建筑业宏观主要指标

类 别	企业数（个）	年末从业人员（万人）	竣工产值（亿元）	总产值（亿元）	其 中		房屋建筑面积（万平方米）	
					# 建筑工程	# 安装工程	施工面积	竣工面积
总 计	3 065	69.19	3 121.47	5 652.47	4 762.36	778.27	36 659.77	7 258.69
按登记注册类型分								
内 资	2 937	67.53	3 024.95	5 470.00	4 630.16	734.52	36 397.00	7 186.45
# 国 有	28	0.55	47.18	66.13	29.50	33.29	21.87	3.95
集 体	29	0.87	19.51	25.63	20.31	5.00	121.85	106.77
股份合作	14	0.20	2.94	3.24	1.61	1.63	0.95	
联 营	5	0.05	4.98	5.40	4.99	0.11	14.70	
有限责任公司	604	21.89	1 514.90	3 215.51	2 838.61	314.41	23 710.88	3 712.08
股份有限公司	57	3.50	507.91	577.52	437.96	137.61	4 995.94	1 305.26
私 营	2 200	40.47	927.54	1 576.57	1 297.18	242.47	7 530.82	2 058.40
港澳台商投资	69	0.92	34.99	87.58	62.03	25.37	98.80	
外商投资	59	0.74	61.53	94.89	70.17	18.38	163.97	72.24
按行业分								

房屋建筑业	929	44.45	2 085.53	3 104.19	2 844.96	202.24	36 028.51	7 149.56
土木工程建筑业	603	9.93	482.51	1 495.37	1 310.71	156.97	525.73	87.50
建筑安装业	726	7.82	308.08	514.63	110.93	384.47	91.81	19.13
建筑装饰和其他建筑业	807	6.99	245.36	538.28	495.76	34.60	13.72	2.49
按资质标准分								
施工总承包	1 439	55.43	2 646.98	4 720.16	4 112.33	519.80	36 364.70	7 196.27
专业承包	1 626	13.76	474.49	932.31	650.03	258.47	295.07	62.43

表 4-16　上海建筑业主要指标（2006 ～ 2015）

年　份	年末从业人员（万人）	总产值（亿元）	房屋竣工面积（万平方米）	平均每个职工房屋竣工面积（平方米 / 人）	全员劳动生产率（按总产值计算）（元 / 人）
2006	73.44	2 285.38	6 506.41	88.59	208 368
2007	69.33	2 524.18	6 090.22	87.84	228 710
2008	80.79	3 245.77	5 723.90	70.85	293 520
2009	88.88	3 830.53	5 719.93	64.36	312 360
2010	96.09	4 300.19	6 217.15	64.70	344 720
2011	96.86	4 586.28	5 984.74	61.79	359 232
2012	88.08	4 843.44	6 476.07	73.52	451 564
2013	81.54	5 102.84	6 274.25	76.95	417 313
2014	77.65	5 499.94	7 580.77	97.63	416 002
2015	69.19	5 652.47	7 258.69	104.91	445 768

二、建筑业区县情况

表 4-17　2015 年上海各区、县建筑业主要指标

地　区	企业数（个）	年末从业人员（万人）	总产值（亿元）	房屋施工面积（万平方米）	房屋竣工面积（万平方米）	其　中
						# 住宅房屋
总　计	3 065	69.19	5 652.47	36 659.77	7 258.69	3 476.12
浦东新区	568	14.19	1 347.88	12 610.85	2 145.31	990.24
黄浦区	148	2.61	260.83	393.74	65.92	35.03
徐汇区	214	4.50	484.38	807.33	154.43	122.00
长宁区	149	4.13	233.60	2 223.68	468.20	203.40
静安区	75	1.12	52.37	172.15	…	…

普陀区	238	5.31	391.36	2 540.44	751.49	450.18
闸北区	119	4.05	479.09	995.07	271.95	157.33
虹口区	161	3.64	404.57	3 013.78	609.79	297.53
杨浦区	246	5.22	333.90	792.17	196.91	152.59
闵行区	167	5.49	351.99	4 851.74	543.42	316.80
宝山区	236	6.36	643.08	4 661.96	902.95	237.49
嘉定区	168	2.36	140.24	904.67	224.25	161.50
金山区	133	2.34	105.65	166.24	60.92	24.37
松江区	133	2.81	171.43	1 061.65	404.94	82.33
青浦区	75	1.56	97.07	538.98	243.34	157.83
奉贤区	177	2.86	126.10	867.34	172.38	76.82
崇明县	58	0.64	28.95	57.96	42.48	10.67

三、建筑业签订合同、承包工程完成情况

表 4-18　2015 年上海建筑业签订合同情况　　单位：亿元

类别	签订的合同额	上年结转合同额	本年新签合同额
总　计	15 938.38	8 135.22	7 803.17
按经济类型分			
内　资	15 561.98	7 932.38	7 629.60
# 国　有	167.61	91.84	75.77
集　体	33.19	11.48	21.71
股份合作	3.94	1.79	2.14
联　营	11.64	4.58	7.05
有限责任公司	10 043.31	5 008.22	5 035.10
股份有限公司	2 425.96	1 414.84	1 011.12
私　营	2 876.34	1 399.63	1 476.71
港澳台商投资	163.28	94.94	68.33
外商投资	213.13	107.90	105.23
按隶属关系分			
# 中 央 属	6 577.01	3 110.03	3 466.99
市　属	3 696.30	2 061.71	1 634.59
区（县）属	764.52	395.02	369.50

按资质等级分			
#特　级	7 102.04	3 745.11	3 356.93
一　级	6 481.57	3 403.60	3 077.96
二　级	1 540.31	686.53	853.77
三　级	754.63	266.37	488.26
按行业类别分			
房屋建筑业	10 080.16	5 480.70	4 599.47
土木工程建筑业	4 156.22	2 041.77	2 114.45
建筑安装业	868.53	283.22	585.32
建筑装饰和其他建筑业	833.47	329.53	503.93
按资质标准分			
施工总承包	14 543.95	7 643.32	6 900.63
专业承包	1 394.43	491.90	902.53

表 4-19　2015 年上海建筑业承包工程完成情况　　单位：亿元

类　别	直接从建设单位承揽工程完成产值	自行完成施工产值	分包出去工程的产值	从建设单位外承揽工程完成产值
总　计	5 849.45	5 031.19	818.26	621.28
按经济类型分				
内　资	5 646.78	4 878.68	768.09	591.32
#国　有	68.03	54.71	13.32	11.42
集　体	24.15	24.12	0.03	1.51
股份合作	3.10	3.09	0.01	0.15
联　营	5.45	5.06	0.39	0.34
有限责任公司	3 286.96	2 949.0	337.96	266.51
股份有限公司	792.76	433.55	359.2	143.97
私　营	1 466.32	1 409.14	57.18	167.4
港澳台商投资	85.92	75.10	10.82	12.49
外商投资	116.75	77.41	39.35	17.48
按隶属关系分				
#中 央 属	1 921.43	1 835.41	86.02	52.02
市　属	1 311.48	783.42	528.05	193.57
区（县）属	356.28	306.77	49.51	26.00

按资质等级分				
# 特 级	1 944.66	1 467.53	477.13	155.22
一 级	2 537.37	2 302.28	235.08	318.36
二 级	916.31	846.62	69.69	93.37
三 级	428.89	393.38	35.51	53.77
按行业类别分				
房屋建筑业	3 385.46	2 743.98	641.48	360.21
土木工程建筑业	1 535.22	1 401.52	133.70	93.85
建筑安装业	481.73	448.31	33.41	66.31
建筑装饰和其他建筑业	447.04	437.37	9.68	100.91
按资质标准分				
施工总承包	5 077.16	4 282.23	794.93	437.93
专业承包	772.28	748.96	23.33	183.35

第六节 金融业主要指标

一、个人贷款总额

表 4-20 个人消费贷款及公积金贷款年末余额（2013 ～ 2015） 单位：亿元

指 标	2013 年	2014 年	2015 年
金融机构人民币个人消费贷款余额	7 700.47	8 753.46	10 751.60
# 个人住房贷款	5 686.28	6 258.86	7 765.81
汽车消费贷款	1 278.30	1 524.11	1 869.75
个人住房贷款占金融机构人民币个人消费贷款额比重（%）	73.8	71.5	72.2
公积金贷款余额	1 788.31	2 012.00	2 770.08

二、中资金融机构人民币贷款年末余额

表 4-21 中资金融机构人民币贷款年末余额（2015） 单位：亿元

指 标	2015 年	比 2015 年初增加
各项贷款余额	53 387.21	4 880.58
境内贷款	51 354.02	4 178.23

# 短期贷款	11 717.97	2 011.65
# 个人贷款及透支	1 220.49	141.47
单位普通贷款及透支	10 497.47	1 870.19
贸易融资	39 330.98	1 971.10
中长期贷款	12 961.85	611.29
# 个人贷款	19 919.31	113.07
单位普通贷款	3 467.18	907.99
贸易融资	305.08	195.48
融资租赁	2 033.18	702.34
票据融资	53 387.21	4 880.58
境外贷款	51 354.02	4 178.23

三、主要年份主要要素市场交易情况和资金拆借情况

表 4-22　主要金融市场成交概况（2013 ～ 2015）　单位：亿元

指 标	2013 年	2014 年	2015 年
上海证券交易所成交额	865 098.34	1 281 497.98	2 663 690.84
上海期货交易所成交额	1 208 335.46	1 264 706.51	635 552.63
中国金融期货交易所成交额	1 410 066.21	1 640 169.72	4 177 604.71
银行间市场成交额	2 847 442.95	3 615 067.75	7 042 637.12
上海黄金交易所成交额	52 242.22	65 139.91	107 841.61

注：自 2013 年起，银行间市场成交额包括银行间本币市场和外汇市场成交额。本表数据中上海黄金交易所成交额和 2013 年、2014 年上海期货交易所成交额按双向计算，其他成交额数据均按单向计算。

第五章　土地市场

第一节　上海市城市总体规划

一、自然条件

上海地处太平洋西岸，亚洲大陆东沿，长江三角洲前缘，东濒东海，南临杭州湾，西接江苏、浙江两省，北界长江入海口，长江与东海在此交汇。全市辖17区1县，区域总面积为8 239平方公里，其中陆域面积6 787平方公里。

上海属北亚热带季风性气候，四季分明，日照充分，雨量充沛。年平均气温17.5℃，日照时数1 534.7小时，无霜期294天，年降水量约1 512.8毫米。

上海属江南古陆的东北延伸地带，为冲积形成的三角洲平原，土壤肥沃，平均海拔高度为4米左右，地势低平坦荡，河湖水网纵横。

二、土地利用现状

根据2005年土地利用变更调查，全市土地利用现状为：

（1）农用地。农用地面积380 200公顷（570万亩），占土地总面积的46.15%。其中耕地面积273 100公顷（410万亩），占33.15%；园地11 100公顷（17万亩），占1.35%；林地面积为20 700公顷（31万亩），占2.51%；无牧草地；其他农用地面积75 300公顷（113万亩），占9.14%。

（2）建设用地。建设用地面积240 100公顷，占土地总面积的29.14%。其中城乡建设用地217 000公顷，占90.38%；交通、水利基础设施用地21 300公顷，占8.87%；其他建设用地18公顷，占0.75%。其中城镇工矿用地161 200公顷，以2005年城镇人口1 584万计算，人均城镇工矿用地102平方米。

（3）未利用地现状。未利用地面积203 600公顷，占土地总面积的24.71%。其中河湖水面155 800公顷，占18.91%；苇地滩涂42 200公顷，占5.12%。

三、土地利用的重点任务

以“保护资源、保障发展、引领布局”为目标，强化土地利用综合调控作用，落实最严格的土地管理制度，深化土地节约集约利用，形成切实保护耕地资源、有效保障各类用地需求、引领城市空间发展布局的土地利用规划格局。

（1）严格保护耕地特别是基本农田。按照落实最严格的耕地保护制度要求，立足于保证城市粮食安全和生态体系，以建设促保护，确保耕地和基本农田数量，提高耕地和基本农田质量。

（2）有力培育城市发展战略地区。适应上海城市新一轮空间发展趋势，继续提升中心城区功能，重点培育浦东、虹桥等战略地区，通过规划引导和土地调控的双重手段，以土地供应的硬约束引导土地利用结构和布局优化，促进形成具有世界城市地位的都市空间结构。

（3）综合推进土地节约集约利用。按照建设资源节约型社会的要求，以供给引导需求，综合运用经济、行政等手段，促进节约集约利用土地，推动产业结构优化升级和经济发展方式转变。

（4）切实维护城市生态安全格局。按照建设环境友好型社会的目标，优先重视并切实维护上海城市的生态安全格局，统筹安排城市生活、生态和生产用地，实现土地资源永续利用。

四、土地利用主要调控指标

落实《全国土地利用总体规划纲要（2006～2020年）》要求，切实保护耕地特别是基本农田，因地制宜推动土地综合整治，严格控制各项建设用地规模，不断提高节约集约用地水平，确保各项用地调控目标实现。

（1）耕地保有量。至2020年全市耕地保有量保持在249 300公顷（374万亩）以上，近期至2020年耕地保有量保持在258 000公顷（387万亩）以上。

（2）基本农田保护面积。规划期内全市基本农田保护面积不低于218 700公顷（328万亩），并且质量有所提高。

（3）城乡建设用地规模。至2020年全市城乡建设用地规模控制在260 000公顷以内，近期至2020年城乡建设用地规模控制在230 000公顷以内。

（4）新增建设占用耕地规模。至2020年全市新增建设占用耕地控制在45 200公顷（67.8万亩）以内，近期至2020年新增建设占用耕地控制在16 000公顷（24万亩）以内。

（5）整理复垦开发补充耕地义务量。至2020年全市整理复垦开发补充耕地义务量45 200公顷（67.8万亩），近期至2020年整理复垦开发补充耕地义务量16 000公顷（24万亩）。

（6）人均城镇工矿用地面积。至2020年全市人均城镇工矿用地控制在110平方米/人以内，近期至2020年人均城镇工矿用地控制在106平方米/人以内。

五、土地利用总体布局

落实国家发展战略，贯彻上海城市总体规划确定的基本原则、指导思想和发展方向，深化市域“1966”（1个中心城、9个新城、60个左右新市镇、600个左右中心村）城乡规划体系，优化和提升市域“多轴、多层、多核”空间布局体系和中心城区“多心、开敞”布局结构，科学、有序引导城市化和城市郊区化的发展趋势，形成适应上海现代化国际大都市区发展的“多中心、轴线切线组合和多层次的城乡生态安全网络”的总体空间布局结构。

（一）多中心格局

中心城区，提升和强化上海中心城区的（国际）高端服务、资源配置、生活品质和文化创源功能，发展成为国际经济、金融、贸易、航运中心功能的核心载体。

城市东翼，充分发挥浦东综合配套改革的带动效应，抓住南汇整体并入浦东新区的契机，发展具有较强综合性的集临海产业、空港、海港、铁路和主题公园为一体的东翼综合性组合新城群。

城市西翼，依托虹桥商务区建设，整合提升紧邻江浙两省、具有较高区位优势和高度市场活力的嘉青松虹地区，形成具有较强综合性的、面向长三角地区的西翼组合新城群。

中心城的（国际）高端服务、资源配置和文化创源功能、东翼新城群的国际门户和全球先进的临海制造业基地、西翼新城群的长三角资本、信息、服务交流和创新能力紧密联系、有序分工、互为补充。引导建立东翼、西翼反磁力中心，形成新的空间发展引擎，改变单中心发展格局，构筑与具有国际影响力、竞争力的世界城市相匹配的多中心土地利用格局。

（二）东西主轴和双切线组合

继续提升和展伸上海城市发展的东西主轴。东西主轴西自淀山湖、青西生态保护区、虹桥商务区，中间贯穿虹桥经济技术开发区、中心城区浦西地区、外滩和黄浦江两岸功能区、陆家嘴金融贸易区、张江高科技园区，东至浦东空港枢纽、大型民用客机总装基地、临港（芦潮港）新城和洋山深水港，是集中体现上海现代化、国际化的功能主轴和联系西翼组合新城群、中心城区、东翼组合新城群的空间链接。

培育发展东部的临海切线和西部的长三角切线。东部临海切线，进一步向北向南延伸，北至沪崇苏沿海通道、南迄杭州湾北岸地区，是培育上海临海战略产业、发挥亚太国际门户的主要城镇和产业发展走廊。西部长三角切线，承继沪宁、沪杭两大传统发展轴线，以西翼新城群为核心，积极服务长三角地区、服务长江流域、服务全国。双切线格局将有力提升上海面向世界、服务全国两个功能扇面的服务能力和水平。

（三）多层次的城乡生态安全网络

综合运用城市公园、郊野公园、生态隔离林带、基本农田集中区、城市水源地保护、滩涂湿地、江河湖海水域等生态空间保护的各种手段，构造市域“环、廊、区、源”的多层次生态空间网络，发挥生态锚固功能，维护生态底线，防止建设用地的无序蔓延，抢救性保护生态安全。

继续强化中心城区外环绿带的生态保护和空间维护作用，同时构筑“上海绕城高速北线（原 A30）—沈海高速（原嘉金高速）—黄浦江大治河—滨江临海”市域绿环。沿中心城区外环绿带、市域绿环向外指状延伸，构建嘉宝、青松等 8 条放射形市域生态走廊，连接环外 20 片大型生态保育区，并依托长江口岛群、淀山湖水源地、杭州湾海湾休闲地带和东海海域湿地，形成市域北、西、南、东四大生态源地，形成城市融合自然的“双环八廊二十区四大源地”的生态开敞空间体系。

六、城乡区域土地利用

（一）中心城区土地利用

（1）区域范围。指外环线以内区域以及宝山、嘉定、闵行等部分区域。

（2）功能定位。上海面向世界的服务经济主导区域和上海国际经济、金融、贸易、航运中心功能的核心载体。

（3）土地利用调控。进一步提升与现代化国际大都市相匹配的面向世界的综合服务功能，着力调整优化土地利用结构和布局，进一步增加城市公共绿地、增加公共空间，切实转变土地利用方式。

保障中国 2010 年上海世博会建设用地需求。开展传统工业集中地区综合整治，进一步加大存量土地的二次开发和综合利用力度；加快发展现代服务业，优化配置高新技术产业及无污染、高附加值的都市型工业用地；积极推动地下空间有序利用，提高土地集约节约利用水平。

（二）中心城区周边地区土地利用

（1）区域范围。指中心城区外围城市化相对集中的区域。

（2）功能定位。承载中心城区功能完善、能级提升、生态间隔保护功能的重要区域。

（3）土地利用调控。推进建设用地空间整合，加大土地集约利用力度，促进功能转换升级。

推动虹桥商务区和协调区建设，促进零星分散工业用地和农民宅基地的归并集中，加强市政基础设施整合力度，改善地区环境。

根据农业布局和农业资源特点，建设旅游农业基地，构建城市绿色屏障。发挥郊野公园和基本农田的生态功能，有效隔离集中建设区域，提高区域环境质量。

（三）浦东拓展地区土地利用

（1）区域范围。指中心城区及中心城区周边地区以外的浦东新区、奉贤区瓦洪公路以东区域。

（2）功能定位。形成上海东翼城市发展核心，承载对外开放门户职能和沿海先进制造业基地职能。

（3）土地利用调控。统筹安排新增建设用地，推动临海城镇产业一体化发展，加快国际航运中心建设。

保障临港新城、大型民用客机总装基地、主题公园、港口、内河航道等项目的建设发展要求，有序增加临空、临港、物流等现代服务业和先进制造业用地。推进轨道交通及区域交通网络建设，合理安排基础设施用地。

保护农用地和生态用地，发展都市现代农业。建设沿海防护林带，合理开发滩涂资源。

（四）嘉青松虹地区土地利用

（1）区域范围。指中心城区及中心城区周边地区以外的嘉定区、松江区、青浦区等区域。

（2）功能定位。形成上海西翼城市发展核心，以虹桥商务区为依托，强化对长三角地区的服务职能和创新引领职能。

（3）土地利用调控。统筹安排新增建设用地，保障城镇用地需求。积极调整土地利用结构，以嘉定、松江、青浦新城为重点，加快面向长江三角洲的区域商务中心建设。

促进产业集约发展，优化产业布局，归并零星工业用地，促进工业向园区集中，提高工业用地产出率；探索实施城镇建设用地增加与农村建设用地减少相挂钩试点；保障长江三角洲重大基础设施一体化建设用地。

促进基本农田集中连片，建设黄浦江上游农业区。保护水源地及水源涵养林。

（五）杭州湾北岸地区土地利用

（1）区域范围。指金山区、奉贤区瓦洪公路以西区域。

（2）功能定位。上海滨海休闲地带和临海生态开敞源地，也是港口作业区及石化、装备等临海产业带的组成部分。

（3）土地利用调控。严格控制建设用地总量，有效推进生态保护，落实土地用途管制。

以基本农田为“生态锚固”手段，保持生态走廊和生态保育区的生态用地格局。加强滩涂资源保护和适度开发利用。建设沿海防护林带和防污染隔离带。

强化城镇用地集聚发展，保障面向国际、面向海洋的新型产业发展需求。适度归并农村居民点，推进土地整理复垦。优先安排基础设施用地。

（六）长江口三岛地区土地利用

（1）区域范围。指崇明县，含崇明岛、长兴岛及横沙岛。

（2）功能定位。上海重要的生态涵养区和可持续发展的重要战略空间。

（3）土地利用调控。加快推进崇明生态岛建设，保护优质耕地和基本农田，大力推进高效生态农业建设。推动青草沙水源地建设。加强滩涂资源保护和适度开发利用，保护崇明长江三角洲国家地质公园和自然保护区。

保障船舶工业基地，配置清洁型和资源节约型的工业用地。

七、区县土地利用调控目标土地利用

各区（县）要以本规划确定的功能定位、土地利用调控目标为指导，以各区（县）分解规划控制指标为依据，严格保护耕地特别是基本农田，严格控制建设用地规模，有效调控土地供应节奏，控制生产用地，保障生活用地，提高生态用地比例，提高土地节约集约利用水平。各项约束性指标层层分解，不得突破，预期性指标通过采取措施，力争实现。（见表 5-1、表 5-2、表 5-3）

（1）浦东新区。至 2020 年，全区耕地保有量 35 200 公顷（52.7 万亩），基本农田保护面积 29 240 公顷（43.86 万亩），建设用地总规模 76 000 公顷。

（2）宝山区。至 2020 年，全区耕地保有量 4 300 公顷（6.44 万亩），基本农田保护面积 2 000 公顷（3 万亩），建设用地总规模 23 100 公顷。

（3）闵行区。至 2020 年，全区耕地保有量 4 600 公顷（6.90 万亩），基本农田保护面积 3 130 公顷（4.7 万亩），建设用地总规模 27 400 公顷。

（4）嘉定区。至 2020 年，全区耕地保有量 13 300 公顷（20.02 万亩），基本农田保护面积 11 670 公顷（17.5 万亩），建设用地总规模 25 200 公顷。

（5）金山区。至 2020 年，全区耕地保有量 31 600 公顷（47.43 万亩），基本农田保护面积 27 330 公顷（41 万亩），建设用地总规模 20 000 公顷。

（6）松江区。至 2020 年，全区耕地保有量 20 500 公顷（30.71 万亩），基本农田保护面积 19 730 公顷（29.6 万亩），建设用地总规模 25 100 公顷。

（7）青浦区。至 2020 年，全区耕地保有量 29 200 公顷（43.74 万亩），基本农田保护面积 25 520 公顷（38.28 万亩），建设用地总规模 20 800 公顷。

（8）奉贤区。至 2020 年，全区耕地保有量 32 700 公顷（48.98 万亩），基本农田保护面积 31430 公顷（47.15 万亩），建设用地总规模 23 000 公顷。

（9）崇明县。至 2020 年，全县耕地保有量 78 000 公顷（117.04 万亩），基本农田保护面积 73 300 公顷（110 万亩），建设用地总规模 25 600 公顷。

表 5-1　土地利用主要调控指标表

<table>
<tr><th colspan="2">指标</th><th>2005 年</th><th>2010 年</th><th>2020 年</th><th>指标属性</th></tr>
<tr><td colspan="6">总量指标（单位：公顷）</td></tr>
<tr><td rowspan="5">农用地</td><td>耕地保有量</td><td>273 100
（410 万亩）</td><td>258 000
（387 万亩）</td><td>249 300
（374 万亩）</td><td>约束性</td></tr>
<tr><td>基本农田面积</td><td>214 800
（322 万亩）</td><td>218 700
（328 万亩）</td><td>218 700
（328 万亩）</td><td>约束性</td></tr>
<tr><td>园地面积</td><td>11 100</td><td>13 000</td><td>15 000</td><td>预期性</td></tr>
<tr><td>林地面积</td><td>20 700</td><td>22 000</td><td>27 200</td><td>预期性</td></tr>
<tr><td>牧草地面积</td><td>0</td><td>0</td><td>0</td><td>预期性</td></tr>
<tr><td rowspan="3">建设用地</td><td>建设用地总规模</td><td>240 100</td><td>259 000</td><td>298 100</td><td>预期性</td></tr>
<tr><td>城乡建设用地规模</td><td>217 000</td><td>230 000</td><td>260 000</td><td>约束性</td></tr>
<tr><td>城镇工矿用地规模</td><td>161 200</td><td>183 000</td><td>220 000</td><td>预期性</td></tr>
<tr><td colspan="6">增量指标（单位：公顷）</td></tr>
<tr><td colspan="2">新增建设用地总量</td><td>——</td><td>26 000</td><td>86 900</td><td>预期性</td></tr>
<tr><td colspan="2">新增建设占用农用地规模</td><td>——</td><td>21 300
（32 万亩）</td><td>65 000
(97.5 万亩)</td><td>预期性</td></tr>
<tr><td colspan="2">新增建设占用耕地规模</td><td>——</td><td>16 000
（24 万亩）</td><td>45 200
(67.8 万亩)</td><td>约束性</td></tr>
<tr><td colspan="2">整理复垦开发补充耕地义务量</td><td>——</td><td>16 000
（24 万亩）</td><td>45 200
(67.8 万亩)</td><td>约束性</td></tr>
<tr><td colspan="6">效率指标（单位：平方米）</td></tr>
<tr><td colspan="2">人均城镇工矿用地</td><td>102</td><td>106</td><td>110</td><td>约束性</td></tr>
</table>

表 5-2　土地利用结构调整表　　单位：公顷

地　类			2005 年	2010 年	2020 年
农用地	耕地		273 100 （410 万亩）	258 000 （387 万亩）	249 300 （374 万亩）
	园地		11 100 （17 万亩）	13 000 （20 万亩）	15 000 （23 万亩）
	林地		20 700 （31 万亩）	22 000 （33 万亩）	27 200 （41 万亩）
	牧草地		0	0	0
	其他农用地		75 300 （113 万亩）	91 800 （138 万亩）	96 000 （144 万亩）
	小计		380 200 （570 万亩）	384 800 （577 万亩）	387 500 （581 万亩）
建设用地	城乡建设用地	城镇工矿用地	161 200	183 000	220 000
		农村居民点用地	55 800	47 000	40 000
		小计	217 000	230 000	260 000
	交通、水利及其他用地	交通、水利基础设施用地	21 300	26 500	34 600
		其他建设用地	1 800	2 500	3 500
		小计	23 100	29 000	38 100
	小计		240 100	2 590	2 981
未利用地			203 600	180 100	138 300
合计			823 900	823 900	823 900

表 5-3　各区县建设用地指标表　　单位：公顷，平方米

名称	2005 年建设用地总规模	2010 年各项建设用地规模				2020 年各项建设用地规模			
		建设用地总规模	城乡用地规模	城镇工矿用地规模	人均城镇工矿用地	建设用地总规模	城乡用地规模	城镇工矿用地规模	人均城镇工矿用地
国家下达	240 100	259 000	230 000	183 000	106	298 100	260 000	220 000	110
机动量	——	——	——	——	——	3 000	——	——	——
中心九城区	28 900	28 900	28 900	28 900	48	28 900	28 900	28 900	52
浦东新区	58 800	64 500	56 900	44 500	139	76 000	67 300	58 000	141
宝山区	21 900	22 200	19 400	14 700	123	23 100	21 300	20 000	127
闵行区	23 700	25 200	22 000	16 900	129	27 400	25 400	24 200	137
嘉定区	20 600	22 300	19 500	14 800	130	25 200	21 600	19 000	134

金山区	14 600	16 000	13 900	10 600	134	20 000	17 300	13 600	123
松江区	24 100	24 600	21 500	16 400	142	25 100	21 000	17 800	133
青浦区	14 800	16 300	14 000	10 600	132	20 800	17 100	13 500	111
奉贤区	15 700	17 900	15 500	11 700	152	23 000	18 600	13 000	130
崇明县	17 000	21 100	18 400	13 900	152	25 600	21 600	12 000	120

注：表中长兴岛、横沙岛的2005年现状建设用地面积仍计入宝山区。

第二节 土地收费

表 5-4 土地依法收费项目、标准和依据

序号	收费项目名称		收费标准	法律依据
	一级项目	二级项目		
1	土地使用权出让金		招标、拍卖挂牌或协议确定	《土地管理法》
2	外商投资企业土地使用费	商业金融办公	10～170元/平方米．年	财企〔2008〕293号、市政府令1996年第29号
		居住	8～110元/平方米．年	财企〔2008〕293号、市政府令1996年第29号
		工业仓储——一般	4～130元/平方米．年	财企〔2008〕293号、市政府令1996年第29号
		工业仓储——先进技术	2～100元/平方米．年	财企〔2008〕293号、市政府令1996年第29号
		教育卫生科技	2～45元/平方米．年	财企〔2008〕293号、市政府令1996年第29号
		种植养殖——一般	0.5～14元/平方米．年	财企〔2008〕293号、市政府令1996年第29号
		种植养殖——先进技术	0.5～7元/平方米．年	财企〔2008〕293号、市政府令1996年第29号
3	耕地开垦费		120元/平方米	《土地管理法》
4	土地收益金		见文件	沪府发〔1999〕44号
5	不动产登记费		见文件	发改价格规〔2016〕2559号
6	不动产权属证书工本费		见文件	发改价格规〔2016〕2559号
7	土地复垦费		破坏耕地15元/平方米；破坏非耕农用地7.5元/平方米	《土地管理法》
8	土地闲置费		见文件	《土地管理法》

第三节　上海市基准地价

一、上海市基准地价土地级别（基准日 2010 年 1 月 1 日）

土地级别范围说明：根据不同用途土地价格分布的情况，居住、商业、办公分为10个级别，工业分为 9 个级别。以上级别范围及下述级别范围说明均不含滩涂。

（一）居住用地

上海市居住用地共分为 10 级，外环以内以 1 ～ 6 级为主，外环以外以 7 ～ 10 级为主。总体上以人民广场为中心，越接近市中心级别越高、越远离市中心级别越低。位于外环以内的西南区域土地级别相对较高、位于外环以外除崇明外的北部区域土地级别高于南部区域。局部规划重点发展的区域呈岛状分布，级别高于周边区域，如外环以内的世纪公园、联洋、碧云、古北、北外滩、天山、田林等区域，外环以外的各郊区县中心城镇、规划新城区等区域。

具体定级范围说明如下：

1 级：黄浦江以西：北京西路—万航渡路—华山路—延安西路—江苏路—华山路—广元西路—恭城路—虹桥路—文定路—南丹路—南丹东路—宛平路—建国西路—襄阳南路—永嘉路—瑞金二路—复兴中路—西藏南路—西藏中路—北京西路；北外滩：秦皇岛路—杨树浦路—东大名路—大名路—黄浦江—秦皇岛路；黄浦滨江：中山东路、中山东一路、中山南路（苏州河—南浦大桥）；徐汇滨江：黄浦江—沪杭铁路新日支线—宛平南路—龙华港—黄浦江；黄浦江以东：黄浦江—张家浜—浦明路—浦电路—浦城路—陆家嘴环路—黄浦江。

2 级：黄浦江以西：黄浦江—秦皇岛路—杨树浦路—大连路—周家嘴路—海宁路—河南北路—苏州河—长寿路—武宁路—苏州河—中山西路（内环）—延安西路—虹许路（中环）—古羊路—宋园路—吴中路—中山西路（内环）—延安西路（延安路高架）—虹许路（中环）—古羊路—宋园路—吴中路—中山西路（内环）—中山南二路（内环）—宛平南路—龙华港—黄浦江所围范围内 1 级以外的其他地区；黄浦江以东：黄浦江—陆家嘴环路—浦城路—浦电路—浦明路—张家浜—黄浦江—塘桥新路—浦建路—东方路—浦电路—灵山路—民生路—黄浦江；联洋：杨高中路—民生路—锦绣路—芳甸路—花木路—罗山路（内环）—杨高中路；世纪公园：花木路—锦绣路—梅花路—白杨路—龙阳路—芳甸路—花木路。

3 级：内环内除杨浦区，1 ～ 2 以外的其他区域黄浦江以西：杨浦滨江：杨树浦路—秦皇岛路—黄浦江—宁国路（内环）—杨树浦路；天山：苏州河—双流路—天山路—古北路—延安西路—中山西路（内环）—苏州河；田林龙华世博滨江：吴中路—桂林路—桂林南路—沪杭铁路—龙吴路—上中路（中环）—黄浦江—龙华港—宛平南路—中山南二路（内环）—中山西路（内环）—吴中路；新江湾城：军工路—杨浦区西部行政边界（逸仙路）—政立路—淞沪路—闸殷路—军工路；黄浦江以东：世博会场址规划区；碧云：杨高中路—罗山路（内环）—锦绣东路—金桥路（中环）—杨高中路。

4 级：政立路—逸仙路高架—坟水东路—粤秀路—彭江路—共和新路—灵石路—岚皋路—石泉路—中宁路—武宁路—大渡河路—苏州河—北虹路—天山西路—环西一大道（外环）—吴中路—莲花路—沪闵路—虹梅路（中环）—上中西路（中环）—上中路（中环）—龙吴

路—黄浦江—耀华路—浦东南路—高科西路—张江路（中环）—金桥路（中环）—黎平路（中环）—军工路（中环）—翔殷路（中环）—国和路—政立路，所围范围内1～3级以外的其他地区。

5级：黄浦江—杨浦区北部行政边界—逸仙路高架—场中路—共和新路—汶水路（中环）—真北路（中环）—沪宁铁路—祁连山南路—普陀区西部行政边界—苏州河—环西一大道（外环）—环南二大道（外环）—黄浦江—中环—华夏西路（中环）—华夏中路（中环）—张江路（中环）—高科中路—申江路—唐陆公路—东陆公路—杨高北路—赵家沟—黄浦江，所围范围内1～4级以外的其他区域。

6级：外环内1～5级以外的其他区域；普陀区、长宁区、徐汇区1～5级以外的其他区域；嘉定区：真新新村街道外环外区域；宝山区：友谊路街道、吴淞街道规划建设区；闵行区：闵行边界—北横泾—沪青平公路—中春路—春申塘—闵行区边界—环南大道（外环）—环西大道（外环）—闵行边界。

7级：黄浦江以西，闵行区：华漕镇、颛桥镇、马桥镇、吴泾镇、江川街道规划建设区；宝山区：顾村镇、杨行镇、大场镇规划建设区，嘉定区：江桥镇、南翔镇规划建设区；松江区：九亭镇、新桥镇规划建设区，青浦区：徐泾镇规划建设区。黄浦江以东，浦东新区：高桥镇、高东镇规划建设区内6级以外的其他区域；A30以西1～6级以外的其他区域；浦东新区（原南汇区）：周浦康桥镇规划建设区；闵行区：浦江镇沈杜公路以北区域。

8级：黄浦江以西，宝山区：月浦镇、罗店镇规划建设区；嘉定区：新成路街道、菊园新区、嘉定镇街道、安亭镇、马陆镇、嘉定工业区规划建设区；松江区：岳阳街道、永丰街道、方松街道、中山街道，佘山镇、泗泾镇、洞泾镇、车墩镇、小昆山镇规划建设区；青浦区：朱家角镇、赵巷镇、盈浦街道、夏阳街道、香花桥街道规划建设区；金山区：朱泾镇建成区（健康路—亭枫公路—仙业路—临源街）、金山新城建成区（龙翔路—东平北路—东平南路—临桂路—卫零路—隆平路—卫一路—大堤路—荔浦路—海滨路—沪杭公路—亭卫南路—亭卫公路—龙翔路）、枫泾镇建成区、枫泾新镇区。黄浦江以东，闵行区：浦江镇沈杜公路以南区域；浦东新区（原南汇区）：惠南镇规划建设区、临港新城中心区；奉贤区：南桥镇规划建设区（奉浦大道—沪杭公路—沪金高速—上海绕城高速—奉浦大道）。

9级：上海市（不含金山区、崇明县）1～8级以外的其他区域，金山区：金山新城中心城区未建成区、亭林老镇区、亭林大型居住社区、张堰镇建成区；崇明县：城桥镇规划建设区。

10级：上海市1～9级以外的其他区域。

（二）商业用地

上海市商业用地共分为10级，外环以内以1～6级为主，外环以外以7～10级为主。总体上以人民广场为中心，越接近市中心级别越高、越远离市中心级别越低。结合上海市商业发展的特点，在商业用地的1级、2级以及其他环状级别内的带状、岛状分布的区域，多为发展较好的商业街和商圈，土地级别高于周边区域。

具体定级范围说明如下：

1级：黄浦江以西，外滩：中山东一路—延安东路—苏州河；南京东（西）路：中山东一路—乌鲁木齐北路；西藏中路：南京东路—福州路；淮海东（中）路：西藏南路—襄阳北路；新天地：淮海路—马当路—自忠路—黄陂南路—淮海路；徐家汇：虹桥路—肇家浜路：恭城路—天平路；华山路：广元路—虹桥路；天钥桥路：肇家浜路—南丹路；漕溪路：虹桥路—南丹路。

2 级：黄浦江以西，四川北路：苏州河—东江湾路；福州路：河南中路—西藏中路；金陵东路：中山东二路—西藏南路；衡山路：乌鲁木齐北路—宛平南路；豫园：人民路—河南南路—方浜中路—人民路；静安寺：北京西路—乌鲁木齐北路—华山路—延安中路—常德路—北京西路；中山公园：汇川路—凯旋路—长宁路—汇川路；长宁路：定西路—汇川路；虹桥：仙霞路—古北路—延安西路—仙霞路。黄浦江以东，陆家嘴：黄浦江—东昌路—浦东南路—黄浦江；新上海城：商城路—浦东南路—张杨路—崂山东路；张杨路：崂山东路—浦东南路。

3 级：黄浦江以西，周家嘴路—海宁路—河南北路—天目东路—共和新路—沪宁铁路—苏州河—中山西路（内环）—天山路—古北路—仙霞路—延安西路—中山西路（内环）—卢湾区边界—黄浦江—秦皇岛路—杨树浦路—大连路—周家嘴路，所围范围内 1 ～ 2 级以外的其他地区；虹桥：天山路—古北路—仙霞路—延安西路—中山西路（内环）—天山路；古北：延安西路—虹许路（中环）—古羊路—宋园路—吴中路—中山西路（内环）—延安西路；五角场：政立路—国定路—国定东路—国和路—政立路；大宁商务区：大宁路—万荣路—延长中路—共和新路—大宁路；虹口足球场：大连西路—中山北一路（内环）—花园路—四川北路—四达路—欧阳路—大连西路。黄浦江以东，黄浦江—塘桥新路—浦建路—东方路—浦电路—源深路—张杨路—东方路—黄浦江；联洋：杨高中路—民生路—锦绣路—罗山路（内环）—杨高中路。

4 级：内环内 1 ～ 3 级以外的其他区域。黄浦江以西，江湾：殷高路—淞沪路西侧规划道路（江湾—五角场城市副中心西边界）—三门路—国定路—政立路—国京路—殷高路，曹杨：梅岭北路—杨柳青路—梅岭南路—梅岭北路；天山：苏州河—双流路—天山路—中山西路（内环）—苏州河；仙霞路：古北路—北虹路（中环）；金汇路：吴中路—红松路；田林路：桂林路—虹漕路；田林龙华世博：吴中路—桂林路—钦州南路—钦州路—龙华港—黄浦江—外马路—中山南路—中山南一路（内环）—中山南二路（内环）—中山西路（内环）—吴中路。黄浦江以东，碧云：杨高中路—罗山路（内环）—锦绣东路—金桥路（中环）—杨高中路；张江：碧波路—高科中路—科苑路—碧波路；龙汇路：莲溪路—沪南路，世博会场址规划区。

5 级：中环内 1 ～ 4 级以外的其他区域。黄浦江以西，五角场辐射区：国和路—政立路—国权北路—三门路—逸仙路—邯郸路—翔殷路（中环）—包头路—国和路；大柏树：纪念路—广纪路—汶水东路—逸仙路—纪念路；曹安梅川：曹安路—真光路—梅川路—真北路（中环）—曹安路；梅川路：真光路—万镇路；南方商城：古美西路—万源路—沪闵路—古方路—古美西路；彭浦：保德路—三泉路—闻喜路—阳曲路—保德路；新泾金汇：天山西路—环西一大道（外环）—吴中路—虹许路（中环）—北虹路（中环）—天山西路；虹桥商务功能核心区：扬虹路—华翔路—建虹路—申贵路—甬虹路—申虹路—锡虹路—申贵路—扬虹路。

6 级：外环内 1 ～ 5 级以外的其他区域。黄浦江以西，普陀区、长宁区、徐汇区 1 ～ 5

级以外的其他区域，宝山区：友谊路街道、吴淞街道规划建设区；闵行区：虹桥商务区（北翟路—华翔路—沪青平公路—环西大道外环部分—北翟路），沪青平公路—中春路—春申塘—闵行区边界—环南大道（外环）—环西大道（外环）—沪青平公路。黄浦江以东，浦东新区，川沙：川杨河—唐陆公路—栏学路—城丰路—妙境路—川环南路—浦东运河—川杨河。

7级：闵行区：华漕镇、七宝镇、莘庄镇、梅龙镇规划建设区内除6级以外的其他区域，颛桥镇、吴泾镇、江川路街道规划建设区；浦江镇规划建设区内沈杜公路以北的区域，宝山区：杨行镇、顾村镇、大场镇规划建设区内6级以外的其他区域；嘉定区：南翔镇规划建设区，真新新村街道、江桥镇规划建设区内6级以外的其他区域；青浦区：徐泾镇规划建设区；松江区：九亭镇、新桥镇规划建设区；浦东新区：高桥镇、高东镇规划建设区内6级以外的其他区域；A30以西1～6级以外的其他区域；浦东新区（原南汇区）：康桥镇规划建设区内除6级以外的区域；周浦镇规划建设区。

8级：闵行区：1～7级以外的其他区域；宝山区：月浦镇、罗店镇规划建设区；嘉定区：新成路街道、菊园新区、嘉定镇街道，马陆镇、安亭镇、嘉定工业区规划建设区；青浦区：夏阳街道、盈浦街道、香花桥街道规划建设区；松江区：岳阳街道、永丰街道、方松街道、中山街道、泗泾镇、洞泾镇、车墩镇、佘山镇、小昆山镇规划建设区；金山区：朱泾镇建成区（健康路—亭枫公路—仙业路—临源街）、金山新城建成区（龙翔路—东平北路—东平南路—临桂路—卫零路—隆平路—卫一路—大堤路—荔浦路—海滨路—沪杭公路—亭卫南路—亭卫公路—龙翔路）、枫泾镇建成区、枫泾新镇区；奉贤区：南桥镇规划建设区（奉浦大道—沪杭公路—沪金高速—上海绕城高速—奉浦大道）；浦东新区（原南汇区）：惠南镇规划建设区、临港新城中心区及洋山保税港。

9级：上海市（不含金山区、崇明县）1～8级以外的其他区域。金山区：金山新城中心城区未建成区、亭林老镇区、亭林大型居住社区、张堰镇建成区，崇明县：城桥镇规划建设区。

10级：上海市1～9级以外的其他区域。

（三）办公用地

上海市办公用地共分为10级，外环以内以1～6级为主，外环以外以7～10级为主。总体上以人民广场为中心，越接近市中心级别越高、越远离市中心级别越低。位于外环以内的西南区域土地级别较高、位于外环以外除崇明外的北部区域土地级别高于南部区域。局部规划重点发展的区域呈岛状分布，土地级别高于周边区域，如外环以内的大宁、长风、张江、五角场、金桥等区域，外环以外的各郊区县中心城镇等区域。

具体定级范围说明如下：

1级：黄浦江以西，黄浦江—苏州河—河南中路—天津路—贵州路—牛庄路—凤阳路—石门二路—奉贤路—南阳路—铜仁路—愚园东路—愚园路—愚园支路—乌鲁木齐北路—延安西路—延安中路—威海路—成都北路—重庆中路—长乐路—襄阳北路—襄阳南路—南昌路—兴业路—淡水路—复兴中路—西藏南路—方浜西路—人民路—云南南路—云南中路—九江路—河南中路—河南南路—人民路—兴东路—豆市街—白渡路—中山南路—王家码头路—外仓桥街—南仓街—陆家浜路—黄浦江；徐家汇：广元路—广元西路—乐山路—虹桥路—文定路

—南丹路—南丹东路—天钥桥路—肇家浜路—天平路—广元路；北外滩：秦皇岛路—杨树浦路—东大名路—大名路—黄浦江—秦皇岛路。黄浦江以东，黄浦江—东昌路—浦东南路—栖霞路—南泉北路—乳山路—东方路—黄浦江。

2 级：黄浦江以西，苏州河—安远路—长寿路—万航渡路—苏州河—中山西路（内环）—天山路—古北路—虹桥路—伊犁路—延安西路—中山西路（内环）—虹桥路—恭城路—广元西路—广元路—天平路—肇家浜路—徐家汇路—陆家浜路—黄浦江—苏州河，所围范围内 1 级以外的其他地区，北外滩：东长治路—长治路—大名路—东大名路—公平路—东长治路。黄浦江以东，黄浦江—浦东南路—东昌路—黄浦江—塘桥新路—浦建路—东方路—浦电路—民生路—黄浦江。

3 级：黄浦江以西，内环线内除杨浦，1 ～ 2 级以外的其他区域，杨浦滨江：杨树浦路—秦皇岛路—黄浦江—宁国路（内环）—杨树浦路，五角场：政立路—国定路—国定东路—国和路—政立路。黄浦江以东，黄浦江—民生路—浦东大道—罗山路（内环）—黄浦江，浦电路—东方路—浦建路—锦绣路—民生路—浦电路，塘桥新路—黄浦江—龙阳路（内环）—浦东南路—塘桥新路。

4 级：黄浦江以西，殷高路—淞沪路西侧规划道路（江湾—五角场城市副中心西边界）—三门路—国定路—政立路—逸仙路高架—汶水东路—水电路—广中路—广中西路—志丹路—光新路—真如港—岚皋路—石泉路—中宁路—武宁路—桃浦—虬江—杨柳青路—枣阳路—金沙江路—真北路（中环）—苏州河—芙蓉江路—天山路—水城路—水城南路—延安西路（延安路高架）—虹许路（中环）—古羊路—宋园路—桂林路—钦州南路—钦州路—龙华港—黄浦江—宁国路（内环）—黄兴路（内环）—国定东路—国和路—政立路—国京路—殷高路，所围范围内 1 ～ 3 级以外的其他区域。黄浦江以东，内环内 1 ～ 3 级以外的其他区域，世博会场址规划区，碧云张江：杨高中路—罗山路（内环）—高科中路—张江路—金桥路—杨高中路。

5 级：中环内 1 ～ 4 级以外的其他区域。黄浦江以西，新泾：天山西路—环西—大道（外环）—延安西路—北虹路（中环）—天山西路；虹桥商务区：北翟路—华翔路—沪青平公路—环西大道（外环）—北翟路；大柏树：场中路—广粤路—汶水东路—逸仙路—场中路；新江湾城：军工路—杨浦区西部行政边界（逸仙路）—政立路—淞沪路—闸殷路—军工路。黄浦江以东，外高桥保税区：海高公路—杨高北路—五洲大道—高川河—海高公路；金桥出口加工区：金海路—杨高中路—金桥路（中环）—川桥路—唐陆公路—东陆公路—金海路；张江集成电路产业区：龙东大道—张江路（中环）—高科中路—环东二大道（外环）—龙东大道。

6 级：外环内 1 ～ 5 级以外的其他区域。黄浦江以西，普陀区、长宁区、徐汇区 1 ～ 4 级以外的其他区域，宝山区：友谊路街道、吴淞街道规划建设区；闵行区：虹桥交通枢纽（北翟路—华翔路—沪青平高速公路—环西大道外环部分—北翟路），莘庄（沪杭高速公路—中春路—沪杭铁路—A4—沪杭高速公路）。

7 级：闵行区：华漕镇、七宝镇、莘庄镇、梅龙镇规划建设区内 6 级以外的其他区域，颛桥镇、吴泾镇、江川路街道规划建设区，浦江镇规划建设区内沈杜公路以北的区域；宝山区：杨行镇、顾村镇、大场镇规划建设区内除6级以外的区域；嘉定区：南翔镇规划建设区，真新新村街道、江桥镇规划建设区内6级以外的其他区域；青浦区：徐泾镇规划建设区；松江区：九亭镇、新桥镇规划建设区；浦东新区：高桥镇、高东镇规划建设区内6级以外的其他区域，A30以西1～6级以外的其他区域，浦东新区（原南汇区）：康桥镇规划建设区内6级以外的其他区域，周浦镇规划建设区。

8级：闵行区：1～7级以外的其他区域；宝山区：月浦镇规划建设区；嘉定区：新成路街道、菊园新区、嘉定镇街道，马陆镇、安亭镇、嘉定工业区规划建设区；青浦区：夏阳街道、盈浦街道、香花桥街道规划建设区；松江区：岳阳街道、永丰街道、方松街道、中山街道、泗泾镇、洞泾镇、车墩镇、佘山镇、小昆山镇规划建设区；金山区：朱泾镇建成区（健康路—亭枫公路—仙业路—临源街）、金山新城建成区（龙翔路—东平北路—东平南路—临桂路—卫零路—隆平路—卫一路—大堤路—荔浦路—海滨路—沪杭公路—亭卫南路—亭卫公路—龙翔路）、枫泾镇建成区、枫泾新镇区，奉贤区：南桥镇规划建设区（奉浦大道—沪杭公路—沪金高速—上海绕城高速—奉浦大道）；浦东新区（原南汇区）：惠南镇规划建设区、临港新城中心区及洋山保税港。

9级：上海市（不含金山区、崇明县）1～8级以外的其他区域。金山区：金山新城中心城区未建成区、亭林老镇区、亭林大型居住社区、张堰镇建成区；崇明县：城桥镇规划建设区。

10级：上海市1～9级以外的其他区域。

（四）工业用地

上海市工业用地共分为9级，外环以内以1～5级为主，外环以外以6～9级为主。总体上以人民广场为中心，越接近市中心级别越高、越远离市中心级别越低。在级别划分时，充分考虑了上海市内各工业园区的分布情况及土地开发程度。

具体定级范围说明如下：

1级：黄浦江以西，黄浦江—苏州河—石门二路—北京西路—乌鲁木齐北路—乌鲁木齐中路—复兴中路—复兴东路—黄浦江，北外滩：黄浦江—溧阳路—大名路—长治路—苏州河—黄浦江。黄浦江以东，黄浦江—张杨路—东方路—黄浦江。

2级：黄浦江以西，内环内除杨浦，1级以外的其他区域，虹桥经济技术开发区。黄浦江以东，黄浦江—东方路—张杨路—黄浦江—塘桥新路—浦建路—东方路—峨山路—杨高南路—源深路—浦东大道—民生路—黄浦江。

3级：黄浦江以西，杨浦内环内区域、中环内除杨浦、1～2级以外的其他区域、五角场、市北工业区：政立路—场中路—沪太路—汶水路（中环）—邯郸路（中环）—国定路—国定东路—国和路—政立路、漕河泾经济技术开发区（超出中环的部分）。黄浦江以东，内环内1～2级以外的其他区域，世博会场址规划区。

4级：中环内1～3级以外的其他区域，张江高科技园区（超出中环的部分）。

5级：外环内的1～4级以外的其他区域（浦东新区原南汇区部分、嘉定区行政范围内的区域除外），普陀区、长宁区、徐汇区1～4级以外的其他区域，宝山区：友谊路街道、吴淞街道规划建设区，虹桥商务区（北翟路—华翔路—沪青平公路—环西大道（外环）—北翟路）、上海紫竹高新技术产业园区、上海闵行经济技术开发区闵行园区、上海浦东空港工业园区机场分园、上海浦东空港工业园区川沙分园、上海外高桥保税区（超出外环的部分）。

6级：闵行区、浦东新区1～5级以外的其他区域，浦东新区（原南汇区）：洋山保税港区、上海周浦都市型工业园。

7级：宝山区：月浦镇、杨行镇、顾村镇、大场镇规划建设区、上海宝山工业园区（宝山城市园北区块、罗店园、嘉定徐行园东区块、嘉定徐行园西区块）、宝山钢铁集团公司；嘉定区：新成路街道、真新新村街道、菊园新区、嘉定镇街道，马陆镇、南翔镇、安亭镇、江桥镇、嘉定工业区规划建设区；青浦区：夏阳街道、盈浦街道、徐泾镇规划建设区、上海西郊经济开发区（华新绿色园区块1～5），上海青浦工业园区（区块1～5）；松江区：岳阳街道、永丰街道、方松街道、中山街道，九亭镇、新桥镇、泗泾镇、洞泾镇、车墩镇、佘山镇、小昆山镇规划建设区；金山区：上海石油化工股份有限公司、上海化学工业园区；奉贤区：南桥镇规划建设区；浦东新区（原南汇区）：惠南镇、周浦镇、康桥镇规划建设区、临港新城中心区、上海浦东空港工业园区祝桥分园。

8级：上海市（不含崇明县）1～7级以外的其他区域；崇明县：城桥镇规划建设区、长兴岛、上海崇明工业园区。

9级：上海市1～8级以外的其他区域。

二、上海市基准地价表

表5-5　上海市基准地价表（楼面地价）（基准日2013年1月1日）

用途	住宅		商业		办公		研发总部		工业	
级别	价格	设定容积率	价格	设定容积率	价格	设定容积率	价格	设定容积率	价格	设定容积率
1	25 840	2.5	34 060	4.0	22 850	4.0	—	—	6 500	2.0
2	18 890	2.5	27 090	4.0	17 040	4.0	—	—	4 350	2.0
3	15 220	2.0	19 670	2.0	12 910	4.0	—	—	2 740	1.6
4	12 750	2.0	15 270	2.0	10 990	3.5	—	—	1 450	1.6
5	10 730	2.0	11 130	1.8	7 350	3.5	—	—	990	1.6
6	8 200	1.8	8 120	1.8	5 780	3.5	1 550	2.0	860	1.2
7	6 160	1.8	5 770	1.6	4 230	2.5	920	2.0	615	1.0
8	4 370	1.4	4 400	1.6	3 090	2.5	675	2.0	450	1.0
9	2 810	1.4	2 910	1.2	2 070	2.0	450	2.0	300	1.0
10	2 090	1.2	2 230	1.2	1 370	2.0	—	—	—	—

注：本市基准地价成果为分用途各级别国有建设用地在一定设定条件下的土地使用权平均价格。内涵包括：1.基准日为2013年1月1日；2.使用年限为对应用途的法定最高出让年限；3.开发强度为各用途各级别的设定容积率；4.住宅、商业、办公用地开发程度为“七通一平”，指宗地外通路、供电、通信、通上水、通下水、通污水、通燃气及宗地内场地平整；研发总部类和工业用地开发程度为“五通一平”，指宗地外通路、供电、通信、通上水、通下水及宗地内场地平整。

三、上海市基准地价容积率修正系数

基准地价一般根据平均的土地利用程度来确定其容积率。当宗地的容积率水平与基准地价所设定的不一致时，就需进行容积率修正。目前工业用地容积率对地价的影响较小，工业用地原则上不设容积率修正。对居住、商业和办公用地的修正系数表（见表 5-6、表 5-7、表 5-8）（本系数是对楼面地价的修正）。

表 5-6 上海市基准地价容积率修正系数表（居住用地）

居住容积率	1～2级	3～5级	6～7级	8～9级	10级	居住容积率	1～2级	3～5级	6～7级	8～9级	10级
1.0	1.195	1.166	1.142	1.079	1.000	3.6	0.947	0.924	0.905	0.855	0.792
1.1	1.170	1.141	1.119	1.056	0.979	3.7	0.943	0.920	0.902	0.851	0.789
1.2	1.148	1.120	1.098	1.036	0.961	3.8	0.938	0.915	0.897	0.847	0.785
1.3	1.127	1.100	1.077	1.017	0.943	3.9	0.933	0.910	0.892	0.842	0.781
1.4	1.108	1.081	1.059	1.000	0.927	4.0	0.928	0.905	0.887	0.838	0.777
1.5	1.090	1.063	1.042	0.984	0.912	4.1	0.924	0.901	0.883	0.834	0.773
1.6	1.074	1.048	1.027	0.969	0.899	4.2	0.919	0.897	0.879	0.829	0.769
1.7	1.059	1.033	1.012	0.956	0.886	4.3	0.914	0.892	0.874	0.825	0.765
1.8	1.046	1.020	1.000	0.944	0.875	4.4	0.909	0.887	0.869	0.820	0.761
1.9	1.035	1.010	0.989	0.934	0.866	4.5	0.904	0.882	0.864	0.816	0.756
2.0	1.025	1.000	0.980	0.925	0.858	4.6	0.900	0.878	0.860	0.812	0.753
2.1	1.017	0.992	0.972	0.918	0.851	4.7	0.895	0.873	0.856	0.808	0.749
2.2	1.010	0.985	0.966	0.912	0.845	4.8	0.890	0.868	0.851	0.803	0.745
2.3	1.005	0.980	0.961	0.907	0.841	4.9	0.885	0.863	0.846	0.799	0.741
2.4	1.002	0.978	0.958	0.904	0.838	5.0	0.881	0.860	0.842	0.795	0.737
2.5	1.000	0.976	0.956	0.903	0.837	5.1	0.876	0.855	0.837	0.791	0.733
2.6	0.995	0.971	0.951	0.898	0.833	5.2	0.871	0.850	0.833	0.786	0.729
2.7	0.990	0.966	0.946	0.894	0.828	5.3	0.866	0.845	0.828	0.782	0.725
2.8	0.986	0.962	0.943	0.890	0.825	5.4	0.861	0.840	0.823	0.777	0.721
2.9	0.981	0.957	0.938	0.885	0.821	5.5	0.857	0.836	0.819	0.773	0.717
3.0	0.976	0.952	0.933	0.881	0.817	5.6	0.852	0.831	0.815	0.769	0.713
3.1	0.971	0.947	0.928	0.876	0.813	5.7	0.847	0.826	0.810	0.764	0.709
3.2	0.967	0.943	0.924	0.873	0.809	5.8	0.842	0.821	0.805	0.760	0.705
3.3	0.962	0.939	0.920	0.868	0.805	5.9	0.837	0.817	0.800	0.755	0.700
3.4	0.957	0.934	0.915	0.864	0.801	6.0	0.833	0.813	0.796	0.752	0.697
3.5	0.952	0.929	0.910	0.859	0.797						

表 5-7　上海市基准地价容积率修正系数表（商业用地）

商业容积率	1～2级	3～4级	5～6级	7～8级	9～12级	商业容积率	1～2级	3～4级	5～6级	7～8级	9～12级
1.0	2.190	1.472	1.359	1.257	1.078	3.6	1.042	0.700	0.646	0.598	0.512
1.1	2.110	1.418	1.309	1.211	1.038	3.7	1.031	0.693	0.640	0.592	0.507
1.2	2.033	1.366	1.261	1.167	1.000	3.8	1.021	0.686	0.633	0.586	0.502
1.3	1.957	1.315	1.214	1.123	0.963	3.9	1.010	0.679	0.627	0.580	0.497
1.4	1.882	1.265	1.168	1.080	0.926	4.0	1.000	0.672	0.620	0.574	0.492
1.5	1.811	1.217	1.124	1.039	0.891	4.1	0.991	0.666	0.615	0.569	0.488
1.6	1.743	1.171	1.081	1.000	0.857	4.2	0.981	0.659	0.608	0.563	0.482
1.7	1.676	1.126	1.040	0.962	0.824	4.3	0.970	0.652	0.602	0.557	0.477
1.8	1.612	1.083	1.000	0.925	0.793	4.4	0.961	0.646	0.596	0.552	0.473
1.9	1.549	1.041	0.961	0.889	0.762	4.5	0.951	0.639	0.590	0.546	0.468
2.0	1.488	1.000	0.923	0.854	0.732	4.6	0.942	0.633	0.584	0.541	0.463
2.1	1.430	0.961	0.887	0.821	0.704	4.7	0.933	0.627	0.579	0.535	0.459
2.2	1.374	0.923	0.852	0.788	0.676	4.8	0.923	0.620	0.572	0.529	0.454
2.3	1.327	0.892	0.824	0.762	0.653	4.9	0.914	0.614	0.568	0.524	0.449
2.4	1.284	0.863	0.797	0.737	0.632	5.0	0.905	0.608	0.561	0.519	0.445
2.5	1.246	0.837	0.773	0.715	0.613	5.1	0.896	0.602	0.556	0.514	0.441
2.6	1.210	0.813	0.751	0.694	0.595	5.2	0.887	0.596	0.550	0.509	0.436
2.7	1.176	0.790	0.729	0.675	0.578	5.3	0.878	0.590	0.545	0.504	0.432
2.8	1.146	0.770	0.711	0.658	0.564	5.4	0.869	0.584	0.539	0.499	0.428
2.9	1.118	0.751	0.693	0.641	0.550	5.5	0.860	0.578	0.534	0.494	0.423
3.0	1.106	0.743	0.686	0.635	0.544	5.6	0.853	0.573	0.529	0.489	0.419
3.1	1.095	0.736	0.680	0.629	0.539	5.7	0.844	0.567	0.524	0.484	0.415
3.2	1.085	0.729	0.673	0.623	0.534	5.8	0.835	0.561	0.518	0.479	0.411
3.3	1.073	0.721	0.666	0.616	0.528	5.9	0.827	0.556	0.513	0.475	0.407
3.4	1.063	0.714	0.659	0.610	0.523	6.0	0.818	0.550	0.508	0.470	0.403
3.5	1.052	0.707	0.653	0.604	0.518						

表 5-8　上海市基准地价容积率修正系数表（办公用地）

办公容积率	1～3级	4～6级	7～8级	9～10级	办公容积率	1～3级	4～6级	7～8级	9～10级
1.0	1.386	1.325	1.194	1.025	3.6	1.036	0.990	0.892	0.766
1.1	1.369	1.309	1.179	1.013	3.7	1.027	0.982	0.885	0.760
1.2	1.352	1.293	1.165	1.000	3.8	1.017	0.972	0.876	0.752

1.3	1.336	1.277	1.151	0.988	3.9	1.008	0.964	0.868	0.746
1.4	1.320	1.262	1.137	0.976	4.0	1.000	0.956	0.861	0.740
1.5	1.304	1.247	1.123	0.964	4.1	0.988	0.945	0.851	0.731
1.6	1.288	1.231	1.109	0.953	4.2	0.976	0.933	0.841	0.722
1.7	1.273	1.217	1.096	0.942	4.3	0.964	0.922	0.830	0.713
1.8	1.258	1.203	1.084	0.930	4.4	0.951	0.911	0.821	0.705
1.9	1.243	1.188	1.071	0.919	4.5	0.941	0.900	0.811	0.696
2.0	1.229	1.175	1.059	0.909	4.6	0.930	0.889	0.801	0.688
2.1	1.214	1.161	1.046	0.898	4.7	0.919	0.879	0.792	0.680
2.2	1.200	1.147	1.034	0.888	4.8	0.908	0.868	0.782	0.672
2.3	1.187	1.135	1.022	0.878	4.9	0.897	0.858	0.773	0.663
2.4	1.174	1.122	1.011	0.868	5.0	0.886	0.847	0.763	0.655
2.5	1.161	1.110	1.000	0.859	5.1	0.876	0.837	0.755	0.648
2.6	1.148	1.098	0.989	0.849	5.2	0.865	0.827	0.745	0.640
2.7	1.135	1.085	0.978	0.839	5.3	0.855	0.817	0.736	0.632
2.8	1.123	1.074	0.967	0.831	5.4	0.844	0.807	0.727	0.624
2.9	1.111	1.062	0.957	0.822	5.5	0.834	0.797	0.718	0.617
3.0	1.100	1.052	0.947	0.814	5.6	0.824	0.788	0.710	0.609
3.1	1.089	1.041	0.938	0.805	5.7	0.814	0.778	0.701	0.602
3.2	1.078	1.031	0.929	0.797	5.8	0.805	0.770	0.693	0.595
3.3	1.067	1.020	0.919	0.789	5.9	0.795	0.760	0.685	0.588
3.4	1.056	1.010	0.910	0.781	6.0	0.785	0.750	0.676	0.581
3.5	1.046	1.000	0.901	0.774					

说明：1. 容积率低于1.0时按容积率为1.0对应的地面价计算；

2. 容积率高于6.0时按容积率为6.0对应的楼面价计算；

3. 当宗地容积率介于上述所列的容积率之间时，可用直线插值法确定其对应的修正系数。

第四节　土地交易

2015年上海土地市场呈现量减价升的格局，由于供应量减少，竞争剧烈，地价居高不下，土地成交价格不断刷新纪录，溢价率不断上升，最高溢价超过200%。全年全市共出让国有建设用地使用权1 250公顷，比上年减少17.5%。其中居住用地739公顷，增长25.7%；商服用地194公顷，减少15.3%；工业用地317公顷，减少53.8%。

出让金额方面，2015年上海土地市场总成交金额1 500.21亿元，较2014年下滑9.88%，其中商品住宅性质用地成交1 022.79亿元，商业用地成交360.32亿元，保障房用地成交117.11亿元。

2015年上海土地市场共计成交土地（剔除工业用地）133幅，较去年下滑33.3%。其中，商品住宅用地（含普通商品房、商住办混合）土地成交52幅，商业用地（商业、办公及餐饮等）成交49幅，另外保障房用地（动迁安置房）成交32幅。

出让面积方面，2015年上海土地市场总成交面积601.9万平方米，较2014年下滑29.3%，其中，商品住宅性质用地成交311.2万平方米，商业用地成交128.04万平方米，保障房用地出让162.57万平方米。

其中商品住宅用地楼面均价创近6年新高，溢价率同比上升55%。2015年上海商品住宅（不含保障房）用地成交楼面均价17 540.98元/平米，同比上升36.65%，位居近6年最高位。闸北、前滩等热点区域板块地王频现，唐镇、杨浦等区域宅地地价赶超区域房价，宝山大场、青浦赵巷宅地成交更是出现溢价过百，地价高企或将推高未来房价。从商品住宅用地成交溢价情况来看，2015年在330新政等利好政策刺激下，楼市火爆，开发商拿地积极性高，商品住宅用地平均溢价率再次上扬，达55%。

一、2015年土地供应分析

2015年，土地供应总量有所减少，全市共计出让国有建设用地使用权1 240公顷，比上年减少17.5%。

2015年1～12月，住房用地供应739公顷，比上年增长26%，其中保障性住房用地450公顷（经适房86公顷、动迁安置房347公顷、公租房17公顷），占全市住房用地供应60.9%，商品住房用地供应289公顷，占39.1%（见表5-9）。

表5-9　2015年土地使用权出让情况

指　标	出让地块（幅）	出让面积（万平方米）
总　计	246	1 188.83
商业服务	54	193.81
住　宅	126	658.54
工矿仓储	61	317.40

资料来源：上海统计年鉴。

2015年上海土地市场呈现量减价升的格局，由于供应量减少，竞争剧烈，地价居高不下。2月11日，首次通过招拍挂拿地进入上海的当代置业旗下的武汉摩码置业以17.35亿元竞得闵行区江川社区01、02单元（MHPO-1101、MHPO-1102单元）52-03地块（颛桥镇186-1地块），成交楼板价18 777元/平方米，溢价率95.55%。4月16日，大名城以29.06亿元和21.7亿元先后竞得唐镇新市镇D-03-05a地块和唐镇新市镇D-04-07地块。楼板价分别为27 909元/平方米和29 697元/平方米，溢价率达到69.15%和67.57%，唐镇楼板价再创新高。6月3日，华润置地联合华发股份以总价87.95亿元，竞得闸北区市北高新技术服务业园区 N070501 单元 09-03 地块，楼板价为 38 062 元 / 平方米，溢价率 26.87%。6 月 19 日，首创、保利置业、山东黄金联合体以总价 34.54 亿元，竞得杨浦区平凉社区 01E2-01、02 地块（12、13 街坊），楼板价为 42 725 元 / 平方米，溢价率 46.12%。7 月 15 日，金融街以总价 88.15 亿元摘得上海火车站北广场以北地块，楼板价 2.7 万元 / 平方米，溢价率为 50.12%，成为上海全年总价最高地块。8 月 12 日，阳光城以总价 17.3 亿元摘得杨浦平凉社区 02C1-12（大桥街道 101 街坊）地块，楼板价 49 236 元 / 平方米，溢价率 59.6%，成为上海全年单价最高地块。9 月 25 日，平安集团联合杭州滨江集团以 34.65 亿元竞得祁连社区 121 601 单元 B3-03 地块，楼板价 28 755 元 / 平方米，溢价率 91.7%，刷新了大场板块的土地单价纪录。12 月 10 日，金辉集团以总价 28.15 亿元竞得闵行区莘庄镇闵行新城 MHP0-0303 单元 01-01-15A 地块，楼板价 43 790 元 / 平方米，溢价率 143.28%，预计未来保本售价将达到6.5万元 / 平方米以上，而目前周边在售的精装公寓普遍售价仅 4 万元 / 平方米上下，面粉已经贵过面包。12 月 17 日，中铁建以总价 38 亿元摘得奉贤区南桥镇 D-01-13 区域纯宅地，楼板价 19 179 元 / 平方米，溢价率 219.65%，成为上海全年溢价率最高地块。纵观全年土地市场成交数据，土地市场竞争激烈，地价整体涨势明显，由于宅地稀缺性不断突显，市场对住宅用地，特别是优质宅地的竞争热情仍然较高，住宅用地溢价率超过 50% 的地块有 27 幅。

分析 2015 年上海土地市场成交火热的原因：一是土地供应规模持续减少，2013 年以来土地市场供应量一直是“负增长”，市场供应跟不上市场需求节奏，上海住宅类用地与每年的销售量相比较还是供不应求。二是受政策利好影响，楼市成交火热也带动了土地市场，同时，开发企业回笼了大量资金，有强烈的补货需求。三是 2015 年全国不同城市之间出现了严重分化，三四线城市楼市普遍销售不畅，库存压力居高不下，一线城市供销两旺，因此，大型房企的布局策略重返一线城市，这导致一线城市土地市场再度火热。

值得注意的是，2015 年上海土地市场的热度已经引起了政府部门的高度重视。10 月 9 日，市委书记韩正做了关于“控房价，调供应结构”的讲话，之后 5 幅住宅地块暂停出让，其中嘉定和杨浦的两幅地块出让指标进行调整后重新出让，在出让要求中增加了中小户型和保障房的比例。嘉定新城 A03-5 地块住宅套数下限由此前的“325 套”增至“411 套”；90 平方米以下户型建筑面积比例由“不低于 20%”，调整为“不低于 50%”。根据地块的建筑面积及住宅套数限制，调整后，住宅套均面积由 150 平方米变为 119 平方米，至少一半建筑面积为 90 平方米以下的中小户型。新江湾城 N091104 单元 C1-02（D7）地块保障性住房所占总住宅建筑面积的比例由原先不低于 5%，调整为不低于 20%；90 平方米以下中小套型住宅面积占比，由“不低于 20%”提高到“不低于 60%”。

二、2015 年土地成交分析

2015 年上海土地市场共计成交土地（剔除工业用地）133 幅，较去年下滑 33.3%。其中，商品住宅用地（含普通商品房、商住办混合）土地成交 52 幅，商业用地（商业、办公及餐饮等）成交 49 幅，另外保障房用地（动迁安置房）成交 32 幅（见图 5-1、图 5-2）。

图 5-1　2009 ～ 2015 年上海市土地市场出让面积与金额走势

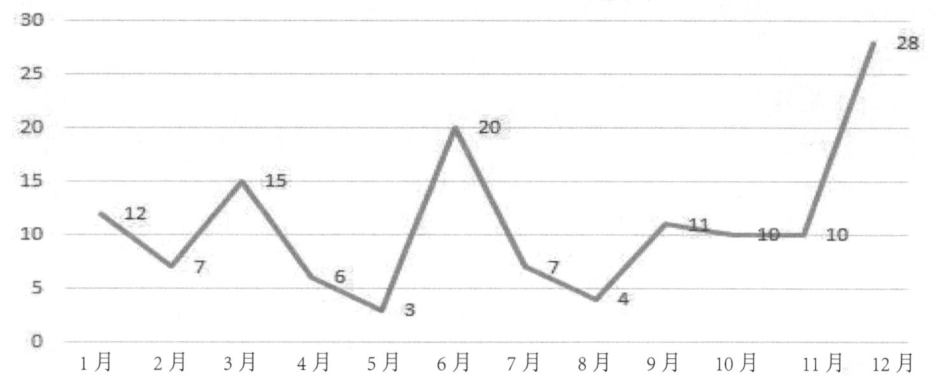

图 5-2　2015 年上海市每月土地成交数量走势（包含保障性住房用地）

从2015年上海土地市场每月成交量来看，3月和8月是淡季，6月和12月是成交量高峰期，12 月达到全年的最高值（见图 5-3）。

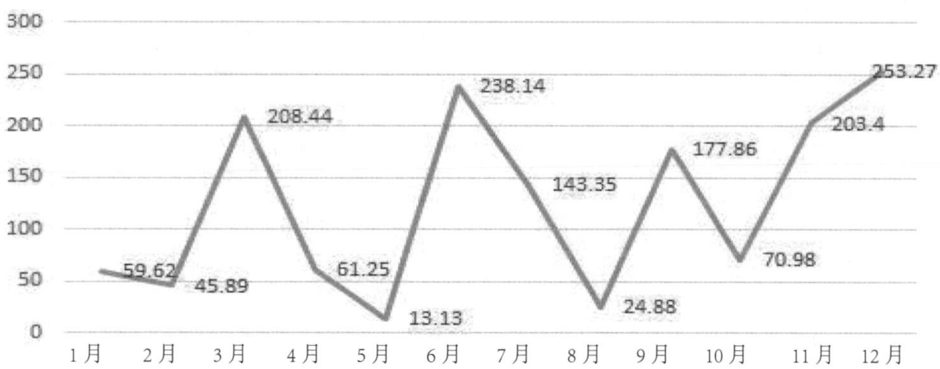

图 5-3　2015 年上海市每月土地成交金额走势（包含保障性住房用地）（亿元）

2015 年上海土地市场有 4 个月份成交金额超过 200 亿，12 月份金额达到最高值 253.27 亿元（见图 5-4）。

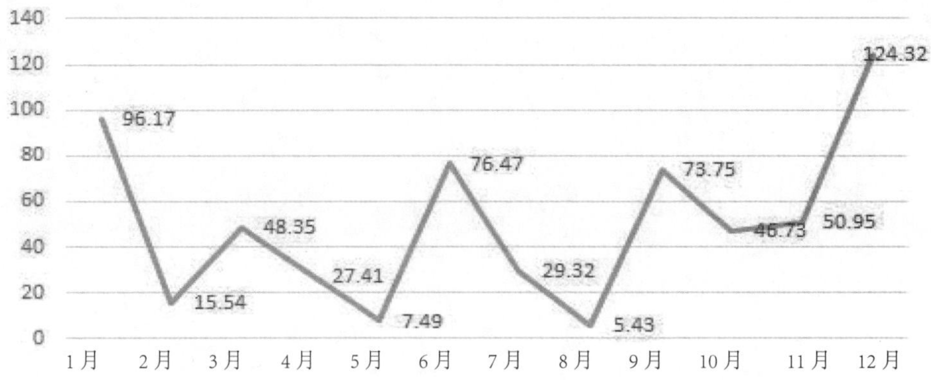

图 5-4　2015 年上海市每月土地成交面积走势（包含保障性住房用地）（万平方米）

10 月份受政府政策影响，土地出让面积大幅缩减，部分土地调整到 11、12 月成交，对成交量也有影响。

2015 年，在土地市场整体成交量及成交金额双双下滑的形势下，浦东新区土地出让面积达 110.17 万平方米，位列各区县之首。松江、青浦分别出让 107.13 平方米和 74 万平方米。

土地成交资金方面，吸金最多的是闸北区，4 宗地收金 259.6 亿元，浦东新区成交 23 宗地揽金 241 亿位居第二。青浦及松江以 129 元及 127 亿元次之。

浦东、青浦以及松江的成交量及成交金额在 2015 年大幅下降，然而奉贤区却表现强势，该区土地市场自 2014 的 30.9 万平方米上升到今年的 88 万平方米，总出让金额从 24.2 亿元增长为 127 亿元（见表 5-10）。

表 5-10　2015 年各区县土地成交情况

区县	出让幅度（幅）	出让面积（万平方米）	出让金额(亿元）
浦东	23	110.17	241
青浦	13	74	129
松江	20	107.13	127
闸北	4	27.69	259.6
宝山	7	34.42	125
嘉定	9	39.52	106
杨浦	5	19.61	133
徐汇	4	4.48	54
崇明	7	27.78	7.7
闵行	10	39.25	69
虹口	3	4.56	49
普陀	4	6.67	33

奉贤	16	88	127
金山	5	15.2	5.97
长宁	3	3.46	34

2015年上海17个区县中，地块推出方面，浦东新区以23宗位居榜首，松江区以20宗紧跟其后，此外奉贤、青浦分别有16宗和13宗土地出让（见图5-5）。

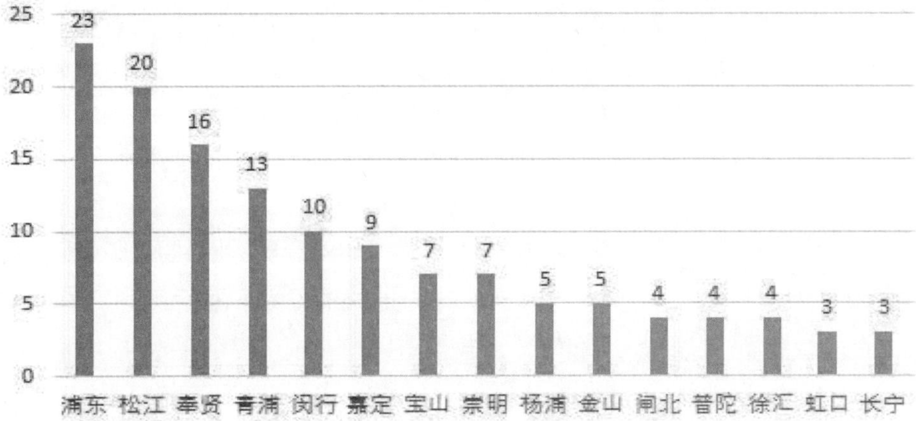

图5-5　2015年上海市各区县地块出让宗数

土地成交资金方面，吸金最多的是闸北区，4宗地收金259.6亿，浦东新区成交23宗地揽金241亿位居第二（见图5-6）。

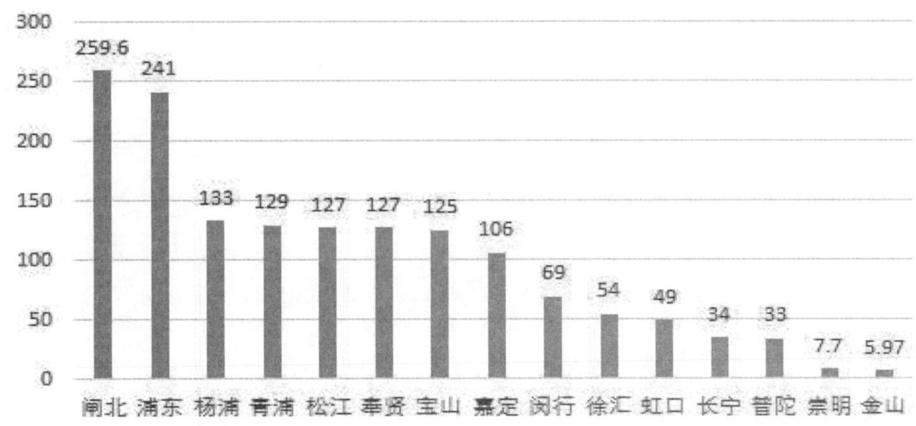

图5-6　2015年上海市各区县地块出让金额（亿元）

虽然2015年闸北区只出让了4宗土地，除了动迁房地块，其他三幅地块均以高价成交。其中华润华发联合体以总价158亿拿下闸北区市北高新技术服务业园区N070501单元09-03地块和10-03地块，金融街则以88.15亿拿下闸北区上海火车站北广场以北地块。

土地成交面积方面，浦东新区最多，为110.17万平方米，松江区成交107.13万平方米排名第二（见图5-7）。

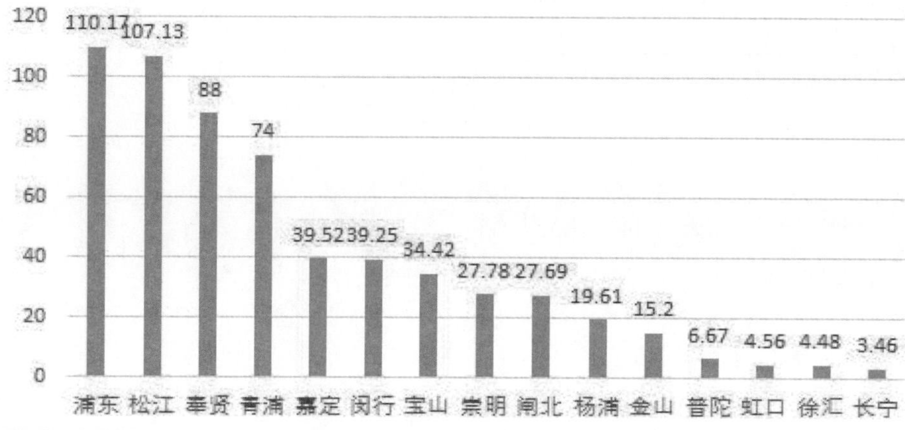

图 5-7　2015 年上海市各区县地块出让面积（万平方米）

2015 年上海土地市场总成交金额较 2014 年下滑 9.88%，但是地块成交呈现高溢价的特点，其中溢价超过 200% 的地块有 1 宗，溢价超过 100% 的地块有 9 宗，溢价超过 90% 的地块有 15 宗。其中排名前 10 的地块中有 5 宗处于青浦区。规划用途方面，成交溢价拍名前 10 的地块中有 7 块为住宅用地，3 宗为商住地（见表 5-11、表 5-12、表 5-13、表 5-14、表 5-15）。

表 5-11　2015 年土地成交总价前 10 名

序号	地块名称	用地性质	出让面积	容积率	起价（万元）	成交价（万元）	竞得者
1	闸北区上海火车站北广场以北地块	商住	77273.7	4.22	587179	881500	金融街
2	闸北区市北高新技术服务业园区N070501单元09-03地块	住宅	87197.2	2.65	693218	879500	华润&华发
3	杨浦区新江湾城N091104单元C1-02（D7）地块	住宅	131998.1	1.125	401725	729900	信达
4	闸北区市北高新技术服务业园区N070501单元10-03地块	商住	76314.6	2.65	606700	705209	华润&华发
5	嘉定区江桥镇北社区J1-01、J1-02、J1-03、J1-04地块	住宅	95382.2	1.8	223195	465000	龙湖
6	宝山区大场镇W121301单元08-02地块	商住	65623.3	2.8	197860	410000	保利
7	奉贤区南桥镇D-01-13区域地块	住宅	110074.7	1.8	118881	380000	中铁建
8	宝山区大场镇祁连社区121601单元B3-03地块	住宅	60249.8	2	180750	346500	滨江&平安
9	杨浦区平京社区01E2-01、02地块（12、13街坊）	商住	32359.6	2.5	236373	345400	首创、保利置业
10	宝山区大场镇W121301单元38-02地块	住宅	58779	2.2	158700	301000	招商&平安

表 5-12 2015 年上海市土地市场楼板价前 10 名

序号	地块名称	用地性质	出让面积（m²）	容积率	成交价(万元)	楼面成交价（元/m²）	竞得者
1	杨浦区平凉社区02C1-12(大桥街道101街坊）地块	住宅	15277	2.3	173000	49236	阳光城
2	杨浦区新江湾城N091104单元C1-02（D7）地块	住宅	131998.1	1.125	729900	49152.22	信达
3	闵行区莘庄镇闵行新城MHP0-0303单元01-01-15A地块（原闵行新城MHP0-0303单元01-01A-06B地块）	住宅	32142	2	281500	43790	金辉
4	杨浦区平凉社区01E2-01、02地块（12、13街坊）	商住	32359.6	2.5	345400	42725	首创、保利置业
5	闸北区市北高新技术服务业园区N070501单元09-03地块	住宅	87197.2	2.65	879500	38062	华润&华发
6	闸北区市北高新技术服务业园区N070501单元10-03地块	商住	76314.6	2.65	705209	34871	华润&华发
7	虹口区江湾镇A06-02号地块	住宅	8916.4	2.3	65200	31793	景瑞
8	浦东新区唐镇新市镇D-04-07地块	住宅	52194.3	1.4	217000	29697	大名城
9	宝山区大场镇祁连社区121601单元B3-03地块	住宅	60249.8	2	346500	28755	滨江-平安不动
10	浦东新区唐镇新市镇D-03-05a地块	住宅	61248.5	1.7	290600	27909	大名城

表 5-13 2015 年土地溢价率前 15 名

序号	地块名称	用地性质	成交价（万元）	楼面成交价（元/m²）	溢价率%	竞得者
1	奉贤区南桥镇D-01-13区域地块	住宅	380000	19179	219.65%	中铁建
2	青浦区盈浦街道城中南路东侧地块	商住	51800	13882	191.16%	新城
3	闵行区莘庄镇闵行新城MHP0-0303单元01-01-15A地块（原闵行新城MHP0-0303单元01-01A-06B地块）	住宅	281500	43790	143.28%	金辉
4	青浦区赵巷镇佳迪路东侧B5-01地块	住宅	146500	17981	127.24%	新华联
5	青浦区赵巷镇嘉松中路东侧H3-02、H3-05地块	住宅	261600	22122	114.90%	旭辉&上海建工
6	青浦区盈浦街道胜利路西侧03-04地块	住宅	68200	18134	113.34%	新城
7	嘉定区江桥镇北社区J1-01、J1-02、J1-03、J1-04地块	住宅	465000	27084	108.34%	龙湖

8	宝山区大场镇W121301单元08－02地块	商住	410000	22314	107.22%	保利
9	青浦区盈浦街道淀山湖大道北侧53-04地块	住宅	109800	17324	103.87%	首创
10	奉贤区南桥新城12单元10A-01A区域地块	商住	57300	11904	98.40%	中南
11	嘉定区嘉定新城E26-1地块	住宅	201336	18680	96.63%	金地
12	闵行区江川社区01、02单元（MHPO-1101、MHPO-1102单元）52-03地块（颛桥镇186-1地块）	住宅	173500	18777	95.55%	当代
13	青浦区夏阳街道秀泽路南侧13A-01A地块	商住	86000	15632	95.33%	大发
14	青浦区徐泾镇徐南路北侧08-02地块	住宅	110400	27309	95.10%	葛洲坝
15	宝山区大场镇祁连社区121601单元B3-03地块	住宅	346500	28755	91.70%	滨江&平安

表 5-14　2015 年上海市经营性用地总成交面积变化　　单位：万平方米

年份	总成交面积	住宅用地	商业用地	保障房用地
2015	601.9	311.2	128.04	162.57
2014	851.3	501.2	164.4	185.7
2013	1 204.96	510.33	312.54	382.09

表 5-15　2015 年上海市经营性用地总成交金额变化　　单位：亿元

年份	总成交金额	住宅用地	商业用地	保障房用地
2015	1 500.21	1 022.79	360.32	117.11
2014	1 664.7	1 244.7	311.2	108.8
2013	2 116.86	942.6	1 083.2	103.9

第六章 房地产金融

第一节 房地产金融概述

一、房地产开发投资

2015 年，上海市房地产市场坚持“以居住为主、市民消费为主、普通商品住房为主”原则，严格执行住房限购政策，继续支持自住和改善型住房需求。受国内经济下行压力影响，房地产开发投资增长趋缓，全市房地产开发投资 3 468.94 亿元，比上年增长 8.2%，增幅较上年回落 5.5 个百分点。但从 2015 年上海市房地产开发投资占全社会固定资产投资比重来看，继续呈上升趋势，达 54.6%，比上年提高 1.3 个百分点。

二、房地产信贷利率

2015 年，面对世界经济复苏不及预期和国内经济下行压力加大的困难局面，我国进一步深化改革、扩大开放，大力推进大众创业、万众创新，国民经济总体运行平稳。全年社会融资规模增量为 15.4 万亿元，同比少 4 675 亿元。从结构看，对实体经济发放的人民币贷款明显增加，占比大幅上升。2015 年，人民币贷款占同期社会融资规模的 73.1%，同比高 13.7%。非金融企业股票融资增加拉动直接融资占比上升。2015 年，非金融企业境内债券和股票合计融资 3.7 万亿元，占同期社会融资规模增量的 24%，同比期高 6.7%。

受降准降息降首付、提高公积金贷款额度等多重信贷利好因素影响。截至 2015 年底，上海市中资商业银行本外币房地产贷款余额 13 889.77 亿元，比上年增长 12.4%。其中，房地产开发贷款余额 5 408.59 亿元，下降 1.5%；个人购房贷款余额 7 951.38 亿元，增长 23.7%。截至 2015 年底，上海市公积金贷款余额 2 770.08 亿元，比上年增长 37.7%。上海市房地产开发项目到位资金趋松，2015 年房地产项目本年到位资金 5 531.86 亿元，比上年增长 5.0%（见表 6-1、表 6-2）。

表 6-1 金融机构人民币存款基准利率调整情况表（2006 ～ 2015） 单位：年利率 %

调整时间	活期存款	定期存款					
		三个月	半年	一年	二年	三年	五年
2006.08.19	0.72	1.80	2.25	2.52	3.06	3.69	4.14
2007.03.18	0.72	1.98	2.43	2.79	3.33	3.96	4.41
2007.05.19	0.72	2.07	2.61	3.06	3.69	4.41	4.95
2007.07.21	0.81	2.34	2.88	3.33	3.96	4.68	5.22
2007.08.22	0.81	2.61	3.15	3.60	4.23	4.95	5.49
2007.09.15	0.81	2.88	3.42	3.87	4.50	5.22	5.76

2007.12.21	0.72	3.33	3.78	4.14	4.68	5.40	5.85
2008.10.09	0.72	3.15	3.51	3.87	4.41	5.13	5.58
2008.10.30	0.72	2.88	3.24	3.60	4.14	4.77	5.13
2008.11.27	0.36	1.98	2.25	2.52	3.06	3.60	3.87
2008.12.23	0.36	1.71	1.98	2.25	2.79	3.33	3.60
2010.10.20	0.36	1.91	2.20	2.50	3.25	3.85	4.20
2010.12.26	0.36	2.25	2.50	2.75	3.55	4.15	4.55
2011.02.09	0.40	2.60	2.80	3.00	3.90	4.50	5.00
2011.04.06	0.50	2.85	3.05	3.25	4.15	4.75	5.25
2011.07.07	0.50	3.10	3.30	3.50	4.40	5.00	5.50
2012.06.08	0.40	2.85	3.05	3.25	4.10	4.65	5.10
2012.07.06	0.35	2.60	2.80	3.00	3.75	4.25	4.75
2014.11.22	0.35	2.35	2.55	2.75	3.35	4.00	——
2015.03.01	0.35	2.10	2.30	2.50	3.10	3.75	——
2015.05.11	0.35	1.85	2.05	2.25	2.85	3.50	——
2015.06.28	0.35	1.60	1.80	2.00	2.60	3.25	——
2015.08.26	0.35	1.35	1.55	1.75	2.35	3.00	——
2015.10.24	0.35	1.10	1.30	1.50	2.10	2.75	——

注：资料来源于中国人民银行网。

表 6-2　金融机构人民币贷款基准利率的历年调整情况表（2006 ~ 2015）　单位：年利率 %

调整时间	六个月以内（含六个月）	六个月至一年（含一年）	一至三年（含三年）	三至五年（含五年）	五年以上
2006.04.28	5.40	5.85	6.03	6.12	6.39
2006.08.19	5.58	6.12	6.30	6.48	6.84
2007.03.18	5.67	6.39	6.57	6.75	7.11
2007.05.19	5.85	6.57	6.75	6.93	7.20
2007.07.21	6.03	6.84	7.02	7.20	7.38
2007.08.22	6.21	7.02	7.20	7.38	7.56
2007.09.15	6.48	7.29	7.47	7.65	7.83
2007.12.21	6.57	7.47	7.56	7.74	7.83
2008.09.16	6.21	7.20	7.29	7.56	7.74
2008.10.09	6.12	6.93	7.02	7.29	7.47
2008.10.30	6.03	6.66	6.75	7.02	7.20
2008.11.27	5.04	5.58	5.67	5.94	6.12
2008.12.23	4.86	5.31	5.40	5.76	5.94
2010.10.20	5.10	5.56	5.60	5.96	6.14

<table>
<tr><td>2010.12.26</td><td>5.35</td><td>5.81</td><td>5.85</td><td>6.22</td><td>6.40</td></tr>
<tr><td>2011.02.09</td><td>5.60</td><td>6.06</td><td>6.10</td><td>6.45</td><td>6.60</td></tr>
<tr><td>2011.04.06</td><td>5.85</td><td>6.31</td><td>6.40</td><td>6.65</td><td>6.80</td></tr>
<tr><td>2011.07.07</td><td>6.10</td><td>6.56</td><td>6.65</td><td>6.90</td><td>7.05</td></tr>
<tr><td>2012.06.08</td><td>5.85</td><td>6.31</td><td>6.40</td><td>6.65</td><td>6.80</td></tr>
<tr><td>2012.07.06</td><td>5.60</td><td>6.00</td><td>6.15</td><td>6.40</td><td>6.55</td></tr>
<tr><td>2014.11.22</td><td colspan="2">5.60</td><td colspan="2">5.60</td><td>6.15</td></tr>
<tr><td>2015.03.01</td><td colspan="2">5.35</td><td colspan="2">5.75</td><td>5.90</td></tr>
<tr><td>2015.05.11</td><td colspan="2">5.10</td><td colspan="2">5.50</td><td>5.65</td></tr>
<tr><td>2015.06.28</td><td colspan="2">4.85</td><td colspan="2">5.25</td><td>5.40</td></tr>
<tr><td>2015.08.26</td><td colspan="2">4.60</td><td colspan="2">5.00</td><td>5.15</td></tr>
<tr><td>2015.10.24</td><td colspan="2">4.35</td><td colspan="2">4.75</td><td>4.90</td></tr>
</table>

注：资料来源于中国人民银行网。

三、房地产信贷情况

2015 年上海市货币信贷运行平稳，各项存款增速放缓，新增存款活期化特征显著；各项贷款增加较多，实体经济有效信贷需求充分释放，信贷结构有所调整，个人贷款增量占比提升较快。

房地产开发贷款增速回落，商用房开发贷款增加较多。当年全市本外币地产开发贷款减少 304.4 亿元，同比多减 515.5 亿元。年末全市本外币房产开发贷款余额同比增长 5.6%，增幅同比回落 11.2 个百分点。当年全市新增本外币房产开发贷款 227.2 亿元，同比少增 395.9 亿元。其中住房开发贷款和商用房开发贷款分别减少 67.4 亿元和增加 296.1 亿元，同比分别多减 392.8 亿元和多增 20.7 亿元。全市本外币保障房开发贷款当年增加 15.4 亿元，同比少增 138.3 亿元。

个人消费贷款高速增长，对内需拉动作用凸显。当年全市新增本外币个人消费贷款 2 029.7 亿元，同比多增 1 088.8 亿元，占全市各项贷款增量的 41.6%，比重同比提升 17.5 个百分点。从贷款种类看，当年全市新增本外币个人住房贷款 1 539.7 亿元，同比多增 942.1 亿元，其中下半年新增 1 077.3 亿元，同比多增 857.3 亿元；12 月份新增本外币个人住房贷款 206.4 亿元，同比多增 136.2 亿元。当年全市本外币个人汽车消费贷款增加 345.5 亿元，同比多增 99.6 亿元；本外币个人其他消费贷款增加 144.8 亿元，同比多增 46 亿元。

四、2015 年房地产金融运行特点

2015 年 5 次降准降息，银行利率持续下降，使房地产企业融资成本不断地下降。同时互联网金融不断发展，各类金融资本深入渗透到房地产领域，具体呈现如下特点。

（1）2015 年各类保险资金进入房地产市场非常重要的热门话题。2015 年信贷资金增长

比较快，同比增长21%，总体上来说，推动经济增长的力度下，银行对房地产的支持保持着相当大的力度。

（2）房地产信托的总规模在2014年增长了，但是这个增速明显下降，而且房地产信托的偏好从原来的债权投资向股权投资转变，债权市场应该说2015年发展是最快的，这是历史上最高的年份。资产证券化也有所推出，不过还不够完善，类REITs产品，已经有企业尝试。

（3）一部分品牌房企多方面涉足金融领域，形成各业务之间的合纵连横、紧密结合，力求打造金融地产财团模式，形成“大金融”的综合布局。2015年上半年，绿地联手阿里巴巴旗下蚂蚁金服、平安陆金所，正式发布国内首款互联网房地产金融产品“绿地地产宝”；万达集团与快钱公司曾联手推出中国首个商业地产众筹项目“稳赚1号”；闽系房企泰禾集团除此前注资福建海峡银行、福州农商银行外，又在福建自贸区平潭片区设立注册资金为10亿元的金控平台，紧接着又与福建能源集团等多家企业共同发起设立海峡人寿保险公司等，都显示出房地产与金融的深度融合。

第二节　房地产融资渠道

一、房地产融资渠道概述

房地产企业融资渠道主要有两种：一是内部融资渠道。内部融资主要包括自有资金、预收的购房定金或购房款、企业职工内部集资等。二是外部融资渠道。外部融资又可分为债务性融资和权益性融资。其中债务性融资的渠道有：银行贷款、发行企业债券、融资租赁、债务性信托和资产证券化；权益性融资渠道有：合作开发、权益性信托、房地产产业投资基金、房地产企业上市、股权投资等。

当前上海房地产主要的融资渠道主要还是自有资金，商业银行贷款进一步压缩，信托、专业的房地产信托基金（REITS），以及境外的投资银行、基金、境外地产基金、境外直接投资机构等进入中国的房地产领域，房地产企业的融资渠道日渐拓宽，融资渠道也在慢慢实现多元化。多种融资渠道逐步打开，呈现多样化的趋势，这对未来中国房地产企业具有深远的影响（见表6-3、表6-4）。

表6-3　2012～2015年上海市房地产资金来源情况表　　单位：亿元

指　标	2012年	2013年	2014年	2015年
资金来源合计	5 316.93	6 851.29	7 422.19	7 483.72
上年末结余资金	1 348.42	1 758.62	2 152.29	1 951.86
本年资金来源小计	3 968.51	5 092.67	5 269.90	5 531.86
国内贷款	975.78	1 292.36	1 638.84	1 516.59
利用外资	26.12	38.14	69.61	33.92
# 外商直接投资	26.12	37.32	67.73	32.36

自筹资金	1 385.96	1 569.91	1 560.83	1 519.99
其他资金	1 580.66	2 192.26	2 000.62	2 461.36

表 6-4 2015 年上海市房地产企业本年到位资金情况

指 标	2014 年 资金（亿元）	2015 年 资金（亿元）	增长（%）	比重（%）
本年到位资金合计	5 269.90	5 531.86	4.79	100.00
国内贷款	1 638.84	1 516.59	-7.46	27.42
利用外资	67.73	33.92	-49.92	0.61
自筹投资	1 560.83	1 519.99	-2.62	27.48
其他资金	2 000.62	2 461.36	23.03	44.49

数据来源：上海市统计局。

二、主要房地产融资渠道

（一）内部融资

上海房地产开发商内部融资中，自有资金、预收的购房定金是其资金的一个重要来源，而其中又以预售款最受重视，因为预售款的财务成本很低而监控条件极松。据统计，2015 年，上海房地产投资资金来源合计 7 483.72 亿元，比 2014 年增长 0.83%；上年末结余资金 1 951.86 亿元；自筹资金 1 519.99 亿元，较上年下降 2.62%，占本年到位资金比重 27.48%；其他资金 2 461.36 亿元。

（二）外部融资

1. 国内银行贷款

除了自筹资金和预售款外，银行贷款仍是房地产融资的另一个重要渠道。不过近年来，受国家宏观调控，2015 年上海房地产开发资金来源中，国内银行贷款为 1 516.59 亿元，较上年下降 7.46%，在本年到位资金中占比 27.42%，较上一年有所下降。

2. 利用外资

近年来，随着国内外经济不确定因数增加，房地产泡沫的预期，上海房地产企业利用外资 2014 年达到顶峰，2015 年迅速下降，全年利用外资 33.92 亿元，较上年大幅下降 49.92%，近乎腰斩。2013 年、2014 年上海市房地产企业利用外资分别为 37.32 亿元和 67.73 亿元。

3. 其他融资

信托、股票等融资方式成为房地产融资的重要方式。2015 年上海银行融资和利用外资虽然双双下降，不过其他类融资却明显上升，达到 2 461.36 亿元，较上年增长 23.03%，在所有融资方式中占有较高比重，达 44.49%。

第三节 住房公积金

一、住房公积金管理机构

上海市住房公积金管理委员会（以下简称“公积金管委会”）为市政府领导下的住房公积金管理的决策机构。主要职责为依据有关法律、法规和政策，制定和调整住房公积金的具体管理措施，并监督实施；拟订住房公积金的具体缴存比例；确定住房公积金的最高贷款额度；审批住房公积金归集、使用计划；审议住房公积金增值收益分配方案；审批住房公积金归集、使用计划执行情况的报告等。

上海市公积金管理中心为直属市政府不以营利为目的的独立的事业单位，主要负责全市住房公积金的缴存、提取、使用以及保值增值和核算。

二、住房公积金缴存情况

本市受委托办理住房公积金缴存业务的银行 1 家。全年实缴单位 26.99 万家，实缴职工 714.36 万人，缴存额 880.96 亿元，同比增长 11.96%。当年新开户单位 6.55 万家，新开户职工 89.61 万人，净增单位 5.98 万家，净增职工 51.52 万人。截至 2015 年底，缴存总额 6 096.56 亿元，缴存余额 2 822.57 亿元，分别同比增长 16.89%、15.11%（见图 6-1）。

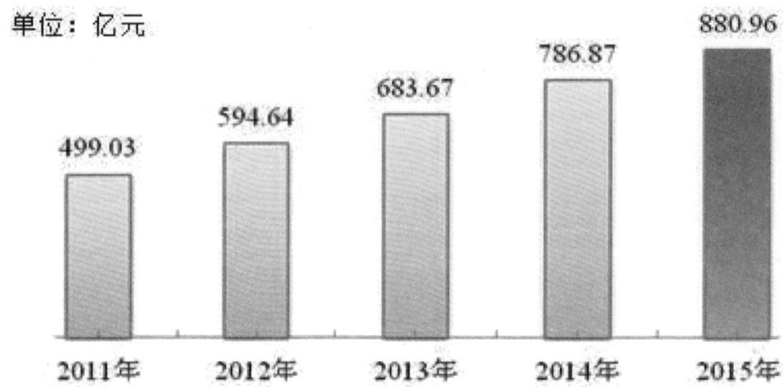

图 6-1 2011 ～ 2015 年缴存额情况

三、住房公积金提取情况

2014 年住房公积金提取 510.48 亿元，占当年缴存额的 57.95%，比上年同期增加 1.12%。截至 2015 年底，提取总额 3 273.99 亿元，同比增长 18.47%（见图 6-2）。

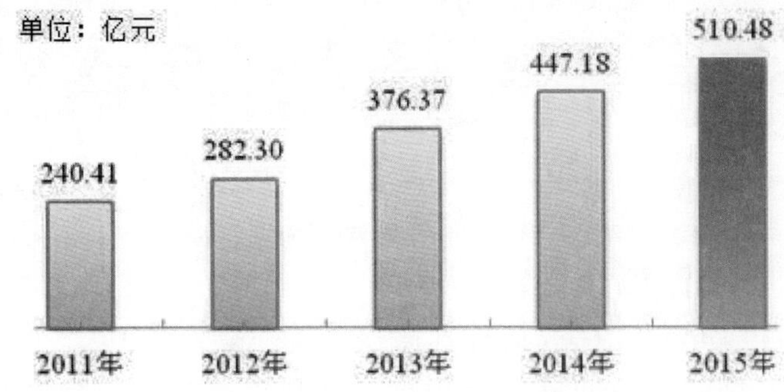

图 6-2 2011 ～ 2015 年提取额情况

四、住房贷款

2015 年，全年发放个人住房贷款 19.96 万笔 1 192.87 亿元，同比增长 64.28%、152.62%。回收个人住房贷款 362.93 亿元。当年因资产证券化转出个人住房贷款额 71.86 亿元。截至 2015 年底，全市累计发放个人住房贷款 215.50 万笔 5 288.23 亿元，贷款余额 2 770.08 亿元，同比增长 10.20%、29.13%、37.68%。个人住房贷款率为 98.14%，比上年同期增加 16.09 个百分点（见图 6-3）。

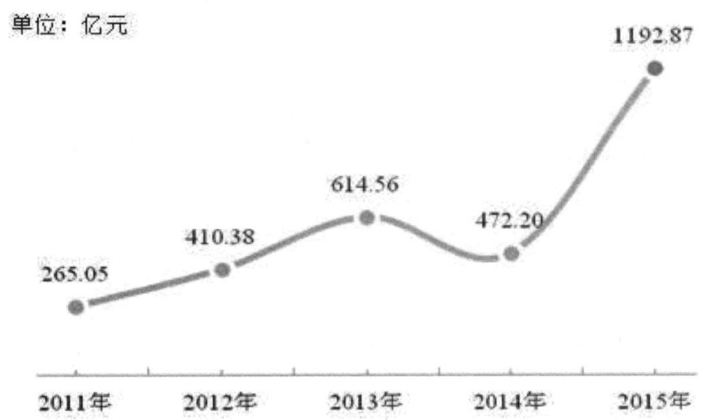

图 6-3 2011 ～ 2015 年公积金个人住房贷款发放额情况

全年发放支持保障性住房建设项目贷款 4.07 亿元，应还贷款本金 48.74 亿元，实际回收贷款本金 52.44 亿元。截至 2015 年底，累计发放项目贷款 92.61 亿元，余额 7.31 亿元。

五、资金存储

截至 2015 年底，全市结余资金存款 41.70 亿元。其中，活期 0 亿元，1 年以内定期（含）0 亿元，1 年以上定期 24.56 亿元，其他（协议、协定、通知存款等）17.14 亿元。

六、住房公积金财务情况

（1）业务收入：全年，住房公积金业务收入共计 114.92 亿元，同比增长 1.57%。其中，存款利息收入 16.57 亿元，委托贷款利息收入 96.85 亿元，其他收入 1.50 亿元。

（2）业务支出：全年，住房公积金业务支出共计 32.85 亿元，同比减少 42.53%。其中，缴存职工账户余额的利息支出 24.00 亿元，归集手续费用支出 1.87 亿元，委托贷款手续费支出 3.94 亿元，其他支出 3.04 亿元（其中资产证券化业务支出 2.32 亿元）。

（3）增值收益：全年，住房公积金增值收益 82.07 亿元，同比增长 46.61%。增值收益率 3.10%，比上年同期增加 0.65 个百分点。

（4）增值收益分配：全年，提取贷款风险准备金 46.73 亿元，提取管理费用 1.00 亿元，上交财政管理费用 1.00 亿元，提取城市廉租房（公共租赁住房）建设补充资金 34.34 亿元。

根据管委会第 49 次会议决议，调整 2014 年增值收益分配，按照 2014 年增值收益的 60% 补提个人贷款风险准备金 33.20 亿元，同时减少分配城市廉租房（公共租赁住房）建设补充资金 33.20 亿元。由于以前年度损益调整，个贷风险准备金增加 0.38 亿元，城市廉租房（公共租赁住房）建设补充资金增加 0.28 亿元。

截至 2015 年底，贷款风险准备金余额 229.62 亿元；城市廉租房（公共租赁住房）建设补充资金余额 148.97 亿元，累计上缴城市廉租房（公共租赁住房）建设补充资金 3.66 亿元。

（5）管理费用支出：全年，管理费用支出 0.93 亿元，同比增长 10.06%。其中，人员经费 0.47 亿元，公用经费 0.10 亿元，专项经费 0.36 亿元。

七、社会经济效益

（一）缴存业务

全年住房公积金实缴职工数和缴存额增长率分别为 7.77% 和 11.96%。实缴职工的构成情况：

按单位性质，国家机关和事业单位占 10.04%，国有企业占 15.08%，城镇集体企业占 2.37%，外商投资企业占 18.84%，城镇私营企业及其他城镇企业占 50.92%，民办非企业单位和社会团体占 0.72%，其他占 2.03%（见图 6-4）。

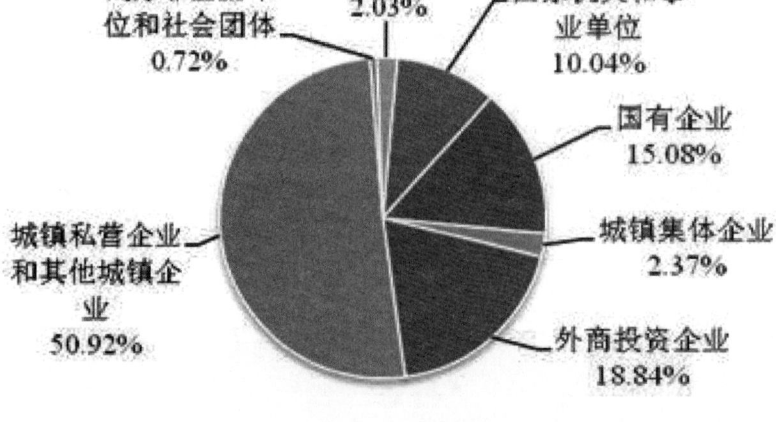

图 6-4 2015 年实缴职工数按所在单位性质分类

按收入水平，低收入群体占 56.69%，中等收入群体占 34.24%，高收入群体占 9.07%。

（二）提取业务

全年提取住房公积金1 686.2万笔510.48亿元。提取金额中，住房消费提取占78.05%（购买、建造、翻建、大修自住住房占8.37%，偿还个人购房公积金贷款和商业银行贷款本息占68.81%，租赁住房占0.86%，其他占0.01%）；非住房消费提取占21.95%（离休和退休占17.75%，完全丧失劳动能力并与单位终止劳动关系占0.01%，户口迁出本市或出境定居占3.51%，其他占0.69%）（见图6-5）。

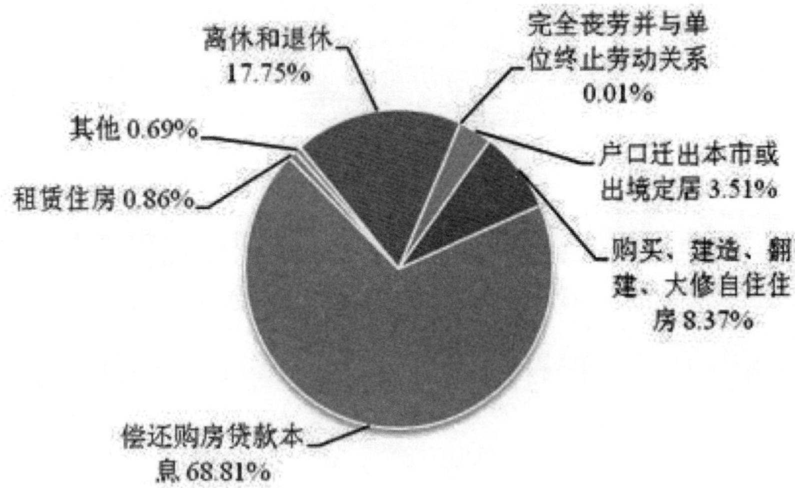

图6-5 2015年住房公积金提取额按提取原因分类

（三）贷款业务

1. 个人住房贷款

全年支持职工购房1 717.47万平方米，个人住房贷款市场占有率为33.57%，比上年同期增加4.93个百分点。当年通过申请住房公积金个人住房贷款，按当时利率水平测算，在贷款合同约定的存续期内可为职工节约购房利息支出254.20亿元。

职工贷款所购住房套数中，90（含）平方米以下占68.07%，90～144（含）平方米占27.29%，144平方米以上占4.64%；新房占29.06%，二手房占70.94%（见图6-6）。

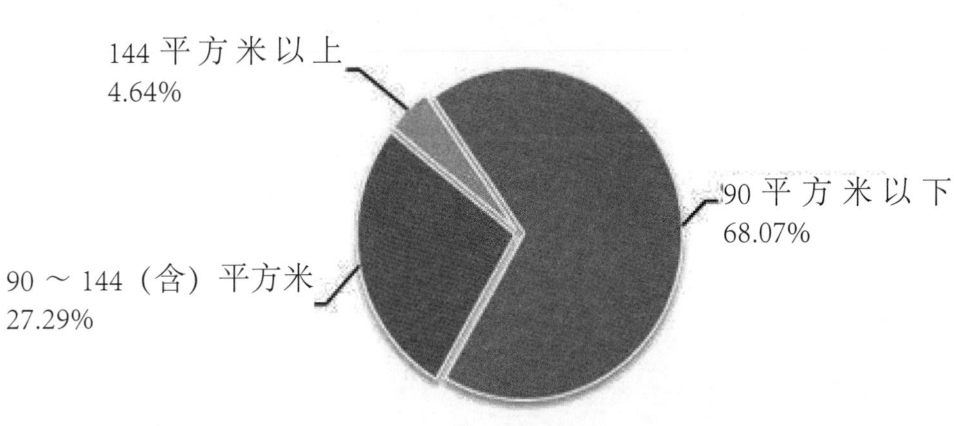

图6-6 2015年个人住房贷款所购住房套数按面积分类

贷款职工中，低收入群体占 32.37%，中等收入群体占 60.22%，高收入群体占 7.41%（见图 6-7）。

图 6-7　2015 年个人住房贷款职工按收入水平分类

2. 住房公积金支持保障性住房建设项目贷款

本市共有住房公积金试点项目 15 个，发放贷款 92.61 亿元。其中，经济适用房项目 3 个 17.71 亿元，棚户区改造安置用房项目 9 个 51.79 亿元，公共租赁住房项目 3 个 23.11 亿元。建筑面积共 229.90 万平方米，可改善 2.81 万户住房困难职工家庭的居住问题。年末已有 12 个试点项目贷款资金全部发放并还清（见图 6-8）。

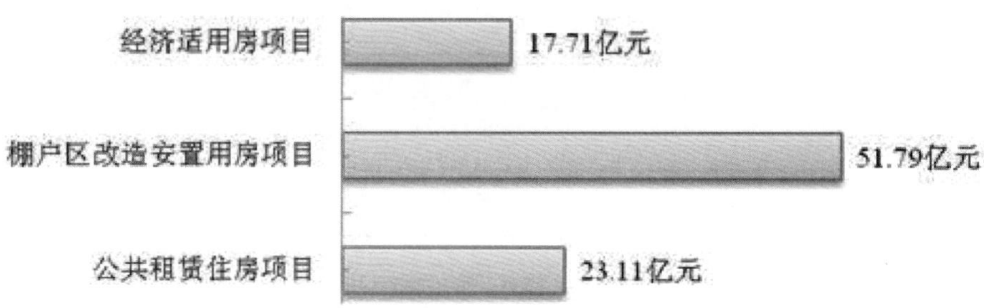

图 6-8　住房公积金支持保障性住房建设项目贷款发放情况

（四）住房贡献率

2015 年本市进一步加大住房公积金支持缴存职工住房消费的力度。当年个人住房贷款发放额、项目贷款发放额、住房消费提取额的总和与当年缴存额的比率为 181.10%，比上年同期增加 76.33 个百分点。

第三篇 行业

ALMANAC OF SHANGHAI REAL ESTATE

第七章　房地产开发

第一节　房地产开发概述

2015 年，本市房地产市场坚持“以居住为主、市民消费为主、普通商品住房为主”原则，严格执行住房限购政策，继续支持自住和改善型住房需求。年初中央提出稳定住房消费，出台了一系列刺激楼市的政策，受此影响，本市房地产市场呈现交易活跃、房价上涨的局面，但在宏观经济步入新常态的背景下，本市房地产开发投资增速出现回落。受国内经济下行压力影响，本市房地产开发投资增长趋缓，2015 年全市房地产开发投资 3 468.94 亿元，比上年增长 8.2%，增幅较上年回落 5.5 个百分点。但从 2015 年本市房地产开发投资占全社会固定资产投资比重来看，继续呈上升趋势，达 54.6%，比上年提高 1.3 个百分点。

一、开发投资

（一）固定资产投资

固定资产投资是国民经济再生产活动的一个重要部分。固定资产投资额是以货币形式表现的在一定时期内建造和购置固定资产的工作量以及与此有关的费用总称。它是反映固定资产投资规模、结构和发展速度的综合性指标。按照现行国家统计制度，全社会固定资产投资包括建设改造、房地产开发、城乡集体经济单位、城乡私人建房和其他经济单位投资。

上海市 2015 年全年完成全社会固定资产投资总额 6 352.70 亿元，比上年增长 5.6%。其中，第一产业投资 3.95 亿元，减少 66.7%；第二产业投资 958.84 亿元，减少 17.1%；第三产业投资 5 389.91 亿元，增加 11.2%，全年完成房地产开发投资 3 468.94 亿元，比上年增长 8.2%。其中，住宅投资 1 813.32 亿元，增长 5.1%（见图 7-1）。

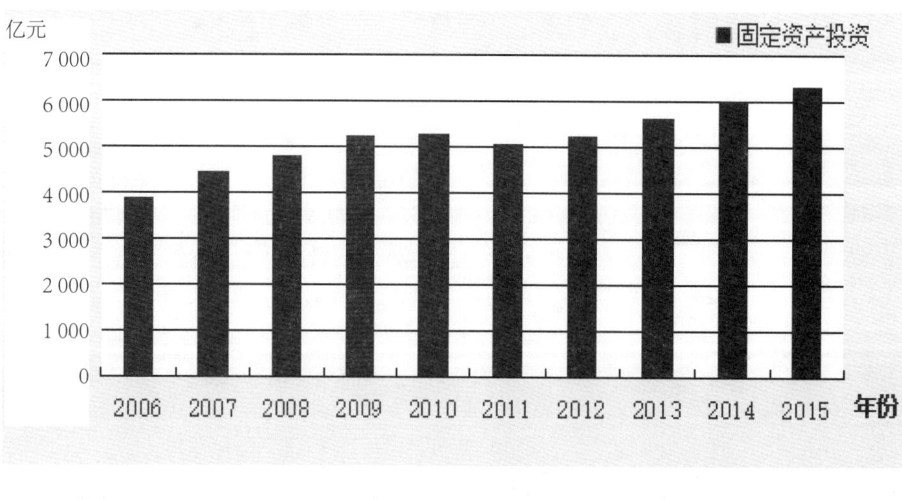

图 7-1　2006 ～ 2015 年上海市固定资产投资总额走势图

（二）房地产开发投资

房地产开发投资是指各种登记注册类型的房地产开发公司、商品房建设公司及其他房地产开发法人单位和附属于其他法人单位实际从事房地产开发或经营活动的单位统一开发的包括统代建、拆迁还建的住宅、厂房、仓库、饭店、宾馆、度假村、写字楼、办公楼等房屋建筑物和配套的服务设施，土地开发工程（如道路、给水、排水、供电、供热、通信、平整场地等基础设施工程）的投资；不包括单纯的土地交易活动。

1. 房地产开发投资总额

2005 ～ 2015 年，上海市房地产开发总额基本呈逐年上升趋势，固定资产投资在 2011 年有所回调，而房地产投资一路高歌，从 2009 年开始增长速度稍有加快，2013 年较上年暴增 18.4%，2014 年有所放缓，但增幅仍然在两位数，达 13.7%，2015 年继续放缓，回到一位数增长，较上年增长 8.2%。

从固定资产总额和房地产开发总额曲线对比来看，2005 ～ 2009 年，房地产开发额占固定资产总额的比例趋于变小，基本建设、更新改造及其他投资等额度占比越来越大。但从 2010 年起，房地产开发总额占固定资产总额的比重变大，2012 年达 45.3%，2013 年更是首次占比超过半数，达到 50.2%，2014 年继续上升，达 53.3%，这种发展值得忧虑，2015 年继续扩大到 54.6%(见图 7-2，表 7-1)。

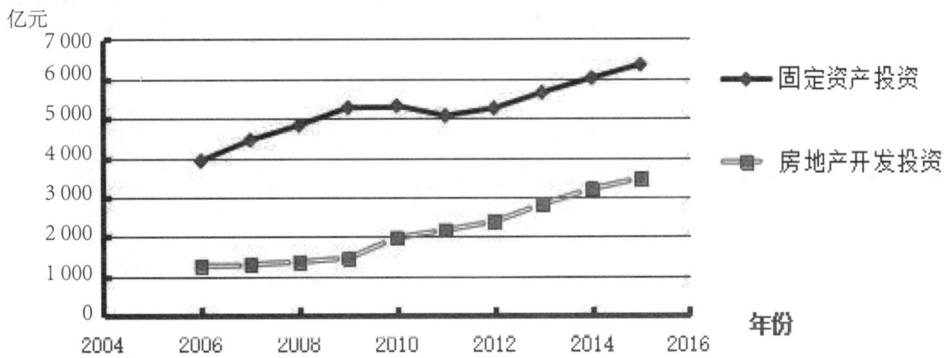

图 7-2　2006 ～ 2015 年上海市房地产开发投资总额趋势图

表 7-1　2006 ～ 2015 年房地产开发总额占全社会固定资产投资总额比率　单位：亿元，%

年份	固定资产投资总额	房地产开发总额	房地产开发总额占固定资产投资总额比率
2006	3 925.09	1 275.59	32.5
2007	4 458.61	1 307.53	29.3
2008	4 829.45	1 366.87	28.3
2009	5 273.33	1 464.18	27.8
2010	5 317.67	1 980.68	37.2
2011	5 067.09	2 170.31	42.8
2012	5 254.38	2 381.36	45.3
2013	5 647.79	2 835.09	50.2

2014	6 016.43	3 206.48	53.3
2015	6 352.70	3 468.94	54.6

从投资结构看，土地购置费继续较快增长。

2. 房地产开发投资各月情况

2015 年，上海房地产开发投资较上年增幅趋缓，全年投资 3 468.94 亿元，但从占全社会固定资产投资比重来看，继续呈上升趋势，达 54.6%，比上年提高 1.3 个百分点（见表 7-2，图 7-3）。

表 7-2　上海市 2015 年 1 ～ 12 月房地产开发投资额　　单位：亿元

月份	本月	比去年同月增长（%）	本月累计
1	173.85	9.9	173.85
2	279.23	16.0	453.08
3	259.94	13.3	713.02
4	237.39	19.9	950.41
5	269.74	17.2	1 220.14
6	329.87	17.3	1 550.02
7	285.43	6.3	1 835.45
8	250.22	-6.8	2 085.67
9	289.39	-3.7	2 375.06
10	345.98	7.2	2 721.04
11	405.30	2.2	3 126.34
12	342.60	10.0	3 468.94

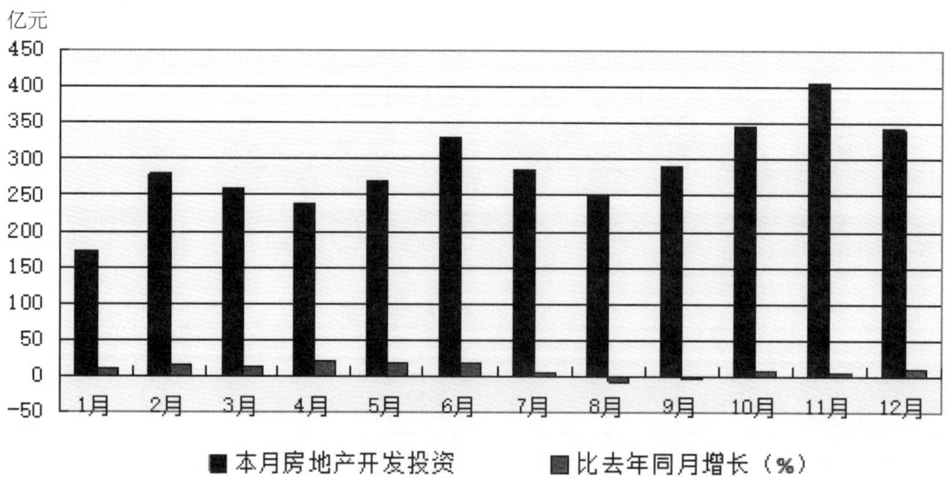

图 7-3　2015 年各月上海市房地产开发投资月度情况（单位：亿元）

其中，2015 年 1 ～ 12 月上海市住宅投资额月度情况如表 7-3 所示。

表 7-3 2015 年 1 ～ 12 月上海市住宅投资额 单位：亿元

月份	本月投资额	比去年同月增长（%）	本月累计
1	96.55	10.0	87.77
2	143.08	10.7	239.63
3	140.77	8.8	380.39
4	142.64	20.1	523.03
5	132.40	-2.7	655.43
6	157.18	2.9	812.61
7	119.38	-19.3	931.98
8	127.21	-12.2	1 059.20
9	163.23	-9.4	1 222.43
10	211.21	40.0	1 433.64
11	221.80	15.8	1 655.44
12	157.88	1.7	1 813.32

二、开发规模

（一）土地开发规模

2015 年全年，上海市出让土地共 246 幅，较上年减少 216 块；出让面积为 1 188.83 万平方米，较上年减少 523.31 万平方米（见表 7-4）。

表 7-4 2015 年上海市土地出让权使用情况

指 标	出让地块（幅）	出让面积（万平方米）
总 计	246	1 188.83
商业服务	54	193.81
住 宅	126	658.54
工矿仓储	61	317.40

（二）房地产开发规模

2015 年全年，上海市房地产开发施工面积为 17 885.94 万平方米，竣工 2 923.42 万平方米，建筑面积竣工率为 16.3%。从 2005 年以来，房地产施工面积平稳上升趋势没有改变，中间略有波动，2015 年施工面积较上年略有下降；竣工面积总体呈先升后降的状况，在 2007 年达到最大值后，2008 年以来大幅度减少，近年来保持在低位水平，2015 年竣工面积略有上升。通过数据来看，施工面积逐年增加，竣工面积保持在低位水平，从这基本可以判断房地产企业对未来房地产市场的信心。住宅施工面积自 2005 年来相比上升平稳，总体呈 V 形，2009 年由于受美国金融危机影响降到最低，然后逐渐上升，后几年表现为平稳态势。住宅竣工面积自 2008 年以来没有大的变化，住宅竣工率保持低位水平反映了开发商对未来住宅市场的信心（见表 7-5）。

表 7-5 2006 ～ 2015 年上海市房地产施工面积与竣工面积

年份	施工面积（万平方米）	其中	竣工面积（万平方米）	其中	建筑面积竣工率（%）	其中
		# 住宅		# 住宅		# 住宅
2006	14 596.49	8 085.28	4 901.46	2 746.80	33.6	34.0
2007	14 979.37	7 789.91	5 068.46	2 843.62	33.8	36.5
2008	14 083.52	7 060.19	3 828.79	1 899.40	27.2	26.9
2009	13 553.64	6 581.16	2 970.92	1 522.07	21.9	23.1
2010	15 020.76	7 344.07	2 776.21	1 415.44	18.5	19.3
2011	16 553.86	8 423.11	2 913.78	1 568.83	17.6	18.6
2012	16 874.72	8 350.83	2 838.97	1 626.73	16.8	19.5
2013	17 180.27	8 188.56	2 698.35	1 439.20	15.7	17.6
2014	18 010.06	8 573.04	2 682.42	1 549.64	14.9	18.1
2015	17 885.94	8 443.82	2 923.42	1 617.86	16.3	19.2

1. 商品房新开工面积

2015 年上海商品房新开工面积全年累计下降 6.4 个百分点。月度具体情况如表 7-6 所示。

表 7-6 2015 年各月上海市商品房新开工面积 单位：万平方米，%

月份	本月累计	比去年同期增长
1 ～ 2	246.72	-2.9
3	343.17	-39.8
4	612.95	-17.5
5	792.40	-11.9
6	1 008.74	-9.6
7	1 198.63	-9.4
8	1 496.22	1.2
9	1 785.74	0.1
10	1 962.03	-8.2

11	2 306.21	-10.6
12	2 605.08	-6.4

2．商品房施工面积

施工面积是指报告期内施工的全部房屋建筑面积。包括本期新开工的面积和上期开工跨入本期继续施工的房屋面积，以及上期已停建在本期恢复施工的房屋面积。本期竣工和本期施工后又停缓建的房屋，其建筑面积仍计入本期房屋施工面积中。

2015 年商品房全年累计施工面积较上年继续增长，增幅较小（见表 7-7、表 7-8）。

表 7-7　2009 ～ 2015 年上海市商品房施工面积情况表

指　　标	2009	2010	2011	2012	2013	2014	2015
施工面积（万平方米）	9 961.60	11 295.03	12 983.32	13 249.97	13 516.58	14 690.18	15 095.33
住　　宅	6 550.73	7 313.85	8 386.26	8 315.68	8 125.74	8 525.85	8 372.12
# 别墅、高档公寓	1 302.04	1 584.11	1 682.51	1 425.77	1 448.75	1 575.97	1 647.69
办公楼	958.64	1 103.18	1 158.34	1 284.68	1 431.73	1 779.04	1 978.49
商业营业用房	1 112.33	1 292. 96	1 365.89	1 449.91	1 500.72	1 751.99	1 944.02
其　　他	1 339.90	1 585.04	2 072.83	2 199.69	2 458.39	2 633.30	2 800.70

表 7-8　2015 年上海市各月累计商品房施工面积　　　　单位：万平方米，%

月　　份	本月累计	比去年同期增长
1 ～ 2	11 538.60	2.7
3	12 041.47	2.4
4	12 431.24	4.4
5	12 720.89	4.6
6	13 233.87	5.4
7	13 359.42	4.2
8	13 730.61	4.9
9	14 094.02	5.0
10	14 296.24	3.1
11	14 738.89	2.4
12	15 095.33	2.8

3．商品房竣工面积

竣工面积是指在报告期内房屋建筑按照设计要求已经全部完工，达到住人和使用条件，经验收鉴定合格（或达到竣工验收标准），正式移交使用单位的各栋房屋建筑面积的总和。

2015 年上海市商品房全年竣工面积较上年呈两位数增长，年初累计竣工面积较上年超过 50% 以上增长，后逐月下降，至年底仍有较大增幅。房地产竣工面积的较大增长预示着开发商对未来的较好预期。（见表 7-9、表 7-10）

表 7-9　2008 ～ 2015 年上海市商品房竣工面积与价值情况表

指　　标	2008	2009	2010	2011	2012	2013	2014	2015
房屋竣工面积（万平方米）	2 475.04	2 104.98	1 941.25	2 240.62	2 305.06	2 254.44	2 313.29	2 647.18
住宅	1 763.33	1 508.81	536.66	646.06	1 609.13	1 417.41	1 535.55	1 588.95
# 别墅、高档公寓	234.45	205.00	178.27	199.44	275.91	236.40	180.10	340.65
办公楼	205.67	135.02	74.23	118.45	206.87	176.01	165.03	219.23
商业营业用房	221.56	201.05	87.13	137.63	177.65	253.45	208.36	306.45
其他	284.49	260.10	81.91	109.44	311.41	407.57	404.35	532.55
房屋竣工价值（亿元）	624.12	705.80	779.93	1011.57	1 060.07	1 052.76	1 058.42	1 488.32
住宅	405.83	441.11	536.66	646.06	692.63	610.71	644.47	881.17
# 别墅、高档公寓	66.46	98.49	178.27	199.44	183.52	125.54	106.73	285.39
办公楼	76.15	81.70	74.23	118.45	135.49	127.12	133.96	174.90
商业营业用房	69.50	78.35	87.13	137.63	106.09	155.00	123.62	176.58
其他	72.64	104.64	81.91	109.44	125.87	159.93	156.37	255.67

表 7-10　2015 年各月上海市商品房竣工面积　　　　　　单位：万平方米

月　　份	本月累计	比去年同期增长（%）
1 ～ 2	600.52	55.9
3	832.21	70.0
4	951.37	65.9
5	1 025.86	38.0
6	1 233.78	40.3
7	1 334.99	22.5
8	1 490.56	23.1
9	1 586.39	19.4

10	1 899.92	29.5
11	2 080.31	18.4
12	2 647.18	14.4

第二节　房地产开发主体

2015年，中国房地产进入所谓“白银”时代，房地产行业竞争更加激烈，房地产开发成本越来越高，中小企业拿地越来越难，房地产企业集中度越来越高，即便是大型房地产开发企业也同时面临着政策和市场的双重风险。但是，在上海的房地产开发企业勇于变革转型，不断创新，及时调整产品策略，提供符合市场需求的产品和服务，形成了一批标杆性企业。

一、房地产开发企业的资质

上海市住房和城乡建设管理委员会资料显示，2015年上海共有5 417家房地产开发企业。其中，一级资质企业35家，二级资质企业371家，三级资质企业454家，四级资质企业0家，未定等级企业4 557家。资质企业较上年略有增加（见表7-11）。

表7-11　2015年上海一级资质的房地产开发企业的名单

上海城建置业发展有限公司	上海鹏欣房地产开发有限公司
上海陆家嘴金融贸易区开发股份有限公司	经纬置地有限公司
上海城开（集团）有限公司	中邦置业集团有限公司
上海地产（集团）有限公司	中华企业股份有限公司
农工商房地产（集团）股份有限公司	上海永业企业（集团）有限公司
上海市漕河泾新兴技术开发区发展总公司	上海汇成房产经营有限公司
上海瀛通（集团）有限公司	旭辉集团股份有限公司
上海城投置地（集团）有限公司	上海静安地产（集团）有限公司
上海景瑞地产（集团）股份有限公司	复地（集团）股份有限公司
上海安居房产开发有限责任公司	上海中环投资开发（集团）有限公司
上海顾村房地产开发（集团）有限公司	上海嘉定区房地产（集团）有限公司
上海华丽家族（集团）有限公司	上海万科房地产有限公司
华能房地产开发公司	上海建工房产有限公司
上海嘉宝实业（集团）股份有限公司	上海中虹（集团）有限公司
上海绿洲投资控股集团有限公司	上海中星（集团）有限公司
上海西部企业（集团）有限公司	大华（集团）有限公司

天地源股份有限公司	上海金外滩（集团）发展有限公司
上海新黄浦置业股份有限公司	

二、上海房地产开发企业 50 强

上海房地产开发企业 50 强是由上海市房地产协会研究发布，每两年一次。“2013～2014 年上海房地产开发企业 50 强研究”显示，入榜企业基本与上届入榜名单大体相同，有 8 家是新入榜的企业，有 35 家企业排名有所变化，其中 24 家名次上升，11 家名次下降，上升最快的企业名次提高了 26 位，下降最快的企业名次退后了 16 位，反映出较为强劲的竞争态势。而从排名靠前的企业与排名靠后的企业的差距上也能看出，排名首位的销售面积和销售金额是排名末位的 90 倍和 326 倍。随着竞争的不断加剧，企业之间的分化进一步凸显（见表 7-12、表 7-13）。

表 7-12　2013～2014 年上海房地产开发企业 50 强

绿地控股集团有限公司	上海市漕河泾新兴技术开发区发展总公司
复地（集团）股份有限公司	上海东渡丰汇投资发展有限公司
大华（集团）有限公司	上海中环投资开发（集团）有限公司
上海万科房地产有限公司	上海江海置业有限公司
上海中建东孚投资发展有限公司	华侨城（上海）置地有限公司
上海建工房产有限公司	上海万业企业股份有限公司
农工商房地产（集团）股份有限公司	上海永业企业（集团）有限公司
上海城投置地（集团）有限公司	上海顾村房地产开发（集团）有限公司
旭辉集团控股有限公司	上海安居房产开发有限责任公司
上海中星（集团）有限公司	上海金外滩（集团）发展有限公司
上海城建置业发展有限公司	上海西部企业集团有限公司
中华企业股份有限公司	上海东鼎投资集团有限公司
星河湾集团上海公司	上海月星环球家饰博览中心有限公司
中海发展（上海）有限公司	上海闵行置业发展有限公司
上海城开集团有限公司	上海静安地产集团有限公司
上海宝华企业集团有限公司	上海智富企业发展（集团）有限公司
上海三湘（集团）有限公司	上海达安企业股份有限公司
上海鹏欣（集团）有限公司	上海凯迪企业（集团）有限公司
上海绿洲投资控股集团有限公司	上海汇成房产经营有限公司
上海市浦东新区房地产（集团）有限公司	上海中建房产（集团）有限公司
上海铁路房地产开发经营有限公司	上海兆发房地产开发有限公司

上海中房置业股份有限公司	上海新湖房地产开发有限公司
上海新长宁（集团）有限公司	上海刚泰置业有限公司
景瑞地产集团有限公司	上海莘松房地产有限公司
嘉凯城集团上海有限公司	方兴置业（上海）有限公司

表 7-13　2013 ～ 2014 年上海房地产开发企业保障性住房建设 10 强

上海建工房产有限公司	上海中建东孚投资发展有限公司
上海城建置业发展有限公司	上海中环投资开发（集团）有限公司
农工商房地产（集团）股份有限公司	上海莘松房地产有限公司
上海城投置地（集团）有限公司	上海绿洲投资控股集团有限公司
上海永业企业（集团）有限公司	上海浦东新区房地产（集团）有限公司

（一）上海开发企业 50 强总体情况

1. 50 强企业销售业绩回升

2013 年受对出售自有住房“能核实房屋原值的，应严格按转让所得的 20% 计征个人所得税”的影响，购房需求提前集中释放，上海房地产市场销售量大幅回升，企业销售金额上升明显。2013 年 50 强企业总销售面积为 1 836 万平方米，总销售金额为 2 174 亿元。

2014 年，受央行放宽信贷、降准降息等货币政策，以及国内大部分城市放松限购的影响，自住性和改善性住房需求加快入市速度，商品房销售面积和销售金额都有所回升。2014 年 50 强企业总销售面积为 2 180 万平方米，总销售金额为 2 746 亿元（见图 7-4、图 7-5）。

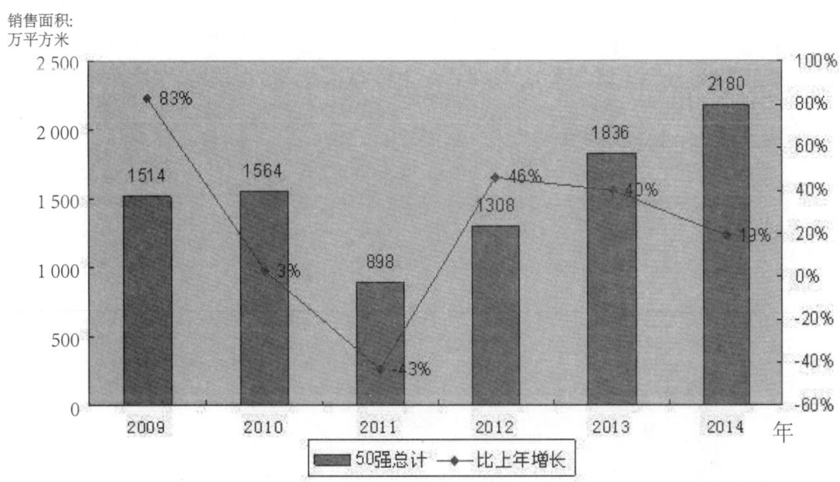

图 7-4　2009 ～ 2014 年上海房产开发企业 50 强销售面积

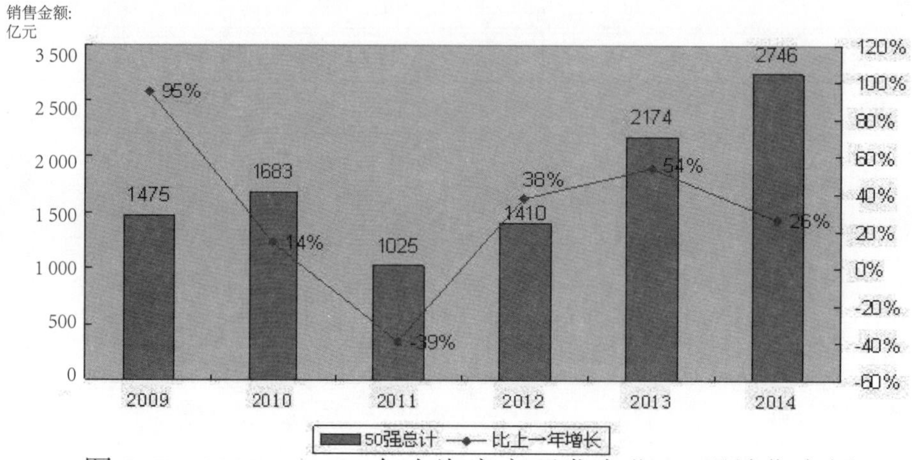

图 7-5　2009 ～ 2014 年上海房产开发企业 50 强销售金额

2. 50 强企业集中度进一步提高

近年来，上海房地产行业的集中度进一步提升。大型房企凭借其品牌、资金和销售渠道的优势，进一步拉开与中小型房企在资金和成本等方面的差距，这使得大型企业在市场竞争中处于优势地位。同时，大部分中小型企业在拿地、融资、销售等方面无力与大型企业竞争，纷纷转投其他领域发展。

从 2013 年至 2014 年上海房地产开发企业 50 强榜单来看，入榜企业基本与上届入榜名单相同，除前两位企业排名没有变化外，其他企业名次均出现变化；有 9 家是新入榜的企业，其中上海中建东孚投资发展有限公司首次入榜便高居第五位，充分显示了央企强大的实力和竞争力。随着竞争的不断加剧，企业之间的差距进一步拉大。

房产行业集中度主要表现在销售面积和金额。2013 ～ 2014 年 50 强销售面积前 10 位和前 20 位占 50 强总销售面积的比重比 2011 ～ 2012 年有比较明显的增长；2013 ～ 2014 年 50 强销售金额前 10 位和前 20 位占 50 强总销售金额比重也比 2011 ～ 2012 年有比较明显的增长（见图 7-6、图 7-7）。

图 7-6　50 强前 10 位与前 20 位销售占比（销售面积）

图 7-7　50 强前 10 位与前 20 位销售占比（销售金额）

3. 50 强企业开发后劲充足

2013 ～ 2014 年，在三四线城市房产销售不畅的情况下，大型品牌房企重回一线城市，加大了在上海等一线城市的拿地力度。2013 ～ 2014 年，50 强企业积极拿地，增加项目供应，使待开发土地面积、新开工面积、在建面积都呈增长态势（见图 7-8）。

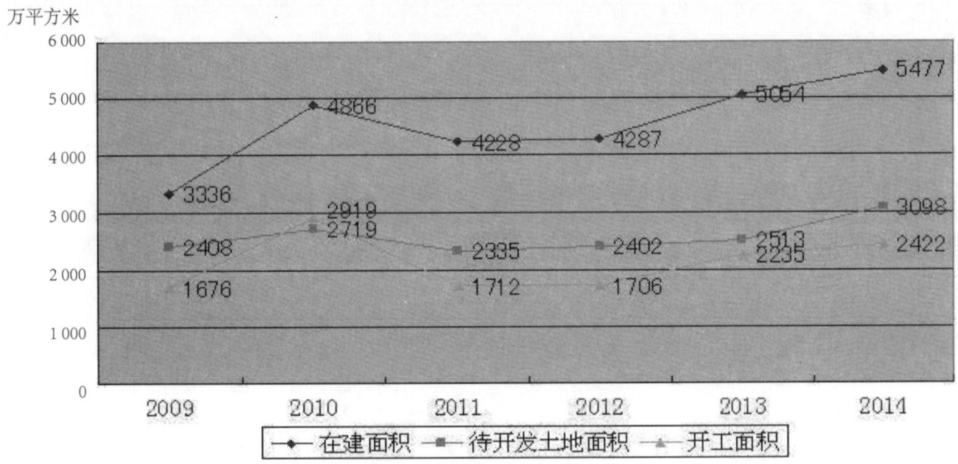

图 7-8　上海房产开发企业 50 强开发后劲分析

4. 50 强企业加大持有物业的力度

近年来，随着房地产行业转型发展步伐的加快，50 强企业加大了持有物业的数量。从 2013 ～ 2014 年 50 强企业出租总面积以及出租收入情况看，总出租面积和租金收入水平都有显著的提高。其中，出租总面积分别为 352 万平方米和 512 万平方米，租金收入分别为 30 亿元和 41 亿元，都比 2011 ～ 2012 年有较大幅度的增长（见图 7-9）。

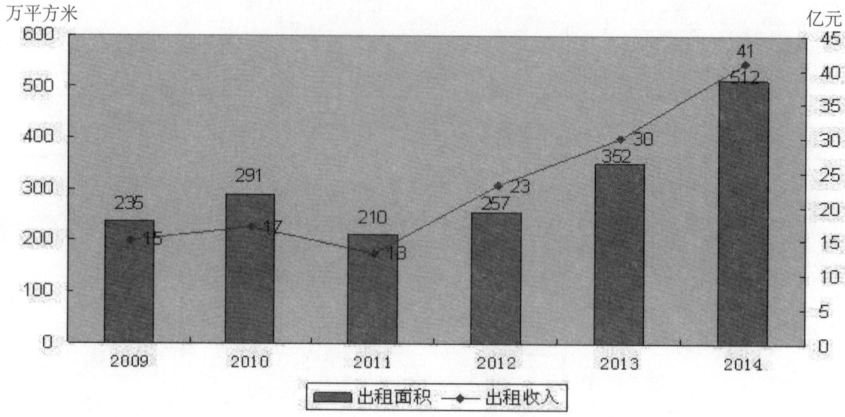

图 7-9 上海开发企业 50 强持有物业经营情况

5. 50 强企业积极参与保障性住房建设

“十二五”期间，上海加快保障性住房建设，占比上升。参与保障性住房建设既为房地产企业提供新的业绩增长点，又要求房地产企业做好资金等统筹安排，更体现了房地产企业履行社会责任的义务。上海本土国有房地产企业基本都是多年来积极参加保障性住房建设的企业。本年度上榜的 50 家企业中，有 17 家参与了 2013 ～ 2014 年的保障房建设。根据数据分析，2013 ～ 2014 年 50 强企业共计投入保障性住房建设资金 388.4 亿元，新开工面积 347 万平方米，新竣工面积 603 万平方米，共计投入使用的保障房面积为 1 572 万平方米。

（二）上海房地产开发企业 50 强分项指标分析

1. 50 强企业经营业绩指标

2013 年，房地产市场跌宕起伏。1 月延续了 2012 年势头，成交可观；2 月进入传统的成交淡季；3 月受个人房产交易所得税调整，购房者恐慌性入市，成交量急剧攀升；之后市场情绪逐渐稳定，成交平稳；“金九银十”成交量放大；11 月“京七条”“沪七条”“深八条”“穗六条”相继出台，市场重新回归平静。随着市场的跌宕起伏，50 强企业销售业绩也随之起起伏伏，但总体已经走出低谷，趋于稳定。2014 年，在限购限贷放松、降息降准和公积金调整等一系列利好政策的刺激下，一线城市房地产市场量价齐升。50 强企业采用了以价换量的策略，加快去化速度，降低库存量，业绩回升明显。销售业绩（按销售面积、销售金额得分之和排序）前 10 位的企业见下表（见表 7-14）。

表 7-14 2013 ～ 2014 年上海开发企业 50 强销售业绩前 10 位

排序	企业名称
1	绿地控股集团有限公司
2	复地（集团）股份有限公司
3	上海中建东孚投资发展有限公司
4	上海万科房地产有限公司
5	大华（集团）有限公司

6	农工商房地产（集团）股份有限公司
7	旭辉集团控股有限公司
8	景瑞地产集团有限公司
9	中海发展（上海）有限公司
10	上海城投置地（集团）有限公司

在市场调整与整合的过程中，50 强企业的市场地位进一步巩固，从销售面积、销售金额的分布情况看，前 5 位企业的销售面积和销售金额分别占到了 50 强企业的 53.9% 和 42.3%（见图 7-10）。

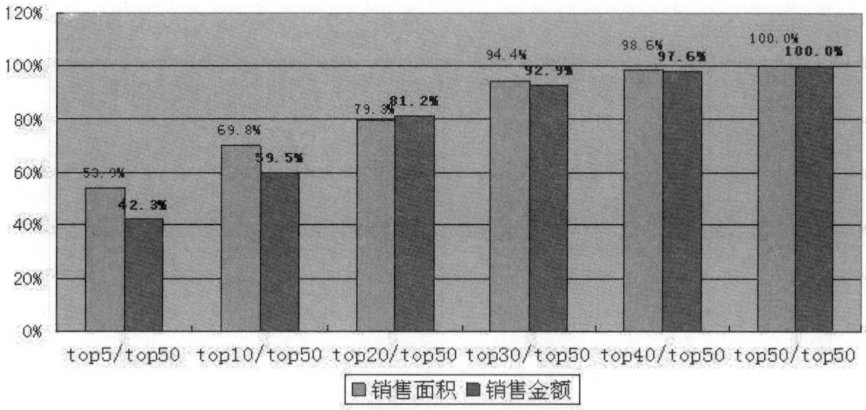

图 7-10 上海开发企业 50 强销售业绩累计百分比

在经营利润方面，绿地、大华、上海万科名列前 3，中海、星河湾、旭辉、三湘进入前 10。（见表 7-15）

表 7-15 2013 ～ 2014 年上海开发企业 50 强利润总额前 10 位

排序	企业名称
1	绿地控股集团有限公司
2	大华（集团）有限公司
3	上海万科房地产有限公司
4	复地（集团）股份有限公司
5	上海城投置地（集团）有限公司
6	中海发展（上海）有限公司
7	上海中星（集团）有限公司
8	星河湾集团上海公司
9	旭辉集团控股有限公司
10	上海三湘（集团）有限公司

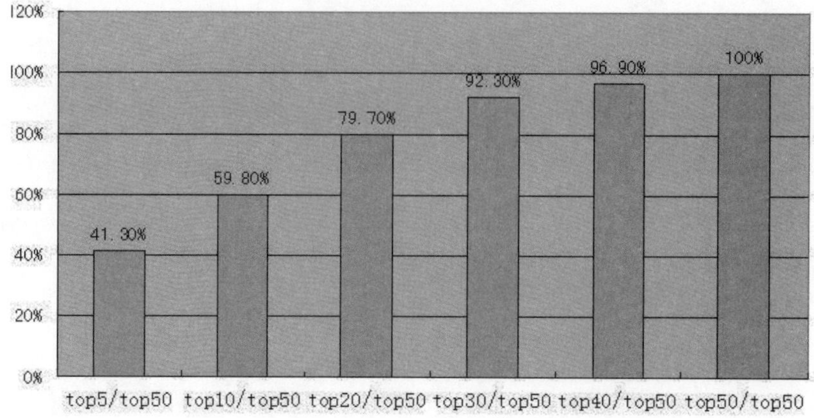

图 7-11 上海开发企业 50 强利润总额累计百分比

在行业集中度提高的同时，50 强内部强者恒强的态势越发显现。从上榜企业名单来看，前 10 位的企业排名相对稳定，其中一、二位的绿地（连续 12 年排名首位）和复地排名没有变化外，其他 48 家企业的排名均有变化，其中降幅最大的企业排名退后了 13 位，而升幅最大的企业排名则提高了 12 位，凸显出竞争的激烈程度。如图 7-11 所示，排名前 5 位的企业利润总额占 50 强总利润总额的 41.30%。

2. 50 强企业开发后劲指标

2013 ～ 2014 年，50 强企业待开发土地面积分别为 2 513 公顷和 3 098 公顷、新开工面积分别为 2 235 万平方米和 2 422 万平方米、在建面积分别为 5 054 万平方米和 5 477 万平方米。开发后劲（按待开发土地面积、在建面积、新开工面积得分之和排序）前 10 位排名显示，绿地、中建东孚和农工商名列前三甲（见表 7-16）。

表 7-16 2013 ～ 2014 年上海开发企业 50 强开发后劲前 10 位

排序	企业名称
1	绿地控股集团有限公司
2	上海中建东孚投资发展有限公司
3	农工商房地产（集团）股份有限公司
4	大华（集团）有限公司
5	旭辉控股（集团）有限公司
6	上海城建置业发展有限公司
7	上海中星（集团）有限公司
8	上海建工房产有限公司
9	复地（集团）股份有限公司
10	中华企业股份有限公司

从 2014 年待开发土地面积、新开工面积、在建面积 3 个指标的分布情况来看，50 强企业之间出现了明显分化，排名前 10 位的房企在各项指标中均占据大半份额，而排名靠后的企业开发后劲明显不足（见图 7-12）。

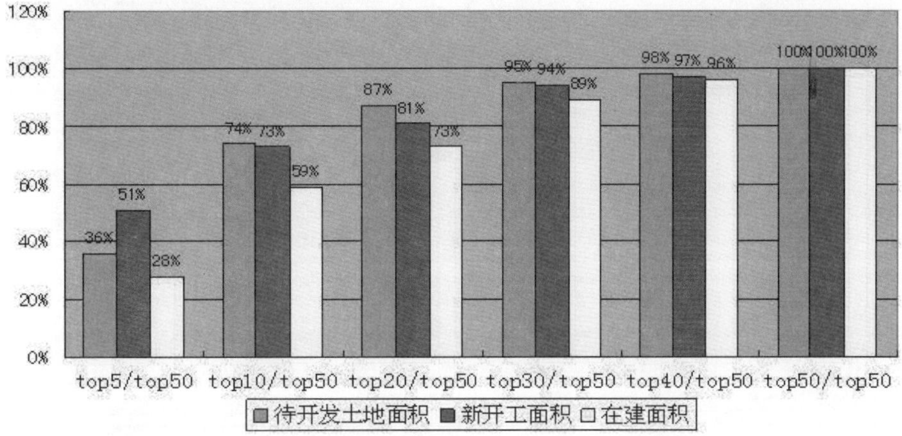

图 7-12　上海开发企业 50 强待开发土地、新开工及在建面积累计百分比

3. 50 强企业经济实力指标

2013 ～ 2014 年，50 强企业的净资产（所有者权益合计）持续增长，其经济实力总体上保持上升的态势。从前 10 位排名来看，绿地、复地、大华凭借强大的资金实力和销售渠道占据前三甲（见表 7-17，图 7-13）。

表 7-17　2013 ～ 2014 年上海开发企业 50 强经济实力前 10 位

排序	企业名称
1	绿地控股集团有限公司
2	复地（集团）股份有限公司
3	大华（集团）有限公司
4	上海万科房地产有限公司
5	上海城开集团有限公司
6	上海城投置地（集团）有限公司
7	上海中星（集团）有限公司
8	中华企业股份有限公司
9	上海城建置业发展有限公司
10	上海市浦东新区房地产（集团）有限公司

说明：本表中各企业集团的净资产为集团本部公司的“所有者权益合计”与其在上海市和外地的各项目公司的“（所有者权益合计－注册资金）× 股权比例”之和。

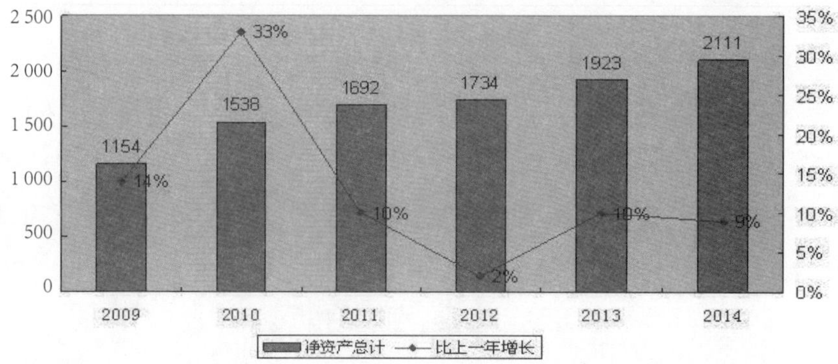

图 7-13 上海开发企业 50 强净资产规模变化趋势

从 50 强企业净资产分布情况看，排名前 5、10、20 位的企业，净资产规模占到 50 强企业总计的 46%、58% 和 76%（见图 7-14）。

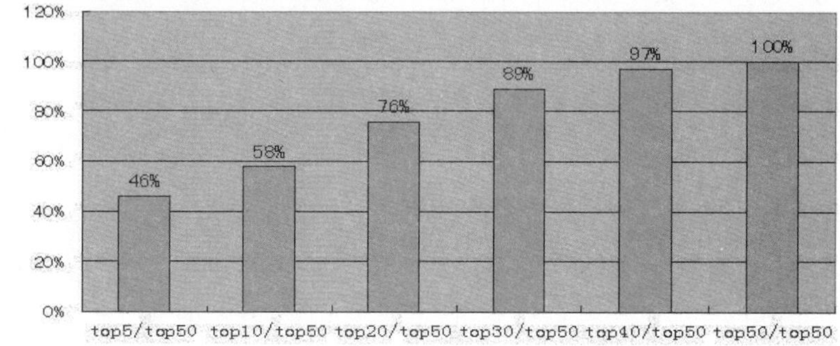

图 7-14 上海开发企业 50 强净资产规模累计百分比

4. 50 强企业社会贡献指标

50 强企业社会贡献的指标包括房地产企业的营业税及附加、企业所得税以及慈善、救助、社会公益等捐助。2013 ～ 2014 年， 50 强企业缴税（营业税及附加、企业所得税两项）总计 422 亿元，相比 2011 ～ 2012 年的 330 亿元大幅上升。前 10 位企业中，绿地、大华和复地占据前三甲（见表 7-18，图 7-15）。

表 7-18 2013 ～ 2014 年上海开发企业 50 强缴税额前 10 位

排序	企业名称
1	绿地控股集团有限公司
2	大华（集团）有限公司
3	复地（集团）股份有限公司
4	上海建工房产有限公司
5	上海万科房地产有限公司
6	星河湾集团上海公司

7	中海发展（上海）有限公司
8	旭辉集团控股有限公司
9	中华企业股份有限公司
10	上海城开（集团）有限公司

说明：本表中各企业集团缴税额为集团本部公司及其在上海市与外地的项目公司缴税额之和，各项目公司的缴税额按股权比例折算。

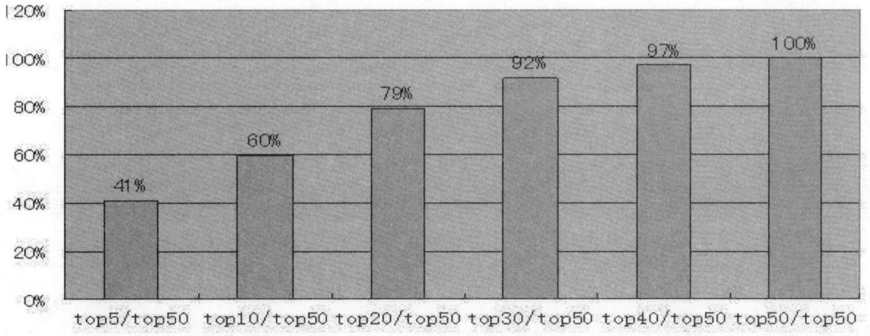

图 7-15 上海开发企业 50 强缴税额累计百分比

5.50 强企业品牌管理指标

在行业面临深化调整的背景下，领先的品牌房企依然保持销售优势，取得不错的收益。通过对参研企业在房地产开发企业诚信承诺活动、优秀住宅评选、建设工程白玉兰奖、著名商标、银行资信等级、合同信用等级以及节能低碳建设方面的贡献等综合分析和评估研究，前 10 位名单如表 7-19。

表 7-19 2013 ～ 2014 年上海开发企业 50 强品牌管理前 10 位

排序	企业名称
1	绿地控股集团有限公司
2	上海万科房地产有限公司
3	复地（集团）股份有限公司
4	大华（集团）有限公司
5	农工商房地产（集团）股份有限公司
6	上海建工房产有限公司
7	中海发展（上海）有限公司
8	旭辉集团控股有限公司
9	上海城建置业发展有限公司
10	上海三湘（集团）有限公司

从得分分布情况来看，各区间段分布较为均匀，这说明上海 50 强企业在日常管理中均较重视品牌管理。无论是大型房企还是中小房企都注重通过建立良好的口碑来增强企业的综合竞争能力。

（三）上海房地产开发企业保障性住房建设 10 强

参与保障性住房建设，一直是上海房地产企业履行社会责任的重要体现。在本次 50 强企业研究中，继续了保障性住房建设 10 强的研究。

从 20 世纪 80 年代初开始，上海就通过住房解困和开展旧区改造工作，解决市民住房困难和改善市民居住水平。2000 年，上海在全国率先实施廉租住房制度，采取实物配租和租金配租的方式改善低收入住房困难家庭的居住条件。2009 年起，开展了经济适用房的试点工作，将保障范围从低收入家庭扩大至中低收入家庭。2010 年出台了公共租赁住房制度，将非户籍人口也纳入了保障范围。目前，上海基本形成了以廉租住房、共有产权保障住房（经济适用房）、公共租赁住房、动迁安置住房“四位一体”的保障性住房体系。上海本地一批房地产企业都以不同形式参与了保障性住房的建设。

近两年，上海保障性住房建设马不停蹄，成绩斐然。2013 年，上海新建筹措各类保障性住房和实施旧住房综合改造 11 万套、785 万平方米；基本建成 10.39 万套、797 万平方米；新增可供应量为 10.29 万套、约 783 万平方米；新增廉租住房租赁补贴家庭 0.6 万户；2014 年新建筹措各类保障性住房和实施旧住房综合改造 13.9 万套，基本建成 11.3 万套。

通过对参研开发企业的保障性住房建设情况分析，2013 ～ 2014 年保障性住房建设 10 强企业共计投入保障性住房建设资金 336 亿元，新开工面积 302 万平方米，新竣工面积 516 万平方米，共计投入使用的保障房面积为 1 390 万平方米。50 强企业的前 10 强在“开发投资、使用面积、新开工面积和竣工面积”各指标占总比例分别达到 86.59%、88.42%、87.03%、85.57%。这也显示了前 10 位企业对推动上海保障性住房建设的重要作用（见表 7-20）。

表 7-20 2013 ～ 2014 年上海房地产开发企业保障性住房建设 10 强

排序	企业名称
1	上海建工房产有限公司
2	上海城建置业发展有限公司
3	农工商房地产（集团）股份有限公司
4	上海城投置地（集团）有限公司
5	上海永业企业（集团）有限公司
6	上海中建东孚投资发展有限公司
7	上海中环投资开发（集团）有限公司
8	上海莘松房地产有限公司
9	上海绿洲投资控股集团有限公司
10	上海市浦东新区房地产（集团）有限公司

第八章　房地产营销

第一节　房地产营销概述

2015 年中国经济发展进入新常态，房地产业也随之步入深度调整期，去库存成为全国楼市主旋律。全国“两会”提出稳定住房消费，支持自住和改善需求，并将分类指导、因地施策作为房地产政策总基调。各部门和省市加快了“救市”步伐，加大了“救市”力度。宽松的政策实施虽然不针对上海等一线大城市，但却促其成为最大的受益者之一。2015 年上海商品住宅成交量创近 6 年来新高，成交均价更是大幅攀升，跨入 3 万元时代。全年上海商品房共成交 2 431.36 万平方米，同比上升 16.63%；其中商品住宅（不含配套房）成交 2 009.17 万平方米，同比上升 12.82%。

一、商品房销售额

2015 年，上海市商品房销售额为 5 093.55 亿元，比较 2014 年暴增 45.55%。其中，住宅销售额达到 4 319.93 亿元，办公楼销售额为 488.68 亿元，商业营业用房销售额为 227.89 亿元。商品房销售受政策影响明显，2015 年房地产市场重新火爆起来，主要指标较上年都有显著上升，其中住宅销售暴增 47.77%（见表 8-1、图 8-1）。

表 8-1　上海市 2010 ～ 2015 年商品房销售额

指标 \ 年份	2010	2011	2012	2013	2014	2015
商品房销售额（亿元）	2 959.94	2 568.88	2 669.49	3 911.57	3 499.53	5 093.55
住宅	2 395.35	1 981.91	2 208.96	3 264.03	2 923.44	4 319.93
# 别墅、高档公寓	852.62	637.27	661.35	908.58	859.54	1 462.81
办公楼	307.67	371.81	234.62	380.85	300.43	488.68
商业营业用房	197.57	181.66	194.62	224.71	226.44	227.89
其他	59.34	33.49	31.29	41.98	49.22	57.05

从商品房销售额总体来看，2008 年受金融危机影响严重，有大幅额度降低，2009 年是报复性上扬。2010 ～ 2011 年商品房销售额呈下降趋势，2012 年走出下降趋势，2013 年出现爆发式增长，各类指标接近 2009 年房地产市场，2014 年受政策调控影响，改变上升趋势，2015 年中国经济进入新常态，上海受益于其他省份的救市政策，房地产销售暴增。

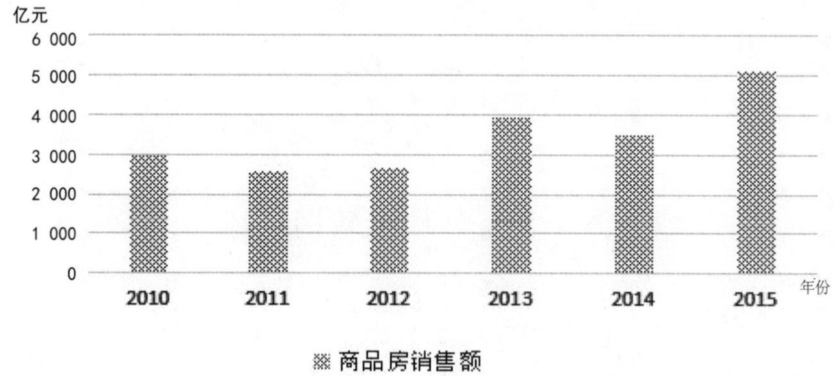

图 8-1 上海市 2010 ～ 2015 年商品房销售额

二、商品房销售面积

2015 年上海市商品房实际销售面积共有 2 431.36 万平方米，较 2014 年上升 16.63%。其中住宅销售面积 2 009.17 万平方米，办公楼销售面积 197.41 万平方米，商业营业用房 113.70 万平方米（见表 8-2）。

表 8-2 上海市 2010 ～ 2015 年商品房销售面积

指标＼年份	2010	2011	2012	2013	2014	2015
商品房销售面积（万平方米）	2 055.53	1 771.30	1 898.46	2 382.20	2 084.66	2 431.36
住 宅	1 685.35	1 473.72	1 592.63	2 015.81	1 780.91	2 009.17
# 别墅、高档公寓	341.71	237.32	234.56	314.20	257.24	390.97
办公楼	162.89	147.40	111.73	161.22	120.28	197.41
商业营业用房	125.56	95.57	120.01	116.47	102.86	113.70
其 他	81.72	54.61	74.10	88.71	80.61	111.08

从销售面积总体走势来看，2009 年形成一个波峰，2010、2011 年又逐渐下降，2012 年有所回升，2013 年继续回升，2014 年开始下降，2015 年有较大升幅。从分类市场来看，主要销售面积的发生均在住宅市场，住宅市场占比总销售面积的 82.64%，住宅销售走势与总体商品房保持一致。

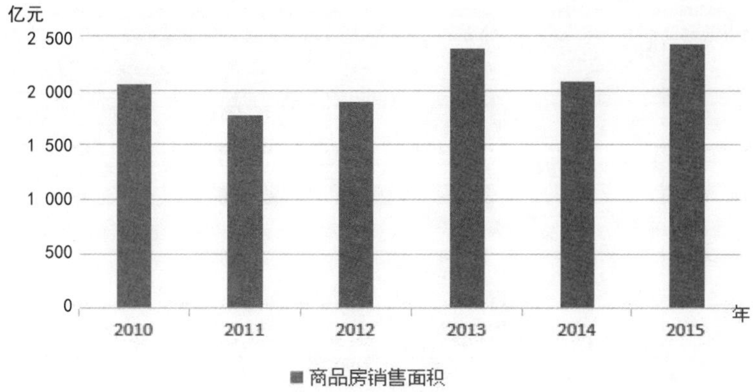

图 8-2 上海市 2010 ～ 2015 年商品房销售面积

从全年度来看，2015 年开年延续上年的下跌趋势，后逐月增长，全年销售不振，全年累计销售面积相比上年上升 16.6%（见表 8-3）。

表 8-3 2015 年 1 ～ 12 月商品房累积销售面积 单位：万平方米，%

月 份	本月累计	比去年同期增长
1 ～ 2	223.60	-22.1
3	394.21	-15.6
4	580.35	-3.6
5	749.95	6.0
6	1 014.74	12.6
7	1 257.66	19.9
8	1 456.75	24.8
9	1 683.55	28.0
10	1 905.56	28.2
11	2 159.42	23.5
12	2 431.36	16.6

从商品住宅销售面积来看，趋势与整个商品房市场较为一致，到 2015 年底，比去年同期累计上升 12.8%，超过 2013 年全年销售水平（见表 8-4）。

表 8-4 2015 年 1 ～ 12 月商品住宅销售面积 单位：万平方米，%

月 份	本月累计	比去年同期增长
1 ～ 2	200.04	-19.1
3	351.01	-16.1

4	489.15	-8.0
5	637.01	3.0
6	843.09	6.8
7	1 038.54	13.8
8	1 200.45	18.8
9	1 401.76	23.6
10	1 597.13	25.3
11	1 801.39	19.8
12	2 009.17	12.8

三、商品房销售价格

2015 年，上海市商品房平均销售价格为 20 949 元 / 平方米，较 2014 年上涨 25.8%。其中，住宅的平均售价为 21 501 元 / 平方米，比上年爆增 31%；办公楼为 24 755 元 / 平方米，商业营业用房为 20 043 元 / 平方米，办公楼和商业营业用房价格略有下跌，变化不大（见表 8-5）。

表 8-5　上海市 2010 ～ 2015 年商品房平均销售价格　　单位：元 / 平方米

指标＼年份	2010	2011	2012	2013	2014	2015
商品房销售价格	14 400	14 503	14 061	16 420	16 787	20 949
住　宅	14 213	13 448	13 870	16 192	16 415	21 501
# 别墅、高档公寓	24 161	26 853	28 195	28 917	33 414	37 415
办公楼	18 888	25 225	20 999	23 623	24 978	24 755
商业营业用房	15 735	19 008	16 217	19 293	22 014	20 043
其　他	7 261	6 133	4 223	4 732	6 106	5 136

2015 年，上海市新建住宅平均销售价格 21 501 元 / 平方米。从区域分布看，内环线以内 72 066 元 / 平方米，内外环线之间 33 577 元 / 平方米，外环线以外 16 065 元 / 平方米。

四、存量房交易

2015 年，与新建房市场相比，存量房市场更为火爆。2015 年本市存量房交易量 3 341.85 万平方米，比上年增长 94.4%。其中，存量住宅 3 034.42 万平方米，增长 1.1 倍。从月度交易量看，3 月底利好政策出台后，市场持续回暖，月均交易量持续在 300 万平方米上下，全年月均交易量达到 278.49 万平方米，明显高于近几年平均水平（见表 8-6）。

表 8-6 2006～2015 年存量房交易情况

年 份	成交套数（套）	成交面积（万平方米）	其 中		
			# 住 宅	办公楼	商业营业用房
2006	184 194	1 706.81	1 375.22	67.35	46.53
2007	213 733	1 992.59	1 715.05	49.73	36.34
2008	142 224	1 413.41	1 107.17	40.61	42.04
2009	312 857	2 809.45	2 490.58	48.19	43.59
2010	202 511	1 966.86	1 522.21	68.31	70.61
2011	146 151	1 398.67	1 058.71	62.87	51.21
2012	157 585	1 446.77	1 136.17	57.34	46.71
2013	291 176	2 575.70	2 228.02	65.59	47.18
2014	177 083	1 586.14	1 324.18	52.61	40.90
2015	303 414	2 647.83	2 351.30	52.27	41.62

五、出租市场情况

2015 年上海租房市场租金水平依旧稳步上涨，与此同时，五花八门的品牌长租公寓悄然兴起，对上海租房市场原有格局形成冲击。随着上海外来人口的不断增多与各区县开展的一系列打击“群租房”的方案计划，使上海的租房需求呈现向城市外围扩展的趋势，周边区县中临近地铁站的租赁需求与去年相比有明显提升。全年上海市商品房出租面积为 1 202.42 万平方米，较 2014 年增加 5.3%（见表 8-7）。

表 8-7 2010～2015 年商品房出租情况 单位：万平方米

指标 \ 年份	2010	2011	2012	2013	2014	2015
商品房出租面积	1 262.47	1 305.47	1 355.20	1 206.37	1 142.46	1 202.42
住 宅	85.72	87.68	92.43	75.32	72.16	120.59
# 别墅、高档公寓	76.18	75.40	73.26	63.61	60.39	66.26
办公楼	516.18	578.23	643.83	558.19	502.65	501.86
商业营业用房	373.34	392.70	396.45	364.00	373.99	367.02
其 他	287.23	246.86	222.48	208.87	193.66	212.95

第二节 房地产营销主体

房地产市场可以分为一级市场、二级市场以及三级市场。不同的房地产市场具有不同的交易主体和营销主体。在一级市场中，政府是卖方，用地单位是买方；在二级市场中，最重要的交易是新上市商品房的交易，因此主要的营销主体是房地产开发商和代理商；在三级市场中，房地产中介起着信息交流、信用担保等促进交易完成的作用，是市场交易的重要环节，是市场的“催化剂”，因此，三级市场中的主要营销主体是中介公司。

从1992年首批12家房地产经纪机构获批成立以来，上海房地产经纪行业从无到有，从小到大，至今已有上万机构，近10万从业大军。20余年来，上海房地产经纪行业已经成为房地产业的重要组成部分，在提高人们的居住水平和促进经济与社会发展等方面发挥了重要作用。

根据房地产经纪行业协会统计，2013年底，上海有房地产经纪机构12 609家，其中有限责任公司（含分支机构）6 517家，合伙公司和个人独资企业6 092家。就机构单体而言，2005年时，最大的二手房经纪公司才几十家门店，而今已达400多家门店。最大的代理公司才十来个项目，如今有的已在全国几十个城市布局，操控几百个项目，甚至到美国上市。行业的集中度在提高，目前，在上海二手房市场通过经纪机构撮合成交的已高达80%以上。2013年“金桥奖”房屋中介20强交易面积达702.55万平方米，占全市存量房交易总量的28.6%。房地产代理机构已进入“战国时代”，上房销售、同策、策源、新聚仁已跻身全国销售10强。2013年度“金桥奖”营销代理企业20强在全市销售面积1 015.39万平方米，占全市商品住宅销售总量2 015.81万平方米的50.4%，外地销售面积达3 444.03万平方米，是这些企业在上海销售面积的3.4倍。

行业竞争越来越激烈，上海的房地产经纪行业正由传统服务业向现代服务业转变，网络和信息技术得到广泛应用。据经纪机构反映，本市二手房业务通过网络渠道操作成交的比例已经达到70%。电商模式也已在新房销售和楼盘代理中广泛运用。五六年前，搜房、安居客、新浪、优房网等进入房地产经纪领域，开始同经纪机构合作，而经纪机构在这样的合作中，也尝到了便捷、高效的甜头。近年来，58同城、房价网、Q房网、房博士、057找房、房多多、爱屋吉屋等网站又从全国各地、某一细分领域进入房地产经纪行业。

网络和信息技术的快速发展，给房地产经纪机构带来了便捷和效率，但随着网络机构之间竞争的激烈和成本的提高，以及经纪机构对网络的依赖度提升，网络平台使用费用不断上涨，于是经纪机构和网络平台的矛盾便激化了。在同业同盟与网络机构谈判化解矛盾的同时，一些规模较大、实力较强的经纪机构或入股网络结成战略联盟，或成立独立网站。

未来，房地产交易线上线下的有效衔接、经纪机构和网络平台的合作共赢、网络机构的竞争与合作都将是房地产经纪行业由传统服务业向现代服务业发展必须面对的问题。

一、房地产代理公司

房地产代理公司是指专门从事地产领域专业服务的咨询类公司，主要业务范围包括商品房屋的估价、营销、策划、销售等。随着互联网的发展，房地产代理行业正在发生一场蜕变，基于互联网综合平台，为开发商伙伴提供房地产全面的服务价值新型代理业态正在崛起。上海房地产代理行业从6 000多家代理销售企业的行业“春秋战国”时期，进化演变到几十家代理销售企业的“王者割据”时代，再到近年上海的房地产代理行业的“三足鼎立”的垄断格局。2015年，伴随着上海链家物业代理公司的迅速崛起，上海房地产代理行业形成“四国争雄”竞争格局。

二、房地产中介公司

房地产中介公司主要是从事二手房交易。2015 年随着互联网的发展，大量资本进入房地产中介行业，一些新的中介企业出现，最知名的主要有链家、爱屋及屋、房多多、悟空找房、房天下、屋托邦二手房、安个家等新型互联网中介企业。根据上海市住房和建设管理委员会网站，2015 年登记销售套数最多的企业为上海中原物业代理有限公司（见表 8-8）。

表 8-8　2015 房屋中介企业交易套数前 20 家企业

上海中原物业代理有限公司	上海先原房地产经纪有限公司
上海九间伴房地产经纪有限公司	上海志远房地产经纪有限公司古北分公司
上海辉腾房地产经纪有限公司	上海斯菲科房屋置换有限公司
上海中原物业顾问有限公司	上海鼎铭房地产经纪有限公司
上海立超房地产顾问有限公司	上海我爱我家房屋租赁置换有限公司大木桥路分公司
上海房屋置换股份有限公司曲阳店	上海百扬房地产经纪有限公司
上海信义房屋中介咨询有限公司建国西路店	上海金哲房地产经纪有限公司
上海康健房屋置换有限公司康健新村分公司	上海信义房屋中介咨询有限公司北京西路店
上海远见房地产经纪有限公司	上海全程房地产经纪有限公司
上海福人居房地产经纪有限公司	上海德佑房地产经纪有限公司

第九章 物业管理

第一节 物业管理概述

一、2015 年上海物业管理市场概况

（一）物业管理概况

2015 年，上海市具有资质的物业服务企业约有 3 701 家，其中一级资质企业 108 家，较上年持平；二级资质 580 家，较上年增长 28 家，三级资质（包括暂定）为 2 789 家，较上年减少 363 家。

（二）上海物业行业发展的特点

近年来，我国物业管理行业无论是政策环境，还是市场环境，都发生了深刻变化。2014 年 12 月，国家发展和改革委员会印发《关于放开部分服务价格意见的通知》，要求放开非保障性住房物业服务和住宅小区停车服务价格，表明行业在全面深化改革道路上更进一步，对行业逐步建立并完善市场引导机制、运作机制和监督机制具有重要意义。

(1) 近几年来房地产市场的持续发展，以及增量房、存量房、老旧住宅区都为物业管理行业提供了巨大的市场空间。

(2) 物业服务用户趋于成熟，对物业服务尤其是优质物业服务的购买意愿显著增强，部分物业服务企业基于用户多元化、个性化需求产生的非主营业务收入已超过物业服务主营业务收入。

(3) 资本、互联网、物业管理正发挥各自优势，线上线下资源的产业融合正成为趋势。“网上支付消费”和“社区Ｏ２Ｏ消费”成为未来物业巨大的服务消费市场。

(4) 物业服务企业处在社会和社区的节点上，贴近社区的资源和用户，与社区基层组织、周边商业圈关联度高，在最后一公里乃至最后一百米内，成为社区资源的隐形掌握者。

(5) 资本市场改革和完善持续推进，尤其是新三板的扩容、地方股权交易中心的建立，促进物业管理行业形成了快速发展的新格局。

（三）物业小区情况

上海市共有登记住宅物业小区 12 305 个，2015 年，上海市出台了《上海市加强住宅小区综合治理三年行动计划（2015～2017）》，计划指出，住宅小区是市民群众生活的基本场所，是城市管理的基本单元，也是社会治理的重要领域，加强住宅小区综合治理是政府治理体系和治理能力现代化的具体举措。当前，本市住宅小区数量较大，类型较多，随着经济社会快速发展，各类矛盾和问题相对突出，亟待研究解决。计划规定的主要任务有：完善管理体制机制，提高住宅小区综合管理水平；发挥市场作用，促进物业行业健康发展，发挥居民自治和社区共治作用，增强住宅小区综合治理能力；整合各方资源，解决住宅小区民生突出问题等。

（四）行政管理体制

上海已逐渐形成三级行政管理体制：

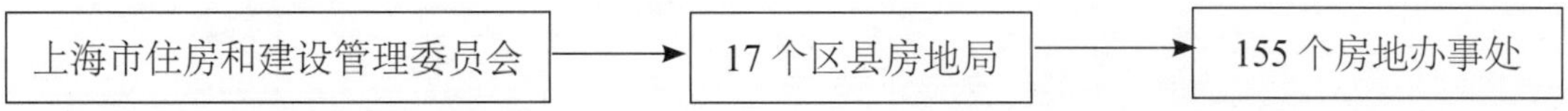

本着“两级政府、三级管理、四级网络”的原则，将居住物业管理纳入社区综合管理范畴，并正在探索“区、街道、小区三级”协调、监督、考核的长效管理机制，由街道办事处（乡镇政府）定期组织召开有相关单位参加的居住物业管理联席会议，对居住物业管理中存在的综合问题，及时进行协调解决。

（五）房屋维修的专业化机构

上海现已建立了一个全市性的房屋维修监督中心和 23 个房屋应急维修中心，并要求它们在小区内的醒目处公开报修电话，急修，2 小时到场，24 小时处置；小修三天解决，中、大修项目可行采取应急措施，安排计划后予以解决。另外，落实必要力量，确保做到全年 365 天、每天 24 小时受理居民报修以确保全市人民的正常生活。

（六）商品住宅维修资金（见表 9-1）

表 9-1　上海市商品住宅维修资金专户年度归集和划转统计表（2015 年）

单位	当年归集金额（元）	当年划转金额（元）	当年新增归集金额（元）
浦东新区	922 285 376.47	483 240 281.43	439 045 095.04
奉贤区	168 862 776.43	84 519 979.87	84 342 796.56
黄浦区	48 041 980.85	11 746 328.14	36 295 652.71
杨浦区	175 274 819.68	29 908 497.69	145 366 321.99
虹口区	21 423 867.93	47 290 523.94	-25 866 656.01
闸北区	127 714 143.66	17 550 296.84	110 163 846.82
普陀区	140 695 628.05	184 392 324.62	-43 696 696.57
静安区	19 670 903.95	15 978 629.48	3 692 274.47
长宁区	57 315 941.10	66 102 687.07	-8 786 745.97
徐汇区	62 143 829.63	19 833 237.16	42 310 592.47
宝山区	381 709 545.38	257 136 075.34	124 573 470.04
闵行区	550 608 712.13	176 985 461.36	373 623 250.77
嘉定区	424 230 393.26	82 739 859.64	341 490 533.62
金山区	136 591 157.32	73 738 116.99	62 853 040.33
青浦区	333 797 265.22	18 129 040.95	315 668 224.27
松江区	315 865 692.60	210 832 392.19	105 033 300.41
崇明县	97 125 668.78	33 338 640.74	63 787 028.04
合计	3 983 357 702.44	1 813 462 373.45	2 169 895 328.99

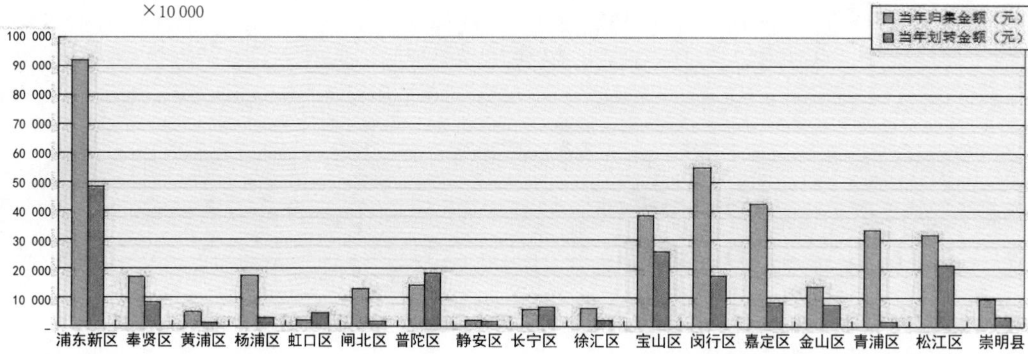

图 9-1 上海市 2015 年各区商品住宅维修资金专户年度归集和划转情况

说明：1. 当年归集金额是当年新归集的专项维修资金数额。

2. 当年划转金额是当年划入业主大会账户的专项维修资金数额。

3. 当年新增归集金额 = 当年归集金额 - 当年划转金额。

二、物业管理基本服务内容

物业管理涉及的领域很广泛，其基本内容按服务的性质和提供的方式可分为以下三类：

（一）常规性的公共服务

是指物业管理企业向所有业主提供的最基本的公共性的管理和服务，目的是为了确保物业的完好与正常使用，保证物业管理区域内的秩序和环境。具体内容和要求应在物业管理合同中明确规定，物业管理企业有义务按时按质提供约定的服务，业主享受服务时也不需要事先进行约定。常规性公共服务一般包括以下内容：

（1）房屋建筑主体的管理，包括房屋的日常养护和修缮。

（2）房屋设备、设施的管理，包括卫生设备、电气工程设备和智能化技术设备的养护、管理和维修，以保持房屋及其配套设备设施的正常使用。

（3）环境卫生管理服务，为净化物业环境、保持社区卫生进行的服务。

（4）绿化管理服务，为了美化环境，使环境更舒适、健康进行的服务。

（5）治安管理服务，为防盗、防破坏及人为突发事故而对物业进行的一系列管理。

（6）消防管理服务，为保护业主人生、财产安全进行的防范性管理。

（7）交通管理服务，对物业区域内车辆道路的管理，以保证交通顺畅和便利。

除以上所列公共服务外，物业管理企业还应为所管物业进行档案和资料的管理，以保障物业公司和业主的沟通，更好地掌握各类管理的状况。

（二）针对性的专项服务

是指物业管理企业为提高住用人的工作、生活条件和质量，为满足其中一些住户、群体和单位的特定需要而提供的各项服务。物业管理企业事先设定各种便民服务项目，并将服务内容、质量和收费标准公布，以便住用人需要时自行选择。专项服务是指一种代理服务，属于物业经营服务。专项服务涉及日常生活的方方面面，内容繁杂，一般有以下几大类：

（1）日常生活类，包括衣食住行等各方面的家政、家务服务。

（2）商业服务类，指物业企业提供的各种商业经营服务项目，如商业网点的开设管理。

（3）文化、教育、卫生、体育类，包括相关设施的建立与管理，以及各类活动的展开。

（4）金融、中介服务类，指由具有相关金融知识或具有相应资格的员工为业主办理保险、金融业务，或接受业主委托开展各类中介代理服务，如进行房地产评估与公证等。其中有些工作需要委托其他具有相应资质的机构和人员进行。

（5）社会福利类，指带有社会福利性质的各项服务，如照顾孤寡老人等，一般以低偿或无偿方式提供。

（三）委托性的特约服务

是指物业管理企业为满足业主的个别需求而为其提供的服务，通常是在物业管理合同中未要求，专项服务中未设立，而由业主专门提出的需求。特约服务实质上是专项服务的补充，当有较多的业主有某种需求时，物业企业可将其纳入专项服务。

三、物业管理主要环节

物业管理是房地产开发的延续和发展，是一个完整、复杂的系统工程。为保证物业管理的有效运行，从规划设计到全面运作，每一个环节都紧密相连不可忽视。

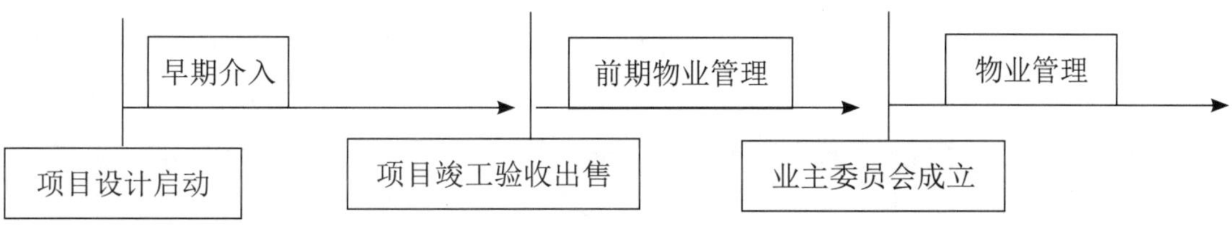

图 9-2　物业管理主要环节

见图 9-2 清楚地界定了物业管理的三大阶段，传统的物业管理仅指房屋出售业主入住后的物业管理，但随着物业管理的现代化发展，早期介入和前期物业管理的重要性越发显现。以下是物业管理的 8 个具体环节，有的环节可能会跨越不同的阶段。

（一）物业管理的早期介入

物业管理企业在接管物业之前就参与介入房地产开发的规划设计、施工建设等各个阶段，从业主和物业管理运作的角度对物业的环境布局、功能规划、楼宇设计、材料选用、配套设施、施工质量、竣工验收等各方面提供意见，协助开发商把好关，以确保物业的设计和建造质量，为物业投入使用后的良好管理以及避免纠纷提供条件。

物业管理的早期介入在未确定物业管理企业之前由开发商主持，一旦确定了前期物业管理企业，则早期介入就进入了前期物业管理，由物业管理企业主持运作。

（二）选聘物业管理企业

首次选聘物业管理企业由房地产开发企业在预售房屋之前进行并完成。房地产开发企业应根据物业类型、功能等客观条件以及住用人的群体特征和需求等主观条件来规划物业消费水平，确定物业管理的档次和相应的管理服务标准，选聘具有相应资质的物业管理企业，并与之签订前期物业服务合同。选聘过程，一般通过招标形式，2012 年，共有 419 个项目的物业选聘通过公开招标形式进行。

（三）人员选聘与培训

签订前期物业服务合同后，物业管理企业即着手进行前期准备。首先应根据所管物业的规模和特点合理设置机构和各岗位。其次则需选聘专业的管理和技术人员，其中管理人员和一些特殊工种应取得相关执业资格证书，其他人员应由专业人员进行培训。

（四）制定规章制度

应依据有关法律、法规、政策和示范文本，结合所管物业的实际情况，制定一些必要、适用的规章制度，包括业主公约和其他管理文件如各项守则、管理规定、员工岗位职责及工作程序等。物业销售前，应由建设单位制定业主临时公约并向物业买受人明示。

（五）物业的接管验收

物业接管验收是关系到今后物业管理工作能否顺利进行的重要环节，包括新建物业的接管验收和原有物业的接管验收。开发商或业主委员会应向物业管理企业移交有关物业的所有资料，办理交接手续，完成后即标志着物业管理正式启动。物业管理企业应当在物业服务合同终止时将资料交给业主委员会。

（六）用户入住

大量的用户入住发生在物业交付使用的初期，物业管理企业需通过各种宣传手段使用户了解物业管理的有关规定，配合日后的管理工作。当房屋出售并交付使用的建筑面积达 50% 以上，或者首套房屋出售并交付使用已满两年的，应当召开首次业主大会会议，成立业主大会。

（七）建立档案资料

包括业主或住户的资料和物业的档案资料。物业档案资料是对前期建设开发成果的记录，是以后实施物业管理时不可少的依据，也是更换物业管理企业时必须移交的资料。

（八）物业管理的正常运作

用户入住物业管理正式启动后，物业管理企业全面实施物业管理所做的各项工作，即物业的日常管理和维修养护，基本内容已在上文中介绍。

四、物业管理收费

根据上海市房屋土地资源管理局和上海市物价局发布的《上海市住宅物业服务分等收费暂行办法》，上海市从 2005 年 10 月 1 日起开始实行菜单式的物业管理收费模式。

《上海市住宅物业服务分等收费标准》将住宅物业服务项目分为综合管理服务、公共区域清洁卫生服务、公共区域秩序维护服务、公共区域绿化养护服务，以及共用部位、共用设施设备的日常运行、保养及维修服务 5 项，根据服务内容、服务要求和设施设备配置等情况，除第五项外均从低到高划分为一到五级，分别规定最高收费标准，第五项也按各项内容的不同标准划分为多个等级（见表 9-2）。

表 9-2 上海市住宅物业服务分等收费标准 单位： 元 / 平方米

<table>
<tr><th rowspan="2">项目</th><th rowspan="2">服务内容</th><th colspan="5">分级最高标准</th></tr>
<tr><th>一级</th><th>二级</th><th>三级</th><th>四级</th><th>五级</th></tr>
<tr><td rowspan="4">综合管理</td><td>管理处设置</td><td rowspan="4">0.09</td><td rowspan="4">0.14</td><td rowspan="4">0.2</td><td rowspan="4">0.26</td><td rowspan="4">0.35</td></tr>
<tr><td>管理人员要求</td></tr>
<tr><td>服务时间</td></tr>
<tr><td>日常管理与服务</td></tr>
<tr><td rowspan="2">公共区域清洁卫生</td><td>楼内公共区域</td><td rowspan="2">0.07</td><td rowspan="2">0.11</td><td rowspan="2">0.15</td><td rowspan="2">0.21</td><td rowspan="2">0.28</td></tr>
<tr><td>楼外公共区域</td></tr>
<tr><td rowspan="5">公共区域秩序维护</td><td>人员要求</td><td rowspan="5">0.1</td><td rowspan="5">0.16</td><td rowspan="5">0.27</td><td rowspan="5">0.4</td><td rowspan="5">0.5</td></tr>
<tr><td>门岗</td></tr>
<tr><td>巡逻岗</td></tr>
<tr><td>技防设施和救助</td></tr>
<tr><td>车辆管理</td></tr>
<tr><td rowspan="3">公共区域绿化养护</td><td>草坪</td><td rowspan="3">1.3</td><td rowspan="3">2</td><td rowspan="3">3</td><td rowspan="3">4.5</td><td rowspan="3">6.5</td></tr>
<tr><td>树木</td></tr>
<tr><td>花坛花境</td></tr>
<tr><td rowspan="11">共用设施保养及维修</td><td>公共部位</td><td>0.04</td><td colspan="2">0.07</td><td colspan="2">0.1</td></tr>
<tr><td>供水系统</td><td colspan="3">多层 0.03；高层 0.06</td><td colspan="2">0.06</td></tr>
<tr><td>排水系统</td><td colspan="5">0.04</td></tr>
<tr><td rowspan="2">公共照明</td><td colspan="2">多层</td><td>0.03</td><td>0.06</td><td>0.08</td></tr>
<tr><td colspan="2">高层</td><td>0.05</td><td>0.08</td><td>0.1</td></tr>
<tr><td>消防系统</td><td colspan="2">0.015</td><td colspan="3">0.03</td></tr>
<tr><td>避雷系统</td><td colspan="5">0.015</td></tr>
<tr><td>弱电系统</td><td colspan="3">多层 0.02；高层 0.01</td><td colspan="2">0.08</td></tr>
<tr><td>升降系统</td><td colspan="5">0.4</td></tr>
<tr><td>水景（动力）</td><td colspan="5">按实分摊</td></tr>
<tr><td>保险费用及其他</td><td colspan="5">按实分摊</td></tr>
</table>

注：第四项绿化养护等级收费标准的单位是每年每平方米绿地面积，分摊公式为：每月每平方米建筑面积绿化养护费用 = 收费标准 × 绿地面积 ÷ 可分摊建筑面积 ÷12。

该收费标准对每一条服务内容均规定了非常详细、具有可操作性的标准，如楼梯扶手是每日擦一次还是隔日擦一次。各住宅物业管理区域可以按照自身需求，分别选择适合的服务项目标准并进行组合，相应的物业服务收费标准即为各物业服务项目收费标准的总和，采用包干式结算。各物业服务项目的收费标准原则上不超过规定的相应最高收费标准，因提供分等收费暂行办法中未涵盖的服务内容和设施设备而提高物业服务水平的，可适当提高收费标准，但需经区（县）价格主管部门确认备案。

业主大会成立前的物业服务收费，由建设单位根据物业特点和服务要求，选择服务项目、服务等级并拟定收费标准，并报物业所在地的区县价格主管部门确认，在确认的收费标准范围内进行物业管理招标或确定协议价格。业主大会成立后的物业服务收费，则由业主大会与物业管理企业根据实际情况“点单”，并按暂行办法规定协商具体的收费标准。

物业管理期间，业主应按时交纳物业服务费。前期物业服务费用，在前期物业服务合同生效之日至出售房屋交付之日的当月，由建设单位承担。出售房屋交付之日的次月至前期物业服务合同终止之日的当月发生的物业服务费用，由物业买受人按照房屋销售合同约定的前期物业服务收费标准承担；房屋销售合同未约定的，由建设单位承担。

物业服务收费一般以每月每平方米建筑面积为计价单位，经业主大会同意也可以每月每户为单位。物业管理企业应按规定实行明码标价，做到价目齐全、内容真实、标示醒目、字迹清晰，并可采取公示栏、公示牌、收费表、收费清单、收费手册、多媒体终端等方式在物业管理区域内进行公示。物业服务收费明码标价的内容包括：物业管理企业名称、服务内容、服务标准、计费方式、计费起始时间、收费项目、收费标准、监督举报电话等。

五、上海市加强住宅小区综合治理三年行动计划（2015 ～ 2017）

按照上海市委、市政府总体工作部署，制订本市加强住宅小区综合治理三年行动计划。其主要任务有以下几点：

（一）完善管理体制机制，提高住宅小区综合管理水平

（1）细化完善住宅小区综合管理职责清单。按照“谁监管行业谁负责、谁主管市场主体谁负责、谁收费谁负责”的原则，进一步明确和细化职责分工、明晰管理边界，配套编制涉及住宅小区综合管理若干问题的业务流程和操作指导手册，明确发现渠道、处置要点、操作路径、时间节点要求等。

（2）做实住宅小区综合管理联席会议制度。根据《上海市住宅物业管理规定》，做实市、区县、街镇三级住宅小区综合管理联席会议，推动联席会议办公室常态化运作，明确联席会议工作职责，完善日常工作制度，及时牵头协调解决住宅小区中跨部门、跨领域问题。建立工作评价指标体系，完善督促考核和工作评价机制。各区县、街镇要落实住宅小区综合管理联席会议日常工作机构、人员和经费保障措施。市级层面联席会议每半年召集一次成员单位会议，研究部署和解决阶段性工作问题；区县层面联席会议每季度召集一次成员单位会议，研究协调本地区住宅小区综合管理工作；街镇层面每月召集一次住宅小区综合管理工作例会，研究解决本地区住宅小区综合管理的具体问题。有条件的地区，可在社区、居民区层面建立住宅小区综合管理协调机制，定期研究、协调解决本住宅小区综合管理问题。

（3）整合街镇城市综合管理机构力量。结合街镇城市网格化综合管理平台建设，建立街镇城市网格化综合管理机构，具体负责街镇层面城市综合管理及住宅小区综合管理领域的组织推进、协调服务、监督考核等工作。对部分区域面积较大、常住人口较多、住宅小区规模较大（如大型居住社区）的街镇，可结合区域实际，探索设置若干社区工作站。

（4）建立和完善由街镇牵头协调的住宅小区综合治理工作机制。由街镇负责协调各专业管理派出机构，处置辖区内住宅小区综合管理相关事务。结合本市街镇党政机构改革和街镇基层“强身”，赋予街镇对派出机构负责人的人事任免建议权，依据职责清单和规定的业务流程对各类专业派出机构落实法定职责和处理相关事务进行督办，根据相关指标体系和管理要求，行使考核评价权力。

（5）城市网格化管理模式向住宅小区延伸覆盖。在本市住宅小区中实施网格化管理，帮助建立长效常态的多部门工作协同机制、事前事中事后的持续跟踪机制、全面集中的数据共享利用机制，按照统一规划、分步实施的原则，逐步建设到位。

（6）健全住宅小区综合执法模式。拓展城市管理综合执法的范围内容，推动城市管理综合执法进一步向住宅小区公共场所拓展，将住宅小区内常见的、不用专业技术即可直接认定的简单执法事项，群众诉求迫切、需要快速查处、相关部门缺乏执法力量的执法事项，以及矛盾突出、涉及多家执法主体、需要集中力量实施查处的执法事项，交由城管综合执法部门实施，逐步实现住宅小区城管综合执法全覆盖。以联动联勤为方式，进一步强化城管综合执法与市场监管、治安、交通等专业执法在住宅小区的协同配合，形成合力。

（7）强化考核督察力度。把问题是否及时有效解决作为考核的重要指标，建立以问题的及时发现和快速处置为核心内容的考核指标体系和办法。通过加强条与条、条与块的相互监督，促进市、区县、街镇有关问题的解决。委托社会机构开展第三方测评，实施绩效评估。进一步形成市、区县、街镇分层考核督察机制，形成由行政监察部门负责的跟踪督办和问责机制，形成将考核督察的结果与相关部门绩效挂钩的奖惩机制。

（二）发挥市场作用，促进物业行业健康发展

1. 完善物业服务市场机制

促进收费公开透明。坚持市场化方向，按照“按质论价、质价相符”的原则，引导业委会和物业服务企业协商确定物业服务内容和收费标准。物业服务企业在服务过程中，应在住宅小区醒目位置主动公示合同约定的物业服务内容和收费标准；新建项目销售时，建设单位应在售楼处醒目位置公示物业服务内容和收费标准，并作为房屋销售合同的附件。

建立物业服务市场信息发布机制。由行业协会或第三方中介机构，根据不同类型住宅小区实际情况和人力资源成本构成等，定期发布物业服务内容、服务标准和服务价格等信息，供业委会与物业服务企业协商价格时参考。

发挥社会中介机构专业化服务作用。对于物业服务企业和业委会协商确定物业服务收费标准有困难的，鼓励双方委托社会中介机构进行评估，并根据评估结果最终确定物业服务内容和收费标准，推动形成公开、公平、公正的物业服务价格形成机制。

各区县结合本辖区实际，对“售后房”小区、保障性住房小区和未成立业委会的早期建设的商品房小区，建立物业服务收费及相关事务的协商协调、指导监督和应急处置机制。完善政府扶持政策，各区县继续对收不抵支的“售后房”小区物业服务实行考核达标奖励补贴，至 2017 年底前，基本实现“售后房”小区物业服务收费市场化。

对酬金制物业服务计费方式予以支持。在有条件的住宅小区，支持业主大会与物业服务企业采用酬金制物业服务计费方式，支持业主树立事先计划、账目公开、多退少补的物业服务消费理念，强化业主监督管理责任，督促物业服务企业提高设备养护、房屋维修、成本控制等管理服务水平。

2. 研究落实物业服务行业税收政策

继续落实好国家和本市对物业服务行业的有关财税扶持政策。研究物业服务行业“营改增”后各类运营模式的税收衔接工作。鼓励住宅小区内物业服务开展专业服务外包。研究完

善业主自行管理物业模式的物业服务收费票据管理等配套政策。

3．强化物业行业监管

加大物业服务企业资质管理力度。细化各等级资质具体条件，对企业人员、物业项目、管理制度等提出统一的定性和定量审核标准，加强日常专项检查。

继续完善和推行物业管理招投标制度。在新建住宅小区项目前期物业招投标全部纳入招投标平台管理的基础上，进一步将业主大会决定公开招标的，纳入招投标平台管理。进一步优化招投标操作流程，提高招投标信息化监管水平，逐步将招投标具体操作事务和管理下沉到区县房管部门，推动物业服务市场化竞争环境的形成。进一步规范物业招标代理机构以及代理工作人员在招投标活动中的代理行为，提高物业管理评标专家针对投标文件响应招标项目的筛选、甄别、优选能力。

加快完善物业服务企业及从业人员信用信息管理。优化物业服务企业和项目经理违规行为的发现、处置等流程，加大物业服务企业和项目经理的诚信信息的公开力度，并将其纳入本市公共信用信息服务平台，并依法面向社会提供查询。

4．推动物业行业创新转型发展

充分运用市场化手段，发挥行业协会力量，推动企业的整合、改制、兼并和重组，培育一批具有较强竞争力、较大规模的物业服务企业，逐步形成以示范龙头企业为引领，中小企业协同发展的现代物业服务企业集群。加快培育专业服务市场，引导规模小的物业服务企业走专业化发展道路。探索物业管理的增值服务新业态和多元发展新模式。鼓励引导物业服务企业充分发挥服务管理优势，从满足居民个性化需求出发，不断挖掘潜在市场和商业机遇，建立新的商业模式，延伸服务链条，推动物业服务链向社区服务（包括政府购买服务类项目）、现代物流、社区商务、房屋租售、居家养老等领域延伸。

5．促进本市劳动力在物业行业就业

调整本市劳动力和特定人员在物业行业的就业促进政策，在适度提高对吸纳特定人员就业的物业服务企业补贴的基础上，增加对上述人员在物业服务企业就业的个人补贴，进一步提升上述人员在物业行业的就业数量。

（三）发挥居民自治和社区共治作用，增强住宅小区综合治理能力

（1）进一步发挥居委会在业主自治管理中的作用。强化居委会对业主大会、业委会组建、换届、日常运作的指导、服务和监督职责。探索在居委会设立物业环境专业委员会。有条件的居民区，合法有序推进居委会和业委会成员交叉任职。

（2）优化完善业主自我管理规制。完善制度，强化指导、监督和服务，进一步规范业委会的日常运作；推动符合业委会成立条件的住宅小区抓紧成立业主大会和业委会。对尚无条件成立业主大会和业委会的，由街镇牵头、居委会加强指导，帮助业主完善自我管理。对已成立但矛盾相对突出、运作不规范的业委会，由街镇、居委会重点关注、指导、监督，提升业主自我管理能力。进一步积极引导业主大会、业委会依照示范文本，修订本住宅小区相关管理规约和议事规则，规范业主物业使用行为，明确违约行为的处置方式和相应责任，由业主大会授权业委会或物业服务企业采取代为履行、代为改正的措施，及时制止和纠正违法违规行为。推进实施《上海市文明居住行为规范》，总结推广已有好的经验做法，在全市范

围内广泛发动，营造氛围，积极培育和倡导文明居住意识，进一步规范物业使用和文明居住行为，促进良好的社会风尚形成。

（3）建立教育培训长效机制。依托现有上海市物业管理行业协会高技能人才培养基地和上海市房地产学校、上海市西南工程学校等培训场地资源，在全市设立东、西、南、北、中 5 个公共实训基地。基地建设、场地租金和管理经费由市、区县政府予以支持。逐步调整场地功能，完善培训项目，改造实训设备，提升实训能级，至 2016 年底使 5 个实训基地既全面覆盖又各有侧重，满足不同区域、不同业务范围的行业、企业、相关人员的各类培训需求。不断完善培训大纲和培训教材，增强教育培训的针对性、操作性和实效性，切实帮助业委会成员提高自我管理能力，帮助居委会及相关管理人员提高指导服务水平。加大从业人员岗位培训补贴力度，其中居委会、业委会、社会中介机构、房管部门和街镇等相关人员的培训费用，由区县政府予以解决。

（4）建设住宅小区基础信息平台。根据加快建设全市统一房屋数据库的安排，加快推进“一库三系统”建设，即在利用整合现有商品房、公房等数据基础上，构建覆盖全市统一动态更新的房屋数据库；建立跨部门、跨领域的住宅小区业务协同办理系统；完善行业行政监管系统功能；拓展住宅小区综合服务系统功能。基础信息平台建设由市、区县政府统一规划、分级建设，并落实运行维护资金保障。

（5）建立居住领域信用管理制度。建立业主（使用人）居住领域信用管理制度，将住宅小区内拒不续筹专项维修资金、违法建设和破坏房屋承重结构、“群租”、擅自改变房屋使用性质、拒交物业服务费等违法违规违约行为录入本市公共信用信息服务平台，并依法面向社会提供查询。

（6）积极发挥人民调解组织作用。完善住宅小区矛盾化解长效机制，人民调解员调解住宅小区纠纷，所需经费由区县和街镇按有关规定予以安排。充实人民调解专业力量，配足调解人员，提升调解人员的专业水平，力争实现街镇层面调解工作的全覆盖。

（7）培育专业社会中介组织参与住宅小区管理事务。进一步发挥专业社会中介组织作用，培育引导专业社会中介组织市场，通过政府购买服务的形式，实行项目化操作，引导其参与业主大会组建、业委会换届改选、物业选聘、维修资金使用、物业矛盾纠纷化解等住宅小区事务。到 2017 年，全市每个区县培育若干个专业社会中介组织，实现专业社会中介组织参与住宅小区管理事务工作，形成专业社会中介组织提供公共服务和解决事项的社区治理模式。

（四）整合各方资源，解决住宅小区民生突出问题

（1）推进住宅小区电力设施改造和理顺供电管理体制。根据市政府相关文件规定，市电力公司负责制定改造方案，2017 年底全面完成改造工作。市发展改革委会同相关部门调整住宅供电配套费收费标准，理顺住宅小区供电管理体制。

（2）加快住宅小区老旧电梯安全评估和改造更新。制定《住宅小区老旧电梯安全评估三年行动计划》，用 3 年时间完成住宅小区老旧电梯安全评估，经费由市政府予以支持。对接电梯安全评估结论，研究明确修理改造更新的资金筹集原则和渠道，制定推进住宅小区老旧电梯修理、改造、更新工作的实施意见，力争用 5 年时间，基本解决使用年限超过 15 年的早期商品房、“售后房”、直管公房和系统公房以及混合型住宅等小区老旧电梯存在的安

全风险问题。修订《上海市电梯安全管理办法》，制定《住宅小区电梯安全使用管理实施细则》等法规、文件和标准，建立健全住宅小区电梯使用安全管理、维护保养、安全评估、修理改造更新的长效机制。

（3）加快住宅小区老旧消防设施改造更新。开展住宅小区消防安全整治三年行动计划，重点改造、更新住宅小区老旧消防设施，整治住宅建筑消防通道堵塞、楼道堆物、消防设施缺损等问题。修订完善住宅小区消防地方法规规章及相关技术规范和技术标准。提高新建住宅消防技术规范，严格执行住宅小区消防安全技术标准。

（4）加快二次供水改造和理顺管理体制机制。新建和存量居民住宅二次供水设施产权逐步移交供水企业，并由供水企业切实落实管养责任，建立全覆盖的居民住宅二次供水设施管养长效机制，真正实现供水企业管水到表，确保供水水质得到持续保障。供水企业接管居民住宅二次供水设施后，供水企业承担的管养经费列入供水成本，并纳入供水企业成本规制、成本监审范围，通过价格机制逐步解决。物业服务企业相关服务支出及水泵运行电费仍按原渠道由业主承担。在水价调整到位前，研究过渡阶段的解决措施。2015 ～ 2017 年，每年完成 2000 万平方米左右的老旧住宅二次供水改造。

（5）加快住宅小区积水点改造。针对本市住宅小区暴雨积水问题，区分类别，加以改造。对由于住宅小区外围区域地势较高引起的倒灌，由水务管理部门结合《上海市易积水区域改造方案》的制定，分步实施市政排水管道等设施的改造。对于物业管理区域内的排水管道等设施不完善的老旧小区，由区县、街镇牵头督促，业委会委托物业服务企业使用专项维修资金实施改造，区县政府予以适当支持。对汛期的应急排水需求，由水务（防汛）部门牵头，会同消防、房管等部门，配合住宅小区，及时抢险处置。2017 年底前，基本完成 600 多个住宅小区积水点改造工作。

（6）完善住宅质量的投诉处理。制定出台本市住宅工程施工质量投诉处理办法，明确住宅工程施工质量投诉处理的专职管理部门，并指定专门单位负责接待和处理调解住宅工程质量投诉。加快研究推行实行住宅工程施工质量保险办法。落实分户验收复核抽检制度。建立住宅工程保修节点质量评定制度。修订完善《建设工程质量管理条例》《房屋建筑工程质量保修办法》等法律法规。

（7）加大老旧住宅小区绿化建设力度。提高住宅小区绿化养护专业化水平，拓展专业养护覆盖面，妥善处置住宅小区大树遮阳挡风、损绿毁绿等问题，提升老旧住宅小区绿化布局和绿化品质。

（8）加大违法建设、“群租”等顽症治理力度。继续完善违法建设和破坏房屋承重结构、擅自改变房屋使用性质、“群租”等影响房屋使用安全行为的发现、报告、劝阻、处置机制，落实管理主体相应责任、建立处置工作规范，有效整合法律、行政、社会和社区规范等资源，整治和消除一批群众反映强烈、引发重复信访的违法违规使用房屋的行为。依托物业服务企业和社会专业机构开展住宅小区闲置住房的代理经租，通过增加公共租赁住房供应保障，从源头上遏制“群租”现象的蔓延。

（9）努力缓解住宅小区“停车难”问题。结合区县停车专项规划编制，制定实施缓解住宅小区停车难专项计划。鼓励住宅小区利用闲置地块、绿地的地下空间新建停车场（库）。

针对停车矛盾特别突出的住宅小区，研究选择合理区域集中建设大型停车场（库），作为周边住宅小区的定向停车场（库）。研究制定相关指导意见，鼓励有条件的住宅小区与周边共享停车资源、实施错时停车。支持住宅小区挖潜增建停车设施，推广住宅小区机械式停车。保障新建商品住房和保障性住房配建停车位的基本供应水平，严格贯彻落实本市有关新建住宅配置停车位的最低技术指标要求。修订调整相关法规在住宅小区停车场（库）建设土地获取、容积率、绿化率等方面的规定，降低建设成本。研究设立停车设施建设专项资金。制定住宅小区停车设施建设和管理办法，对有关住宅小区车位规划建设、产权登记、交易、收费管理、住宅小区停车管理规约等一系列重要事项加以明确。

（10）加快解决商品住宅专项维修资金历史遗留问题。对1996年6月商品住宅维修资金相关管理制度实施前，部分商品住宅小区专项维修资金存在缺失的，对业主未交部分，相关区县、街镇要引导相关住宅小区业委会、业主依据法规做出补建决定，参照政策出台后的筹集标准，按照“业主出资为主、政府补贴为辅”的原则，解决商品住宅专项维修资金问题。对1996年6月至2000年底期间，部分商品住宅小区专项维修资金应交未交问题，由相关区县负责追缴；在相关住宅小区业主大会做出专项维修资金的补建决定、并已足额筹集的基础上，对因企业破产、歇业确无法追缴的，由区县政府支持代为补建落实解决。同时，研究建立专项维修资金日常续筹机制，出台《上海市住宅专项维修资金续筹的指导办法》，修订《住宅专项维修资金管理规约》（示范文本），指导全市面上住宅专项维修资金续筹工作，明确住宅专项维修资金再次筹集的相关情形，并研究对拒交专项维修资金业主的制约机制，鼓励在收取物业服务费的同时予以代收。

（11）加快解决“售后房”小区的“三项维修资金”历史遗留问题。对原以职工住宅立项的有关“售后房”小区公共设施维修资金不足部分，按初始筹集标准，由市、区县政府共同支持解决。在此基础上，将“售后房”小区维修资金由三项归并为一项，使“售后房”小区维修资金使用管理模式、再次筹集方式与商品房住宅小区并轨。

第二节　物业管理主体

一、物业管理企业数量

物业管理企业是指对建成投入使用的房屋及其附属设备设施、相关场地实施专业化管理，并为业主和使用人提供全方位、多层次的有偿服务及创造良好的生活和工作环境，具有独立法人资格的经济实体。2015年，上海市具有资质的物业服务企业约有3 701家，其中一级资质企业108家，较上年持平；二级资质580家，较上年增长28家；三级资质（包括暂定）为2 789家，较上年减少363家。

2015年，住房城乡建设部核准的物业服务一级资质企业共259家，其中上海9家，分别是：上海世博会有限公司、上海虹桥临空经济园区物业管理有限公司、上海优塘物业管理有限公司、上海申勤物业管理服务有限公司、上海绿地物业服务有限公司、上海纺织物业经营管理有限公司、上海临港新城物业管理有限公司、上海恒联物业有限公司、上海华鑫物业管理顾问有限公司。

二、物业管理企业资质

（一）物业管理企业资质管理

根据建设部颁布的《物业管理企业资质管理办法》，凡在上海市行政区域内经工商局注册登记，有物业管理经营内容，并拟在上海市从事物业管理活动，具有独立法人资格的物业管理企业，应当自领取营业执照之日起30日内，向企业注册地的区县局申请物业管理资质。

企业申请一级资质的，由区（县）房地局负责受理，经初审合格的报市房地资源局，由市房地局审核后报送建设部，由建设部办理资质证书。企业申报二、三级资质的，由区（县）房地局负责受理、审核、核发资质证书。

新设立的物业管理企业，其资质等级按照最低等级核定，并设一年的暂定期。

一级资质物业管理企业可以承接各种物业管理项目。

二级资质物业管理企业可以承接30万平方米以下的住宅项目和8万平方米以下的非住宅项目的物业管理业务。

三级资质物业管理企业可以承接20万平方米以下住宅项目和5万平方米以下的非住宅项目的物业管理业务。

（二）物业管理企业资质评级标准

1. 一级资质

（1）注册资本人民币500万元以上。

（2）物业管理专业人员以及工程、管理、经济等相关专业类的专职管理和技术人员不少于30人。其中，具有中级以上职称的人员不少于20人，工程、财务等业务负责人具有相应专业中级以上职称。

（3）物业管理专业人员按照国家有关规定取得职业资格证书。

（4）管理两种类型以上物业，并且管理各类物业的房屋建筑面积分别占下列相应计算基数的百分比之和不低于100%：

- 多层住宅200万平方米；
- 高层住宅100万平方米；
- 独立式住宅（别墅）15万平方米；
- 办公楼、工业厂房及其他物业50万平方米。

（5）建立并严格执行服务质量、服务收费等企业管理制度和标准，建立企业信用档案系统，有优良的经营管理业绩。

2. 二级资质

（1）注册资本人民币300万元以上。

（2）物业管理专业人员以及工程、管理、经济等相关专业类的专职管理和技术人员不少于20人。其中，具有中级以上职称的人员不少于10人，工程、财务等业务负责人具有相应专业中级以上职称。

（3）物业管理专业人员按照国家有关规定取得职业资格证书。

（4）管理两种类型以上物业，并且管理各类物业的房屋建筑面积分别占下列相应计算基数的百分比之和不低于 100%：

- 多层住宅 100 万平方米；
- 高层住宅 50 万平方米；
- 独立式住宅（别墅）8 万平方米；
- 办公楼、工业厂房及其他物业 20 万平方米。

（5）建立并严格执行服务质量、服务收费等企业管理制度和标准，建立企业信用档案系统，有良好的经营管理业绩。

3. 三级资质

（1）注册资本人民币 50 万元以上。

（2）物业管理专业人员以及工程、管理、经济等相关专业类的专职管理和技术人员不少于 10 人。其中，具有中级以上职称的人员不少于 5 人，工程、财务等业务负责人具有相应专业中级以上职称。

（3）物业管理专业人员按照国家有关规定取得职业资格证书。

（4）有委托的物业管理项目。

（5）建立并严格执行服务质量、服务收费等企业管理制度和标准，建立企业信用档案系统。

三、物业管理企业资质结构

据上海房屋土地管理局资料统计，上海市具有资质的物业服务企业约有 3 510 家，其中一级资质企业 108 家，二级资质 552 家，三级资质（包括暂定）为 3 152 家。

四、2015 年物业管理企业排名（见表 9-3、表 9-4）

表 9-3　2015 年度上海名牌服务推荐名单

序号	企业名称	序号	企业名称
1	上海上实物业管理有限公司	8	上海新长宁集团仙霞物业有限公司
2	上海陆家嘴物业管理有限公司	9	上海科瑞物业管理发展有限公司
3	上海漕河泾开发区物业管理有限公司	10	上海百联物业管理有限公司
4	上海古北物业管理有限公司	11	上海纺织物业经营管理有限公司
5	上海中企物业管理有限公司	12	上海新市北企业管理服务有限公司
6	上海吉晨卫生后勤服务管理有限公司	13	上海中远物业管理发展有限公司
7	上海联源物业发展有限公司		

表 9-4　2015 上海物业企业在全国物业企业综合实力 100 强排名

全国排名	企业名称
全国第 11 位	均豪物业管理股份有限公司
全国第 16 位	上海东湖物业管理有限公司
全国第 19 位	上海银湾互联网物业管理连锁集团
全国第 22 位	上海锐翔上房物业管理有限公司
全国第 25 位	世茂天成物业服务集团有限公司
全国第 31 位	上海复瑞物业管理有限公司
全国第 41 位	上海科瑞物业管理发展有限公司
全国第 52 位	上海永升物业管理有限公司
全国第 59 位	上海景瑞物业管理有限公司
全国第 65 位	上海上置物业集团有限公司
全国第 67 位	上海漕河泾开发区物业管理有限公司
全国第 90 位	上海申大物业有限公司
全国第 91 位	上海保集物业管理有限公司

第四篇 类型

ALMANAC OF SHANGHAI REAL ESTATE

第十章　住宅市场

第一节　住宅市场供给与需求

2015 年，在有利政策的持续刺激下，上海住宅市场彻底摆脱 2014 年不温不火的状态，全年交易活跃。上海搜房数据监控中心统计，上海楼市全年共计成交商品住宅 82 183 套，共计成交面积 975.18 万平方米，成交均价 27 165 元 / 平方米。全市 17 个区县中，大浦东以 192.20 万平方米的成交量居首，占据全市两成的成交量；嘉定签约 161.24 万平方米居次位，宝山、松江两区分别以 103.54 万平方米、100.94 万平方米的成交量居第三、第四位。

一、住宅供给情况

2015 年，成交量总体呈现上扬趋势，一季度由于春节效应，成交量处于低位水平。第二季度开始，随着一系列新政的推出，成交量上扬明显，自 4 月份以来，月度成交面积均保持在 120 万平方米以上。并且从 4 月份开始，后三季度的成交量均保持在 120 万平方米以上。在最后一个季度，上海商品住宅成交再次迎来爆发期，3 个月的成交量均超过 149 万平方米，12 月成交量高达 188.31 万平方米，成为年内月度成交量最高的月份，2015 年末翘尾收官。全年新增供应面积为 1161.7 万平方米，较 2014 年相比下降 6.43%，比 2015 年成交面积多了 326.3 万平方米，市场整体表现出供不应求的态势（见图 10-1）。

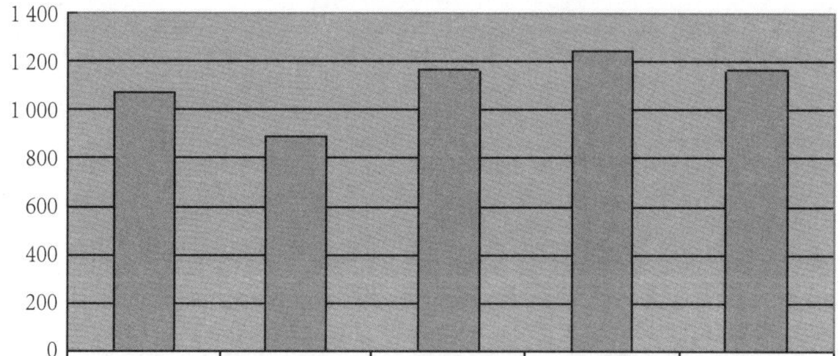

	2011	2012	2013	2014	2015
■供应面积（万平方米）	1067.48	889.4	1161.2	1241.5	1161.7

图 10-1　上海市 2011 ～ 2015 年新增商品住宅供应量走势

二、住宅成交情况

全年共计成交商品住宅 120 178 套，较去年大涨 46.23%，成交面积共计 1 488.03 万平方米，同比增长 52.6%；成交均价 32 284 元 / 平方米，与去年大幅提升达 18.85%，创近 5 年涨幅新高。较之往年，2015 年中高端项目成交比重加大，购房者不再一味追求低价，优质的改善型住房和高端项目也是购房者关注的重点。从单月成交均价来看，11 月份的成交价格高达 3.5 万元 / 平方米，刷新月度成交均价历史纪录（见图 10-2、图 10-3）。

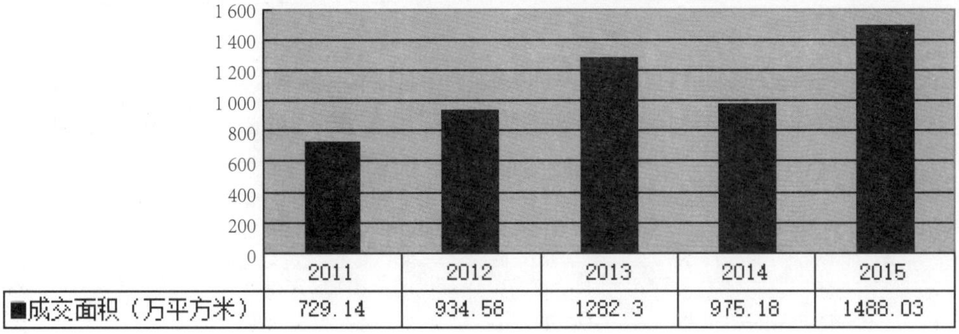

图 10-2　上海市 2011 ～ 2015 年商品住宅成交面积走势

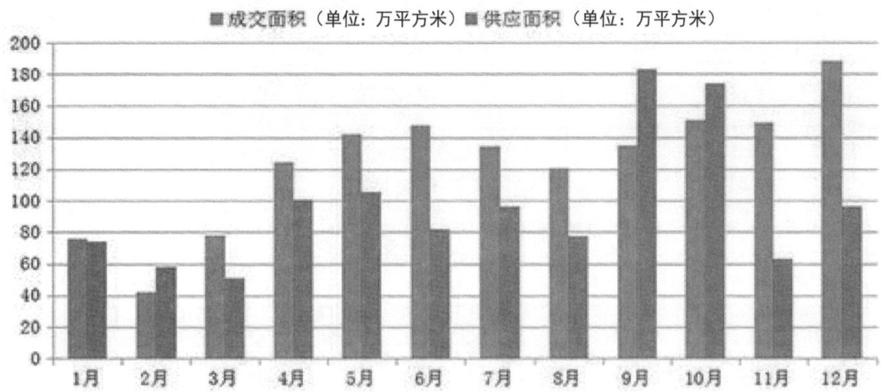

图 10-3　2015 年上海商品住宅月度成交、供应走势图

从区域来看，全市 17 个区县中，大浦东以 327.19 万平方米的成交量居首，占据全市两成的成交量；嘉定签约 202.18 万平方米居次位，松江、宝山两区分别以 180.01 万平方米、135.77 万平方米的成交量居三、四位。去年楼市整体成交表现良好，自二季度开始成交上扬明星，楼市火爆（见图 10-4）。

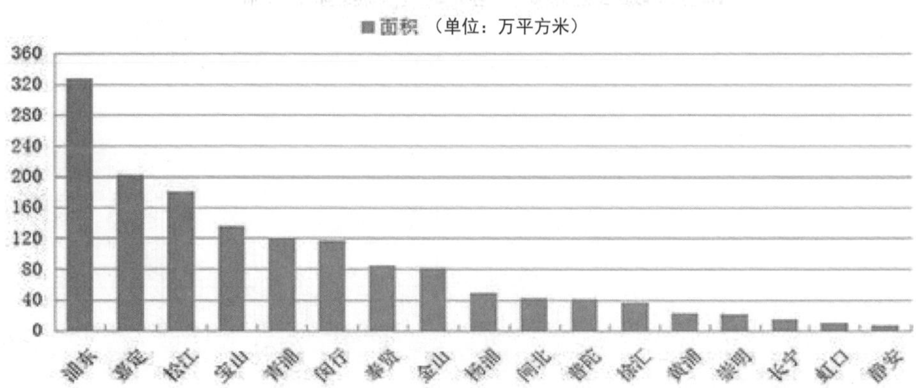

图 10-4　2015 年上海商品住宅各区县成交面积对比

第二节　住宅价格与租金

一、住宅成交价格

2015 年上海楼市商品住宅成交均价 32 284 元 / 平方米，与去年相比大幅上扬 18.85%，涨幅创近 5 年新高。较之往年，2015 年中高端项目成交比重加大，购房者不再一味追求低价，优质的改善型住房和高端项目也是购房者关注的重点。

从月度来看，进入 4 月后成交均价上扬明显，5 月份成交均价突破 3 万元 / 平方米，5 月份以后，虽然中间价格有所波动，但月度成交均价一直保持在 3 万元 / 平方米以上，11 月份的成交均价为最高值约 3.5 万元 / 平方米。根据分析，中高端项目的持续放量或是抬高全市整体成交价格的主要原因。部分中高端项目表现突出，年内均价在 5 万～ 7 万元 / 平方米的中高端项目多次跻身全市月度成交榜前 10 名，造成了楼市整体成交均价持续走高。受宽松的金融环境和中高端项目所在区域利好政策的刺激，中高端项目成交良好，促成成交均价坚挺不降，新政利好信息持续发酵，加之开发商推盘数量增加进一步刺激市场，新房价格上调成为普遍现象（见图 10-5、图 10-6）。

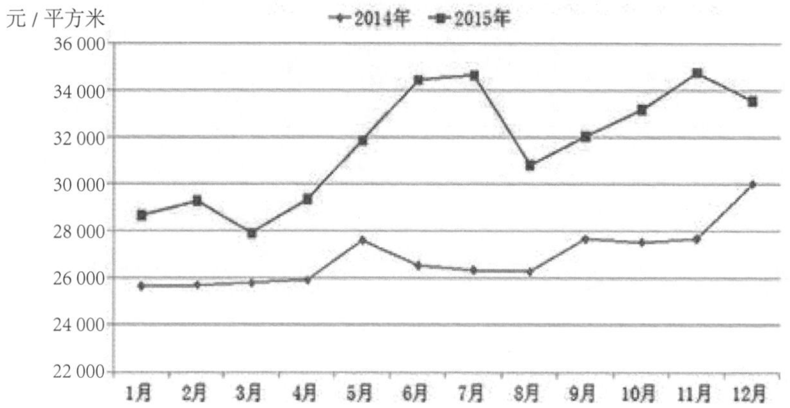

图 10-5　2014 ～ 2015 年上海商品住宅月度成交均价走势

图 10-6　2011 ～ 2015 年上海商品住宅成交均价走势

从区域成交均价走势来看，全市 17 个区县相比 2014 年整体成交均价基本出现上涨的态势。最大涨幅出现在闸北区，2015 年成交均价 59 277 元 / 平方米，涨幅高达 33.82%。其次涨幅较大的是宝山区，2015 年成交均价是 27 193 元 / 平方米，涨幅达 21.56%。崇明县和金山区出现降价态势，降幅最大的是崇明县，2015 年成交均价是 18 069 元 / 平方米，降幅达 5.78%。

从各区县 2015 年的成交均价来看，成交均价高于 3 万元 / 平方米的有 10 个，比 2014 年无增减，分别是普陀、杨浦、徐汇、闸北、长宁、新黄浦区、虹口、浦东新、闵行区和静安，其中静安区成交均价最高，报于 91 055 元 / 平方米。值得注意的是闸北静安合并成新静安，加之闸北区内改善住宅推盘量大等因素，2015 年闸北区的商品住宅成交均价跻身年成交均价 5 万元 / 平方米的行列（见图 10-7）。

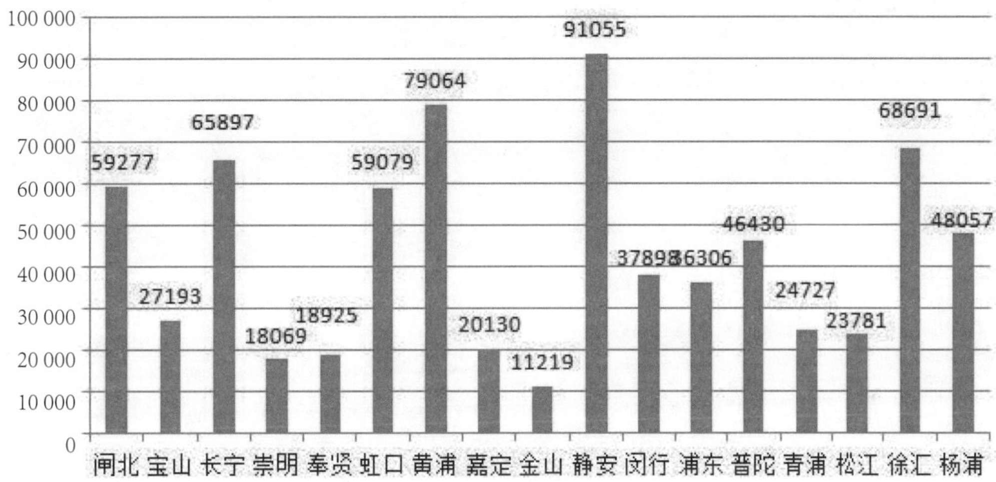

图 10-7 2015 年上海各区县商品住宅成交均价

二、住宅租赁市场

2015 年 12 月 28 日，全国住房城乡建设工作会议上，住建部部长陈政高表示，建立购租并举的住房制度。大力发展住房租赁市场，推动住房租赁规模化、专业化发展，在解决去库存问题的同时，有效满足百姓的居住需求。政府倡导大力发展租赁市场，将在市场中显现政策效应。2015 年上海租房市场租金水平依旧稳步上涨，与此同时，五花八门的品牌长租公寓悄然兴起，对上海租房市场原有格局形成冲击。随着上海外来人口的不断增多与各区县开展的一系列打击“群租房”的方案计划，使上海的租房需求呈现向城市外围扩展的趋势，周边区县中临近地铁站的租赁需求与去年相比有明显提升。

2015 年上海商品房租赁面积较上年略有增加，达 1 202.42 万平方米，其中住宅达 120.59 万平方米，较上年增加 67.11%，这与 2015 年火爆的房地产市场不无关系。不过值得注意的是 2015 年办公楼和商业营业用房面积都有所下降，这反映了未来上海整体商业环境不容乐观（见表 11-1、表 11-2）。

表 11-1　2015 年主要年份商品房出租情况

指　标　　年　份	2000	2010	2014	2015
商品房出租面积（万平方米）	358.38	1 262.47	1 142.46	1 202.42
住　宅	59.29	85.72	72.16	120.59
# 别墅、高档公寓	37.43	76.18	60.39	66.26
办公楼	156.15	516.18	502.65	501.86
商业营业用房	62.04	373.34	373.99	367.02
其　他	80.91	287.23	193.66	212.95

表 11-2　主要年份居民租金价格指数（以上年价格为 100）

指　标　　年　份	2000	2010	2014	2015
住房租金	111.0	106.8	105.2	107.3

根据上海市房屋租赁指数办公室发布的数据，2015 年上海市住房租金价格高位运行，租赁价格逐月攀升，12 月达到高峰，租赁价格指数达到 1 800（见图 10-8）。

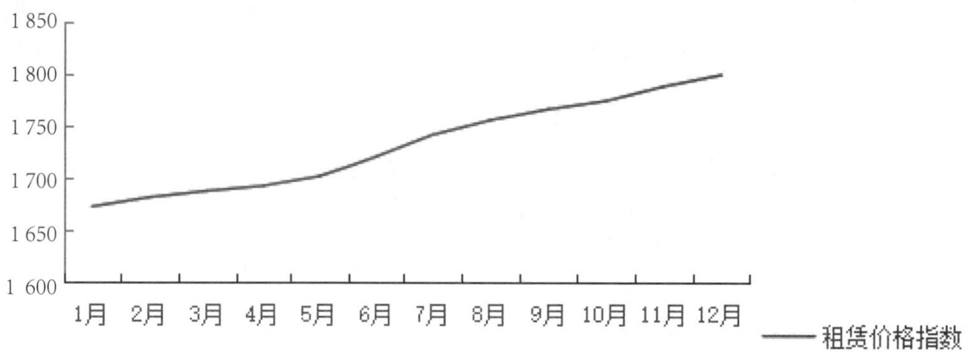

数据来源：上海房屋租赁指数办公室

图 10-8　2015 年上海租赁价格走势图

第三节　二手住宅市场

2015 年上海二手住宅市场迎来了“井喷”的一年，成交总量较 2014 年大幅增长，浦东、宝山等热门区县更是成交量翻倍，成交的火热也带动上海二手住宅价格的上涨。

这一年楼市迎来了一系列宽松政策，促进楼市成交。“3.30 新政”中二套房首付款比例下调至 40%、公积金贷款首套自住房首付比例下调至 20%、免营业税五改二等一系列利好拉开了 2015 年上海二手住宅市场火热的序幕；而后 3 月、5 月、6 月、8 月和 10 月连续 5 次降息更为 2015 年上海二手住宅市场添加了助燃剂。

2015 年上海二手住宅市场全年成交量高达 360　993 套，自 3 月以来，上海二手房成交量连续 10 月同比上涨超 150%；全年成交峰值出现在 12 月，单月成交 41 436 套。挂牌量自 3 月起也一路攀升，12 月挂牌量达到峰值。从走势图上可知，成交量及挂牌量在 3、4 月间有一个跃升的切点，这一现象一方面是由于春节过后二手住宅市场回暖所致，另一方面“3.30 新政”对市场的刺激作用也不容小觑（见图 10-9）。

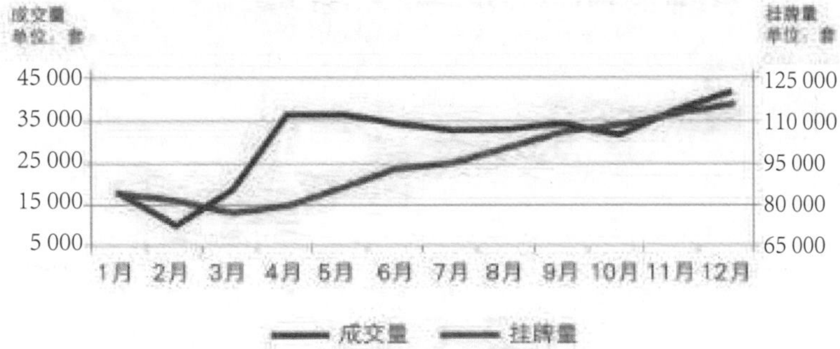

图 10-9　2015 上海二手住宅市场挂牌量与成交量走势图

2015 年存量房交易量 3 341.85 万平方米，比上年增长 94.4%。其中，存量住宅 3 034.42 万平方米，增长 1.1 倍。从月度交易量看，3 月底利好政策出台后，市场持续回暖，月均交易量持续在 300 万平方米上下，全年月均交易量达到 278.49 万平方米，明显高于近几年平均水平（见表 11-3）。

表 11-3　主要年份存量房交易情况（2006 ～ 2015）

年　份	成交套数（套）	成交面积（万平方米）	其　中		
			# 住　宅	# 办公楼	# 商业营业用房
2006	184 194	1 706.81	1 375.22	67.35	46.53
2007	213 733	1 992.59	1 715.05	49.73	36.34
2008	142 224	1 413.41	1 107.17	40.61	42.04
2009	312 857	2 809.45	2 490.58	48.19	43.59
2010	202 511	1 966.86	1 522.21	68.31	70.61
2011	146 151	1 398.67	1 058.71	62.87	51.21
2012	157 585	1 446.77	1 136.17	57.34	46.71
2013	291 176	2 575.70	2 228.02	65.59	47.18
2014	177 083	1 586.14	1 324.18	52.61	40.90
2015	303 414	2 647.83	2 351.30	52.27	41.62

2015 年上海二手住宅市场挂牌均价 31 287 元 / 平方米。静安挂牌均价最高，达 57 675 元 / 平方米，卢湾、黄浦紧随其后。挂牌量浦东仍为最高的区县，占比 29.3%。闵行以 12.49% 的占比排名第二；杨浦以 10.08% 的占比排名第三。闵行二手住宅市场受大虹桥影响，挂牌量上升显著，浦东由于面积大且发展空间也大，挂牌量长期占据首位（见图 10-10）。

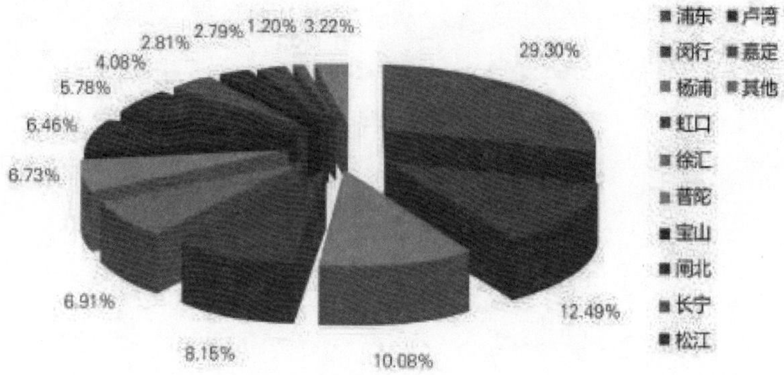

图 10-10　2015 年上海市二手住宅市场挂牌量占比

第十一章　写字楼市场

第一节　写字楼市场供给与需求

2015 年上海写字楼市场受楼市利好政策等影响，租赁市场保持活跃，销售市场再创新高。一方面随着未来上海金融中心地位的巩固，货币宽松环境下，一线城市优质资产成为资本避风港吸引更多资本涌入，以此抵御二三线城市的低迷。另一方面，在外资和中资企业共同带动的现代服务业持续发展的支撑下，上海写字楼市场依旧保持需求强劲的势头。

2015 年上海楼市成交量共计成交 304.21 万平方米，创下 2011 年以来成交量的最大值，环比涨幅超六成。成交均价 3　0481 元 / 平方米，环比上涨 17.75%，达到近 5 年来的最高均价。截至 12 月平均租金 322 元 / 平方米 / 月（建筑面积报价），与 2014 年同比上升 6.3%；平均空置率 8.6%，与 2014 年同比下降 6.5%（见图 11-1）。

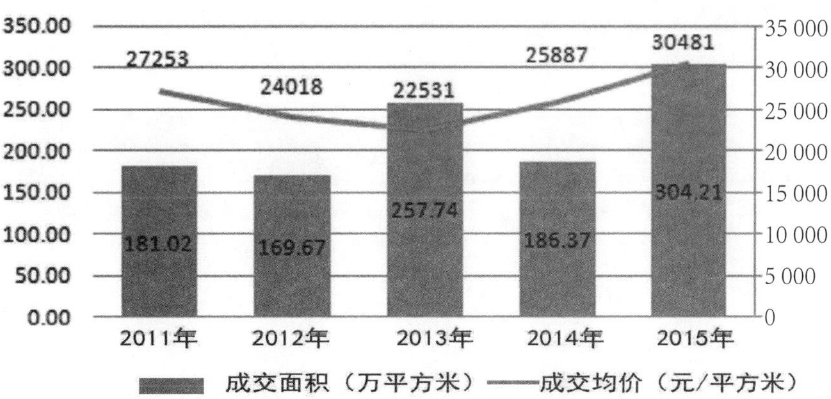

图 11-1 2011 ～ 2015 年上海写字楼成交走势图

一、写字楼市场供给分析

2015 年上海市办公楼施工面积 1 978.49 万平方米，较上年增加 199.45 万平方米，新增供应量 460.64 万平方米，竣工面积 219.23 万平方米，写字楼供求比 1.51:1，供应量过高，市场去化能力有限，写字楼市场呈现供过于求的局面。在全市 17 个区县中，闵行以逾 49.7 万平方米的供应量居首；浦东新增 32.35 万平方米，区域内写字楼存量高达 134.62 万平方米。从各区县去化来看，由于凌空 SOHO 半数的成交，2014 年仅长宁区写字楼供不应求，徐汇、松江、普陀、嘉定供求基本平衡，其余区县均供过于求。

二、写字楼市场成交量分析

销售市场方面，一方面虹桥商务区优质写字楼陆续入市，标准写字楼频繁成交，推高 2015 年写字楼成交量；另一方面，央行频繁出台降准降息等利好政策救市，使得住宅市场成交激增，而上海限购政策并未得到放松，致使部分购房需求转移至商住，部分优质商住项目成交量上涨；此外，随着写字楼空置率持续走低，租金不断上涨，部分企业选择购入写字楼物业作为其企业总部。因此，2015 年市场也出现了大宗交易的现象，助推写字楼成交量的上涨，并创下 2011 年以来的新高，全年成交 304.21 万平方米，环比涨幅超六成。

从上海写字楼区县成交量来看，浦东、闵行、嘉定 3 区写字楼成交量共计 153.39 万平方米，占全市成交总量的一半。据统计，浦东甲级写字楼空置率不断降低，租金上涨，优质持有型写字楼的入市必然带动成交量的大幅上涨，如陆家嘴滨江金融城，成交面积达 34 万平方米，占浦东成交量的 47%。闵行区的高成交则主要得益于大虹桥写字楼的规模成交，如虹桥协信中心、恒基旭辉中心等。嘉定区 2015 年写字楼成交量 38.74 万平方米，就物业来看，嘉定写字楼成交主要以酒店式公寓为主（见图 11-2）。

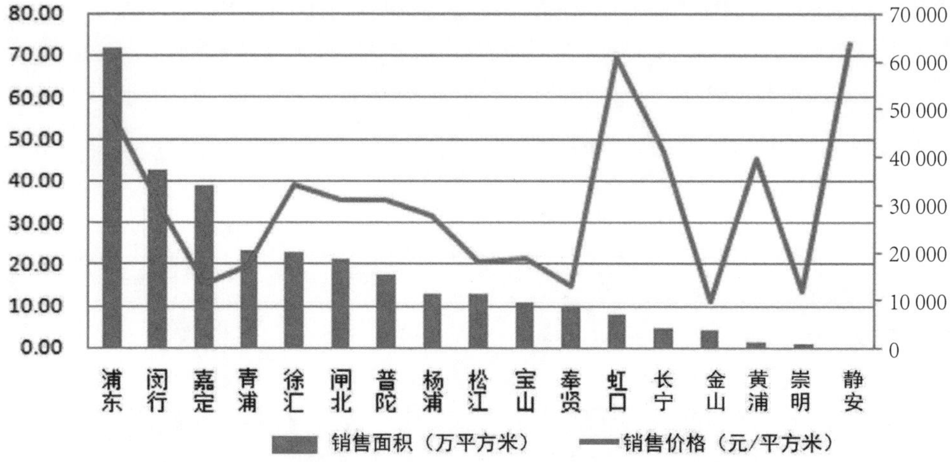

图 11-2　2015 年上海市写字楼各区县成交量走势图

纵观全年，2015 年全年写字楼成交火爆。2015 年 10 ～ 12 月份成交量的翘尾则主要是临近年底，部分企业面临租金到期等问题选择购入办公物业，从而促使成交量的上涨（见图 11-3）。

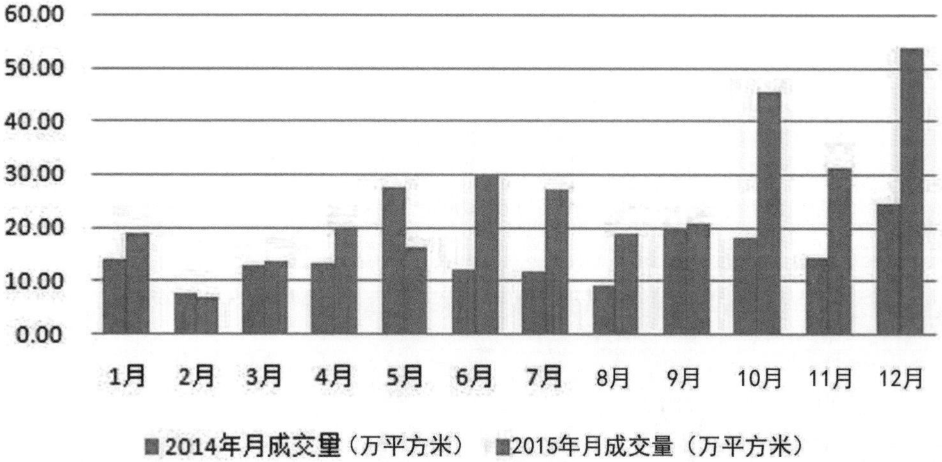

图 11-3　2014 ～ 2015 年上海写字楼每月成交走势对比图

三、供需关系分析

2015 年度上海写字楼共计销售面积 197.41 万平方米，而全市新增供应面积逾 460.64 万平方米，年内供求比 1.51:1，供应量过高，市场去化能力有限，写字楼市场呈现供过于求的局面。2015 年整体成交走势向好，提振了开发商的信心使其推盘速度加快，导致市场供应量激增；此外，大虹桥写字楼进入集中交付期，可售型办公产品入市增加市场供应量（见图 11-4）。

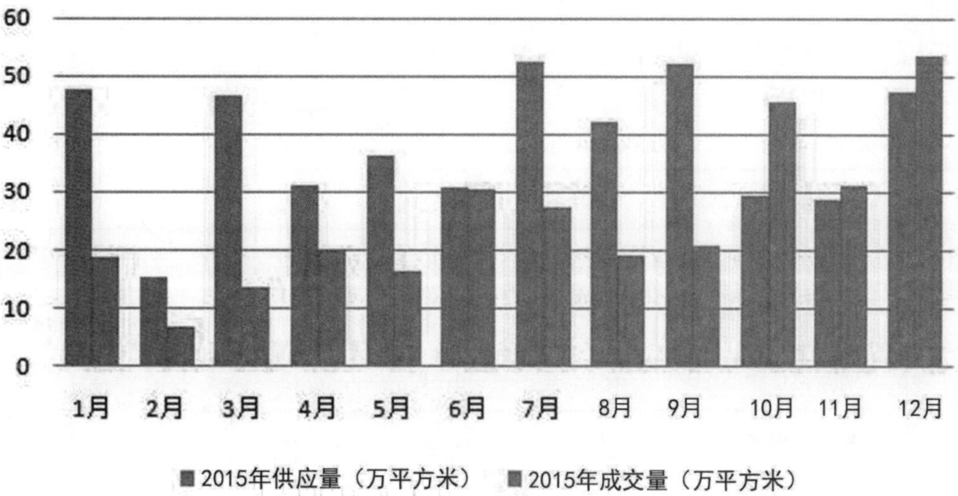

图 11-4　2015 年上海写字楼供应量、成交量走势图

第二节　写字楼成交价格与租赁

一、交易市场

2015 年上海写字楼成交均价 30 481 元 / 平方米，环比上涨 17.75%，首次突破 3 万元关口，达到近 5 年来的最高均价，主要是因为中心城区和大虹桥商务区标准写字楼的大规模成交提升了写字楼的整体均价。2015 年全年销售金额 488.68 亿元，较 2014 年的 300.43 亿元增长 62.66%（见表 11-1）。

表 11-1　主要年份上海写字楼销售和出租情况

办公楼	2000 年	2010 年	2014 年	2015 年
销售面积 （万平方米）	47.76	162.89	120.28	197.41
销售额 （亿元）	44.05	307.67	300.43	488.68
租赁面积 （万平方米）	156.15	516.18	502.65	501.86

就各区县写字楼成交均价来看，市中心的虹口、静安两区成交均价在 6 万元 / 平方米以上，其次就是浦东成交均价 49　082 元 / 平方米。浦东写字楼市场可谓有价有市，而浦西写字楼成交主要集中在价格偏低的区域，市中心高价写字楼成交不佳，当然，这也与市中心区域供应量有关。

在 2015 年成交面积前 10 的项目中，办公产品占六成，酒店式公寓占据四成，且成交面积前 5 的项目全部是套均面积 200 平方米以上的办公产品（见表 11-2）。

表 11-2　2015 年上海办公楼成交面积排行榜前 10 名

排行	项目名称	区县	成交面积（平方米）	成交套数（套）	成交价格（元 / 平方米）
1	陆家嘴滨江金融城	浦东新区	341 667	131	61 306
2	徐汇万科中心	徐汇	95 529	165	35 315
3	中环协信天地	闸北	59 363	91	23 333
4	虹桥协信中心	闵行	59 317	143	29 584
5	隆宇国际商务广场	闸北	54 443	187	33 600
6	龙湖北城天街	宝山	48 405	1 222	18 068
7	新城金郡 M11 金座	嘉定	43 370	878	13 352
8	Max 未来	嘉定	42 036	888	15 599
9	虹桥宝龙城	青浦	41 902	754	11 967
10	恒基旭辉中心	闵行	41 876	185	35 146

从榜单上看，2015 年热销的办公产品主要集中在市区相对好的地段和大虹桥商务区内。其中陆家嘴滨江金融城成交面积超 34 万平方米，稳居榜首。另外，榜单中的徐汇万科中心、中环协信天地、虹桥协信中心 3 个项目皆因地段、开发商、产品品质等优势被整层或整栋购买，大宗交易推高其成交量。

二、租赁市场

2015 年上海写字楼租赁市场的一大特点是，浦东写字楼租金大涨拉动全市优质写字楼市场租金上涨，三季度浦东写字楼空置率已降至历史新低，并拉动租金显著增长，继续大幅领跑浦西的涨幅。不仅是租金领跑浦西、空置率下降，受“自贸区 + 科创中心”双驱动利好影响，浦东办公需求前景被一致看好。

根据最新的市政规划，浦东将成为上海科技创新中心的核心功能区，成为万千创业者的工作乐园。未来将发展大量的一流企业、一流研发机构，全面推进上海经济建设。这是继自贸区之后浦东又一重要决策，将带动企业、人才、资源等的快速导入，势必进一步促进浦东写字楼需求上升。

受益于自贸区和科创中心建设政策红利，越来越多的优秀企业和人才将持续导入，分享时代的发展机遇。鉴于未来现代企业的增长，传统的办公环境难以匹配高端办公需求，市场上优质、生态型办公产品将成为抢手货。

另一大变化是，非核心区域（如原闸北、虹口、普陀等）的写字楼需求量增长明显，首次超过传统核心区域，二者比例为55:45。原因是核心高租金和低空置率，科技类、制造类企业的旺盛需求，以及轨道交通因素。随着12、13号线开通，南北线上的次中心区域，与核心区域连通性大大增强，继而带动这些区域内的写字楼活跃度提升。典型的受益板块包括世博滨江、北外滩、长寿路，以及与静安合并后的原闸北火车站板块。

在上海写字楼市场，由于未来新增供应集中在新兴商务区，区域内的项目同质性较高，竞争压力较大，预计未来新兴商务区的空置率将会达到10%以上。而在中央商务区，由于其未来供应的稀缺性，区域内空置率将保持在5%以内。预计中央商务区与新兴商务区写字楼空置率两极分化的情况将延续。

全年主要写字楼租赁交易包括：阿里巴巴租赁上海中心18 000平方米；好孩子集团租赁凌空SOHO20 000平方米；WPP在南丰宝矿洲际中心二期租赁42 800平方米；中国民生银行租赁金外滩广场 20 000平方米；阳狮集团租赁恒基688广场14 000平方米；迪卡侬租赁虹桥国际商务花园13 000平方米；克莱斯勒租赁虹桥万科中心6 000平方米；光大宝德信租赁外滩国际金融中心6 000平方米；历峰集团在环贸广场二座租赁5 500平方米等。

第十二章　商业地产市场

第一节　商业地产市场供给与需求

一、商业地产市场概述

2015 年上海商业地产市场受政策影响整体较上年有所提升。写字楼市场走出了前 5 年的低迷，成交增长六成，商铺成交量略有增长，市场投资依然低迷。

全年商业营业房地产投资 467.67 亿元，较上年增长 2.1%，投资增长乏力。投资占整个房地产业 13.5%，较上年略有下降。商业营业房产施工面积 1 944.02 万平方米，开工面积 307.57 万平方米，竣工面积 306.45 万平方米。

二、商业地产市场供应量分析

2014 年，上海商业营业房产施工面积 1 944.02 万平方米，较上年增长 11.0%；开工面积 307.57 万平方米，较上年下降 20.7%；竣工面积 306.45 万平方米，较上年增加 47.1%（见图 12-1）。

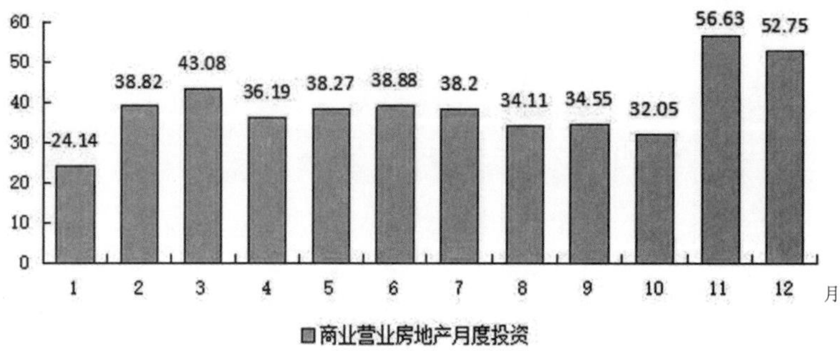

图 12-1　2015 年上海市商业营业用房月度投资（单位：亿元）

2015 年，上海商业营业房产销售 113.70 万平方米，较上年增长 10.5%。销售金额 227.89 亿元，较上年增长 0.6%。销售面积呈两位数增长，销售金额略有上升，产品均价保持稳定（见图 12-2）。

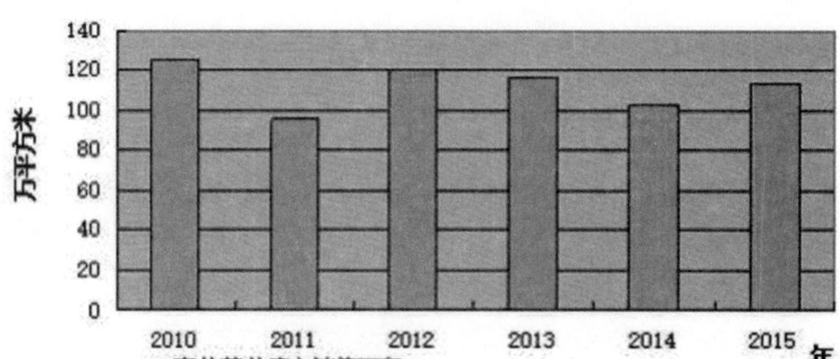

图 12-2　2010 ～ 2015 年上海市商业营业用房销售面积

三、成交价格分析

2015 年上海商业房产成交均价为 20 043 元 / 平方米，同比 2014 年 22 014 元 / 平方米的均价下降 9.0%（见图 12-3）。

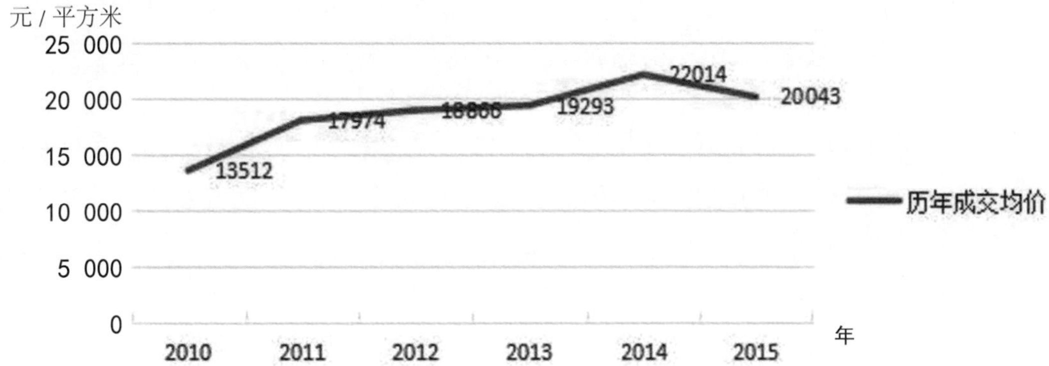

图 12-3　2010 ～ 2015 年上海市商业营业用房成交均价走势

第二节　商铺市场分析

2015 年根据搜房数据监控中心统计，上海共计成交商铺 14 810 套，环比上涨 29.38%；共计成交面积 161.67 万平方米，环比上涨 10.79%。2015 年上海商铺成交均价 22 806 元 / 平方米，成交总额 368.71 亿元，环比分别上涨 7.77%、19.4%。2015 年商铺成交量量价齐涨，但商铺投资市场依然低迷（见图 12-4）。

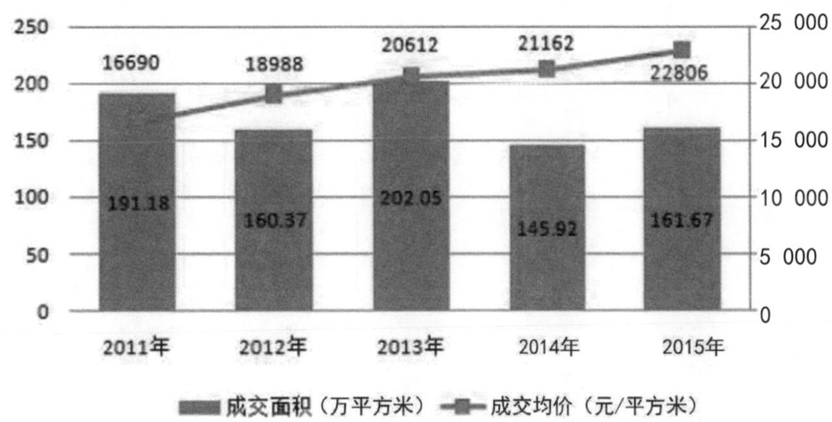

数据来源：CREIS 中指研究院。

图 12-4　2011 ～ 2015 年上海商铺成交走势

从 2011 年至 2015 年商铺成交量走势图来看，2015 年商铺成交量虽然环比有所上涨，但相比于 2011、2013 年的成交量，投资市场仍然处于低迷期。2014 年以来，市场上鲜有“明星产品”出现，加上零售业受电商冲击，商业投资市场已失去往日的火爆。2015 年虽然各种楼市政策加码救市，但对于商铺投资而言，并未出现大的改观，对于投资者而言，依然谨慎观望。

另一方面，2011 ～ 2015 年商铺成交均价则保持稳定上涨的走势，2015 年成交均价 22 806 元 / 平方米，虽然投资市场持续低迷，但价格依然有涨幅，说明市场的坚挺。

就商铺月度成交走势来看，2015 年商铺成交量总体平稳，同比 2014 年成交量，4 ～ 8 月份是 2015 年商铺成交的上升期，而进入 9 月份后，商铺成交表现不如 2014 年。

“330 新政”后，政策方面的利好在一定程度推高了商铺的成交量，2015 年 4 ～ 12 月份商铺月成交量稳定在 10 万平方米以上，但政策的利好程度有限，虽然 2015 年政府相继 5 次出台救市政策，但其利好效应主要体现在住宅市场，对于投资者而言，依然遵循谨慎原则，因此，2015 年商铺市场持续低迷（见图 12-5）。

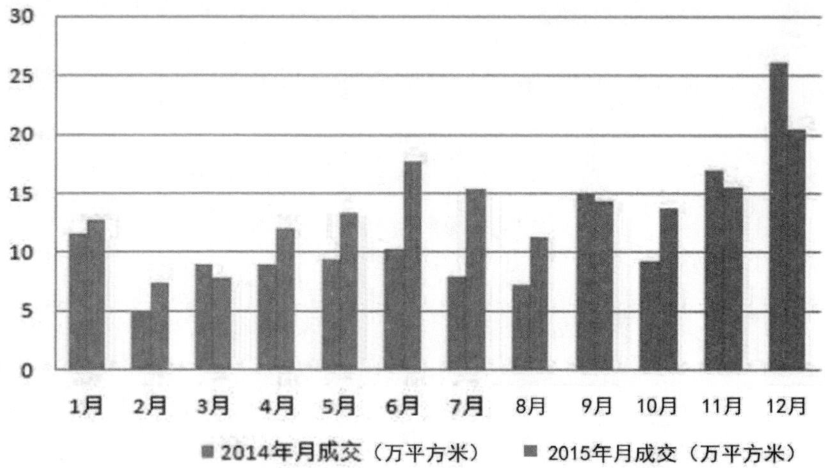

图 12-5　2014 ～ 2015 上海商铺月度成交量走势

从各区县的成交情况来看，浦东作为全市供应大区，成交量领跑全市，2015 年共成交 47.23 万平方米，占比全市总成交量近三成。而市中心区域如静安、虹口、黄浦、长宁等区，成交量相对较低，市区商业发展面临饱和，供应量不足致使成交低（见图 12-6）。

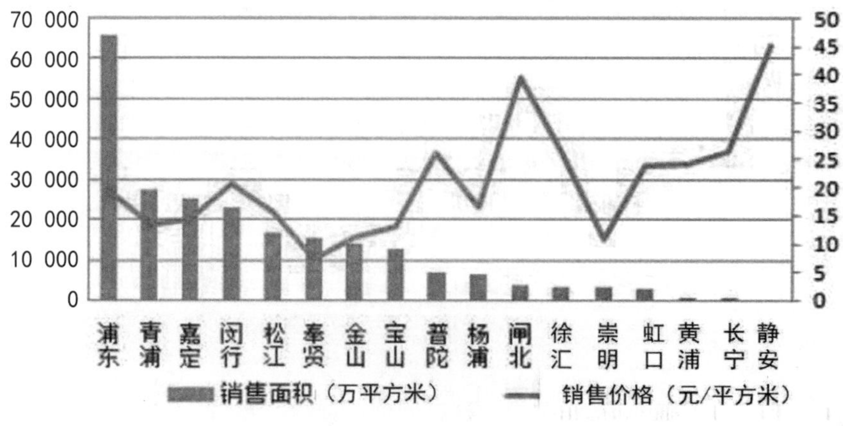

图 12-6　2015 年各区县商铺成交走势

据上海搜房网数据监控中心统计，2015 年上海商铺共计新增供应面积 274.3 万平方米，供求比达 1.7:1，商铺市场呈现供过于求的现状。从商铺供求月度走势图来看，除 9 月份供求比小于 1 以外，其他月份供求比均大于 1，甚至在 2、7、11 月份供求比超过 2，2015 年楼市利好政策频传，对于开发商而言是很好的去库存机会，但投资者依然选择观望，致使供求失衡（见图 12-7）。

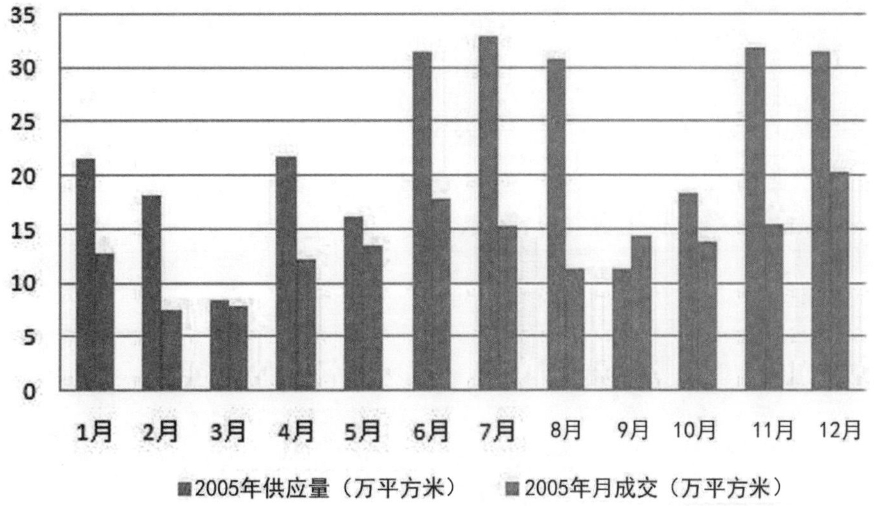

图 12-7　2015 年上海商铺供应量、成交量走势图

从 2015 年商铺成交面积项目的区县位置来看，浦东占 4 席，奉贤占 2 席，杨浦、青浦、闵行、宝山各 1 项目入榜。浦东不仅是全市的供应大区，且受自贸区、浦东国际旅游度假区、16 号线通车等利好因素影响，具有一定地段优势的商铺及综合商场受到投资者青睐。以位居榜首的新世界欢乐城为例，其位于浦东新区惠南镇，是集餐饮、娱乐、休闲等为一体的商业体，2015 年 3 月份首次开盘，以小面积低总价为特色，受到市场热捧。位于第 6 位的阳光城 MODO 项目，是阳光城在唐镇的地铁上盖项目，于 2015 年 12 月份首次开盘，推出商住公寓及沿街商铺。浦东唐镇是众所周知的高端居住板块，但商业分布相对分散，阳光城 MODO 的入市弥补了这一不足。此外，选址地铁上盖，商业后续经营便不必担心人流量的问题，热销成为必然。

从项目的均价来看，占据地段优势的综合性商铺有价有市，而郊区社区型底商成交均价偏低，以中奉贤 2 项目、宝山 1 项目为例，服务人群相对固定、经营业务固定的社区型底商成交价格在 8 000 元 / 平方米以下（见表 12-1）。

表 12-1　2015 年上海商业成交面积前 10

排行	项目名称	区县	成交面积（平方米）	成交套数（套）	成交价格（元 / 平方米）
1	新世界欢乐城	浦东新区	40 069	2 134	29 146

2	金碧汇虹苑	奉贤	39 290	139	5 470
3	东郊中心	浦东新区	34 520	27	38 268
4	奉贤农产品交易市场	奉贤	29 340	362	3 950
5	海上硕和城	杨浦	24 861	16	14 372
6	阳光城MODO	浦东新区	21 077	284	42 148
7	证大朱家角西镇	青浦	20 661	347	14 619
8	七宝宝龙城	闵行	20 621	286	41 733
9	万科金色城市	浦东新区	19 758	134	27 249
10	大黄馨园	宝山	19 405	12	7 744

第十三章　别墅、高档住宅市场

2015 年上海不光是一、二手住宅交易爆发，别墅、高档住宅市场更是涨势惊人。其交易量暴涨的背后一方面是由于房价走高导致的豪宅门槛减低，越来越多的中高端改善产品步入豪宅的行列，导致成交量也急速上涨；另一方面，今年政策面的持续宽松也加速了豪宅产品的大量入市，尤其是在支持改善性需求的政策利好下，开发商纷纷加推豪宅产品。近年的地王项目也加速入市，在政策扶持与供应充足的双重利好下，前几年累积的改善性需求以及由改需向改善转化的购房者也纷纷入市，从而促成了豪宅市场交投畅旺的火热行情。

上海别墅、高档公寓全年销售面积 390.97 万平方米，较 2014 年增长 52%，销售金额 1 462.81 亿元，较 2014 年增加 70.2%，成交均价为 37 414.9 元 / 平方米，上涨 12%。纵观 2014 年总体别墅市场来看，300 万～ 600 万元是市场关注度较高的别墅价位，而 200 平方米以下的小户型联排别墅则更受市场欢迎（见表 13-1）。

表 13-1　2010 ～ 2015 年上海别墅、高档公寓各项指标

指标　　　年份	2010	2011	2012	2013	2014	2015
施工面积（万平方米）	1 584.11	1 682.51	1 425.77	1 448.75	1 575.97	1 647.69
竣工面积（万平方米）	328	319.89	275.91	236.4	180.1	340.65
开发投资额（亿元）	373.67	369.24	335.08	348.6	360.01	381.48
销售面积（万平方米）	341.71	237.32	234.56	314.2	257.24	390.97
销售额（亿元）	852.62	637.27	661.35	908.58	859.54	1 462.81
出租面积（万平方米）	76.18	75.4	73.26	63.61	60.39	66.26
销售均价（元 / 平方米）	24 951.57	26 852.77	28 195.34	28 917.25	33 413.93	3 7414.9

一、供应量分析

2015 年，上海别墅、高档公寓投资 381.48 亿元，较上年增加 6%，占整个房地产开发投资 11%，施工面积 1 647.69 万平方米，较上年增长 4.6%，其中新开工面积 208.55 万平方米，较上年下降 24.7%。竣工面积飙升，2015 年为 340.65 万平方米，较上年下降 89.1%，竣工价值 285.39 亿元（见图 13-1、图 13-2、图 13-3）。

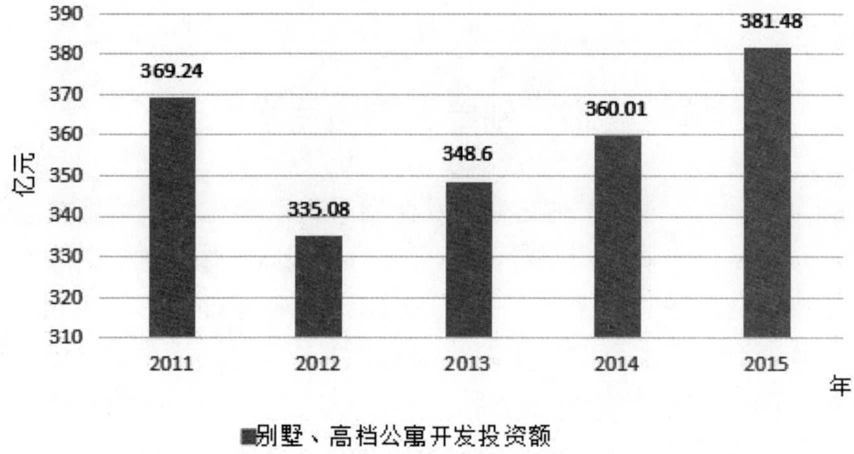

图 13-1　2011 ～ 2015 年上海别墅、高档公寓投资额

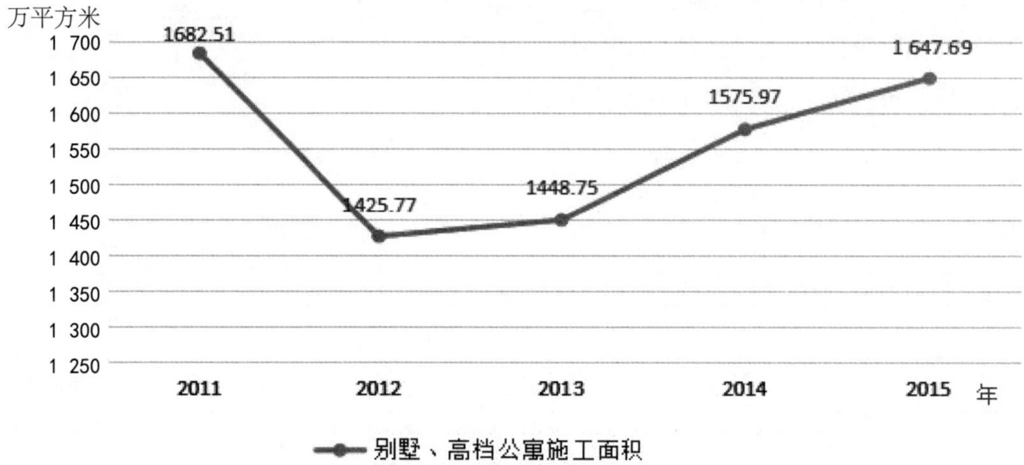

图 13-2　2011 ～ 2015 年上海别墅、高档公寓施工面积

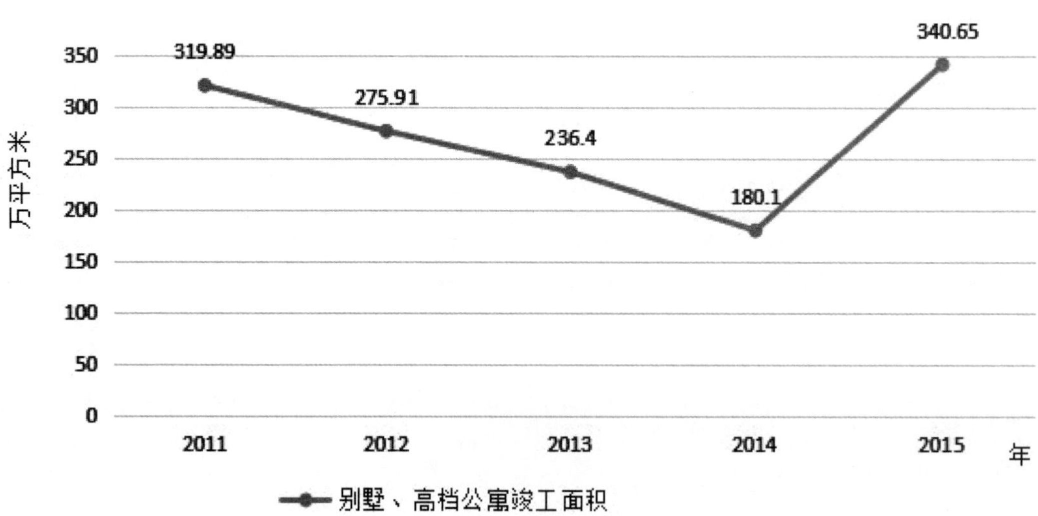

图 13-3　2011 ～ 2015 年上海别墅、高档公寓竣工面积

二、成交量分析

2015 年上海销量各类别墅、高档公寓销售面积 390.97 万平方米，相较于 2014 年增长 52%；销售金额达 1 462.81 亿元，较上年暴增 70.2%（见图 13-4、图 13-5）。

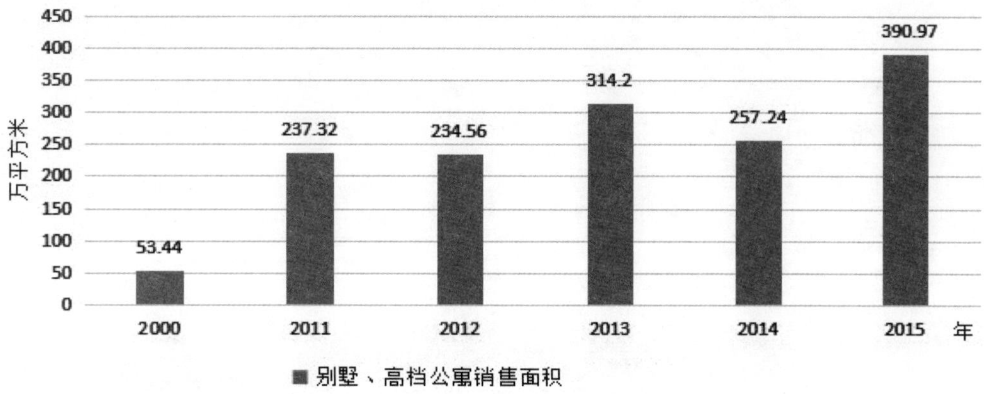

图 13-4　上海别墅、高档公寓销售面积

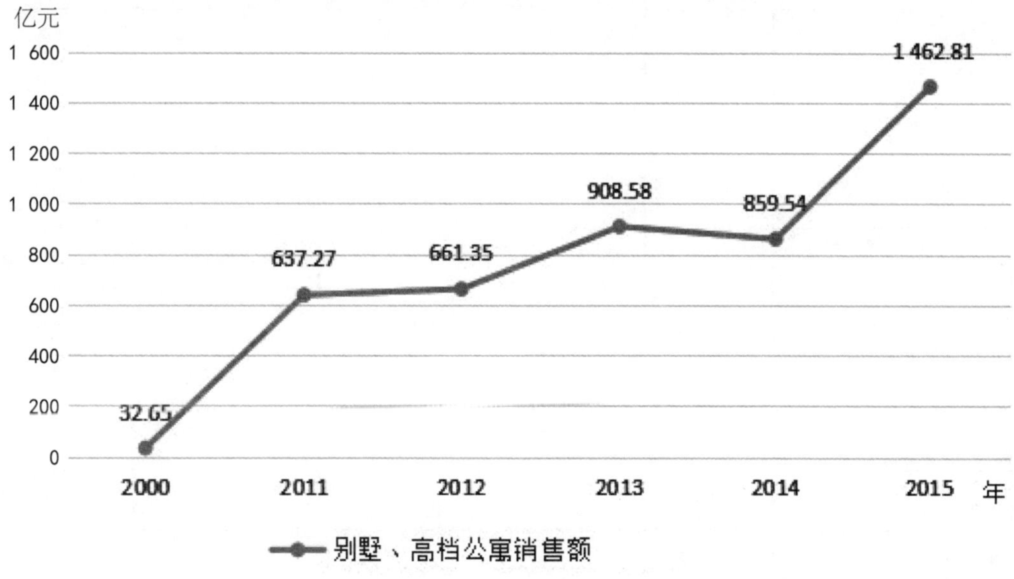

图 13-5　上海别墅、高档公寓销售金额

三、成交价格分析

2015 年，受宽松的金融环境和中高端项目所在区域利好政策的刺激，中高端项目成交良好，促成成交均价坚挺不降，新政利好信息持续发酵，加之开发商推盘数量增加进一步刺激市场，新房价格上调成为普遍现象。中高端项目的持续放量或是抬高全市整体成交价格的主要原因。部分中高端项目表现突出，年内均价在 5 万～ 7 万元 / 平方米的中高端项目多次跻身全市月度成交榜前 10 名，造成了楼市整体成交均价持续走高。根据统计局数据统计，全年均价为 37 414.9 元 / 平方米，同比上涨 12%（见图 13-6、表 13-2）。

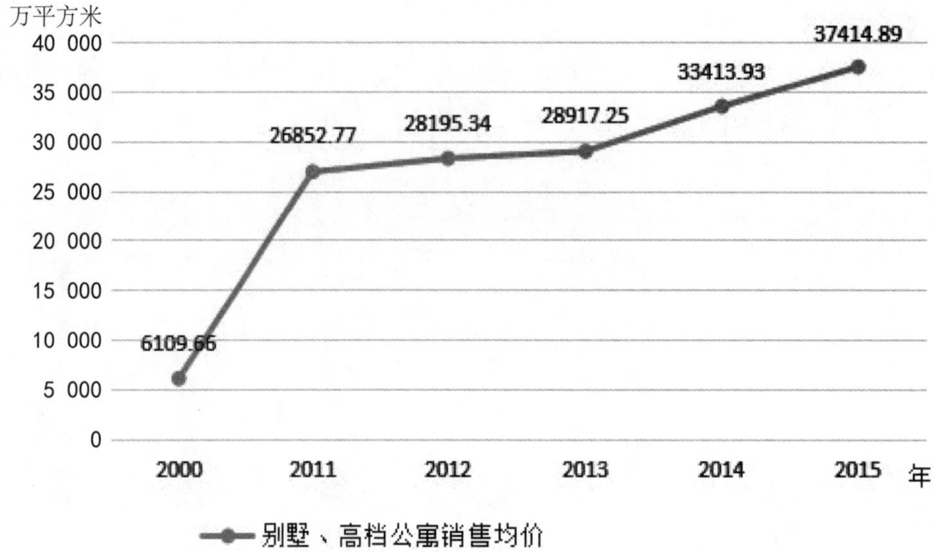

图 13-6　上海别墅、高档公寓销售均价走势图

表 13-2　2015 年上海别墅成交前 10 名

排名	项目名称	区域	成交套数（套）	成交面积（平方米）	成交均价（元 / 平方米）	成交金额（万元）
1	陆家嘴红醍半岛	闵行	215	49 816	34 962	174 164.23
2	御沁园	浦东新区	236	47 753	34 411	164 320.2
3	宝华源墅	闵行	170	35 724	49642	177 340.47
4	路劲上海院子	嘉定	176	34 066	17 961	61 186.45
5	招商海廷	奉贤	187	33 011	18 058	59 609.31
6	湖畔天下别墅	嘉定	172	32 538	27 07	90 478.65
7	佘山珑原	松江	235	32 531	30 337	98 689.36
8	中金海棠湾别墅	浦东新区	102	31 562	25 911	81 779.22
9	雅居乐星爵别墅	松江	170	31 122	18 085	56 285.83
10	保利茉莉公馆	闵行	160	30 695	39 217	12 0375.65

第五篇

区域

ALMANAC OF
SHANGHAI REAL ESTATE

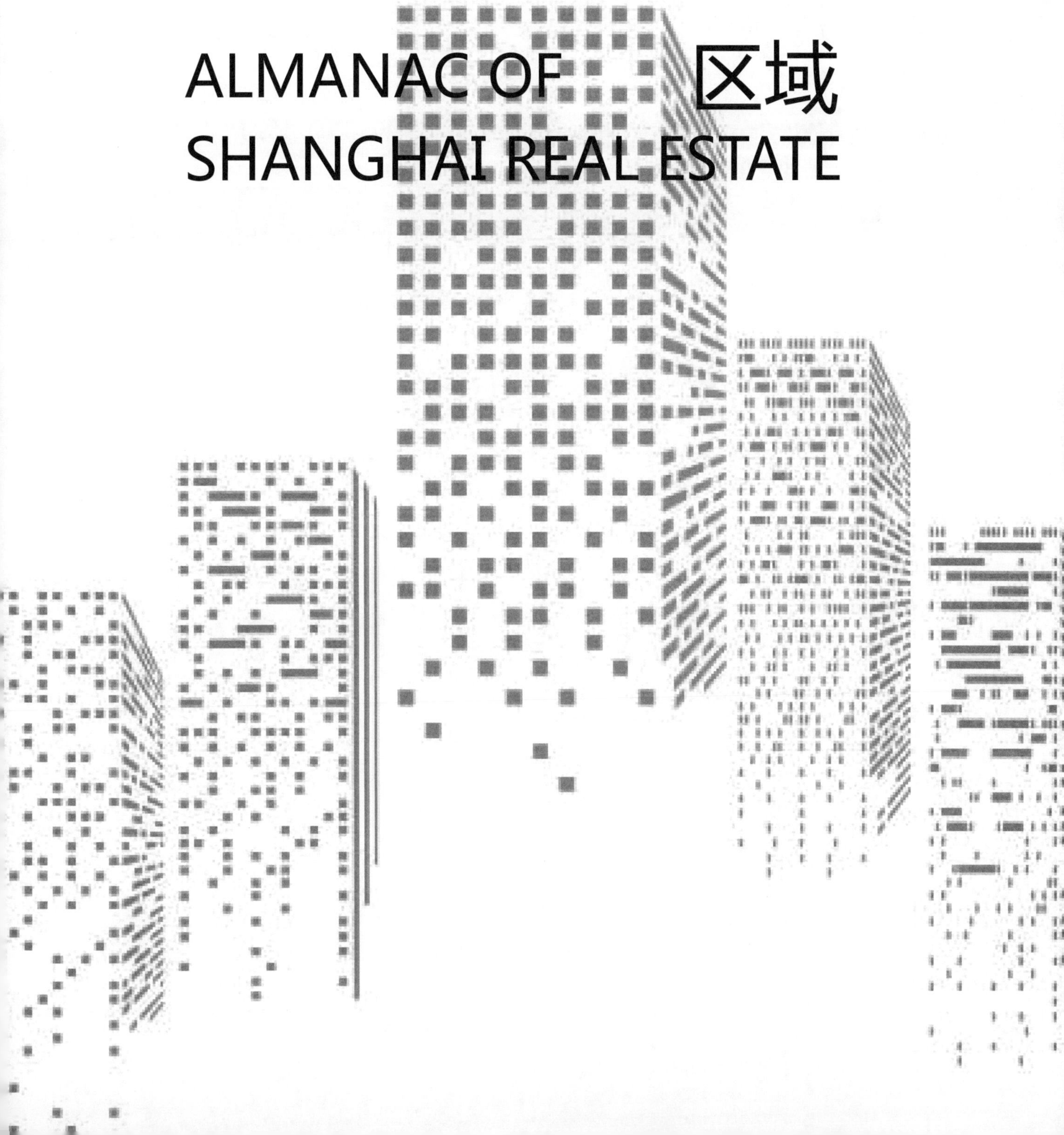

第十四章　上海主要区域房地产价格

第一节　综述

2015 年上海市商品住宅成交均价为 32 284 元 / 平方米，同比 2014 年上涨 18.84%，与 2014 年的 10.99% 相比上涨近 8 个点。2015 年上海市商品住宅成交面积 1 488.03 万平方米，同比 2014 年的 975.17 万平方米上涨 53%。

全市 17 个区县相比 2014 年整体成交均价基本出现上涨的态势。最大涨幅出现在闸北区，2015 年成交均价 59 277 元 / 平方米，涨幅高达 33.82%。其次涨幅较大的是宝山区，2015 年成交均价是 27 193 元 / 平方米，涨幅达 21.56%。崇明县和金山区出现降价态势，降幅最大的是崇明县，2015 年成交均价是 18 069 元 / 平方米，降幅达 5.78%。从各区县 2015 年的成交均价来看，成交均价高于 3 万元 / 平方米的有 10 个，比 2014 年无增减，分别是普陀、杨浦、徐汇、闸北、长宁、新黄浦区、虹口、浦东新、闵行区和静安，其中静安区成交均价最高，报于 91 055 元 / 平方米。值得注意的是闸北静安合并成新静安，加之闸北区内改善住宅推盘量大等因素，2015 年闸北区的商品住宅成交均价跻身年成交均价 5 万元 / 平方米的行列（见图 14-1、图 14-2）。

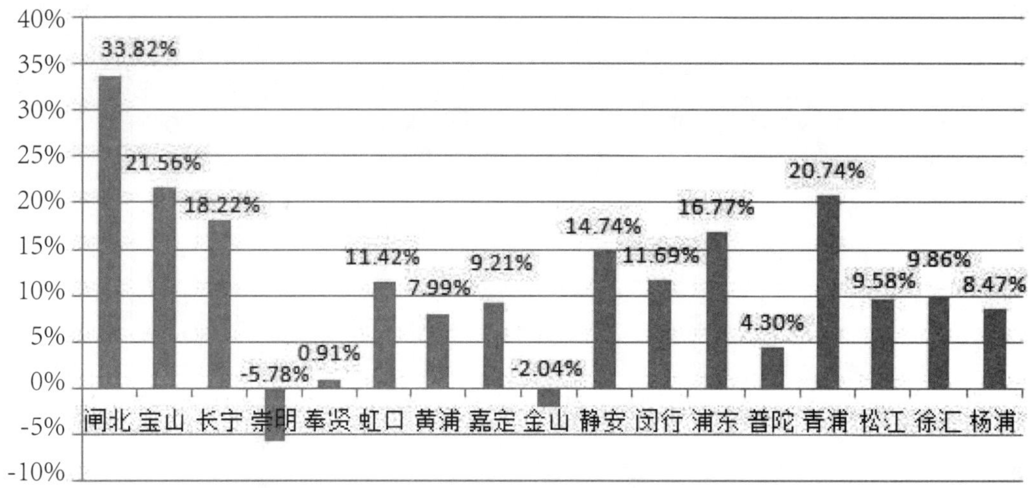

图 14-1　2015 年上海市各区县住宅价格走势

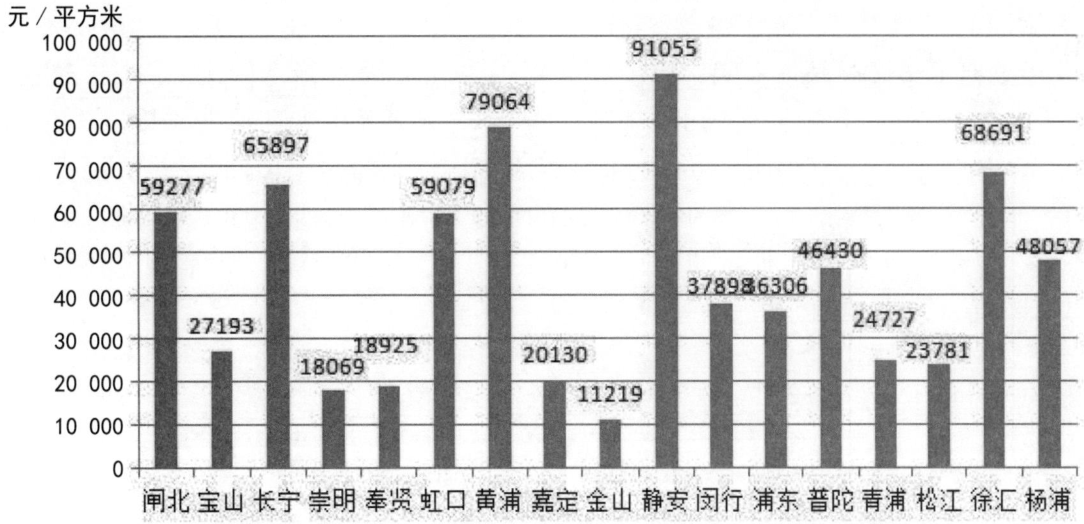

图 14-2　2015 年上海市各区县商品住宅成交均价

第二节　上海市各区县住宅市场

一、浦东新区

2015 年上海浦东新区商品住宅成交均价报于 36 306 元／平方米，同比上涨 16.77%。从全年走势来看，浦东新区商品住宅成交均价波动较大，6、11 两个月达到高潮，2、8 两个月走向低谷，最高报于 44 384 元／平方米，最低报于 31 667 元／平方米。浦东新区 2015 年受自贸区新政、迪士尼以及高桥石化搬迁等利好，周康板块、外高桥、川沙、花木等区域板块内新房成交量较大，中金海棠湾和锦绣前城全年成交量都非常可观，跻身全年销售排行榜前五之列。特别是中金海棠湾作为周康区域内的价值洼地，在周边房价都较高的情况下，中金海棠湾一路销售业绩也表现得非常抢眼。锦绣前城作为花木中内环间的高端住宅项目，销售也一路领先，无疑提升了浦东的成交均价（见图 14-3）。

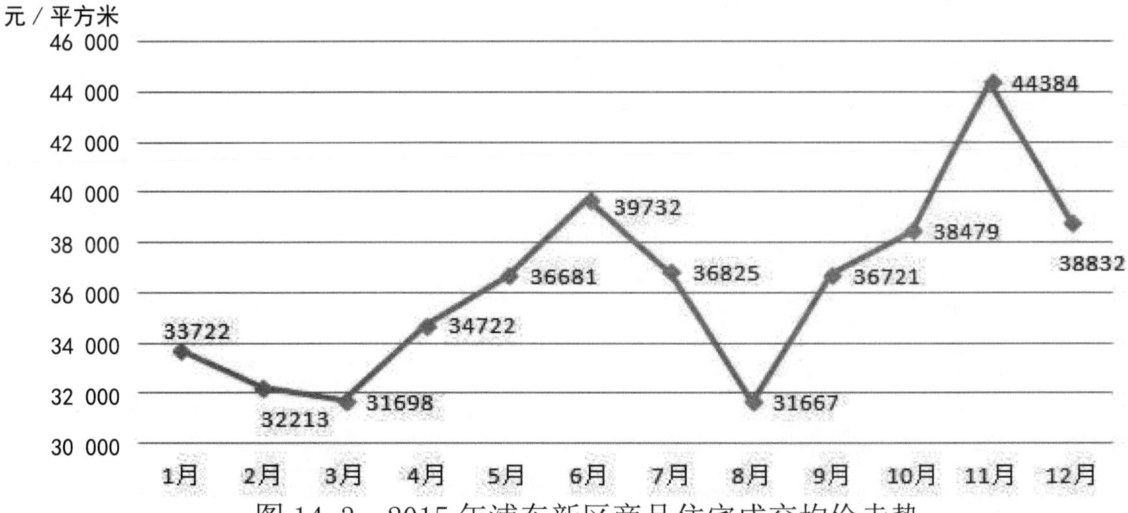

图 14-3　2015 年浦东新区商品住宅成交均价走势

二、宝山区

2015 年上海宝山区商品住宅成交均价报于 27 193 元 / 平方米，同比上涨 21.56%。从全年走势来看，宝山区 2015 年呈直线上升趋势，成交均价最高出现在第四季度，成交均价于 12 月份破 30 000 元 / 平方米；而且从整个全年成交均价来看，宝山商品住宅成交均价维持在 2.5 万 / 平方米平均线之上。作为刚需购房的首选区域之一，宝山区多个项目 2015 年成交表现不俗，其中经纬城市绿洲位居 2015 年上海全年成交榜单榜首，恒盛豪庭荣登 2015 年全年榜单第四位（见图 14-4）。

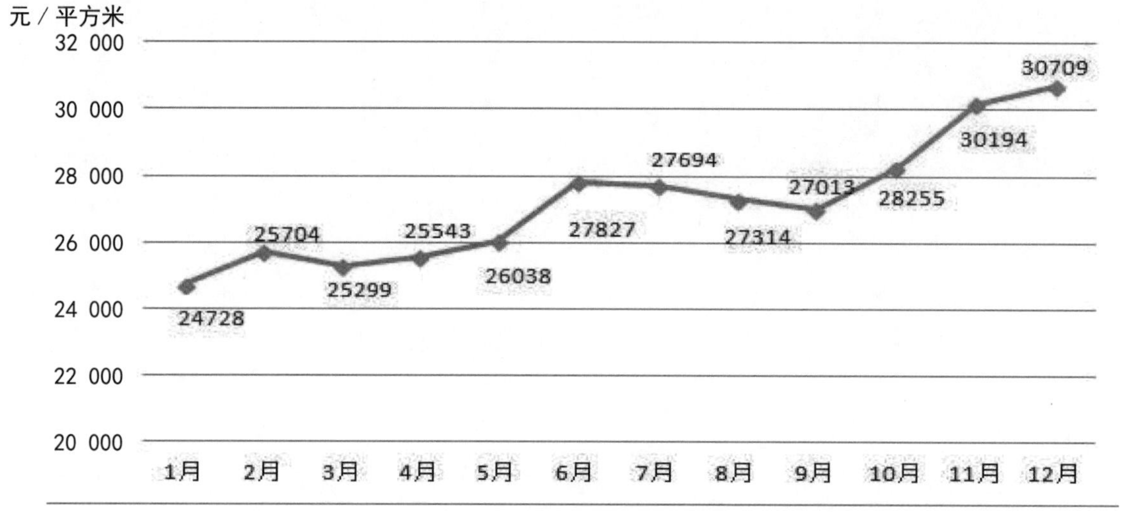

图 14-4 2015 年宝山区商品住宅成交均价走势

三、嘉定区

2015 年上海嘉定区商品住宅成交均价报于 20 130 元 / 平方米，同比上涨 9.21%。从全年走势来看，嘉定区商品住宅价格 2015 年前三季度一路走高，第四季度开始走向滑坡。从热销项目来看，由于该区域内主打刚需盘，热销的项目如路劲上海派、华润中央公园荣登前 15 榜，表现得格外抢眼（见图 14-5）。

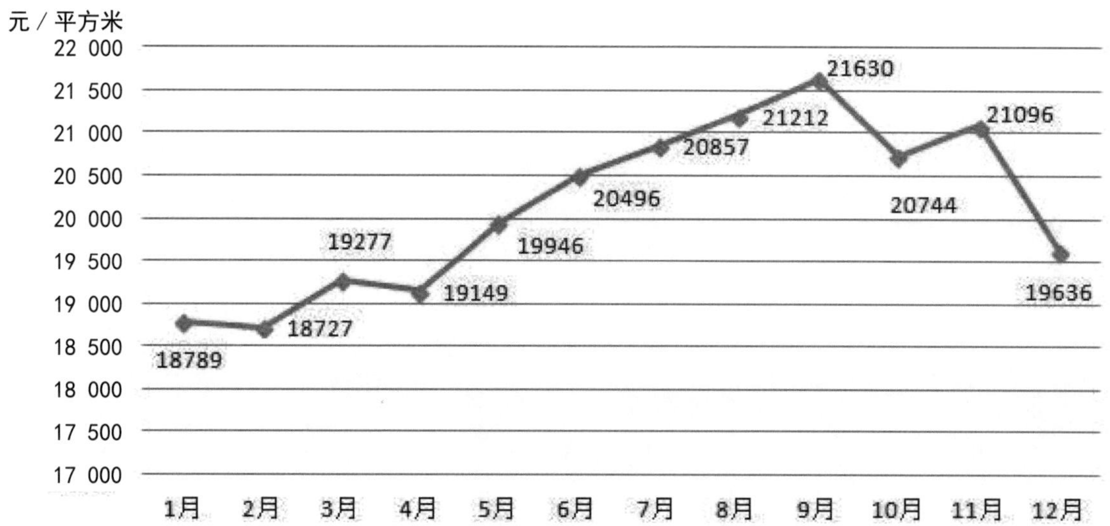

图 14-5 2015 年嘉定区商品住宅成交均价走势

四、静安区

2015 年上海静安区商品住宅成交均价报于 91 055 元 / 平方米，同比上涨 14.74%。从全年走势来看，静安区商品住宅成交均价呈波浪趋势，仅 5 个月成交均价低于 90 000 元 / 平方米。由于静安区可售一手商品住宅较少，因而全年一手房成交量较少，但是成交均价高，使得成交均价涨幅略有波动的基础上仍能保持继续攀升（见图 14-6）。

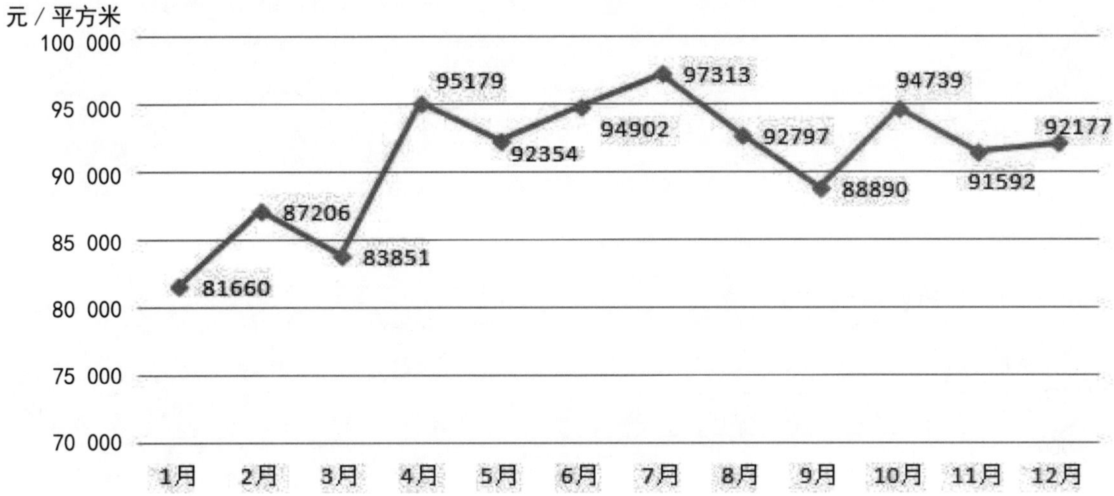

图 14-6　2015 年静安区商品住宅成交均价走势

五、普陀区

2015 年上海普陀区商品住宅成交均价报于 46 430 元 / 平方米，同比上涨 4.1%。从全年走势来看，普陀区商品住宅成交均价 2015 年波动较为明显，其中 7 月份的成交均价跌入全年的谷底，报于 41 455 元 / 平方米；处在长风生态商务区上河湾的成交业绩表现不错，总体上拉低了 2015 年的成交均价（见图 14-7）。

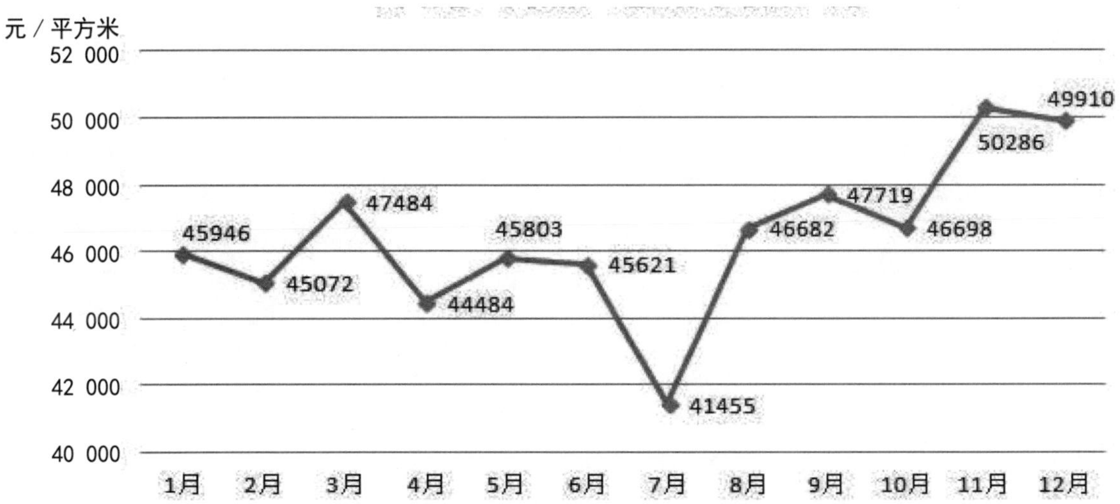

图 14-7　2015 年普陀区商品住宅成交均价走势

六、青浦区

2015 年上海青浦区商品住宅成交均价报于 24 727 元 / 平方米，同比上涨 20.74%。从全年走势来看，2015 年青浦区的房价基本处于直线上升，最高均价出现在 7 月份，报于 27 333 元 / 平方米；此外，2015 全年中有 6 个月份成交均价高于 2.5 万元 / 平方米。位于青浦北部的绿地新珲香公馆、中铁逸都等项目功不可没（见图 14-8）。

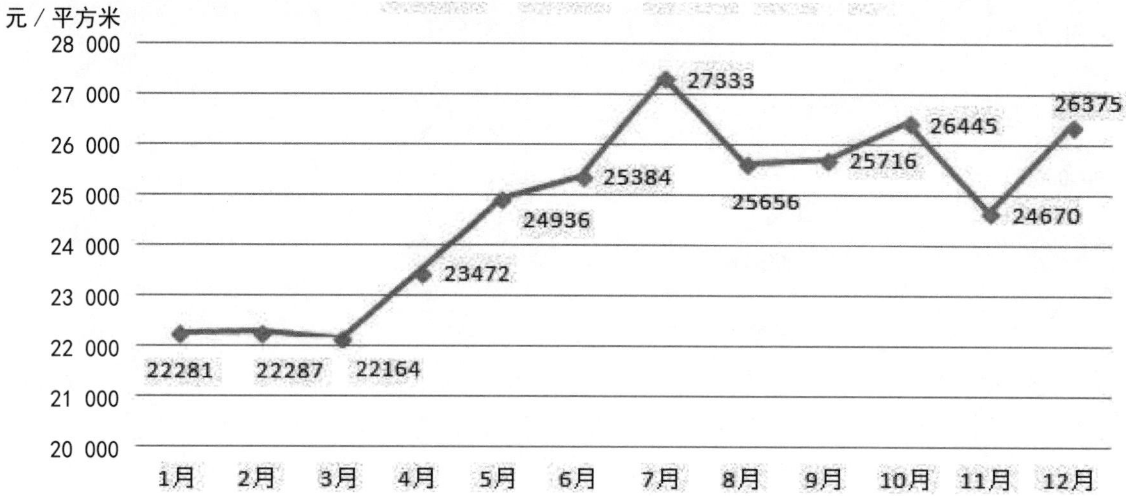

图 14-8　2015 年青浦区商品住宅成交均价走势

七、奉贤区

2015 年上海奉贤区商品住宅成交均价报于 18 925 元 / 平方米，同比上涨 0.91%。从全年走势来看，奉贤区商品住宅成交均价保持在 2 200 元 / 平方米以内的涨幅，6 月的成交均价创全年最高，报于 20 254 元 / 平方米，比去年最高 24 636 元 / 平方米少 4 382 元 / 平方米。受到区域本身配套的限制，奉贤的商品住宅成交价格变化不大（见图 14-9）。

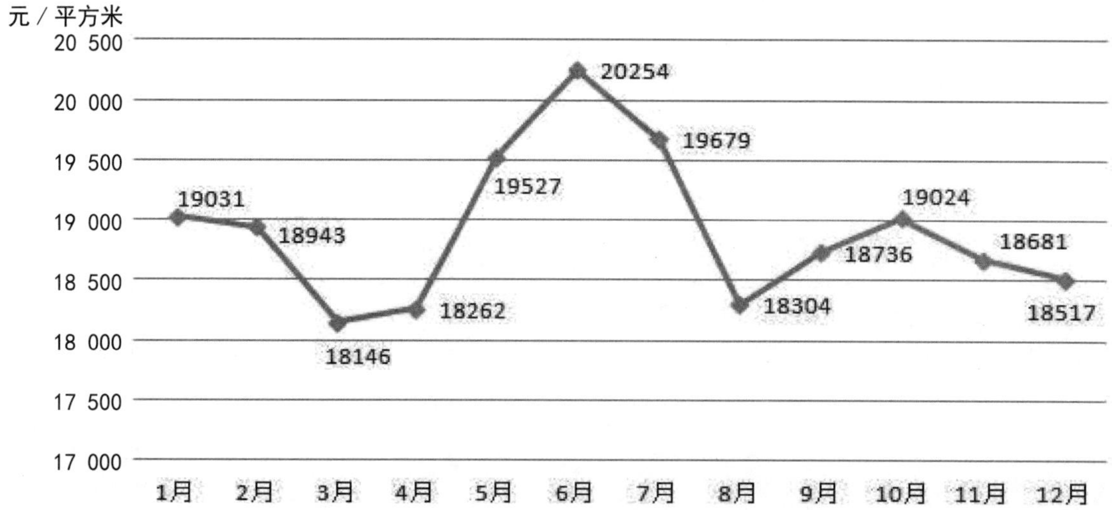

图 14-9　2015 年奉贤区商品住宅成交均价走势

八、金山区

2015 年上海金山区商品住宅成交均价报于 11 219 元 / 平方米，同比下滑 2.04%。从全年走势来看，金山区商品住宅全年成交均价波动幅度较大，特别是 8 月份的成交均价跌入谷底，报于 10 540 元 / 平方米（见图 14-10）。

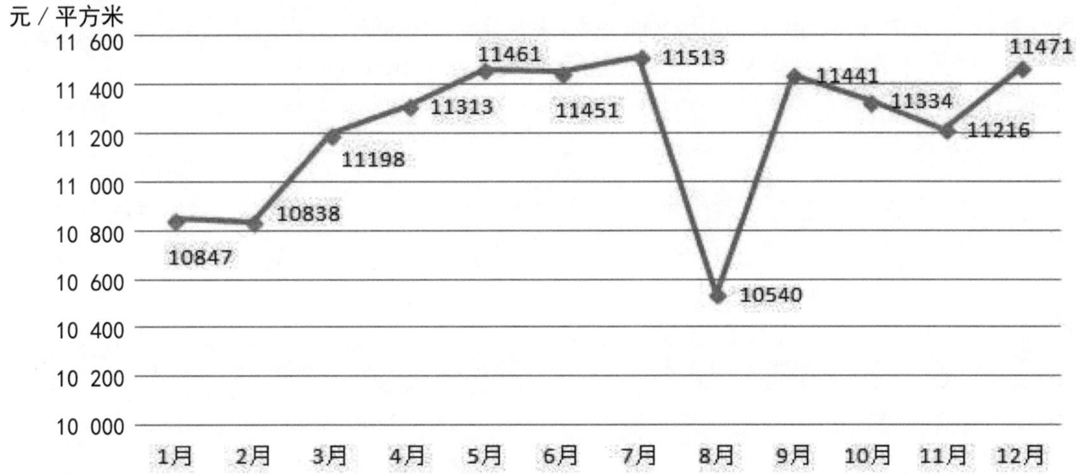

图 14-10　2015 年金山区商品住宅成交均价走势

九、闸北区

2015 年上海闸北区商品住宅成交均价报于 59 277 元 / 平方米，同比上涨 33.82%。从全年走势来看，闸北区 2015 年商品住宅成交均价增长明显，4 月环比猛增 9 000 元 / 平方米，4 月份以后房价直线上涨，其中 11、12 月突破 70 000 元 / 平方米。闸北区由于地处上海市中心地段，地段价值优势明显，闸北成交均价的增长态势与主力楼盘的入市或加推行为紧密相关，3 月象屿大宁悦府加推刚改型房源，成交均价 50 336 元 / 平方米；4 月大宁金茂府新盘首开，成交均价超过 72 835 元 / 平方米，5 月绿洲雅宾利加推，成交均价近 63 705 元 / 平方米，新盘持续入市，报价持续走高加之闸北静安合并成新静安的政策推动，使得板块身价大涨（见图 14-11）。

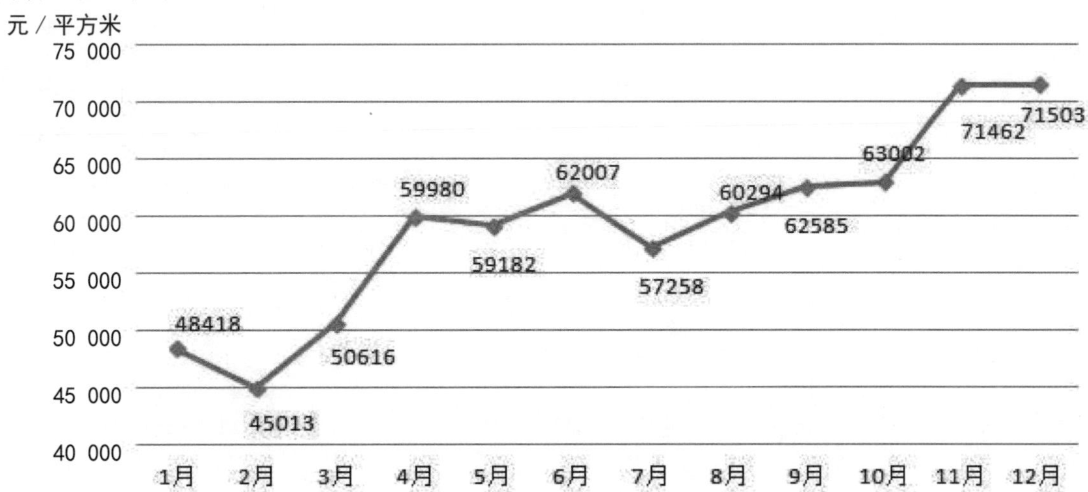

图 14-11　2015 年闸北区商品住宅成交均价走势

十、崇明县

2015 年上海崇明县商品住宅成交均价报于 18 069 元 / 平方米，同比下滑 5.78%。从全年走势来看，崇明县商品住宅成交均价波动较大，最高出现在 8 月份，报于 18 986 元 / 平方米，最低则出现在 1 月份，报于 15 778 元 / 平方米。作为上海市“最后的净土”，崇明的发展潜力不容小觑，尽管在售项目多以度假别墅为主，特别是华贸东滩花园以 25 294 元 / 平方米高价成交，成交 177 套，使得整个区域成交均价走高不少（见图 14-12）。

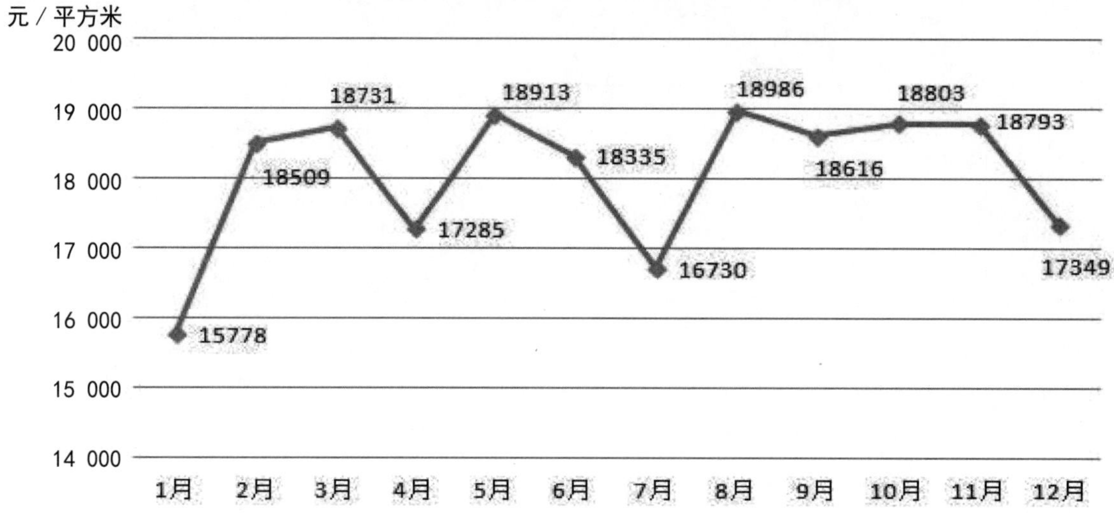

图 14-12　2015 年崇明县商品住宅成交均价走势

十一、杨浦区

2015 年上海杨浦区商品住宅成交均价报于 48 057 元 / 平方米，同比上涨 8.47%。从全年走势来看，杨浦区 4 月份成交均价在全年达到低谷以后，后续 8 个月开始全线上升，且保持在 47 000 元 / 平方米以上。宝地东花园成交表现出色，成交均价 65 180 元 / 平方米，拉动板块均价（见图 14-13）。

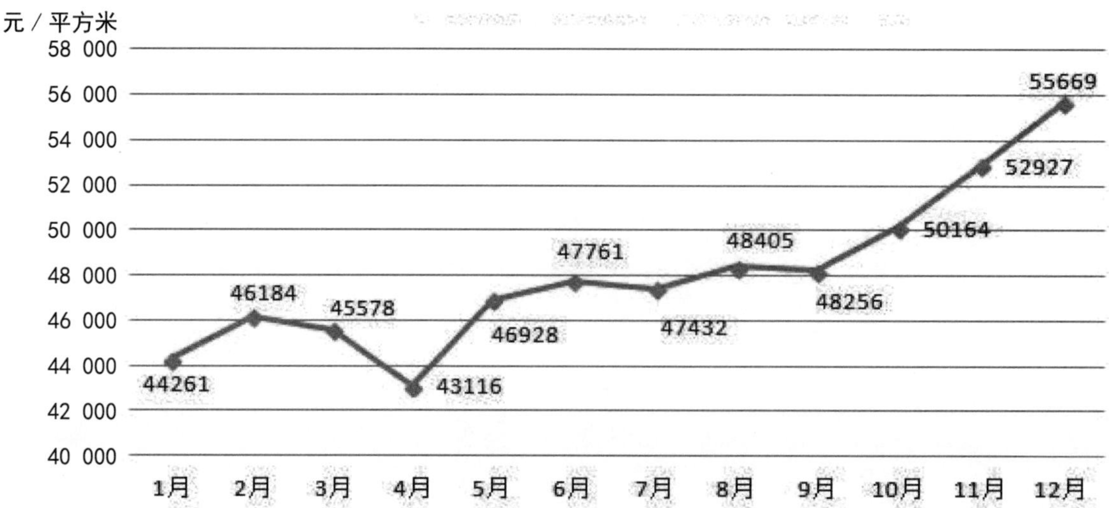

图 14-13　2015 年杨浦区商品住宅成交均价走势

十二、长宁区

2015 年上海长宁区商品住宅成交均价报于 65 897 元 / 平方米，同比上涨 18.22%。从全年走势来看，长宁区成交均价前三季度保持平稳上升，第四季度出现两次疯长，10 月份涨价 11 121 元 / 平方米，报于 76 011 元 / 平方米，11 月份又回落到 67 613 元 / 平方米，12 月份甚至涨至 87 336 元 / 平方米。长宁区作为传统的“上海市中心”区域之一，在售商品住宅多集中在中山公园板块，以 200 平方米以上的精装房为主，但销售业绩最出色的古北板块的宝华紫薇花园，114 ～ 269 平方米可选空间更大，且项目临近轨交 2 号线及中环立交桥，上半年成交 433 套，均价 70 696 元 / 平方米，且受到大虹桥交通枢纽的利好拉动，成为促进区域成交均价上涨的重要因素（见图 14-14）。

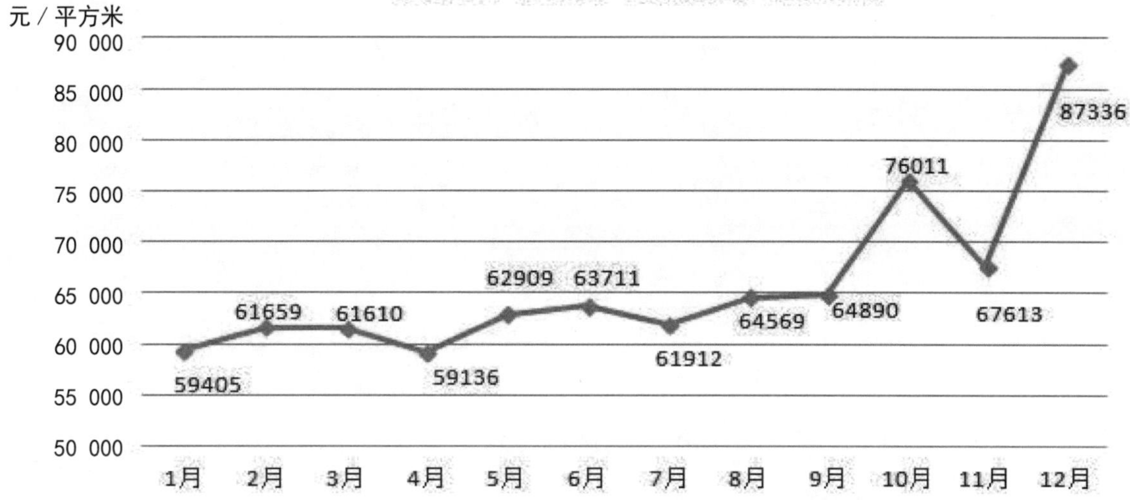

图 14-14　2015 年长宁区商品住宅成交均价走势

十三、虹口区

2015 年上海虹口区商品住宅成交均价报于 59 079 元 / 平方米，同比下跌 11.42%。从全年房价走势来看，虹口区 2015 年自 2 月份起，房价就开始直线上涨，价差达 23 158 元 / 平方米。虹口区地理位置优越，可售项目稀缺（见图 14-15）。

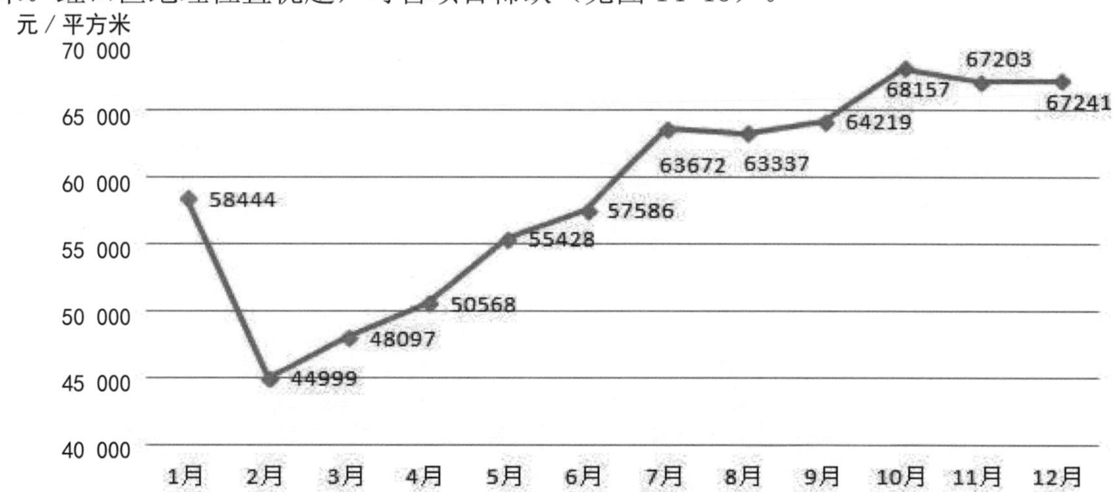

图 14-15　2015 年虹口区成交均价走势

十四、黄浦区

2015 年上海黄浦区商品住宅成交均价报于 79 064 元 / 平方米，同比上涨 7.99%。从全年走势来看，黄浦区商品住宅成交均价稳中有升，其中 6 个月均价高于 8 万元 / 平方米，而 12 月份最高，报于 89 422 元 / 平方米。作为传统的市中心区域，黄浦区和静安、虹口等区情况有相近之处，成交均价受区域内在售项目影响，所以成交均价涨幅不会过大。黄浦区成交较好的豪宅绿城黄浦湾整体成交均价达到 95 761 元 / 平方米，也在一定程度上拉高了黄浦区的成交均价（见图 14-16）。

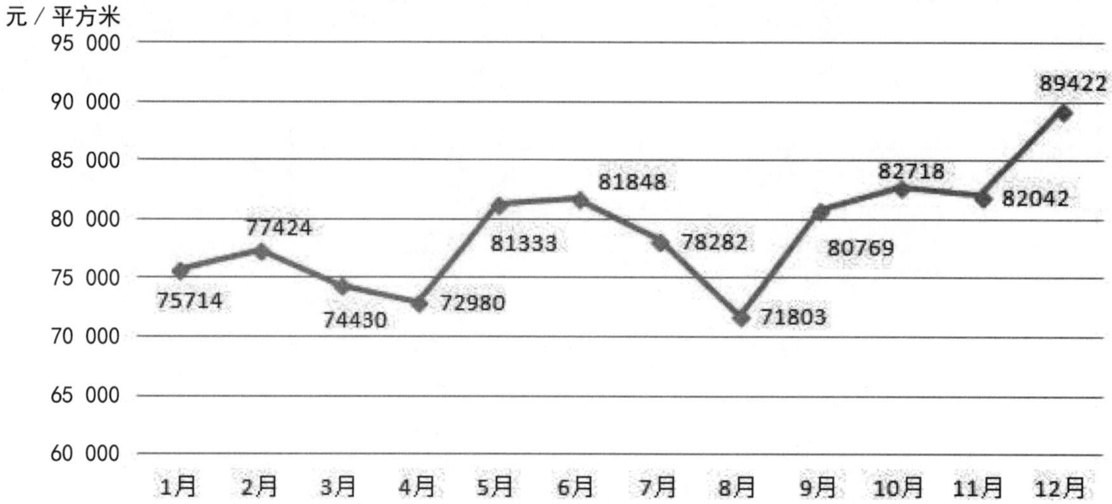

图 14-16　2015 年黄浦区商品住宅成交均价走势

十五、徐汇区

2015 年上海徐汇区商品住宅成交均价报于 68 691 元 / 平方米，同比上涨 9.86%。从全年走势来看，整个 2015 年全年商品住宅成交均价呈现几个波峰的状态，3 月份成交均价达到全年低谷，报于 63 244 元 / 平方米。其中该区域内的中信君廷表现得比较抢眼，成交均价 73 343 元 / 平方米，也在一定程度上拉动了区域内的成交均价走势的曲线波动（见图 14-17）。

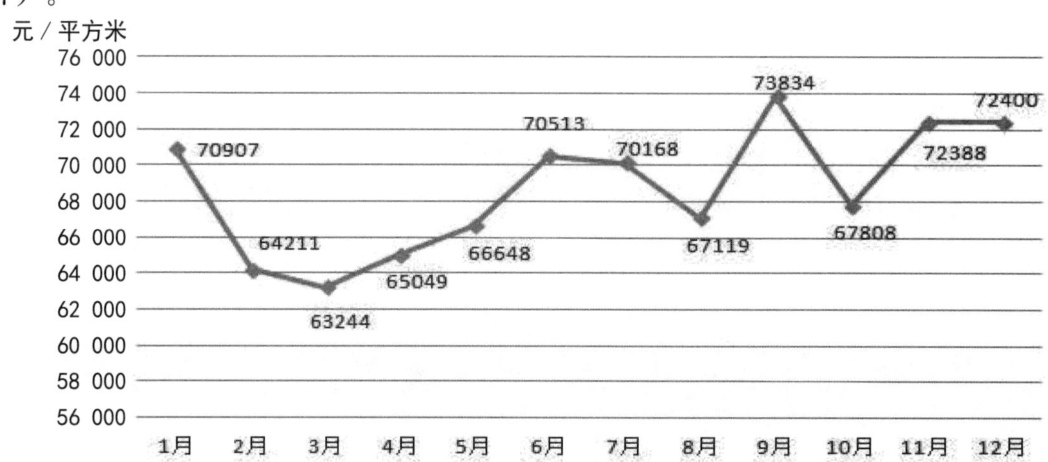

图 14-17　2015 年徐汇区商品住宅成交均价走势

十六、闵行区

2015 年上海闵行区商品住宅成交均价报于 33 932 元 / 平方米，同比上涨 17.92%。从全年走势来看，闵行区 2015 年房价波动较为平稳，其中 3 月成交均价达到低谷，商品房成交均价为 31 767 元 / 平方米，12 月成交均价达到高峰，商品房成交均价为 41 515 元 / 平方米，高出全年成交均价 9.5%。闵行区域成交均价高位走高，与万科城、中海寰宇天下两个项目全年销售业绩好不无关系，这两个项目均荣登全年销售排行榜前 10（见图 14-18）。

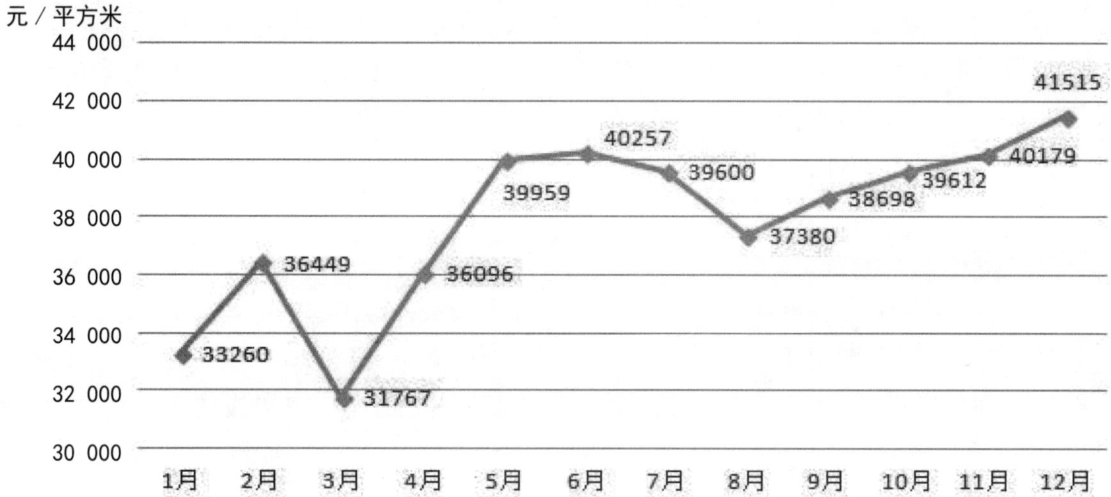

图 14-18　2015 年闵行区商品住宅成交均价走势

十七、松江区

2015 年上海松江区商品住宅成交均价报于 23 781 元 / 平方米，同比上涨 9.58%。从全年走势来看，松江区商品住宅整体房价稳步上涨；12 月份松江区的成交价格创全年最高，报于 25 249 元 / 平方米。从热销项目来看，2015 年松江区表现最为突出的是位于松江泗泾的金地自在城和松江新城的首创锦悦，两个项目均挤进年度销售排行榜前 11，其中金地自在城位居第三（见图 14-19）。

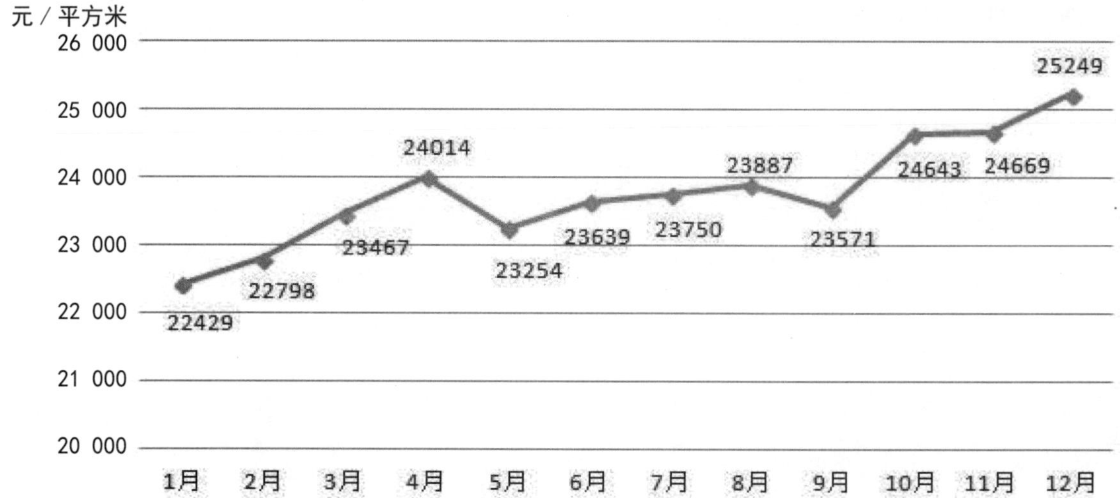

图 14-19　2015 年松江区商品住宅成交均价走势

第十五章 上海周边房地产市场

第一节 浙江省房地产市场概况

在经历了年初的低迷期后，中央和地方一系列鼓励和支持购房政策的出台，取消了一些限制性政策、房贷利率优惠面扩大、购房税费减免、央行多次降准降息等，房地产市场交易逐步激活。2015 年浙江省房地产政策主基调是“鼓励和支持购房需求”，在此影响下商品房成交规模显著回升，改善性需求释放，商品房价格平稳。

一、房地产开发投资

2015 年浙江全省房地产投资出现“负增长”，全年房地产开发完成投资 7 111.93 亿元，同比下降 2.1%。其中，住宅投资 4 450.73 亿元，同比下降 3.1%；其他房屋投资 1 126.79 亿元，同比下降 8.5%；办公楼投资 513.31 亿元，同比增长 5.3%；商业营业用房投资 1 021.09 亿元，同比增长 7.6%。商品住宅和其他房屋投资占比较高，但投资增幅下降明显（见表 15-1）。

表 15-1 2015 年浙江省不同用途房地产开发投资额、占比及增幅

用途	投资额（亿元）	占比（%）	增幅（%）
住宅	4 450.73	62.58	-3.1
办公楼	513.31	7.22	5.3
商业营业用房	1 021.09	14.36	7.6
其他房屋	1 126.79	15.84	-8.5
合计	7 111.92	100.00	-2.1

资料来源：2015 年浙江省房地产市场发展报告。

2011 ～ 2015 年房地产开发投资分别为 4 494.25 亿元、5 226.27 亿元、6 216.25 亿元、7 262.38 亿元和 7 111.93 亿元，同比增长幅度分别为 48.5%、16.8%、18.9%、16.8% 和 -2.1%。房地产投资增速的回落反映了宏观经济调整和经济结构转换的总体态势，为“新常态”背景下优化经济结构创造了条件。但是，稳定房地产投资规模对于“稳增长”仍然十分重要，需要加以适当的引导和扶持（见图 15-1）。

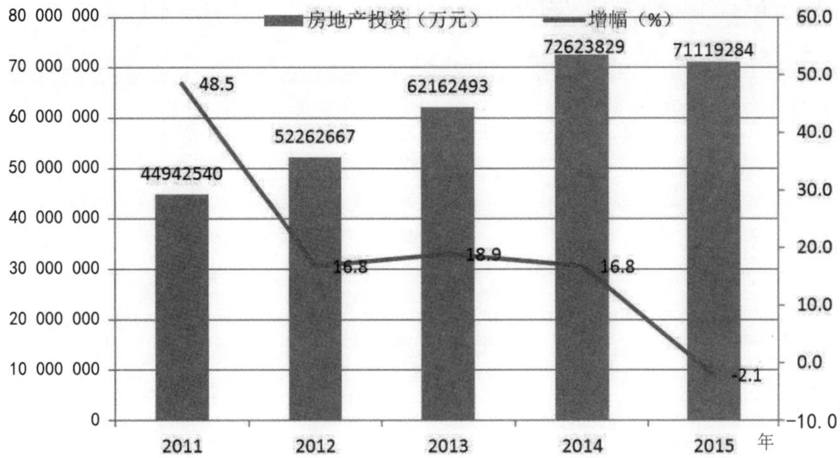

图 15-1　2011 ～ 2015 年浙江省房地产完成投资额和增幅

从房屋竣工面积来看，各种类型房屋竣工面积都有所下降。2015 年浙江全省房屋竣工面积 5 892.86 万平方米，同比下降 7.8%。其中，住宅房屋竣工面积 3 938.03 万平方米，同比下降 5.3%；办公楼房屋竣工面积 295.95 万平方米，同比下降 20.2%；商业营业用房房屋竣工面积 566.27 万平方米，同比下降 20.1%；其他房屋竣工面积 1 092.60 万平方米，同比下降 5.2%。办公楼和商业营业用房房屋竣工面积下降最为明显（见图 15-2）。

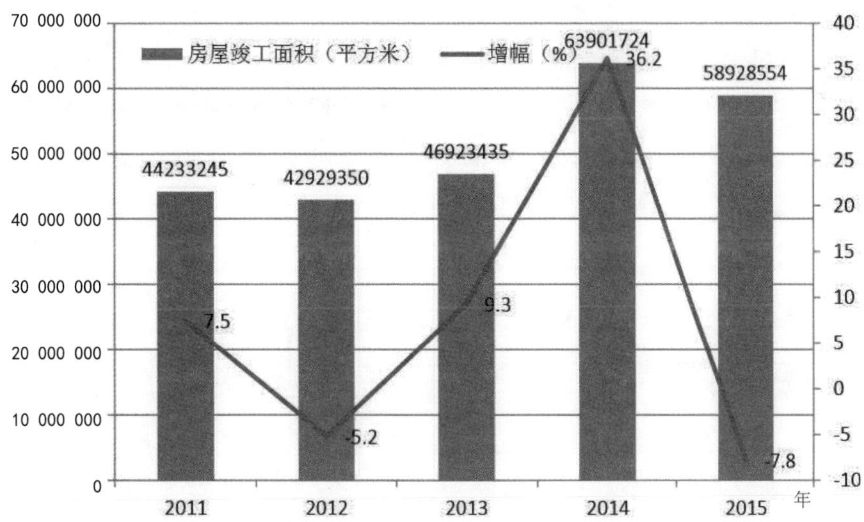

图 15-2　2011 ～ 2015 年浙江省房屋竣工面积及增幅

二、房地产销售情况

2015 年虽然房地产政策环境较为宽松，房地产市场销售规模扩大，但由于受国内经济增速下降以及房地产市场库存量较大等因素影响，房地产行业信心仍然不稳，投资和开发规模下降，市场分化明显。

从商品房待售面积来看，总体库存压力仍然较大。2015 年浙江全省商品房待售面积增幅为 21.4%，与 2014 年商品房待售面积增幅 46.4% 相比，全省商品房待售面积增幅有所下降，这主要得益于全年房地产政策宽松和市场销售活跃。但是，从“十二五”期间来看，2011 ～ 2015 年全省商品房待售面积增幅分别为 25.2%、21.3%、43.8%、46.4% 和 21.4%，表明每年待售商品房建筑面积总量持续增加（见图 15-3）。

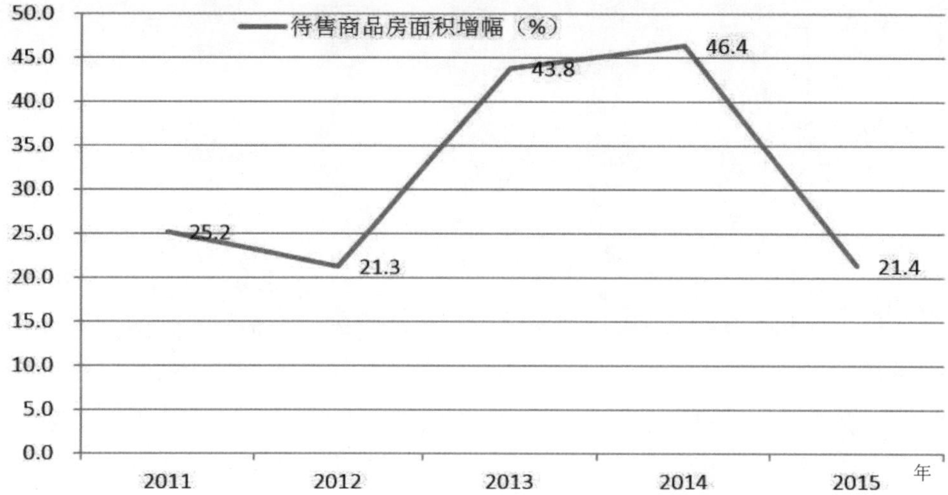

图 15-3　2011 ～ 2015 年浙江省商品房待售面积和增幅

2015 年浙江全省商品房销售面积达 5 985.30 万平方米，同比增长 28.0%，其中，商品住宅销售面积 5 131.88 万平方米，同比增长 30.2%；办公楼销售面积 205.05 万平方米，同比增长 10.7%；商业营业用房销售面积 384.57 万平方米，同比增长 15.2%；其他房屋销售面积 263.80 万平方米，同比增长 22.0%。各种类型商品房销售面积都有所增长，其中商品住宅销售面积增长幅度最大，达到 30.2%，分别比办公楼、商业营业用房和其他房屋增长速度高出 19.5 个、15.0 个和 8.2 个百分点（见图 15-4）。

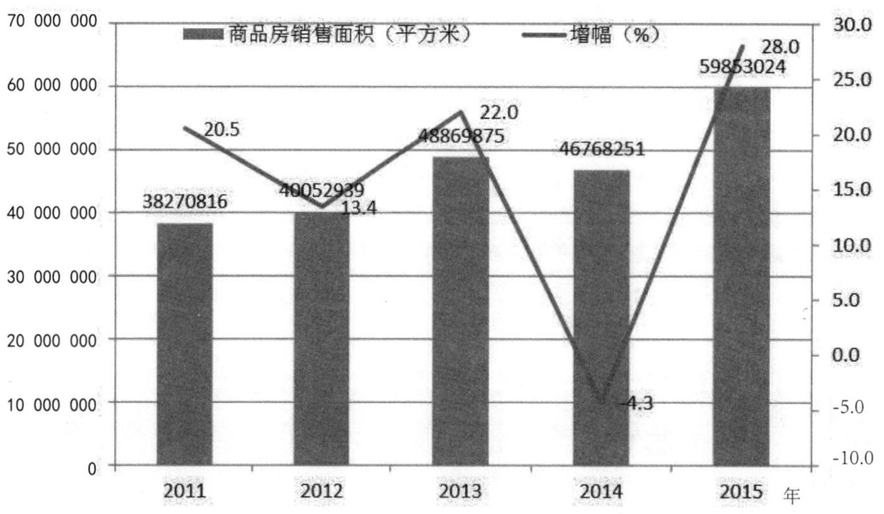

图 15-4　2011 ～ 2015 年浙江省商品房销售面积及增幅

从商品房销售额来看，2015 年全省商品房销售额为 6 299.46 亿元，同比增长 28.0%，其中，商品住宅销售额 5 519.27 亿元，同比增长 32.3%；办公楼销售额 216.35 亿元，同比增长 5.1%；商业营业用房销售额 447.12 亿元，同比下降 0.6%；其他房屋销售额 116.73 亿元，同比增长 23.0%（见图 15-5）。

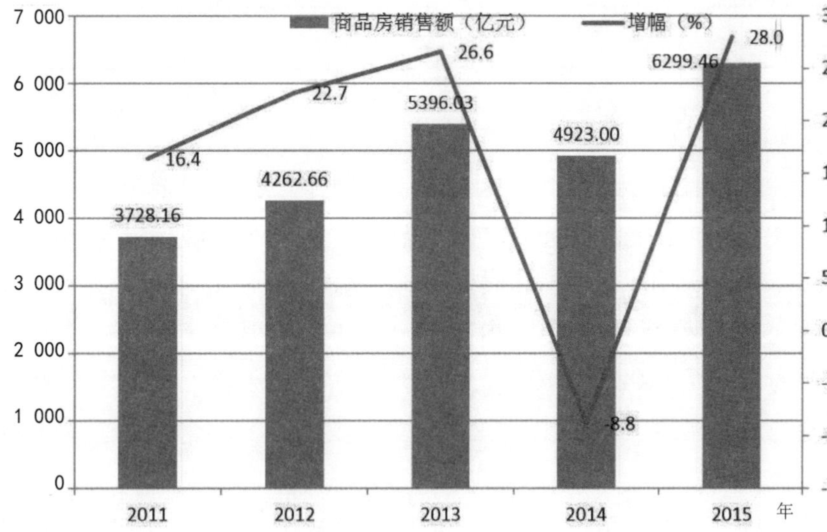

图 15-5　2011 ～ 2015 年浙江省商品房销售额及增幅

分区域来看，11 个地市商品房销售面积除了衢州市下降之外都呈大幅增长趋势。嘉兴市商品房销售面积由去年的 -17.3% 增加为 28.8%。金华市和舟山市，商品房销售面积上涨幅度分别为 4.7%、13.3%。商品房销售面积增长幅度最快的城市是湖州市，较去年同比增长 53.93%，丽水市商品房销售面积增长幅度为 34.7%。杭州、宁波两大城市商品房销售面积涨幅也较大，分别为 38.7%、32.1%。温州和丽水也表现出较为稳定的回升态势（见表 15-2）。

表 15-2　2014 ～ 2015 年全省 11 个地市商品房销售面积及增幅　　单位：万平方米，%

指标名称	商品房销售面积	上年商品房销售面积	增幅（%）
杭州市	1 481.45	1 121.13	32.1
宁波市	1 007.20	726.44	38.7
温州市	526.09	420.17	19.32
嘉兴市	640.63	497.34	28.8
湖州市	391.42	304.95	53.93
绍兴市	677.76	531.73	27.5
金华市	352.39	336.60	4.7

衢州市	131.38	166.81	-5.4
舟山市	103.87	91.70	13.3
台州市	442.03	344.55	28.3
丽水市	182.42	135.40	34.7
全省	5 985.30	4 676.83	28.0

三、房地产价格

2015 年浙江全省商品房价格上涨较为明显。根据国家统计局 70 个大中城市住宅销售价格变动情况数据，2015 年 12 月杭州、宁波、温州和金华 4 个城市新建商品住宅价格指数分别为 105.8、103.6、101.8 和 101.4，同比分别上涨了 5.8%、3.6%、1.8% 和 1.4%。从全国 70 个大中城市二手住宅价格指数来看，2015 年 12 月杭州市、宁波市、温州市和金华市二手住宅价格指数分别为 103.7、102.8、101.6 和 100.5，同比分别上涨 3.7%、208%、1.6% 和 0.5%（见表 15-3）。

表 15-3　2015 年 12 月杭、宁、温、金 4 个城市新建商品住宅、二手住宅价格指数

城市	新建商品住宅价格指数		二手住宅指数	
	同比上年同月 =100	定基 2010 年 =100	同比上年同月 =100	定基 2010 年 =100
杭州	105.8	97.3	103.7	96.2
宁波	103.6	97.7	102.8	93.0
温州	101.8	77.6	101.6	76.2
金华	101.4	100.3	100.5	92.6

资料来源：根据国家统计局公布的“2015 年 12 月份 70 个大中城市住宅销售价格变动情况”数据整理得到。

随着市场供求关系的不断变化，全省 11 个设区市城区的新建商品住宅销售价格呈现不同的运行态势。从环比价格走势看，杭州、宁波、温州和金华 4 个城市自 4 月份起止跌回升，随后 9 个月价格逐月攀升。从同比价格走势看，杭州和宁波 8 月份起转正，结束了自 2014 年 7 月以来的下降态势；金华、温州和绍兴分别自 10 月份和 11 月份起转正，其中温州结束了自 2011 年 9 月以来连续 50 个月的下降态势（见图 15-6）。

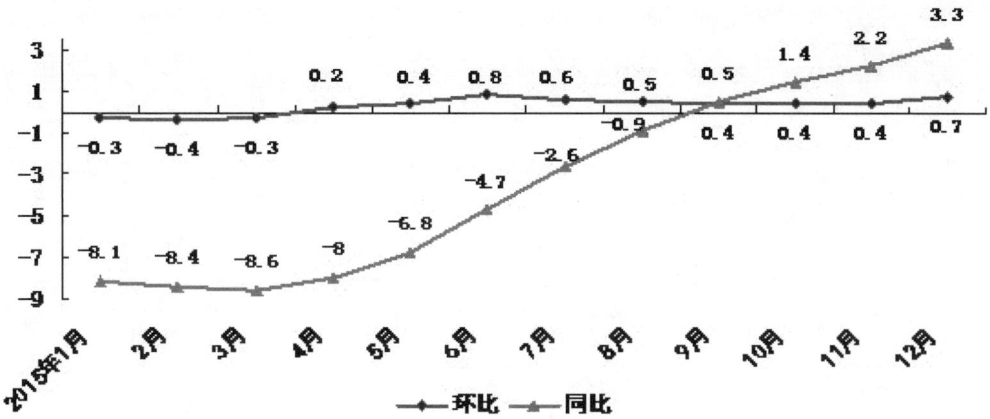

图 15-6　浙江新建商品住宅销售价格涨跌幅（%）

1 ～ 3 月份全省新建商品住宅销售价格环比分别下降 0.3%、0.4%、0.3%；同比涨幅逐月扩大，分别下降 8.1%、8.4%、8.6%。4 月份起随着市场逐步回暖，环比价格止跌回升，上涨态势持续至年底，各月环比涨幅在 0.2% ～ 0.8%。同比降幅逐月收窄，9 月份止跌回升，上涨 0.5%。四季度同比涨幅逐月扩大，10 ～ 12 月份分别上涨 1.4%、2.2% 和 3.3%，其中 12 月份销售价格指数较 1 月份扩大 11.4 个百分点（见图 15-7）。

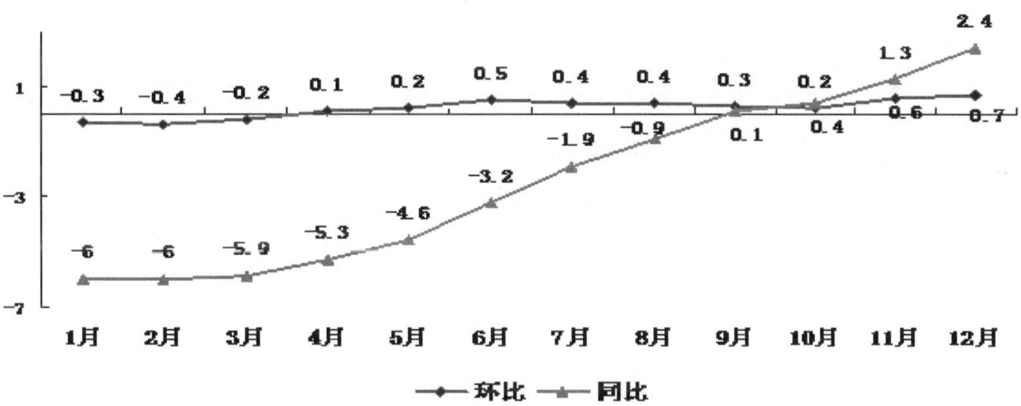

图 15-7　2015 年浙江二手住宅销售价格涨跌幅（%）

1 ～ 3 月份全省二手住宅销售价格环比分别下降 0.3%、0.4% 和 0.2%。随着营业税免征 5 改 2 政策在 3 月底的出台，4 月份起全省二手住宅销售价格环比止跌回升，随后各月环比涨幅在 0.1%～0.7%。全省二手住宅同比价格自 9 月份转正，涨幅逐月扩大，12 月份上涨 2.4%，销售价格指数较 1 月份扩大 8.8 个百分点。

四、土地市场状况

2015 年浙江省土地供应面积呈现大幅度地下降，消化存量、去库存成为首要任务。全省 11 地市总共成交土地 4 462 宗，相比 2014 年上升了 21.38%。成交土地面积 103 499.31 亩，比 2014 年下降 23.04%。成交可建面积 13 297.51 万平方米，成交总价款 1 915.72 亿元（见表 15-4）。计算可知，2015 年商办用地的平均面积为 24 亩，住宅用地为 24 亩，综合用地为 52 亩，工业用地为 21 亩。与前几年相比，100 亩以上规模的地块已属罕见。在维持土地供给规模的前提下，继续推出“中小地块”和“优质地块”将是各市土地供应的重要趋势。

表 15-4　2015 年浙江省土地成交情况

用地类型	成交宗数（宗）	与 2014 年比（%）	成交土地面积（亩）	与 2014 年比（%）	成交可建面积（万平方米）	成交总价（亿）
商办	660	2.33	15 548.08	-24.31	2 068.40	253.75
住宅	852	63.85	20 570.42	3.86	2 865.06	1 046.68
综合	189	-1.56	9 765.49	0.03	1 521.25	428.89
工业	2761	19.06	57 615.32	-31.71	6 842.80	186.40
合计	4462	21.38	103 499.31	-23.04	13 297.51	1 915.72

2015 年浙江全省 11 个地市土地成交金额只有 915.72 亿元，与 2014 年相比减少了 2.51%。从四类用地的占比来看，住宅用地成交金额最大，达 1 046.68 亿元，占总成交金额的 55%；第二是综合用地，完成成交金额 428.89 亿元，占总成交金额的 22%；第三是商业办公用地，完成成交金额 253.75 亿元，占总成交金额的 13%；工业用地的成交金额最少，完成成交金额 186.40 亿元，占总成交金额的 10%（见图 15-8）。四类用地分别同 2014 年对应的成交额相比，除住宅用地增长 44.07% 外，商办、综合、工业三种用地类型的土地成交金额均出现不同程度的下降，其中商办用地下降幅度最大，达 52.73%。与 2015 年上半年相比，下半年住宅、商办、综合和工业四种用地类型的土地成交金额均呈现大幅上涨，特别是住宅和综合用地，增幅分别达到 172.43% 和 213.60%。

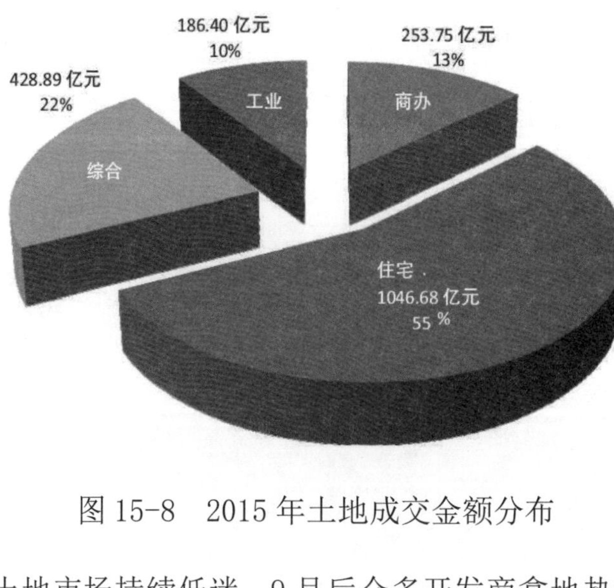

图 15-8　2015 年土地成交金额分布

2015 年前 8 个月土地市场持续低迷，9 月后众多开发商拿地热情开始高涨，甚至到 12

月热点地块竞争仍然白热化，导致下半年的土地成交量远超上半年。从成交宗数来看，2015年下半年出让宗地总量比上半年增长53.81%，商办、住宅、综合和工业用地成交量比上半年都有不同程度地增长，分别达到了38.27%、40.68%、42.31%和63.20%。而从成交土地面积看来，下半年比上半年成交土地面积总量增长达97.05%，商办、住宅、综合和工业用地分别增长了77.28%、148.41%、106.30%和86.03%，说明浙江省下半年土地出让市场回暖，开发商信心回升。

2015年浙江全省住宅用地的楼面地价水平最高，为3 653.26元/平方米。其次为综合用地，楼面地价达到了2 819.31元/平方米。商业办公用地的楼面地价为1 226.80元/平方米，工业用地楼面地价最低，仅为272.40元/平方米。相比2014年，四类用地波动明显，平均成交楼面地价有所下降，其中商业办公用地降幅最大，达到41.51%，综合用地和工业用地的楼面地价分别下降18.09%和10.87%，只有住宅用地出现增长，较2014年增长15.63%。一方面，由于政府土地出让政策进行了调整，减少土地出让数量和规模，使得优质地块更为稀缺；另一方面，房地产利好政策频频推出，如个人转让两年以上住房免征营业税。

第二节 江苏省房地产市场概况

2015年受国家宏观政策和江苏各城市自身发展的特点的影响，江苏全省房地产市场发展冷热不均，苏州、南京、常州全年房价出现了大涨，徐州等5个城市表现平稳，淮安、宿迁、无锡房价同比下跌。

一、房地产开发投资情况

根据江苏省统计局相关数据，2015年江苏全年完成固定资产投资45 905.2亿元，比上年增长10.5%。其中，国有及国有控股投资10 004.9亿元，增长7.4%；民间投资31 997.8亿元，增长14%，占全部投资的比重为69.7%。分产业看，第一、第二、第三产业分别完成投资232.2亿元、22 891亿元、22 782亿元，占全省投资总量的0.5%、49.9%、49.6%，分别增长12.2%、12.8%、8.3%。第二产业投资中，工业投资22 757.5亿元，增长12.4%。服务业投资中，卫生、社会保障和社会福利业投资增长63%，信息传输、软件和信息技术服务业投资增长31.3%，租赁和商务服务业增长29%，教育投资增长13.2%，交通运输、仓储和邮政业投资增长12.3%。全省新开工项目44 962个，比上年增长25.6%；完成投资26 972.2亿元，增长20.2%。

全省房地产开发投资8 153.7亿元，下降1.1%，其中住宅投资增长2.6%。商品房新开工面积11 542.6万平方米，比上年下降18.8%，其中住宅新开工面积下降15%（见表15-5）。

表15-5 房地产开发投资主要指标

指标名称	绝对量（亿元）	增长（%）
本年新开工项目个数（个）	44 962	25.6

房地产投资完成额	8 153.68	-1.1
#住宅	6 080.21	2.6
办公楼	344.07	-9.1
商业营业用房	1 130.91	-12.1
其他	598.50	-8.0
本年实际到位资金合计	16 268.65	3.5
上年末节余资金	4 228.66	17.1
本年实际到位资金小计	12 039.99	-0.5
国内贷款	1 877.93	-16.5
利用外资	44.91	-44.4
自筹资金	3 416.80	-17.8
其他资金	6 700.36	19.3
商品房施工面积（万平方米）	58 118.44	0.8
#住宅（万平方米）	42 315.98	1.8
商品房新开工面积（万平方米）	11 542.56	-18.8
#住宅（万平方米）	8 819.98	-15.0
商品房竣工面积（万平方米）	10 296.96	7.0
#住宅（万平方米）	7 930.21	9.2
商品房销售面积（万平方米）	11 414.05	15.9
#住宅（万平方米）	10 275.95	16.8
商品房现房销售面积（万平方米）	2 620.43	18.8
#住宅（万平方米）	2 197.61	16.4
商品房期房销售面积（万平方米）	8 793.62	15.1
#住宅（万平方米）	8 078.33	16.9

二、房地产销售

2015 年，江苏省商品房销售增速明显。全年商品房销售面积 11 414.1 万平方米，比上年增长 15.9%；其中，住宅销售面积 10 276 万平方米，增长 16.8%。商品期房销售面积 8 793.62 万平方米，增长 15.1%，商品住宅期房销售面积 8 078.33 万平方米，增长 16.9%（见表 15-6、表 15-7）。

表 15-6 房地产开发投资主要指标

指标 \ 年份	2000	2005	2010	2014	2015
投资完成额（亿元）	358.72	1 545.15	4 299.38	8 240.22	8 153.68
按构成分					
#建筑安装工程	255.81	1 091.29	2 897.21	6 025.88	6 186.30

设备工器具购置	3.34	12.53	41.09	129.41	118.93
按工程用途分					
住宅	260.79	1 133.06	3 158.46	5 924.51	6 080.21
#90 平方米以下			733.15	1 293.62	1 773.41
#140 平方米以上			744.76	1 034.88	1 248.38
办公楼	21.59	54.27	154.61	378.47	344.07
商业营业用房	48.48	217.02	611.08	1 286.71	1 130.91
其他	27.86	140.81	375.23	650.53	598.50
按资金来源分					
国内贷款	88.01	392.73	1 515.66	2 249.68	1 877.93
利用外资	5.82	33.16	92.76	80.79	44.91
自筹投资	101.34	614.76	2 031.38	4 154.86	3 416.80
其他投资	195.48	998.18	4 382.54	5 614.83	6 700.36
房屋建筑面积（万平方米）					
施工面积	4 268.45	15 619.26	35 106.90	57 637.72	58 118.44
#住宅	3 348.36	12 385.98	26 347.13	41 579.79	42 315.98
竣工面积	2 143.22	5 500.12	8 696.28	9 620.47	10 296.96
#住宅	1 774.80	4 497.68	6 553.53	7 259.11	7 930.21
商品房销售情况（万平方米）					
房屋销售面积	1 740.93	5 135.55	9 485.47	9 846.84	11 414.05
#住宅	1 555.97	4 523.14	8 112.37	8 800.93	10 275.95
#90 平方米以下			1 583.11	1 755.71	1 896.76
#140 平方米以上			1 816.86	1 142.38	1 533.98

注：1. 本表资金来源为资金到位数。

2. 从 2011 年开始，将 140 平方米及以上住宅改为 144 平方米及以上。

表 15-7　房地产开发企业经营情况

指标 / 年份	2000	2005	2010	2014	2015
企业个数（个）	1 930	3 810	6 070	6 829	6 642
内资	1 636	3 384	5 450	6 215	6 056
#国有	585	248	252	203	201

集体	482	192	124	37	35
港澳台商投资	197	277	352	408	396
外商投资	97	149	268	206	190
平均从业人数（万人）	5.74	8.47	13.17	16.93	17.96
内资		7.54	11.61	14.90	15.85
#国有		0.63	0.59	0.60	0.70
集体		0.33	0.19	0.08	0.09
港澳台商投资		0.59	0.87	1.26	1.41
外商投资		0.34	0.69	0.77	0.70
土地开发及购置（万平方米）					
本年土地成交价款（亿元）		319.02	613.85	1 094.55	530.42
待开发土地面积	928.335	3 981.34	3 798.79	5 373.41	4 044.91
本年购置土地面积	1 395.98	2 848.80	2 055.71	3 454.27	1 693.35
资产负债（亿元）					
实收资本		953.90	4 061.51	7 969.53	8 815.06
资产总计	1 201.82	5 679.81	19 791.32	42 842.86	46 749.11
累计折旧	13.25	34.48	128.74	249.42	264.16
#本年折旧	2.75	8.45	33.70	52.75	52.22
负债总计	958.47	4 343.07	14 233.81	32 032.01	35 200.59
所有者权益	243.36	1 336.74	5 557.51	11 810.85	11 548.52

表 15-8　2015 年部分城市房地产开发投资情况

指　标	南　京	无　锡	徐　州	常　州	苏　州	南　通	连云港	淮　安	盐　城	扬　州	镇　江	泰　州	宿　迁
企业个数（个）	565	754	394	451	1276	567	281	369	509	393	339	335	409
平均从业人数（万人）	2.15	2.01	1.26	1.20	2.96	1.22	0.65	1.06	1.38	1.06	1.06	0.85	1.11
本年购置土地面积（万平方米）	116.84	180.31	114.55	39.32	331.21	179.59	117.89	83.96	93.46	128.92	101.02	126.95	79.33
投资完成额（亿元）	1429.02	991.66	470.22	508.04	1 864.95	690.94	205.42	283.69	367.68	378.18	355.78	245.57	362.53
按构成分													

#建筑安装工程	854.71	810.80	409.35	443.00	1 271.11	573.23	176.46	215.95	319.90	304.30	292.59	183.70	331.19
设备工器具购置	28.57	10.00	6.34	5.64	12.97	4.11	1.81	23.56	7.92	2.64	10.19	1.54	3.64
按工程用途分													
住宅	1 080.97	687.15	338.80	359.58	1 419.09	514.02	173.98	200.14	274.26	298.51	269.80	197.54	266.36
办公楼	86.80	51.36	27.45	17.26	62.42	44.06	2.97	5.25	15.47	13.00	8.77	4.33	4.93
商业营业用房	144.92	183.24	76.22	60.23	238.31	88.62	18.32	63.44	63.41	43.58	45.00	28.26	77.36
其他	116.32	69.91	27.76	70.97	145.13	44.24	10.15	14.86	14.54	23.08	32.21	15.44	13.88
按资金来源分													
国内贷款	455.09	252.95	81.43	115.75	497.17	186.28	30.04	24.58	42.77	29.11	90.25	38.08	34.42
利用外资	12.50	13.46	1.20	0.71	4.73	0.25	4.84	1.36	0.80	0.11	4.90	0.02	0.03
自筹投资	440.09	483.37	231.42	161.94	774.19	345.95	70.78	130.49	251.25	186.71	97.72	82.79	160.10
其他投资	1 550.57	638.98	305.76	452.30	1 894.40	355.95	144.10	192.11	214.63	231.13	269.64	261.74	189.04
本年新增固定资产（亿元）	669.80	630.94	265.30	362.58	1 035.09	469.04	73.30	106.21	188.31	292.10	221.23	242.64	156.93
房屋建筑面积（万平方米）													
施工面积	7 084.44	6 589.02	3 816.70	3 948.18	11 285.85	5 378.10	2 080.96	2 843.80	2 927.17	2 726.99	3 195.95	2 281.71	3 959.58
#住宅	4 774.96	4 616.24	2 866.42	2 691.96	7 938.57	3 993.27	1 625.75	2 195.80	2 228.29	2 079.94	2 434.66	1 814.06	3 056.05

第三节　苏州市房地产市场

2015年苏州楼市在各种利好政策的刺激下，量价飙升，成交量创2010年来新高。年中开始，土地拍卖和商品房在售市场相互作用，再加上连续降息、二孩政策利好消息，成交热度直线攀升，至年底，多个热门板块甚至喊出“无房可卖”的口号，新建住宅成交量创下新高。

一、房地产投资情况

2015 年苏州市房地产开发投资完成 1 865 亿元，比上年增长 5.7%，年内增速在 2.9% ～ 21.4% 大幅振荡，比上年回落 13.9%。其中住宅投资完成 1 419 亿元，增长 8.9%，增速比上年回落 18.8%。房地产开发投资占全社会投资的 30.5%，占比较上年提高 2.2%。商品房施工面积为 11 286 万平方米，增长 3.5%，从年初开始一路减速，增速比上年回落 10.2%；其中住宅施工面积 7 939 万平方米，增长 3.7%，增速比上年回落 7.9%。商品房竣工面积为 1 653 万平方米，增长 8.2%，增幅比上年提高 18%；其中住宅竣工面积 1 275 万平方米，增长 12.9%，增幅比上年提高 20.9 个百分点。

二、房地产交易情况

2015 年苏州市商品房市场共计成交面积 1 323.9 万平方米，继 2012 年之后，再次突破 1 300 万平方米大关，同比 2014 年上涨 41.55%，在经历了两年的低速后，再次复苏，同时达到 2010 年以来的最高值，年均复合增长率 12.53%。

2015 年苏州商品房累计供应面积出现近 6 年来首次出现负增长，为 955.4 万平方米，相对上年下降 15.37%。商品房成交均价 12 979 元 / 平方米，同比涨幅 4.63%（见图 15-9、图 15-10）。

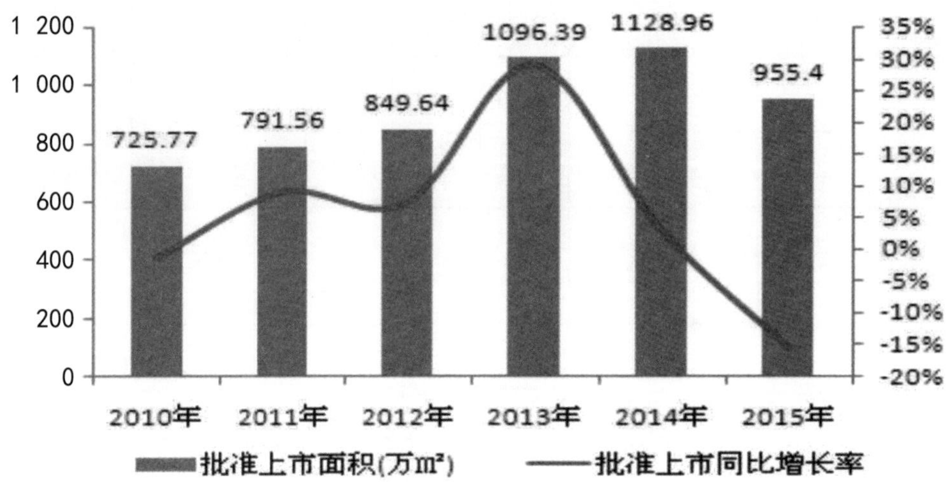

数据来源：CREIS。

图 15-9 苏州市房地产供应情况

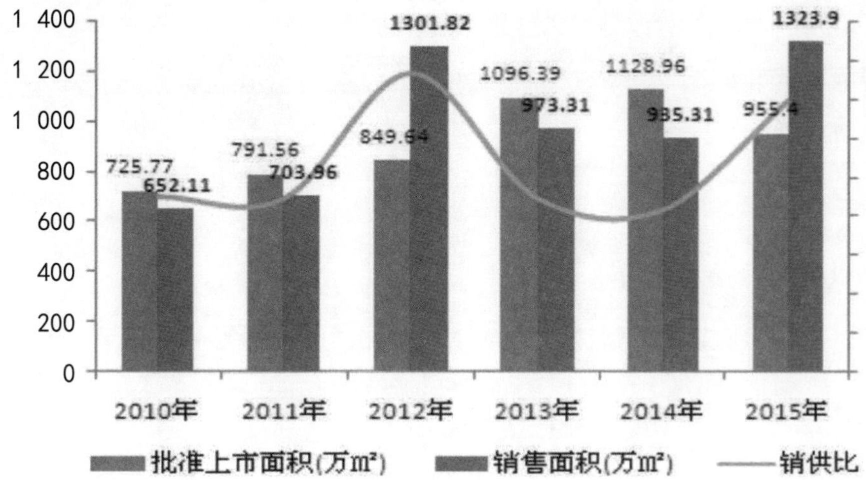

数据来源：CREIS。

图 15-10　苏州市房地产供销走势

2015 年苏州住宅市场共计成交 98 466 套，面积 1 176.15 万平方米，为近 3 年来最高值，同比 2014 年增长近五成，达 42.66%。成交均价为 12 924 元 / 平方米，同比上涨 15.25%（见图 15-11）。

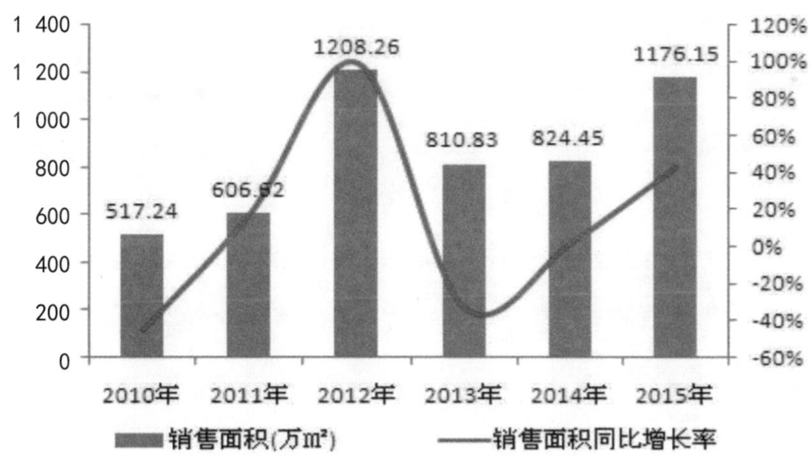

数据来源：CREIS。

图 15-11　2010 ～ 2015 年苏州市住宅销售面积变化

2015 年商业地产市场累计供应面积 69.21 万平方米，同比下降 2.9%，成交面积 48.08 万平方米，同比 2014 年上涨 0.3%，变化幅度较小（见图 15-12）。

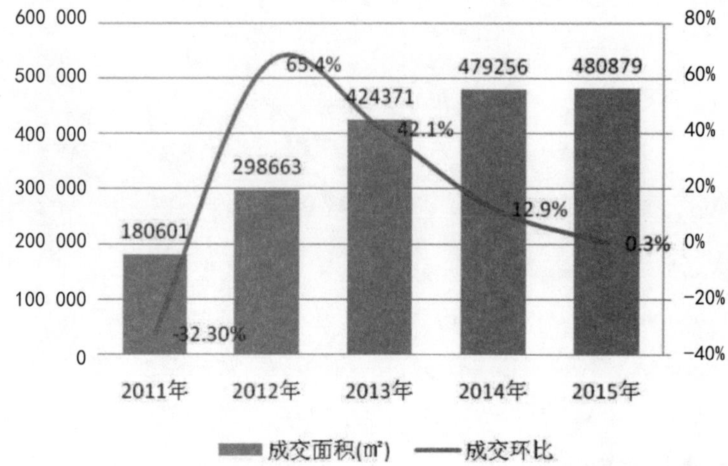

数据来源：CREIS。

图 15-12　2011 ～ 2015 年苏州市商业房产销售面积变化

2015 年写字楼市场供应非常少，仅 1.5 万平方米，同比下滑 90.2%，而成交却达 19.38 万平方米，同比上涨 76.2%，成交量为 5 年来最高水平，成交价格为 1.26 万元 / 平方米，较上年下降 12.2%（见图 15-13）。

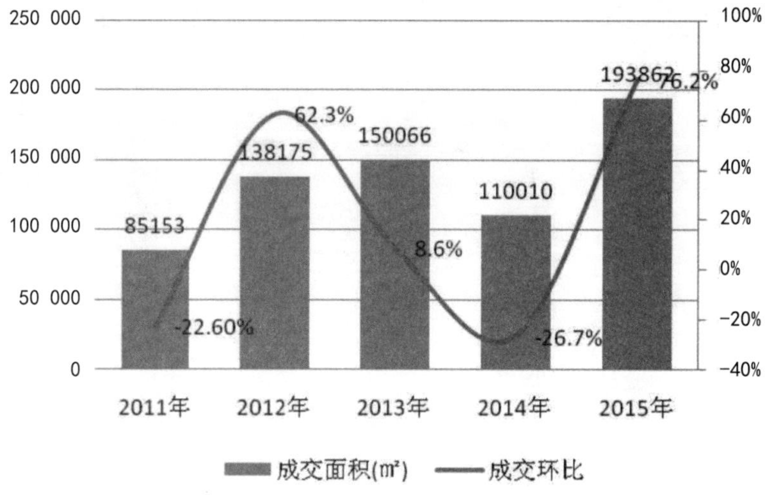

数据来源：CREIS。

图 15-13　2011 ～ 2015 年苏州市写字楼销售面积变化

三、土地市场情况

2015 年苏州土地供应面积 1 859.30 万平方米，同比下跌 16.22%，其中住宅用地供应 888.48 万平方米，占比 47.79%；商业 / 办公用地供应 202.94 万平方米，占比 10.91%，工业用地供应 767.88 万平方米，占比达 41.30%（见图 15-14）。

数据来源：CREIS。

图 15-14 2010 ～ 2015 年苏州市土地供应量走势图

2015 年苏州土地成交 1 815.78 万平方米，同比下跌 9.52%，为 6 年来最低，成交金额 633.33 亿元，为 6 年来最高。其中住宅成交面积 874.27 万平方米。商业、办公用地成交 187.40 万平方米，工业及其他用地成交 754.12 万平方米。（见图 15-15）

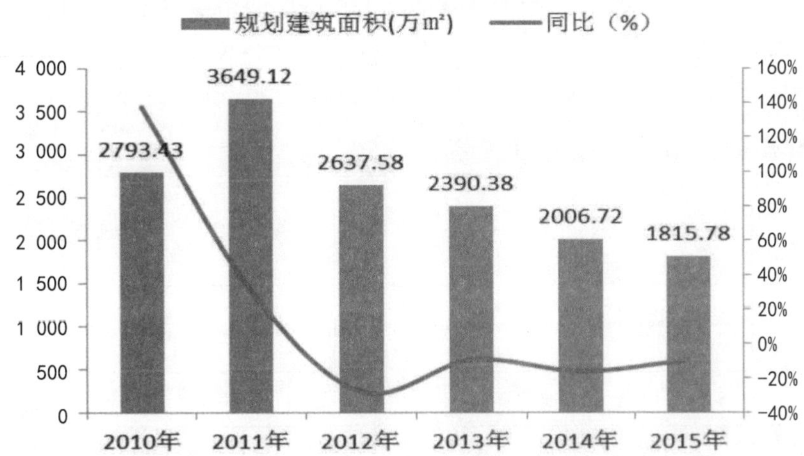

数据来源：CREIS。

图 15-15 2010 ～ 2015 年苏州市土地成交量走势图

从土地成交情况来看，2015 年苏州住宅用地溢价率为 54.51%，较上年大幅上扬，主要是受苏州土地供应量减少，土地拍卖竞争激烈，个别地块溢价率达 138.52%。全年楼板成交均价 6 525.02 元 / 平方米，同比上涨 63.92%，为 6 年来最高。

第四节 杭州房地产市场

2015 年是杭州楼市结束了长达一年半时间的价格下跌趋势，在利好政策的促进下，杭州楼市迅速复苏，全市实现地区生产总值10 053.58亿元，成为第10个GDP总量跨越万亿元的城市。商品住宅表现出高歌猛进的势态。据统计，2015年杭州市商品房销售超过2 000亿元，成为全国排名前列的重量级市场。并且，2015年的成交数据全面刷新了杭州楼市的历史纪录，创下6年来历史新纪录。

一、房地产投资情况

2015年，杭州市完成房地产开发投资2 472.07亿元，增长7.4%，增幅比上年回落16.8个百分点。其中，商品住宅投资1 441.68亿元，增长7.8%；非住宅类投资1 030.39亿元，增长6.9%，增幅较上年分别回落6.5个和34.1个百分点。

商品房施工面积增速减缓。全市商品施工面积11 142.68万平方米，增长6.1%，增幅较上年回落6.5个百分点。房屋新开工面积2 029.33万平方米，下降15.8%。其中住宅新开工面积998.79万平方米，下降18.5%；非住宅类新开工面积1 030.54万平方米，下降13.1%。

企业资金供应依然趋紧。全市房地产开发企业本年到位资金合计4 947.33亿元，下降1.4%。其中上年末结余资金1 773.37亿元，下降6.9%；本年新到位资金3 173.96亿元，增长2.0%，增幅较上年回落5.2个百分点。本年新到位资金中，国内贷款下降22.6%；利用外资下降98.7%，自筹资金下降12.8%；因商品房销售回暖，其他资金来源增幅由上年-15.8%回升至29.8%，其中定金及预收款和个人按揭贷款增幅分别为15.4%和55.8%（见表15-9）。

表15-9　2015年杭州分地区房地产开发投资

指标	全市	市区				桐庐县	淳安县	建德市	临安市
		合计	萧山区	余杭区	富阳区				
房地产开发投资额（万元）	24 720 743	22 981 761	3 301 073	4 664 501	970 170	332 765	442 009	241 162	723 046
住宅（万元）	14 416 811	13 185 809	2 186 971	2 973 660	657 101	234 212	271 012	161 057	564 721
办公楼（万元）	2 880 799	2 847 162	361 048	403 942	13 623	12 346	3 775	7 016	10 500
商业营业用房（万元）	3 244 278	3 016 271	239 138	484 037	120 585	66 731	80 784	17 901	62 591
其他（万元）	4 178 855	3 932 519	513 916	802 862	178 861	19 476	86 438	55 188	85 234
房屋建筑面积									
施工面积（万平方米）	11 142.68	9 720.37	1 656.81	3 065.62	415.72	379.32	322.55	240.90	479.54
#住宅（万平方米）	5 925.55	4 920.91	829.04	1913.86	263.10	265.67	210.55	173.95	354.47
新开工面积（万平方米）	2 029.33	1 747.27	321.13	673.78	68.70	47.06	94.23	53.15	87.62

#住宅（万平方米）	998.79	807.54	154.46	323.15	40.11	33.31	51.05	38.10	68.80
竣工面积（万平方米）	1 665.23	1 367.80	118.44	403.72	76.90	64.54	54.21	41.00	137.68
#住宅（万平方米）	1 070.27	856.21	73.76	295.09	37.35	44.20	40.20	30.97	98.69

二、房地产交易情况

2015 年商品房销售明显攀升。全市新建商品房销售面积 1 481.45 万平方米，增幅由上年 -1.6% 转为 32.1%，上升 33.7 个百分点。其中商品住宅销售 1 291.64 万平方米，增幅由上年 -1.9% 转为 35.9%，上升 37.8 个百分点。杭州市区（含萧山区、余杭区，暂不含富阳区，下同）新建商品房成交 125 180 套，刷新历史最高纪录。其中，主城区成交 54 834 套，余杭区成交 45 424 套，萧山区成交 24 922 套，二手住房成交 63 477 套，增长 81.5%；成交面积 638.3 万平方米，增长 85.2%。

全市商品房销售金额 2 136.8 亿元，创历史新高，住宅全市销售 1 905.1 亿元，现房销售 381.3 亿元。其中主城区销售金额 2 017.1 亿元，住宅销售 1797.2 亿元，现房销售 381.3 亿元，期房销售 1 672.0 亿元（见图 15-16，表 15-10）。

图 15-16　2008 ～ 2015 年杭州新建商品房成交面积对比图

表 15-10　2015 年杭州市商品房销售情况

指标	全市	市区				桐庐县	淳安县	建德市	临安市
		合计	萧山区	余杭区	富阳区				
销售金额（万元）	21 367 755	20 171 205	3 160 029	4 180 808	705 013	296 989	212 378	263 696	42 3487
#住宅（万元）	19 051 380	17 972 025	2 882 298	3 859 771	656 996	273 775	199 792	208 162	397 626
现房销售额（万元）	3 813 347	3 451 016	516 825	537 052	122 119	79 078	87 364	30 294	165 595

#住宅（万元）	3 180 720	2 860 317	458 181	487 040	112 146	66 033	81 125	25 333	147 912
期房销售金额（万元）	17 554 408	16 720 189	2 643 204	3 643 756	582 894	217 911	12 5014	233 402	257 892
#住宅（万元）	15 870 660	15 111 708	2 424 117	3 372 731	544 850	207 742	118 667	182 829	249 714
销售面积（万平方米）	1 481.45	1 319.66	236.88	426.34	59.28	43.88	29.32	31.90	56.69
#住宅（万平方米）	1 291.64	1 142.02	211.12	388.01	55.79	39.93	27.64	29.08	52.97
现房销售面积（万平方米）	309.53	252.61	41.77	61.15	8.94	13.60	13.29	6.49	23.53
#住宅（万平方米）	255.01	205.10	34.89	54.01	8.14	10.70	12.38	5.86	20.97
期房销售面积（万平方米）	1171.92	1 067.05	195.11	365.20	50.34	30.28	16.03	25.40	33.16
#住宅（万平方米）	1 036.63	936.93	176.23	333.99	47.64	29.23	15.25	23.22	32.00

三、房地产价格情况

2015 年，杭州市区新建商品房成交均价为 16　172 元 / 平方米。其中，主城区成交均价为 21　849 元 / 平方米，余杭区成交均价为 10　517 元 / 平方米，萧山区成交均价为 13　181 元 / 平方米。2015 年杭州市区新建商品房成交均价较 2014 年 15　676 元 / 平方米，同比上涨 3.2%。其中主城区成交均价较 2014 年 21　378 元 / 平方米，同比上涨 2.2%。

2015 年杭州市区新建商品住宅成交均价为 16　245 元 / 平方米。其中，主城区成交均价为 22　476 元 / 平方米，余杭区成交均价为 10　464 元 / 平方米，萧山区成交均价为 13　487 元 / 平方米。2015 年杭州市区新建商品住宅成交均价较 2014 年 15　429 元 / 平方米同比上涨 5.3%。其中主城区成交均价较 2014 年 21　578 元 / 平方米同比上涨 4.2%（见图 15-17）。

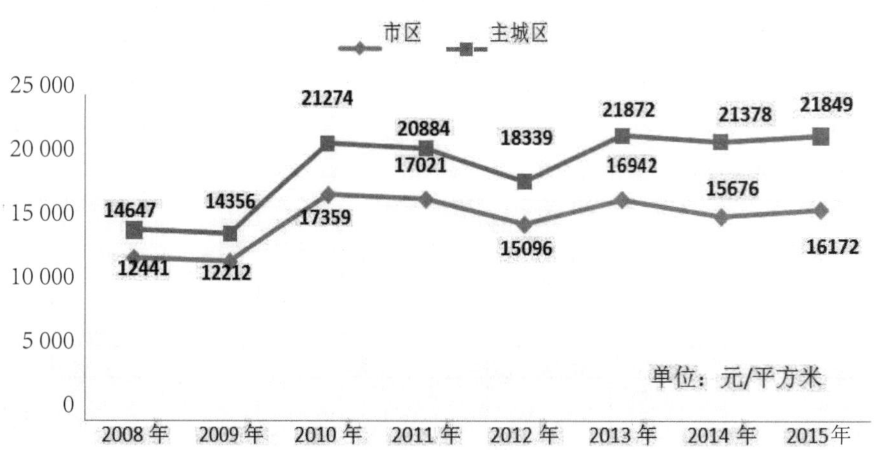

图 15-17　2008 ～ 2015 年杭州新建商品房成交均价对比图

四、土地市场情况

2015年杭州土地市场以9月为分界线，前8个月延续2014年3月以来的低迷态势，成交量少。而自9月后，市场强劲复苏，成交额连续两月破百亿。后4个月成交额远超前8个月。新预售政策加速催化9月推地潮，且主城区取消配保规则，恢复价高者得。这也是市场复苏的重要原因之一。开发商激进拿地，即便地块本身有“硬伤”、周边条件缺憾，也未挡住房企抢地的热情，导致地价频频走高，多个板块刷新楼面价纪录。

从成交量来看，杭州市区2015年全年成功出让土地114宗（主城区41宗，萧山区29宗，余杭区44宗），总面积378.5万平方米（约5 677.2亩），总可建面积850.9万平方米，总成交金额630.5亿元，同比2014年全年成交金额下跌25.4%，呈大幅萎缩态势，历史上仅高于2011年和2012年。从成交金额的区域分布看，杭州主城区370.8亿元占比58.8%，以绝对性优势压倒余杭区和萧山区。余杭区和萧山区的出让金额分别为109.2亿元和150.5亿元（见图15-18）。

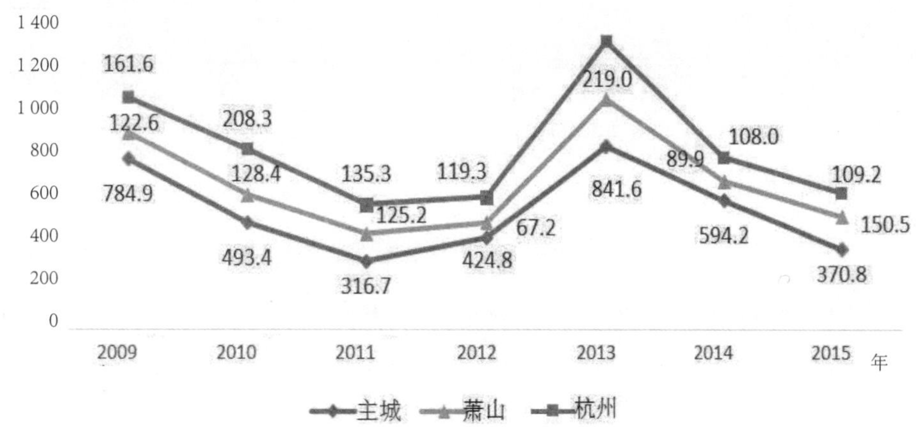

图15-18　2009～2015年杭州土地成交情况走势图（亿元）

第六篇

附录

ALMANAC OF SHANGHAI REAL ESTATE

第十六章　房地产政策法规汇编

第一节　综合

关于推进开发性金融支持海绵城市建设的通知

建城〔2015〕208号

各省、自治区住房城乡建设厅，直辖市建委（市政管委、水务局）、规委（规划局），新疆生产建设兵团建设局，国家开发银行各分行：

为贯彻落实《国务院办公厅关于推进海绵城市建设的指导意见》（国办发〔2015〕75号），充分发挥开发性金融对海绵城市建设的支持作用，现就有关事项通知如下：

一、充分认识开发性金融支持海绵城市建设的重要意义

（一）建设海绵城市是国务院近期启动的一项重大民生工程，是推进生态文明建设和新型城镇化发展的重要举措，是今后一个时期我国城市建设的重点工作。推进海绵城市建设，有利于转变城市发展理念和建设方式，修复城市水生态，改善城市水环境，涵养城市水资源，保障城市水安全，复兴城市水文化；有利于增加公共产品有效投资，拉动社会资本投入，打造经济发展新动力。按照国办发〔2015〕75号文件要求，到2020年，城市建成区20%以上的面积达到海绵城市建设目标要求；到2030年，城市建成区80%以上的面积达到目标要求。海绵城市建设任务艰巨，资金需求量大，迫切需要综合运用财政和金融政策，引导银行业金融机构加大对海绵城市建设的支持。

（二）国家开发银行作为开发性金融机构，要充分发挥在重点领域、薄弱环节、关键时期对重大建设项目的金融支持作用，把海绵城市建设作为信贷支持的重点领域，更好地服务国家经济社会发展战略。各级住房城乡建设部门要把国家开发银行作为重点合作银行，加强合作，增强海绵城市建设项目资金保障，用好用足信贷资金，为海绵城市建设助力。

二、建立健全海绵城市建设项目储备制度

（三）确定建设项目。各城市要按照海绵城市建设的要求，结合城市总体规划、控制性详细规划和道路、绿地、水等相关专项规划修编，以城市黑臭水体整治、城市排水防涝、雨水资源化利用为突破口，以海绵型建筑与小区、海绵型道路与广场、海绵型公园与绿地、水体治理与修复、排水与调蓄设施等为建设重点，合理确定海绵城市建设项目。大力推广政府和社会资本合作（PPP）模式，鼓励具备综合业务能力的企业采取总承包方式，将海绵城市建设项目整体打包运作。

（四）建立项目储备库。各城市要尽快建立海绵城市建设项目储备库，并明确项目滚动规划和年度建设计划。2016年3月底前，各城市要完成项目滚动规划和2016年度建设计划编制工作，并将年度建设计划确定的项目信息报住房城乡建设部。此后，要在每年10月底前报送下一年度建设计划确定的项目信息。项目滚动规划要明确未来一段时期内海绵城市建

设的区域面积、建设规模、建设时序、投资总额等。年度建设计划要确定当年的建设项目、建设期限、建设内容、投资计划、建设主体、融资方式等。纳入项目储备库的项目应体现整体打包运作的原则，并符合城市规划要求。

（五）推荐备选项目。各省级住房城乡建设部门要加强对本地区各城市项目储备制度建设工作的指导，组织好项目信息上报工作，督促尽快完成项目可研等前期准备工作，确定项目投资建设主体、投融资和建设运营模式，做好与国家开发银行各分行的项目对接和推荐工作。住房城乡建设部海绵城市建设技术指导专家委员会将对各地上报的项目进行评估，并把评估结果好且采用PPP模式整体打包运作的海绵城市建设项目作为优先推荐项目。

三、加大对海绵城市建设项目的信贷支持力度

（六）做好融资规划。国家开发银行各分行要根据海绵城市建设项目滚动规划，积极协助当地住房城乡建设等部门做好项目融资安排，针对具体项目的属性和融资需求，统筹安排融资方式和融资总量，编制相应的系统性融资规划，从源头上促进资金和其他资源的合理配置。

（七）创新融资模式。加大对具备综合业务能力、以总承包方式整体打包运作海绵城市建设项目企业的信贷支持，打造大型专业化建设运营主体；在风险可控、商业可持续的前提下，积极开展以购买服务协议预期收益等为担保的贷款业务；对符合条件的海绵城市建设项目实施主体提供专项建设基金，用于补充项目资本金不足部分。

（八）加强信贷支持。国家开发银行各分行要会同各地住房城乡建设部门，合理确定拟纳入海绵城市建设项目储备库项目的投资建设主体、融资方案等，共同做好入库项目的前期准备工作。优先支持与棚户区改造、危房改造、老旧小区有机更新相结合的海绵城市建设项目。对纳入海绵城市建设项目储备库并采用PPP模式整体打包运作的项目，在符合贷款条件的情况下给予贷款规模倾斜，优先提供中长期信贷支持。

（九）开展综合营销。积极发挥投资、贷款、债券、租赁、证券的协同支持作用，为海绵城市建设提供综合金融服务，努力拓宽海绵城市建设的融资渠道。同时，积极协助海绵城市项目实施主体发行可续期项目收益债券和项目收益票据，并为项目实施提供财务顾问服务。

四、建立高效顺畅的工作协调机制

（十）加强部行合作。住房城乡建设部和国家开发银行建立部行工作会商制度，积极开展合作。发挥各自优势，共同开展海绵城市建设相关研究，共同培育孵化大型专业化的建设运营主体，打造海绵城市建设示范城市。

（十一）建立协调机制。各省级住房城乡建设部门、国家开发银行各分行要建立协调工作机制，加强沟通、密切合作，及时共享海绵城市建设项目信息及调度情况，协调解决项目融资、建设中存在的问题和困难；及时将各地海绵城市建设项目进展情况、存在问题及有关建议分别报住房城乡建设部和国家开发银行总行。

中华人民共和国住房和城乡建设部

国家开发银行股份有限公司

2015年12月10日

关于运用政府和社会资本合作模式推进公共租赁住房投资建设和运营管理的通知

各省、自治区、直辖市、计划单列市财政厅（局）、国土资源厅（局）、住房城乡建设厅（委、局），中国人民银行上海总部、各分行、营业管理部、省会（首府）城市中心支行、副省级城市中心支行，各省、自治区、直辖市、计划单列市国家税务局、地方税务局、银监局，新疆生产建设兵团财务局、国土资源局、建设局：

为贯彻落实党的十八届三中全会精神，提高公共租赁住房供给效率，按照《财政部关于推广运用政府和社会资本合作模式有关问题的通知》（财金〔2014〕76号）和《财政部关于印发政府和社会资本合作模式操作指南（试行）的通知》（财金〔2014〕113号）有关要求，现就运用政府和社会资本合作模式（Public-Private Partnership）推进公共租赁住房投资建设和运营管理的有关事宜通知如下：

一、充分认识运用政府和社会资本合作模式推进公共租赁住房投资建设和运营管理的重要意义

政府和社会资本合作模式是政府与社会资本在公共服务领域建立的一种长期合作关系，通过这种合作和管理过程，可以更有效率地为社会提供公共服务。运用这种模式推进公共租赁住房投资建设和运营管理，有利于转变政府职能，提升保障性住房资源配置效率；有利于消化库存商品住房，促进房地产市场平稳健康发展；有利于提升政府治理能力，改善住房保障服务。运用政府和社会资本合作模式推进公共租赁住房投资建设和运营管理，作为一项政策创新和制度创新，对于稳增长、调结构、惠民生具有十分重要意义，各地要充分认识这项工作的重要性，积极有序地开展试点工作。

二、运用政府和社会资本合作模式推进公共租赁住房投资建设和运营管理的基本目标和原则

（一）基本目标。通过运用政府和社会资本合作模式，发挥政府与社会资本各自优势，把政府的政策意图、住房保障目标和社会资本的运营效率结合起来，逐步建立“企业建房、居民租房、政府补贴、社会管理”的新型公共租赁住房投资建设和运营管理模式，有效提高公共租赁住房服务质量和管理效率。

（二）基本原则。

1. 政府组织，社会参与。政府根据本地区公共租赁住房需求状况，制定公共租赁住房发展规划和年度计划，组织合适的公共租赁住房项目开展政府和社会资本合作试点，选择社会资本参与投资建设和运营管理公共租赁住房。

2. 权责清晰，各司其职。在公共租赁住房项目合同中，明确政府与社会资本的各自责任，按照合同约定承担相应的权利、义务、责任和风险。

3. 激励相容，提高效率。通过综合运用多种政策手段，建立动态调整的租金价格机制，确保社会资本具有稳定合理的投资回报；建立严格的绩效评价机制，对项目运作、住房保障服务质量和资金使用效率等进行综合考核评价，确保公共租赁住房项目建设运营达到预期效果。

三、公共租赁住房项目政府和社会资本合作模式和条件

（一）公共租赁住房政府和社会资本合作项目的基本模式。运用政府和社会资本合作模式推进公共租赁住房投资建设和运营管理，主要是政府选择社会资本组建公共租赁住房项目公司，项目公司与政府签订合同，负责承担设计、投资建设、运营、维护管理任务，在合同期内通过“承租人支付租金”及必要的“政府政策支持”获得合理投资回报，依法承担相应的风险；政府负责提供政策支持，定期调整公共租赁住房租金价格，加强公共租赁住房工程建设及运营维护质量监管。合同期满后，项目公司终结，并按合同约定作善后处理。政府对项目公司承担有限责任，不提供担保或承诺。

（二）公共租赁住房政府和社会资本合作项目的基本条件。适合运用政府和社会资本合作模式的公共租赁住房项目应当同时具备以下条件：1. 已纳入住房保障规划和年度计划。2. 项目规划所在区域交通便利，学校、医院等公共基础设施配套齐全。3. 户型建筑面积符合公共租赁住房条件。户型建筑面积以40平方米左右的小户型为主，单套建筑面积控制在60平方米以内。4. 承租公共租赁住房的保障对象数量稳定。5. 保障对象按市场租金水平向项目公司缴纳住房租金。6. 政府按保障对象支付能力给予分档补贴及其他政策支持。7. 公共租赁住房运营期限不少于15年。

四、公共租赁住房政府和社会资本合作项目的适用范围

适用政府和社会资本合作模式的公共租赁住房项目主要包括：（一）政府自建自管项目；（二）政府收购的符合公共租赁住房条件的存量商品住房项目；（三）符合公共租赁住房条件且手续完备、债务清晰的停工未完工程项目；（四）以企业为主建设管理的公共租赁住房项目。

对于存量和在建的项目，特别是债务规模比较大的政府融资平台公司持有的公共租赁住房，应当在科学评估的基础上，采取招投标、拍卖、挂牌等法律法规规定的方式将公共租赁住房资产整体转让给项目公司，实行规范的政府和社会资本合作模式运作，转让收入优先用于偿还对应的存量政府债务；对于拟新建和收购的项目，从规划、设计、投资建设、运营、管理全过程均可按政府和社会资本合作模式运作。

五、规范运用政府和社会资本合作模式推进公共租赁住房投资建设和运营管理

（一）建立公共租赁住房政府和社会资本合作项目库。各地应认真梳理、科学甄别适合政府和社会资本合作模式的公共租赁住房项目，建立项目储备库。政府和社会资本合作的公共租赁住房项目由市县财政部门会同同级住房保障部门从存量和新增项目中筛选。

（二）做好项目前期论证和准备工作。市县财政部门会同同级住房保障部门引入第三方中介机构和专家，对拟实施政府和社会资本合作的公共租赁住房项目进行必要性、可行性、经济性、合规性评估和物有所值评价，论证项目是否满足政府和社会资本合作项目的必要条件。在此基础上，财政部门应组织开展政府和社会资本合作项目财政承受能力论证工作，通过识别、测算项目的各项财政支出责任，科学评估项目实施对当前及今后年度财政支出的影响，为项目财政预算管理提供依据，以保障政府切实履行合同义务，有效防范和控制财政风险，促进项目可持续发展。

（三）选择合作伙伴。按照《中华人民共和国政府采购法》《财政部关于印发〈政府和

社会资本合作项目政府采购管理办法＞的通知》（财库〔2014〕215号）等有关法律法规规定，综合考虑企业资质、经营业绩、技术和管理能力、资金实力、服务质量、信誉等因素，择优选择公共租赁住房项目合作伙伴。

（四）筹组项目公司。按照“政府引导、企业主导、市场运作、利益分享、风险分担”的原则，由合作企业组建项目公司，具体负责公共租赁住房项目的设计、投资、建设、运营、维护和管理。

（五）签订合作合同。合同的主要内容应当包括：公共租赁住房项目名称、建设规模、投资规模、资金筹集、合作期限、户型结构、运营期限、维修维护责任；住房保障服务的数量、质量和标准；公共租赁住房租金价格及调整机制；合同期满后项目移交的内容、方式、程序及验收标准，涉及资产处置的，应当事先约定政府与社会资本收益分享比例；建设和运营管理的风险分担机制；项目终止的条件、流程和终止补偿；违约责任；争议解决方式等内容。

（六）建立监管和绩效评价机制。政府对公共租赁住房政府和社会资本合作项目运作、服务质量和资金使用效率等进行全过程监管和综合考核评价，认真把握和确定服务价格和项目收益指标，加强成本监审、考核评估、价格调整审核，引入第三方进行社会评价，评价结果向社会公示，并作为项目价格、政府补贴、合作期限等调整的依据。

六、构建政府支持政府和社会资本合作模式公共租赁住房的政策体系

（一）财政政策。市县财政部门统筹运用各级政府安排用于公共租赁住房的资金，通过贷款贴息方式支持公共租赁住房政府和社会资本合作项目购建和运营管理，具体贴息办法按照财政部印发的《城镇保障性安居工程贷款贴息办法》（财综〔2014〕76号）规定执行。同时，根据公共租赁住房保障对象的支付能力给予分档补贴，重点对城镇低收入住房困难家庭发放租赁补贴，配合同级住房保障部门督促保障对象按照合同约定的市场租金水平向项目公司缴纳住房租金。对于试行公共租赁住房政府和社会资本合作项目试点的地区，中央财政不改变城镇保障性安居工程资金分配方式。

（二）税费政策。对公共租赁住房建设按照国家现行有关规定免收各项行政事业性收费和政府性基金；落实现行有关公共租赁住房购建和运营管理税收优惠政策。

（三）土地政策。一是新建公共租赁住房建设用地可以租赁方式取得，租金收入作为土地出让收入纳入政府性基金预算管理。二是对于新建公共租赁住房项目，以及使用划拨建设用地的存量公共租赁住房项目，经市县人民政府批准，政府可以土地作价入股方式注入项目公司，支持公共租赁住房政府和社会资本合作项目，不参与公共租赁住房经营期间收益分享，但拥有对资产的处置收益权。三是在新建公共租赁住房政府和社会资本合作项目中，可以规划建设一定比例建筑面积的配套商业服务设施用于出租和经营，以实现资金平衡并有合理盈利，但不得用于销售和转让。

（四）收购政策。对于收购符合公共租赁住房条件的存量商品住房项目，按照政府搭桥、公司主导、双方自愿、保本不亏的原则确定收购价格；也可以按当地公共租赁住房建设成本及合理收益率确定收购价格。

（五）融资政策。一是银行业金融机构要在房地产开发贷款大项下建立公共租赁住房开发贷款的明细核算，对公共租赁住房贷款单独核算、单独管理、单独考核，根据自身实际，

在依法合规、风险可控的前提下，加大对政府和社会资本合作模式公共租赁住房试点项目的信贷支持力度。二是鼓励社保基金、保险资金等公共基金通过债权、股权等多种方式支持项目公司融资。三是支持项目公司发行企业债券，适当降低中长期企业债券的发行门槛。四是支持以未来收益覆盖融资本息的公共租赁住房资产发行房地产投资信托基金（REITs），探索建立以市场机制为基础、可持续的公共租赁住房投融资模式。

七、扎实做好政府和社会资本合作模式公共租赁住房项目实施工作

（一）落实工作责任。财政部会同住房城乡建设部、国家税务总局等相关部门完善落实财税支持政策；国土资源部会同财政部完善落实土地供应支持政策；人民银行、银监会指导督促金融机构做好金融服务工作。地方各级财政、住房保障、国土、人民银行、银监会等部门，按照职责分工落实工作责任。同时，地方各级财政部门要会同住房保障部门结合本地区实际情况，制定政府和社会资本合作模式公共租赁。

（二）建立工作机制。各级财政、住房保障、国土、人民银行、银监会等部门，要建立政府和社会资本合作模式公共租赁住房部门联席会议，专门研究解决运用政府和社会资本合作模式推进公共租赁住房投资建设和运营管理过程中出现的问题，联席会议各部门要加强协作，密切配合，确保各项政策措施落到实处，规范开展政府和社会资本合作模式公共租赁住房项目试点。

（三）开展项目试点。2015 年，各地区应当抓紧组织开展政府和社会资本合作模式公共租赁住房项目试点工作，政府和社会资本合作模式公共租赁住房试点项目由市县财政部门会同同级住房保障部门筛选，报省级财政部门会同住房保障部门共同审核确认后实施。对于市县筛选的公共租赁住房项目，每省可选择一定数量的项目开展试点。对于拟实施的试点项目，省级财政部门应当会同住房保障部门将项目区位、投资规模、建筑面积和套数、合作方式、合作期限、资金来源等情况报财政部、住房城乡建设部备案。

中华人民共和国财政部
中华人民共和国国土资源部
中华人民共和国住房和城乡建设部
中国人民银行
国家税务总局
中国银行业监督管理委员会
2015 年 4 月 21 日

关于优化 2015 年住房及用地供应结构促进房地产市场平稳健康发展的通知

国土资发〔2015〕37 号

各省、自治区、直辖市国土资源主管部门、住房城乡建设厅（建委、房地局、规划局）：

为切实贯彻国务院关于房地产市场分类调控、因地施策的总要求，进一步加强住房及用地供应分类管理，合理优化住房及用地供应规模、结构，支持居民自住和改善性住房需求，

促进房地产市场平稳健康发展，现就有关问题通知如下：

一、合理安排住房及其用地供应规模

（一）科学编制住房建设规划及年度实施计划。省级住房城乡建设主管部门要根据城镇住房发展规划，指导和监督市、县住房城乡建设主管部门依据住房现状调查、需求预测以及在建、在售住房规模等，立足当地经济社会发展和资源、环境、人口等约束条件，加快编制本地区的住房建设规划及年度实施计划，对住房的建设总量、供应结构、空间布局和开发进度等作出统筹安排，因地制宜确定保障性住房和商品住房的供应比例。各类棚户区改造应纳入住房建设规划及年度实施计划，加强实物分类管理。住房供过于求的，要适当控制 2015 年住房开发建设规模、进度。

（二）加强住房用地年度供应计划编制。省级国土资源主管部门要加强对市、县住房用地年度供应计划编制工作的指导，按照稳定市场的原则，要求和督促各市、县根据住房建设规划及年度实施计划，结合商品住房累积可售面积总量、未开工住宅用地总量等指标，合理确定住宅用地年度供应规模。市、县国土资源主管部门在编制 2015 年住房用地年度供应计划时，应按市场供求情况，合理确定商品住房用地供应规模，并对保障性安居工程和棚户区改造年度任务所需用地应保尽保。住房供应明显偏多的市、县，或在建住宅用地规模过大的市、县，应明显减少住宅用地供应量直至暂停计划供应；住房供求矛盾比较突出的热点城市，应根据市场实际情况有效增加住宅用地供应规模。

（三）强化住宅用地供应管理。各地国土资源主管部门要根据市场实际情况，控制好住宅用地供应的规模、布局和节奏，将住房用地年度供应计划落实到具体地块，明确上市时间，定期分批推出，稳定、均衡供应住宅用地。要进一步采取措施，灵活确定地块面积、组合不同用途和面积地块搭配供应。综合运用多种供地方式，完善招拍挂手段，减少流标流拍，避免异常高价地，稳定市场预期。

二、优化住房及用地供应结构

（四）优化住房供应套型结构。各地要立足市场实际需求，科学把握住房供应套型结构。对于在建商品住房项目，各地国土资源、城乡规划主管部门在不改变用地性质和容积率等必要规划条件的前提下，允许房地产开发企业适当调整套型结构，对不适应市场需求的住房户型做出调整，满足合理的自住和改善性住房需求。

（五）促进房地产用地结构调整。房地产供应明显偏多或在建房地产用地规模过大的市、县，国土资源主管部门、住房城乡建设、城乡规划主管部门可以根据市场状况，研究制订未开发房地产用地的用途转换方案，通过调整土地用途、规划条件，引导未开发房地产用地转型利用，用于国家支持的新兴产业、养老产业、文化产业、体育产业等项目用途的开发建设，促进其他产业投资。对按照新用途或者新规划条件开发建设的项目，应重新办理相关用地手续，重新核定相应的土地价款。

三、统筹保障性安居工程建设

（六）多渠道筹措房源。省级住房城乡建设主管部门要及时总结地方经验，进一步加大住房保障货币化工作力度，将符合条件的商品住房作为棚改安置房和公共租赁住房房源。整体购买在建房地产项目用于棚改安置房和公共租赁住房，或将尚未开工建设的房地产用地转为棚改安置房和公共租赁住房用地的，允许其适当调整规划建设条件，优化户型结构。

（七）完善配套土地政策和用地手续。将尚未开工房地产项目用地转变用途、调整规划建设条件用于棚改安置房和公共租赁住房建设的，市、县国土资源主管部门应重新核定相应的土地价款，更改土地出让合同。对购买在建、已建成商品住房用于棚改安置房和公共租赁住房的，要签订土地出让补充合同，明确土地分摊、地价款核算等事项。改变尚未开工房地产项目的宗地用途，或整体购买在建、已建成商品住房项目用于公共租赁住房，符合划拨用地条件的，应重新办理划拨用地手续，核发划拨用地决定书。

四、加大市场秩序和供应实施监督力度

（八）加强联动监管。各地住房城乡建设、国土资源主管部门要依法依规，强化房地产开发全过程的联动监管，进一步规范市场秩序。对在房地产开发和交易环节中有严重违法违规行为的房地产开发企业，以及违反有关资质管理规定的房地产开发企业，国土资源主管部门可以根据住房城乡建设主管部门提供的处罚信息，限制或禁止其参与新出让房地产用地的竞买。国土资源主管部门要及时将在土地市场中有违法违规行为的房地产开发企业信息告知住房城乡建设主管部门，住房城乡建设主管部门要依据房地产开发企业资质管理规定，予以相应处罚；情节严重的，依法注销其资质证书。

（九）加强监督检查。省级住房城乡建设、国土资源主管部门要按照省级人民政府负总责，市县人民政府抓落实以及落实地方政府主体责任的有关要求，认真履职，进一步加大对市、县主管部门工作的指导、监督和检查力度，既要防止不作为，又要防止乱作为。住房建设规划、年度实施计划和住房用地供应年度计划要经过专家咨询、科学论证后形成，报同级人民政府审批后实施，同时分别报省级住房城乡建设部门和国土资源主管部门备案，并向社会公开。市、县住房建设规划、年度实施计划和住房用地供应年度计划的完成情况，调整房地产项目的土地用途、改变套型结构等规划建设条件的情况，以及住房开发建设和销售情况，要主动向社会公开，接受社会监督。对措施不落实、工作不到位的，省级住房城乡建设、国土资源主管部门要责成整改，并依法追究有关单位和个人的责任。

国土资源部
住房和城乡建设部
2015 年 3 月 25 日

第二节　房地产管理政策

不动产登记暂行条例实施细则

第一章　总 则

第一条　为规范不动产登记行为，细化不动产统一登记制度，方便人民群众办理不动产登记，保护权利人合法权益，根据《不动产登记暂行条例》（以下简称《条例》），制定本实施细则。

第二条　不动产登记应当依照当事人的申请进行，但法律、行政法规以及本实施细则另有规定的除外。

房屋等建筑物、构筑物和森林、林木等定着物应当与其所依附的土地、海域一并登记，保持权利主体一致。

第三条　不动产登记机构依照《条例》第七条第二款的规定，协商办理或者接受指定办理跨县级行政区域不动产登记的，应当在登记完毕后将不动产登记簿记载的不动产权利人以及不动产坐落、界址、面积、用途、权利类型等登记结果告知不动产所跨区域的其他不动产登记机构。

第四条　国务院确定的重点国有林区的森林、林木和林地，由国土资源部受理并会同有关部门办理，依法向权利人核发不动产权属证书。

国务院批准的项目用海、用岛的登记，由国土资源部受理，依法向权利人核发不动产权属证书。

中央国家机关使用的国有土地等不动产登记，依照国土资源部《在京中央国家机关用地土地登记办法》等规定办理。

第二章　不动产登记簿

第五条　《条例》第八条规定的不动产单元，是指权属界线封闭且具有独立使用价值的空间。

没有房屋等建筑物、构筑物以及森林、林木定着物的，以土地、海域权属界线封闭的空间为不动产单元。

有房屋等建筑物、构筑物以及森林、林木定着物的，以该房屋等建筑物、构筑物以及森林、林木定着物与土地、海域权属界线封闭的空间为不动产单元。

前款所称房屋，包括独立成幢、权属界线封闭的空间，以及区分套、层、间等可以独立使用、权属界线封闭的空间。

第六条　不动产登记簿以宗地或者宗海为单位编成，一宗地或者一宗海范围内的全部不动产单元编入一个不动产登记簿。

第七条　不动产登记机构应当配备专门的不动产登记电子存储设施，采取信息网络安全防护措施，保证电子数据安全。

任何单位和个人不得擅自复制或者篡改不动产登记簿信息。

第八条　承担不动产登记审核、登簿的不动产登记工作人员应当熟悉相关法律法规，具备与其岗位相适应的不动产登记等方面的专业知识。

国土资源部会同有关部门组织开展对承担不动产登记审核、登簿的不动产登记工作人员的考核培训。

第三章　登记程序

第九条　申请不动产登记的，申请人应当填写登记申请书，并提交身份证明以及相关申请材料。

申请材料应当提供原件。因特殊情况不能提供原件的，可以提供复印件，复印件应当与原件保持一致。

第十条　处分共有不动产申请登记的，应当经占份额三分之二以上的按份共有人或者全体共同共有人共同申请，但共有人另有约定的除外。

按份共有人转让其享有的不动产份额，应当与受让人共同申请转移登记。

建筑区划内依法属于全体业主共有的不动产申请登记，依照本实施细则第三十六条的规定办理。

第十一条　无民事行为能力人、限制民事行为能力人申请不动产登记的，应当由其监护人代为申请。

监护人代为申请登记的，应当提供监护人与被监护人的身份证或者户口簿、有关监护关系等材料；因处分不动产而申请登记的，还应当提供为被监护人利益的书面保证。

父母之外的监护人处分未成年人不动产的，有关监护关系材料可以是人民法院指定监护的法律文书、经过公证的对被监护人享有监护权的材料或者其他材料。

第十二条　当事人可以委托他人代为申请不动产登记。

代理申请不动产登记的，代理人应当向不动产登记机构提供被代理人签字或者盖章的授权委托书。

自然人处分不动产，委托代理人申请登记的，应当与代理人共同到不动产登记机构现场签订授权委托书，但授权委托书经公证的除外。

境外申请人委托他人办理处分不动产登记的，其授权委托书应当按照国家有关规定办理认证或者公证。

第十三条　申请登记的事项记载于不动产登记簿前，全体申请人提出撤回登记申请的，登记机构应当将登记申请书以及相关材料退还申请人。

第十四条　因继承、受遗赠取得不动产，当事人申请登记的，应当提交死亡证明材料、遗嘱或者全部法定继承人关于不动产分配的协议以及与被继承人的亲属关系材料等，也可以提交经公证的材料或者生效的法律文书。

第十五条　不动产登记机构受理不动产登记申请后，还应当对下列内容进行查验：

（一）申请人、委托代理人身份证明材料以及授权委托书与申请主体是否一致；

（二）权属来源材料或者登记原因文件与申请登记的内容是否一致；

（三）不动产界址、空间界限、面积等权籍调查成果是否完备，权属是否清楚、界址是否清晰、面积是否准确；

（四）法律、行政法规规定的完税或者缴费凭证是否齐全。

第十六条　不动产登记机构进行实地查看，重点查看下列情况：

（一）房屋等建筑物、构筑物所有权首次登记，查看房屋坐落及其建造完成等情况；

（二）在建建筑物抵押权登记，查看抵押的在建建筑物坐落及其建造等情况；

（三）因不动产灭失导致的注销登记，查看不动产灭失等情况。

第十七条　有下列情形之一的，不动产登记机构应当在登记事项记载于登记簿前进行公告，但涉及国家秘密的除外：

（一）政府组织的集体土地所有权登记；

（二）宅基地使用权及房屋所有权，集体建设用地使用权及建筑物、构筑物所有权，土地承包经营权等不动产权利的首次登记；

（三）依职权更正登记；

（四）依职权注销登记；

（五）法律、行政法规规定的其他情形。

公告应当在不动产登记机构门户网站以及不动产所在地等指定场所进行，公告期不少于15个工作日。公告所需时间不计算在登记办理期限内。公告期满无异议或者异议不成立的，应当及时记载于不动产登记簿。

第十八条　不动产登记公告的主要内容包括：

（一）拟予登记的不动产权利人的姓名或者名称；

（二）拟予登记的不动产坐落、面积、用途、权利类型等；

（三）提出异议的期限、方式和受理机构；

（四）需要公告的其他事项。

第十九条　当事人可以持人民法院、仲裁委员会的生效法律文书或者人民政府的生效决定单方申请不动产登记。

有下列情形之一的，不动产登记机构直接办理不动产登记：

（一）人民法院持生效法律文书和协助执行通知书要求不动产登记机构办理登记的；

（二）人民检察院、公安机关依据法律规定持协助查封通知书要求办理查封登记的；

（三）人民政府依法做出征收或者收回不动产权利决定生效后，要求不动产登记机构办理注销登记的；

（四）法律、行政法规规定的其他情形。

不动产登记机构认为登记事项存在异议的，应当依法向有关机关提出审查建议。

第二十条　不动产登记机构应当根据不动产登记簿，填写并核发不动产权属证书或者不动产登记证明。

除办理抵押权登记、地役权登记和预告登记、异议登记，向申请人核发不动产登记证明外，不动产登记机构应当依法向权利人核发不动产权属证书。

不动产权属证书和不动产登记证明，应当加盖不动产登记机构登记专用章。

不动产权属证书和不动产登记证明样式，由国土资源部统一规定。

第二十一条　申请共有不动产登记的，不动产登记机构向全体共有人合并发放一本不动产权属证书；共有人申请分别持证的，可以为共有人分别发放不动产权属证书。

共有不动产权属证书应当注明共有情况，并列明全体共有人。

第二十二条　不动产权属证书或者不动产登记证明污损、破损的，当事人可以向不动产登记机构申请换发。符合换发条件的，不动产登记机构应当予以换发，并收回原不动产权属证书或者不动产登记证明。

不动产权属证书或者不动产登记证明遗失、灭失，不动产权利人申请补发的，由不动产登记机构在其门户网站上刊发不动产权利人的遗失、灭失声明15个工作日后，予以补发。

不动产登记机构补发不动产权属证书或者不动产登记证明的，应当将补发不动产权属证书或者不动产登记证明的事项记载于不动产登记簿，并在不动产权属证书或者不动产登记证明上注明“补发”字样。

第二十三条　因不动产权利灭失等情形，不动产登记机构需要收回不动产权属证书或者不动产登记证明的，应当在不动产登记簿上将收回不动产权属证书或者不动产登记证明的事项予以注明；确实无法收回的，应当在不动产登记机构门户网站或者当地公开发行的报刊上公告作废。

第四章　不动产权利登记

第一节　一般规定

第二十四条　不动产首次登记，是指不动产权利第一次登记。

未办理不动产首次登记的，不得办理不动产其他类型登记，但法律、行政法规另有规定的除外。

第二十五条　市、县人民政府可以根据情况对本行政区域内未登记的不动产，组织开展集体土地所有权、宅基地使用权、集体建设用地使用权、土地承包经营权的首次登记。

依照前款规定办理首次登记所需的权属来源、调查等登记材料，由人民政府有关部门组织获取。

第二十六条　有下列情形之一的，不动产权利人可以向不动产登记机构申请变更登记：

（一）权利人的姓名、名称、身份证明类型或者身份证明号码发生变更的；

（二）不动产的坐落、界址、用途、面积等状况发生变更的；

（三）不动产权利期限、来源等状况发生变化的；

（四）同一权利人分割或者合并不动产的；

（五）抵押担保的范围、主债权数额、债务履行期限、抵押权顺位发生变化的；

（六）最高额抵押担保的债权范围、最高债权额、债权确定期间等发生变化的；

（七）地役权的利用目的、方法等发生变化的；

（八）共有性质发生变更的；

（九）法律、行政法规规定的其他不涉及不动产权利转移的变更情形。

第二十七条　因下列情形导致不动产权利转移的，当事人可以向不动产登记机构申请转移登记：

（一）买卖、互换、赠与不动产的；

（二）以不动产作价出资（入股）的；

（三）法人或者其他组织因合并、分立等原因致使不动产权利发生转移的；

（四）不动产分割、合并导致权利发生转移的；

（五）继承、受遗赠导致权利发生转移的；

（六）共有人增加或者减少以及共有不动产份额变化的；

（七）因人民法院、仲裁委员会的生效法律文书导致不动产权利发生转移的；

（八）因主债权转移引起不动产抵押权转移的；

（九）因需役地不动产权利转移引起地役权转移的；

（十）法律、行政法规规定的其他不动产权利转移情形。

第二十八条　有下列情形之一的，当事人可以申请办理注销登记：

（一）不动产灭失的；

（二）权利人放弃不动产权利的；

（三）不动产被依法没收、征收或者收回的；

（四）人民法院、仲裁委员会的生效法律文书导致不动产权利消灭的；

（五）法律、行政法规规定的其他情形。

不动产上已经设立抵押权、地役权或者已经办理预告登记，所有权人、使用权人因放弃权利申请注销登记的，申请人应当提供抵押权人、地役权人、预告登记权利人同意的书面材料。

第二节　集体土地所有权登记

第二十九条　集体土地所有权登记，依照下列规定提出申请：

（一）土地属于村农民集体所有的，由村集体经济组织代为申请，没有集体经济组织的，由村民委员会代为申请；

（二）土地分别属于村内两个以上农民集体所有的，由村内各集体经济组织代为申请，没有集体经济组织的，由村民小组代为申请；

（三）土地属于乡（镇）农民集体所有的，由乡（镇）集体经济组织代为申请。

第三十条　申请集体土地所有权首次登记的，应当提交下列材料：

（一）土地权属来源材料；

（二）权籍调查表、宗地图以及宗地界址点坐标；

（三）其他必要材料。

第三十一条　农民集体因互换、土地调整等原因导致集体土地所有权转移，申请集体土地所有权转移登记的，应当提交下列材料：

（一）不动产权属证书；

（二）互换、调整协议等集体土地所有权转移的材料；

（三）本集体经济组织三分之二以上成员或者三分之二以上村民代表同意的材料；

（四）其他必要材料。

第三十二条　申请集体土地所有权变更、注销登记的，应当提交下列材料：

（一）不动产权属证书；

（二）集体土地所有权变更、消灭的材料；

（三）其他必要材料。

第三节　国有建设用地使用权及房屋所有权登记

第三十三条　依法取得国有建设用地使用权，可以单独申请国有建设用地使用权登记。

依法利用国有建设用地建造房屋的，可以申请国有建设用地使用权及房屋所有权登记。

第三十四条　申请国有建设用地使用权首次登记，应当提交下列材料：

（一）土地权属来源材料；

（二）权籍调查表、宗地图以及宗地界址点坐标；

（三）土地出让价款、土地租金、相关税费等缴纳凭证；

（四）其他必要材料。

前款规定的土地权属来源材料，根据权利取得方式的不同，包括国有建设用地划拨决定书、国有建设用地使用权出让合同、国有建设用地使用权租赁合同以及国有建设用地使用权作价出资（入股）、授权经营批准文件。

申请在地上或者地下单独设立国有建设用地使用权登记的，按照本条规定办理。

第三十五条　申请国有建设用地使用权及房屋所有权首次登记的，应当提交下列材料：

（一）不动产权属证书或者土地权属来源材料；

（二）建设工程符合规划的材料；

（三）房屋已经竣工的材料；

（四）房地产调查或者测绘报告；

（五）相关税费缴纳凭证；

（六）其他必要材料。

第三十六条　办理房屋所有权首次登记时，申请人应当将建筑区划内依法属于业主共有的道路、绿地、其他公共场所、公用设施和物业服务用房及其占用范围内的建设用地使用权一并申请登记为业主共有。业主转让房屋所有权的，其对共有部分享有的权利依法一并转让。

第三十七条　申请国有建设用地使用权及房屋所有权变更登记的，应当根据不同情况，提交下列材料：

（一）不动产权属证书；

（二）发生变更的材料；

（三）有批准权的人民政府或者主管部门的批准文件；

（四）国有建设用地使用权出让合同或者补充协议；

（五）国有建设用地使用权出让价款、税费等缴纳凭证；

（六）其他必要材料。

第三十八条　申请国有建设用地使用权及房屋所有权转移登记的，应当根据不同情况，提交下列材料：

（一）不动产权属证书；

（二）买卖、互换、赠与合同；

（三）继承或者受遗赠的材料；

（四）分割、合并协议；

（五）人民法院或者仲裁委员会生效的法律文书；

（六）有批准权的人民政府或者主管部门的批准文件；

（七）相关税费缴纳凭证；

（八）其他必要材料。

不动产买卖合同依法应当备案的，申请人申请登记时须提交经备案的买卖合同。

第三十九条　具有独立利用价值的特定空间以及码头、油库等其他建筑物、构筑物所有权的登记，按照本实施细则中房屋所有权登记有关规定办理。

第四节　宅基地使用权及房屋所有权登记

第四十条　依法取得宅基地使用权，可以单独申请宅基地使用权登记。

依法利用宅基地建造住房及其附属设施的，可以申请宅基地使用权及房屋所有权登记。

第四十一条　申请宅基地使用权及房屋所有权首次登记的，应当根据不同情况，提交下列材料：

（一）申请人身份证和户口簿；

（二）不动产权属证书或者有批准权的人民政府批准用地的文件等权属来源材料；

（三）房屋符合规划或者建设的相关材料；

（四）权籍调查表、宗地图、房屋平面图以及宗地界址点坐标等有关不动产界址、面积等材料；

（五）其他必要材料。

第四十二条　因依法继承、分家析产、集体经济组织内部互换房屋等导致宅基地使用权及房屋所有权发生转移申请登记的，申请人应当根据不同情况，提交下列材料：

（一）不动产权属证书或者其他权属来源材料；

（二）依法继承的材料；

（三）分家析产的协议或者材料；

（四）集体经济组织内部互换房屋的协议；

（五）其他必要材料。

第四十三条　申请宅基地等集体土地上的建筑物区分所有权登记的，参照国有建设用地使用权及建筑物区分所有权的规定办理登记。

第五节　集体建设用地使用权及建筑物、构筑物所有权登记

第四十四条　依法取得集体建设用地使用权，可以单独申请集体建设用地使用权登记。

依法利用集体建设用地兴办企业，建设公共设施，从事公益事业等的，可以申请集体建设用地使用权及地上建筑物、构筑物所有权登记。

第四十五条　申请集体建设用地使用权及建筑物、构筑物所有权首次登记的，申请人应当根据不同情况，提交下列材料：

（一）有批准权的人民政府批准用地的文件等土地权属来源材料；

（二）建设工程符合规划的材料；

（三）权籍调查表、宗地图、房屋平面图以及宗地界址点坐标等有关不动产界址、面积等材料；

（四）建设工程已竣工的材料；

（五）其他必要材料。

集体建设用地使用权首次登记完成后，申请人申请建筑物、构筑物所有权首次登记的，应当提交享有集体建设用地使用权的不动产权属证书。

第四十六条　申请集体建设用地使用权及建筑物、构筑物所有权变更登记、转移登记、注销登记的，申请人应当根据不同情况，提交下列材料：

（一）不动产权属证书；

（二）集体建设用地使用权及建筑物、构筑物所有权变更、转移、消灭的材料；

（三）其他必要材料。

因企业兼并、破产等原因致使集体建设用地使用权及建筑物、构筑物所有权发生转移的，

申请人应当持相关协议及有关部门的批准文件等相关材料，申请不动产转移登记。

第六节　土地承包经营权登记

第四十七条　承包农民集体所有的耕地、林地、草地、水域、滩涂以及荒山、荒沟、荒丘、荒滩等农用地，或者国家所有依法由农民集体使用的农用地从事种植业、林业、畜牧业、渔业等农业生产的，可以申请土地承包经营权登记；地上有森林、林木的，应当在申请土地承包经营权登记时一并申请登记。

第四十八条　依法以承包方式在土地上从事种植业或者养殖业生产活动的，可以申请土地承包经营权的首次登记。

以家庭承包方式取得的土地承包经营权的首次登记，由发包方持土地承包经营合同等材料申请。

以招标、拍卖、公开协商等方式承包农村土地的，由承包方持土地承包经营合同申请土地承包经营权首次登记。

第四十九条　已经登记的土地承包经营权有下列情形之一的，承包方应当持原不动产权属证书以及其他证实发生变更事实的材料，申请土地承包经营权变更登记：

（一）权利人的姓名或者名称等事项发生变化的；

（二）承包土地的坐落、名称、面积发生变化的；

（三）承包期限依法变更的；

（四）承包期限届满，土地承包经营权人按照国家有关规定继续承包的；

（五）退耕还林、退耕还湖、退耕还草导致土地用途改变的；

（六）森林、林木的种类等发生变化的；

（七）法律、行政法规规定的其他情形。

第五十条　已经登记的土地承包经营权发生下列情形之一的，当事人双方应当持互换协议、转让合同等材料，申请土地承包经营权的转移登记：

（一）互换；

（二）转让；

（三）因家庭关系、婚姻关系变化等原因导致土地承包经营权分割或者合并的；

（四）依法导致土地承包经营权转移的其他情形。

以家庭承包方式取得的土地承包经营权，采取转让方式流转的，还应当提供发包方同意的材料。

第五十一条　已经登记的土地承包经营权发生下列情形之一的，承包方应当持不动产权属证书、证实灭失的材料等，申请注销登记：

（一）承包经营的土地灭失的；

（二）承包经营的土地被依法转为建设用地的；

（三）承包经营权人丧失承包经营资格或者放弃承包经营权的；

（四）法律、行政法规规定的其他情形。

第五十二条　以承包经营以外的合法方式使用国有农用地的国有农场、草场，以及使用国家所有的水域、滩涂等农用地进行农业生产，申请国有农用地的使用权登记的，参照本实施细则有关规定办理。

国有农场、草场申请国有未利用地登记的，依照前款规定办理。

第五十三条　国有林地使用权登记，应当提交有批准权的人民政府或者主管部门的批准文件，地上森林、林木一并登记。

第七节　海域使用权登记

第五十四条　依法取得海域使用权，可以单独申请海域使用权登记。

依法使用海域，在海域上建造建筑物、构筑物的，应当申请海域使用权及建筑物、构筑物所有权登记。

申请无居民海岛登记的，参照海域使用权登记有关规定办理。

第五十五条　申请海域使用权首次登记的，应当提交下列材料：

（一）项目用海批准文件或者海域使用权出让合同；

（二）宗海图以及界址点坐标；

（三）海域使用金缴纳或者减免凭证；

（四）其他必要材料。

第五十六条　有下列情形之一的，申请人应当持不动产权属证书、海域使用权变更的文件等材料，申请海域使用权变更登记：

（一）海域使用权人姓名或者名称改变的；

（二）海域坐落、名称发生变化的；

（三）改变海域使用位置、面积或者期限的；

（四）海域使用权续期的；

（五）共有性质变更的；

（六）法律、行政法规规定的其他情形。

第五十七条　有下列情形之一的，申请人可以申请海域使用权转移登记：

（一）因企业合并、分立或者与他人合资、合作经营、作价入股导致海域使用权转移的；

（二）依法转让、赠与、继承、受遗赠海域使用权的；

（三）因人民法院、仲裁委员会生效法律文书导致海域使用权转移的；

（四）法律、行政法规规定的其他情形。

第五十八条　申请海域使用权转移登记的，申请人应当提交下列材料：

（一）不动产权属证书；

（二）海域使用权转让合同、继承材料、生效法律文书等材料；

（三）转让批准取得的海域使用权，应当提交原批准用海的海洋行政主管部门批准转让的文件；

（四）依法需要补交海域使用金的，应当提交海域使用金缴纳的凭证；

（五）其他必要材料。

第五十九条　申请海域使用权注销登记的，申请人应当提交下列材料：

（一）原不动产权属证书；

（二）海域使用权消灭的材料；

（三）其他必要材料。

因围填海造地等导致海域灭失的，申请人应当在围填海造地等工程竣工后，依照本实施细则规定申请国有土地使用权登记，并办理海域使用权注销登记。

第八节　地役权登记

第六十条　按照约定设定地役权，当事人可以持需役地和供役地的不动产权属证书、地役权合同以及其他必要文件，申请地役权首次登记。

第六十一条　经依法登记的地役权发生下列情形之一的，当事人应当持地役权合同、不动产登记证明和证实变更的材料等必要材料，申请地役权变更登记：

（一）地役权当事人的姓名或者名称等发生变化；

（二）共有性质变更的；

（三）需役地或者供役地自然状况发生变化；

（四）地役权内容变更的；

（五）法律、行政法规规定的其他情形。

供役地分割转让办理登记，转让部分涉及地役权的，应当由受让人与地役权人一并申请地役权变更登记。

第六十二条　已经登记的地役权因土地承包经营权、建设用地使用权转让发生转移的，当事人应当持不动产登记证明、地役权转移合同等必要材料，申请地役权转移登记。

申请需役地转移登记的，或者需役地分割转让，转让部分涉及已登记的地役权的，当事人应当一并申请地役权转移登记，但当事人另有约定的除外。当事人拒绝一并申请地役权转移登记的，应当出具书面材料。不动产登记机构办理转移登记时，应当同时办理地役权注销登记。

第六十三条　已经登记的地役权，有下列情形之一的，当事人可以持不动产登记证明、证实地役权发生消灭的材料等必要材料，申请地役权注销登记：

（一）地役权期限届满；

（二）供役地、需役地归于同一人；

（三）供役地或者需役地灭失；

（四）人民法院、仲裁委员会的生效法律文书导致地役权消灭；

（五）依法解除地役权合同；

（六）其他导致地役权消灭的事由。

第六十四条　地役权登记，不动产登记机构应当将登记事项分别记载于需役地和供役地登记簿。

供役地、需役地分属不同不动产登记机构管辖的，当事人应当向供役地所在地的不动产登记机构申请地役权登记。供役地所在地不动产登记机构完成登记后，应当将相关事项通知需役地所在地不动产登记机构，并由其记载于需役地登记簿。

地役权设立后，办理首次登记前发生变更、转移的，当事人应当提交相关材料，就已经变更或者转移的地役权，直接申请首次登记。

第九节　抵押权登记

第六十五条　对下列财产进行抵押的，可以申请办理不动产抵押登记：

（一）建设用地使用权；

（二）建筑物和其他土地附着物；

（三）海域使用权；

（四）以招标、拍卖、公开协商等方式取得的荒地等土地承包经营权；

（五）正在建造的建筑物；

（六）法律、行政法规未禁止抵押的其他不动产。

以建设用地使用权、海域使用权抵押的，该土地、海域上的建筑物、构筑物一并抵押；以建筑物、构筑物抵押的，该建筑物、构筑物占用范围内的建设用地使用权、海域使用权一并抵押。

第六十六条　自然人、法人或者其他组织为保障其债权的实现，依法以不动产设定抵押的，可以由当事人持不动产权属证书、抵押合同与主债权合同等必要材料，共同申请办理抵押登记。

抵押合同可以是单独订立的书面合同，也可以是主债权合同中的抵押条款。

第六十七条　同一不动产上设立多个抵押权的，不动产登记机构应当按照受理时间的先后顺序依次办理登记，并记载于不动产登记簿。当事人对抵押权顺位另有约定的，从其规定办理登记。

第六十八条　有下列情形之一的，当事人应当持不动产权属证书、不动产登记证明、抵押权变更等必要材料，申请抵押权变更登记：

（一）抵押人、抵押权人的姓名或者名称变更的；

（二）被担保的主债权数额变更的；

（三）债务履行期限变更的；

（四）抵押权顺位变更的；

（五）法律、行政法规规定的其他情形。

因被担保债权主债权的种类及数额、担保范围、债务履行期限、抵押权顺位发生变更申请抵押权变更登记时，如果该抵押权的变更将对其他抵押权人产生不利影响的，还应当提交其他抵押权人书面同意的材料与身份证或者户口簿等材料。

第六十九条　因主债权转让导致抵押权转让的，当事人可以持不动产权属证书、不动产登记证明、被担保主债权的转让协议、债权人已经通知债务人的材料等相关材料，申请抵押权的转移登记。

第七十条　有下列情形之一的，当事人可以持不动产登记证明、抵押权消灭的材料等必要材料，申请抵押权注销登记：

（一）主债权消灭；

（二）抵押权已经实现；

（三）抵押权人放弃抵押权；

（四）法律、行政法规规定抵押权消灭的其他情形。

第七十一条　设立最高额抵押权的，当事人应当持不动产权属证书、最高额抵押合同与一定期间内将要连续发生的债权的合同或者其他登记原因材料等必要材料，申请最高额抵押权首次登记。

当事人申请最高额抵押权首次登记时，同意将最高额抵押权设立前已经存在的债权转入最高额抵押担保的债权范围的，还应当提交已存在债权的合同以及当事人同意将该债权纳入最高额抵押权担保范围的书面材料。

第七十二条　有下列情形之一的，当事人应当持不动产登记证明、最高额抵押权发生变更的材料等必要材料，申请最高额抵押权变更登记：

（一）抵押人、抵押权人的姓名或者名称变更的；

（二）债权范围变更的；

（三）最高债权额变更的；

（四）债权确定的期间变更的；

（五）抵押权顺位变更的；

（六）法律、行政法规规定的其他情形。

因最高债权额、债权范围、债务履行期限、债权确定的期间发生变更申请最高额抵押权变更登记时，如果该变更将对其他抵押权人产生不利影响的，当事人还应当提交其他抵押权人的书面同意文件与身份证或者户口簿等。

第七十三条　当发生导致最高额抵押权担保的债权被确定的事由，从而使最高额抵押权转变为一般抵押权时，当事人应当持不动产登记证明、最高额抵押权担保的债权已确定的材料等必要材料，申请办理确定最高额抵押权的登记。

第七十四条　最高额抵押权发生转移的，应当持不动产登记证明、部分债权转移的材料、当事人约定最高额抵押权随同部分债权的转让而转移的材料等必要材料，申请办理最高额抵押权转移登记。

债权人转让部分债权，当事人约定最高额抵押权随同部分债权的转让而转移的，应当分别申请下列登记：

（一）当事人约定原抵押权人与受让人共同享有最高额抵押权的，应当申请最高额抵押权的转移登记；

（二）当事人约定受让人享有一般抵押权、原抵押权人就扣减已转移的债权数额后继续享有最高额抵押权的，应当申请一般抵押权的首次登记以及最高额抵押权的变更登记；

（三）当事人约定原抵押权人不再享有最高额抵押权的，应当一并申请最高额抵押权确定登记以及一般抵押权转移登记。

最高额抵押权担保的债权确定前，债权人转让部分债权的，除当事人另有约定外，不动产登记机构不得办理最高额抵押权转移登记。

第七十五条　以建设用地使用权以及全部或者部分在建建筑物设定抵押的，应当一并申请建设用地使用权以及在建建筑物抵押权的首次登记。

当事人申请在建建筑物抵押权首次登记时，抵押财产不包括已经办理预告登记的预购商品房和已经办理预售备案的商品房。

前款规定的在建建筑物，是指正在建造、尚未办理所有权首次登记的房屋等建筑物。

第七十六条　申请在建建筑物抵押权首次登记的，当事人应当提交下列材料：

（一）抵押合同与主债权合同；

（二）享有建设用地使用权的不动产权属证书；

（三）建设工程规划许可证；

（四）其他必要材料。

第七十七条　在建建筑物抵押权变更、转移或者消灭的，当事人应当提交下列材料，申请变更登记、转移登记、注销登记：

（一）不动产登记证明；

（二）在建建筑物抵押权发生变更、转移或者消灭的材料；

（三）其他必要材料。

在建建筑物竣工，办理建筑物所有权首次登记时，当事人应当申请将在建建筑物抵押权登记转为建筑物抵押权登记。

第七十八条　申请预购商品房抵押登记，应当提交下列材料：

（一）抵押合同与主债权合同；

（二）预购商品房预告登记材料；

（三）其他必要材料。

预购商品房办理房屋所有权登记后，当事人应当申请将预购商品房抵押预告登记转为商品房抵押权首次登记。

第五章　其他登记

第一节　更正登记

第七十九条　权利人、利害关系人认为不动产登记簿记载的事项有错误，可以申请更正登记。

权利人申请更正登记的，应当提交下列材料：

（一）不动产权属证书；

（二）证实登记确有错误的材料；

（三）其他必要材料。

利害关系人申请更正登记的，应当提交利害关系材料、证实不动产登记簿记载错误的材料以及其他必要材料。

第八十条　不动产权利人或者利害关系人申请更正登记，不动产登记机构认为不动产登记簿记载确有错误的，应当予以更正；但在错误登记之后已经办理了涉及不动产权利处分的登记、预告登记和查封登记的除外。

不动产权属证书或者不动产登记证明填制错误以及不动产登记机构在办理更正登记中，需要更正不动产权属证书或者不动产登记证明内容的，应当书面通知权利人换发，并把换发不动产权属证书或者不动产登记证明的事项记载于登记簿。

不动产登记簿记载无误的，不动产登记机构不予更正，并书面通知申请人。

第八十一条　不动产登记机构发现不动产登记簿记载的事项错误，应当通知当事人在30个工作日内办理更正登记。当事人逾期不办理的，不动产登记机构应当在公告15个工作日后，依法予以更正；但在错误登记之后已经办理了涉及不动产权利处分的登记、预告登记和查封登记的除外。

第二节　异议登记

第八十二条　利害关系人认为不动产登记簿记载的事项错误，权利人不同意更正的，利害关系人可以申请异议登记。

利害关系人申请异议登记的，应当提交下列材料：

（一）证实对登记的不动产权利有利害关系的材料；

（二）证实不动产登记簿记载的事项错误的材料；

（三）其他必要材料。

第八十三条　不动产登记机构受理异议登记申请的，应当将异议事项记载于不动产登记簿，并向申请人出具异议登记证明。

异议登记申请人应当在异议登记之日起 15 日内，提交人民法院受理通知书、仲裁委员会受理通知书等提起诉讼、申请仲裁的材料；逾期不提交的，异议登记失效。

异议登记失效后，申请人就同一事项以同一理由再次申请异议登记的，不动产登记机构不予受理。

第八十四条　异议登记期间，不动产登记簿上记载的权利人以及第三人因处分权利申请登记的，不动产登记机构应当书面告知申请人该权利已经存在异议登记的有关事项。申请人申请继续办理的，应当予以办理，但申请人应当提供知悉异议登记存在并自担风险的书面承诺。

第三节　预告登记

第八十五条　有下列情形之一的，当事人可以按照约定申请不动产预告登记：

（一）商品房等不动产预售的；

（二）不动产买卖、抵押的；

（三）以预购商品房设定抵押权的；

（四）法律、行政法规规定的其他情形。

预告登记生效期间，未经预告登记的权利人书面同意，处分该不动产权利申请登记的，不动产登记机构应当不予办理。

预告登记后，债权未消灭且自能够进行相应的不动产登记之日起 3 个月内，当事人申请不动产登记的，不动产登记机构应当按照预告登记事项办理相应的登记。

第八十六条　申请预购商品房的预告登记，应当提交下列材料：

（一）已备案的商品房预售合同；

（二）当事人关于预告登记的约定；

（三）其他必要材料。

预售人和预购人订立商品房买卖合同后，预售人未按照约定与预购人申请预告登记，预购人可以单方申请预告登记。

预购人单方申请预购商品房预告登记，预售人与预购人在商品房预售合同中对预告登记附有条件和期限的，预购人应当提交相应材料。

申请预告登记的商品房已经办理在建建筑物抵押权首次登记的，当事人应当一并申请在建建筑物抵押权注销登记，并提交不动产权属转移材料、不动产登记证明。不动产登记机构应当先办理在建建筑物抵押权注销登记，再办理预告登记。

第八十七条　申请不动产转移预告登记的，当事人应当提交下列材料：

（一）不动产转让合同；

（二）转让方的不动产权属证书；

（三）当事人关于预告登记的约定；

（四）其他必要材料。

第八十八条　抵押不动产，申请预告登记的，当事人应当提交下列材料：

（一）抵押合同与主债权合同；

（二）不动产权属证书；

（三）当事人关于预告登记的约定；

（四）其他必要材料。

第八十九条　预告登记未到期，有下列情形之一的，当事人可以持不动产登记证明、债权消灭或者权利人放弃预告登记的材料，以及法律、行政法规规定的其他必要材料申请注销预告登记：

（一）预告登记的权利人放弃预告登记的；

（二）债权消灭的；

（三）法律、行政法规规定的其他情形。

第四节　查封登记

第九十条　人民法院要求不动产登记机构办理查封登记的，应当提交下列材料：

（一）人民法院工作人员的工作证；

（二）协助执行通知书；

（三）其他必要材料。

第九十一条　两个以上人民法院查封同一不动产的，不动产登记机构应当为先送达协助执行通知书的人民法院办理查封登记，对后送达协助执行通知书的人民法院办理轮候查封登记。

轮候查封登记的顺序按照人民法院协助执行通知书送达不动产登记机构的时间先后进行排列。

第九十二条　查封期间，人民法院解除查封的，不动产登记机构应当及时根据人民法院协助执行通知书注销查封登记。

不动产查封期限届满，人民法院未续封的，查封登记失效。

第九十三条　人民检察院等其他国家有权机关依法要求不动产登记机构办理查封登记的，参照本节规定办理。

第六章　不动产登记资料的查询、保护和利用

第九十四条　不动产登记资料包括：

（一）不动产登记簿等不动产登记结果；

（二）不动产登记原始资料，包括不动产登记申请书、申请人身份材料、不动产权属来源、登记原因、不动产权籍调查成果等材料以及不动产登记机构审核材料。

不动产登记资料由不动产登记机构管理。不动产登记机构应当建立不动产登记资料管理制度以及信息安全保密制度，建设符合不动产登记资料安全保护标准的不动产登记资料存放场所。

不动产登记资料中属于归档范围的，按照相关法律、行政法规的规定进行归档管理，具体办法由国土资源部会同国家档案主管部门另行制定。

第九十五条　不动产登记机构应当加强不动产登记信息化建设，按照统一的不动产登记信息管理基础平台建设要求和技术标准，做好数据整合、系统建设和信息服务等工作，加强不动产登记信息产品开发和技术创新，提高不动产登记的社会综合效益。

各级不动产登记机构应当采取措施保障不动产登记信息安全。任何单位和个人不得泄露不动产登记信息。

第九十六条　不动产登记机构、不动产交易机构建立不动产登记信息与交易信息互联共享机制，确保不动产登记与交易有序衔接。

不动产交易机构应当将不动产交易信息及时提供给不动产登记机构。不动产登记机构完成登记后，应当将登记信息及时提供给不动产交易机构。

第九十七条　国家实行不动产登记资料依法查询制度。

权利人、利害关系人按照《条例》第二十七条规定依法查询、复制不动产登记资料的，应当到具体办理不动产登记的不动产登记机构申请。

权利人可以查询、复制其不动产登记资料。

因不动产交易、继承、诉讼等涉及的利害关系人可以查询、复制不动产自然状况、权利人及其不动产查封、抵押、预告登记、异议登记等状况。

人民法院、人民检察院、国家安全机关、监察机关等可以依法查询、复制与调查和处理事项有关的不动产登记资料。

其他有关国家机关执行公务依法查询、复制不动产登记资料的，依照本条规定办理。

涉及国家秘密的不动产登记资料的查询，按照保守国家秘密法的有关规定执行。

第九十八条　权利人、利害关系人申请查询、复制不动产登记资料应当提交下列材料：

（一）查询申请书；

（二）查询目的的说明；

（三）申请人的身份材料；

（四）利害关系人查询的，提交证实存在利害关系的材料。

权利人、利害关系人委托他人代为查询的，还应当提交代理人的身份证明材料、授权委托书。权利人查询其不动产登记资料无须提供查询目的的说明。

有关国家机关查询的，应当提供本单位出具的协助查询材料、工作人员的工作证。

第九十九条　有下列情形之一的，不动产登记机构不予查询，并书面告知理由：

（一）申请查询的不动产不属于不动产登记机构管辖范围的；

（二）查询人提交的申请材料不符合规定的；

（三）申请查询的主体或者查询事项不符合规定的；

（四）申请查询的目的不合法的；

（五）法律、行政法规规定的其他情形。

第一百条　对符合本实施细则规定的查询申请，不动产登记机构应当当场提供查询；因情况特殊，不能当场提供查询的，应当在 5 个工作日内提供查询。

第一百零一条　查询人查询不动产登记资料，应当在不动产登记机构设定的场所进行。

不动产登记原始资料不得带离设定的场所。

查询人在查询时应当保持不动产登记资料的完好，严禁遗失、拆散、调换、抽取、污损登记资料，也不得损坏查询设备。

第一百零二条　查询人可以查阅、抄录不动产登记资料。查询人要求复制不动产登记资料的，不动产登记机构应当提供复制。

查询人要求出具查询结果证明的，不动产登记机构应当出具查询结果证明。查询结果证明应注明查询目的及日期，并加盖不动产登记机构查询专用章。

第七章　法律责任

第一百零三条　不动产登记机构工作人员违反本实施细则规定，有下列行为之一，依法给予处分；构成犯罪的，依法追究刑事责任：

（一）对符合登记条件的登记申请不予登记，对不符合登记条件的登记申请予以登记；

（二）擅自复制、篡改、毁损、伪造不动产登记簿；

（三）泄露不动产登记资料、登记信息；

（四）无正当理由拒绝申请人查询、复制登记资料；

（五）强制要求权利人更换新的权属证书。

第一百零四条　当事人违反本实施细则规定，有下列行为之一，构成违反治安管理行为的，依法给予治安管理处罚；给他人造成损失的，依法承担赔偿责任；构成犯罪的，依法追究刑事责任：

（一）采用提供虚假材料等欺骗手段申请登记；

（二）采用欺骗手段申请查询、复制登记资料；

（三）违反国家规定，泄露不动产登记资料、登记信息；

（四）查询人遗失、拆散、调换、抽取、污损登记资料的；

（五）擅自将不动产登记资料带离查询场所、损坏查询设备的。

第八章　附 则

第一百零五条　本实施细则施行前，依法核发的各类不动产权属证书继续有效。不动产权利未发生变更、转移的，不动产登记机构不得强制要求不动产权利人更换不动产权属证书。

不动产登记过渡期内，农业部会同国土资源部等部门负责指导农村土地承包经营权的统一登记工作，按照农业部有关规定办理耕地的土地承包经营权登记。不动产登记过渡期后，由国土资源部负责指导农村土地承包经营权登记工作。

第一百零六条　不动产信托依法需要登记的，由国土资源部会同有关部门另行规定。

第一百零七条　军队不动产登记，其申请材料经军队不动产主管部门审核后，按照本实施细则规定办理。

第一百零八条 本实施细则自公布之日起施行。

住房城乡建设部等部门关于调整房地产市场外资准入和管理有关政策的通知

建房〔2015〕122号

省、自治区、直辖市人民政府，国务院各部委、各直属机构：

为促进房地产市场平稳健康发展，经国务院同意，决定对《关于规范房地产市场外资准入和管理的意见》（建住房〔2006〕171号）中有关外商投资房地产企业和境外机构、个人购房的部分政策进行调整，现就有关事项通知如下：

一、外商投资房地产企业注册资本与投资总额比例，按照《国家工商行政管理局关于中外合资经营企业注册资本与投资总额比例的暂行规定》（工商企字〔1987〕第38号）执行。

二、取消外商投资房地产企业办理境内贷款、境外贷款、外汇借款结汇必须全部缴付注册资本金的要求。

三、境外机构在境内设立的分支、代表机构（经批准从事经营房地产的企业除外）和在境内工作、学习的境外个人可以购买符合实际需要的自用、自住商品房。对于实施住房限购政策的城市，境外个人购房应当符合当地政策规定。

四、住房城乡建设部、商务部、发展改革委、人民银行、工商总局、外汇局等有关部门进一步简化程序，提高办事效率，优化和改进外商投资房地产管理。自本通知印发之日起，外商投资房地产企业可按照相关外汇管理规定直接到银行办理外商直接投资项下相关外汇登记。

除上述政策调整以外，《关于规范房地产市场外资准入和管理的意见》（建住房〔2006〕171号）继续有效。

中华人民共和国住房和城乡建设部
中华人民共和国商务部
中华人民共和国国家发展和改革委员会
中国人民银行
中华人民共和国国家工商行政管理总局
国家外汇管理局
2015年8月19日

关于大型居住社区商业配套用房房地产交易与登记相关问题的通知

各区县住房保障房屋管理局，各房地产交易中心，市房产测绘成果管理部门，市住宅建设发展中心：

为贯彻落实市政府《关于推进本市大型居住社区市政公建配套设施建设和管理的若干意

见》（沪府发〔2009〕44号）关于大型居住社区中商业配套用房政策的要求，规范相应的楼盘表“房屋标志”标注及房地产交易与登记，现就有关事项通知如下：

一、市住宅建设发展中心签订《建设项目协议书》的大型居住社区商业配套用房应当按照下列规定办理相关手续：

（一）市住宅建设发展中心应当书面通知市房地产交易中心标注楼盘表“房屋标志”，并出具《大型居住社区商业配套用房认定单》。市房地产交易中心按照认定清单将房地产权籍管理信息系统相应房屋楼盘表的“房屋标志”标注为“大居商业配套”，并将标注情况反馈市住宅建设发展中心。

（二）市住宅建设发展中心应将《大型居住社区商业配套用房认定单》抄送至房屋所在地的区县房管部门。各区县房管部门在办理商品房预售许可证或销售方案备案（现房）时，应当在核发的《商品房预售许可证》或《商品房销售方案备案证明》（现房）备注栏内加注“大居商业配套”。

（三）市房地产交易中心在办理房屋网上项目认证时，除按规定收取网上认证材料外，还应当向开发建设单位收取《上海市大型居住社区（基地）地块街坊级商业配套用房收购协议》。

（四）已在房地产权籍管理信息系统楼盘表内完成标注的商业配套用房，房地产登记簿记载的建设用地使用权人申请办理房屋所有权初始登记的，除按照《上海市房地产登记技术规定》提交材料外，还应当提交由市住宅建设发展中心出具的《大型居住社区商业配套用房认定单》。登记机构核准登记的，应当在房地产登记簿和房地产权证的附记栏内注明“大居商业配套用房”。

（五）房屋所有权初始登记后，经批准收购上述商业配套用房的当事人申请办理房地产转移登记时，除按照《上海市房地产登记技术规定》的相关规定提交材料外，还应当向登记机构提交区政府出具的《关于市大型居住社区（基地）商业配套用房（街坊级商业/独立用地商业）收购意向的复函》。登记机构核准登记的，应当在房地产登记簿和房地产权证（或房地产登记证明）的附记栏内注明“大居商业配套用房，依法转让或改变用途还需区政府同意”。

二、本通知实施前，已办理房地产登记的大型居住社区商业配套用房，市住宅建设发展中心应按本通知第一条第（一）款规定出具《大型居住社区商业配套用房认定单》，书面通知市房地产交易中心补办楼盘表标注手续，并告知房地产登记簿记载的房地产权利人按下列规定向房地产所在地房地产登记机构申请办理变更登记：

（一）已办理房屋所有权初始登记商业配套用房，房地产权利人应当提交下列文件：

1.《上海市房地产登记申请书》（原件）；

2.身份证明（复印件）；

3.房地产权证书（原件）；

4.市住宅建设发展中心出具的《大型居住社区商业配套用房认定单》（原件）；

5.地籍图（原件二份）；

6.房屋平面图（原件二份）。

登记机构核准登记的，应当在房地产登记簿和房地产权证的附记栏内注记“大居商业配套用房”。

（二）已办理房屋所有权转移登记的商业配套用房，房地产权利人应当提交下列文件：

1．《上海市房地产登记申请书》（原件）；

2．身份证明（复印件）；

3．房地产权证书（原件）；

4．市住宅建设发展中心出具的《大型居住社区商业配套用房认定单》和《大型居住社区商业配套用房收购证明》（原件）；

5．地籍图（原件二份）；

6．房屋平面图（原件二份）。

登记机构核准登记的，应当在房地产登记簿和房地产权证的附记栏内注记“大居商业配套用房，依法转让或改变用途还需区政府同意”。

（三）未按上述第（一）、（二）款规定办理变更登记的大型居民社区商业配套用房，房地产权利人在申请办理该房地产的转移、抵押、租赁等相关登记时，应当按上述规定补办变更登记，进行附记栏注记。

三、通过收购取得大型居民社区商业配套用房的房地产权利人，将该房地产再次转让申请办理房地产转移登记时，除按照《上海市房地产登记技术规定》的相关规定提交材料外，还应当向登记机构提交区政府出具的《关于同意市大型居住社区（基地）商业配套用房转让的意见》。

四、划拨土地上的大型居住社区商业配套用房转让的，在申请办理转移登记时，还应当提交规划土地管理部门同意划拨使用建设用地的书面意见或者建设用地有偿使用的合同及缴清出让金的证明。

五、本文自2015年9月5日起施行，有效期至2020年6月30日止。

上海市住房保障和房屋管理局

2015年7月28日

第三节　土地政策

关于印发《上海市国有建设用地使用权出让预申请管理办法》及《上海市国有建设用地使用权出让预申请实施细则》的通知

沪规土资地规〔2015〕831号

第一条（目的和依据）

为充分发挥土地资源市场配置作用、加强本市土地交易信息全面、有序公开，推进本市土地利用全生命周期管理工作，根据《招标拍卖挂牌出让国有土地使用权规范（试行）》《国土资源部关于坚持和完善土地招标拍卖挂牌出让制度的意见》《关于加强本市经营性用地出让管理的若干规定（试行）》，制定本办法。

第二条（定义）

国有建设用地使用权出让预申请（以下简称预申请），是指出让人为充分了解市场需求，科学合理安排供地规模和进度，在指定机构发布列入年度土地供应计划的拟供地块信息。对相关地块有使用意向的，可向出让人提出预申请。出让人根据土地出让计划和土地市场情况，适时组织实施预申请地块的出让活动。

第三条（适用范围）

上海市区域范围内以招标、拍卖、挂牌方式出让国有建设用地使用权，适用本办法。农村集体经营性建设用地入市（试点），可参照本办法执行。

第四条（基本原则）

坚持公开、公平、公正和诚实信用的原则，坚持市场配置资源、信息融通的原则，以实现土地资源的高效、有序利用，实施土地利用全生命周期管理。

第五条（实施机构）

市规划国土资源管理部门负责制定相关管理办法，规范运作程序。各区、县规划土地部门（以下简称出让人）负责预申请相关技术性、事务性工作，组织协调土地交易活动。市土地交易事务中心（以下简称交易中心）负责建立全市土地使用权交易信息库，汇集、发布有关土地交易信息，提供相关信息的查询服务，组织意向用地人现场踏勘，接受咨询等具体工作的实施。

第六条（预申请人条件）

中华人民共和国境内外的自然人、法人和其他组织，除法律、法规另有规定外，均可参与预申请。

第七条（预申请条件）

出让人根据社会经济发展计划、用地指标、产业政策、土地利用总体规划、土地利用年度计划、城市规划和土地市场状况，在年度土地供应计划内的土地储备或前期工作完成后，经市规划国土资源管理部门同意，通过交易中心向社会发布国有建设用地使用权出让预申请公告，实施预申请工作。

第八条（预申请形式）

预申请主要包括两种形式：以信息发布、招商推介为主的意向预申请以及与后续交易活动相关联的用地预申请。

出让条件和土地利用要求不成熟的，可以采用意向预申请形式。出让人可结合年度土地供应计划、区域现状和发展规划，在网上公示相关用地信息，开展信息推广和推介招商活动。

若出让人已完成了拟出让地块的各项征询，明确了出让条件和后续土地利用要求，可采用用地预申请形式。出让人在预申请公告及文件中已明确的交易方式、交易进度、出让条件等用地信息应与正式公告保持一致，不得擅自调整。

第九条（预申请程序）

出让人采取意向预申请的，应委托交易中心在相关网站发布预申请公告。预申请公告发布后，出让人可自行负责地块推介、招商，也可委托交易中心代为实施。

出让人采取用地预申请的，应委托交易中心在相关网站发布预申请公告，意向用地人可向出让人和交易中心提出报名申请。在预申请公告期间，出让人可组织相关地块的推介、招商活动。

预申请公告周期由出让人根据实际情况确定。

第十条（预申请信息发布）

出让人应按照实际情况，以预申请公告或文件的形式发布供地信息，并可组织相关的推介、招商活动。意向用地人可参加相关地块的各项推介活动；可对地块的规模、建设、功能、运营管理要求等提出意见和建议；出让人可根据实际情况完善出让条件。同时，根据意向用地人的要求，出让人可提供该地块的市政配套、公共设施等规划和其他情况。

第十一条（预申请报名）

符合预申请公告和文件规定的意向用地人均可报名参与预申请，并应当承诺愿意按照相关要求参与后续出让活动，此承诺应当包括意向用地人报名并成为有效预申请人的，必须参加该宗地块的后续出让活动，且报价不得低于其预申请承诺价格等内容。预申请人在预申请阶段提交的文件将自动转入后续流程，无须重复提交。

预申请文件中应明确有效预申请人参与后续土地出让活动的权利和义务，并对违约行为进行责任限定。

预申请可以保函形式设定预申请保证。

第十二条（预申请结果）

预申请期满后，将发布预申请结果公告，终止预申请活动。若预申请公告中明确特定终止条件的，应在预申请结果公告中告知。

第十三条（施行日期）

本办法自 2015 年 12 月 1 日起施行，有效期至 2020 年 11 月 30 日。原《关于试行上海市国有建设用地使用权出让预申请制度的通知》（沪规土资地〔2009〕1281 号）自本办法施行之日起废止。

上海市规划和国土资源管理局

2015 年 11 月 23 日

上海市国有建设用地使用权出让预申请实施细则

为了充分反映市场供需情况，科学、合理、规范做好预申请工作，根据《上海市国有建设用地使用权出让预申请管理办法》，制定本实施细则。

一、出让人应根据本区域的年度土地供应计划，分析预申请地块布局、规模、结构的合理性，供应时序安排的适宜性。根据地块出让前期规划审批、土地储备等进展情况，确定预申请地块。凡涉及农用地转用的，应落实农转用指标和占补平衡指标的解决方案。

二、出让人可根据地块的出让条件、土地利用要求等实际情况，研究确定采取意向预申请或用地预申请形式，并通过市土地交易事务中心（以下简称交易中心）在上海市规划和国土资源管理局网站（www.shgtj.gov.cn）、上海土地市场网站（www.shtdsc.com）向社会发布预申请公告。

三、出让人可在预申请公告中明确出让价格，或以询价方式确定地块相关价格。预申请公告中需明确拟出让地块起始价或底价的，出让人应根据土地市场评估价格、土地市场情况等，结合土地全生命周期管理要求，经集体决策，综合确定拟出让地块起始价或底价。

四、出让人向交易中心提出地块入市预申请需求时，应提供相关材料，包括发布预申请公告的申请、地块基本信息（如地块名称、四至范围、土地用途、容积率、地块面积）、招商意向和其他出让条件。交易中心对相关信息进行汇总后，按规定予以发布。

五、对于符合规定的地块，经市规划国土资源管理部门同意后，交易中心发布地块的预申请公告和预申请文件。采取意向预申请形式的，只需发布预申请公告；采取用地预申请形式的，除发布预申请公告外，还需发放预申请文件。

预申请公告应包含以下信息：

1. 预申请地块的基本情况和规划指标；

2. 预申请具体活动安排、相关要求及其他需要说明的内容；

3. 召开推介会或信息发布会的，应明确具体日程安排。

预申请文件应明确以下内容：

1. 地块基本情况及要求；

2. 预申请人条件；

3. 地块价格或询价要求；

4. 现场勘察、答疑与推介活动安排；

5. 预申请保证金（保函）金额及相关要求；

6. 预申请材料提交要求；

7. 预申请结果发布和有效预申请人退出机制；

8. 其他注意事项和联系方式等。

六、预申请周期一般不少于1个月，具体时间可由出让人根据实际情况确定。

七、意向用地人可参加预申请地块的各项推介活动，并在规定的时间内对预申请地块的规模、建设、功能、运营管理要求等提出意见和建议。出让人可根据相关建议和实际情况，回复意向用地人，作为进一步完善出让条件的依据。出让公告发布时，已明确的交易条件应随出让文件一并发布。

八、意向用地人均可根据地块预申请公告和文件的相关规定，向出让人和交易中心提出报名申请，并承诺愿意按照相关要求参与后续出让活动。预申请可不设保证金，若确需设置预申请保证金的，可以保函形式设定。

九、预申请公告期满后，交易中心将在网上发布预申请结果公告，终止预申请活动。

预申请结果公告应包含以下内容：

1. 预申请咨询人数；

2. 有效预申请人数（涉及招标的除外）；

3. 有效预申请人受理编号（涉及招标的除外）；

4. 后续出让活动安排；

5. 其他重要提示。

十、出让人在预申请结果公告中可明确有效预申请人的退出机制。退出预申请的有效预申请人一般在预申请结果公告发布后5个工作日内，完成退出手续。

关于印发《上海市土地交易市场监督管理办法》的通知

沪规土资地规〔2015〕833号

第一条 监管目的及依据

为强化土地入市交易行为监管，维护土地交易各主体的合法权益，创造公平竞争、依法合规、诚实信用的市场环境，依据《中华人民共和国土地管理法》《中华人民共和国城市房地产管理法》《中华人民共和国土地管理法实施条例》《中华人民共和国城镇国有土地使用权出让和转让暂行条例》《上海市土地交易市场管理办法》等法律法规规定，结合本市实际，制定本办法。

第二条 定义

本办法所称土地交易活动是指依据相关规定，应当在上海市土地交易市场（以下简称"土地交易市场"）进行入市交易的国有、集体建设用地使用权出让、转让和租赁等交易活动。

本办法所称委托人，是指有权委托土地交易市场的承办机构（以下简称"承办机构"）实施土地交易活动的权利人及其相关机构等。

本办法所称竞买（投标）人，是指参与土地交易市场竞买（投标）活动的意向人、申请人、有效申请人及竞得（中标）人。

本办法所称中介服务单位，是指为土地交易市场提供专业服务的有关个人、机构或组织，包括银行、公证处、评标专家、主持人、咨询机构及相关行业组织等。

第三条 适用范围

在本市土地交易市场从事和参与土地交易活动以及实施相关监管活动，应当遵守本办法。

第四条 基本原则

按照依法、公正、规范的原则对本市土地交易活动实施监管。

第五条 监管对象

本办法监管对象为土地交易活动中的委托人、竞买（投标）人、承办机构及中介服务单位。

第六条 监管主体及职责分工

市国土资源管理部门负责对全市土地交易活动实施监督管理。

各区、县国土资源管理部门负责对本行政区域内土地交易活动的投诉、争议等进行调查、取证和认定工作，其中以各区、县国土资源管理部门作为土地出让主体的，应由同级人民政府或上级主管部门负责监管。

上海市土地交易事务中心负责具体落实土地交易市场监管相关措施，受市和区、县国土资源管理部门委托接受土地交易投诉并协助开展调查、取证工作。

第七条 监管要求

各监管主体应当建立相应监管机制、采取相关监管措施，对监管对象实施土地交易活动全过程监管，防范、制止、纠正损害国家或公共利益、扰乱交易市场秩序、违背公开、公平、公正和诚实信用原则的违规、违法行为。

第八条 对委托人的监管内容

委托人存在下述行为之一的，各监管主体应依据交易文件的规定，视情节轻重限制其继续入市交易，责令其承担相关当事人的经济损失，并将其相关行为上网公示，记入诚信档案：

（一）为使特定意向用地人取得建设用地使用权，违反土地入市交易规程和管理规定，通过设置排他性条款、泄露标底、劝退、约定补偿、对评标实施倾向性引导等方式，损害国家或公共利益的；

（二）擅自对已发布的土地交易公告、交易文件等内容进行不当解释的；

（三）无故终止、中止土地交易活动，造成竞买（投标）人损失的；

（四）采取指使、暗示或强迫等手段要求竞得人或中标候选人放弃竞得或中标地块的；

（五）无正当理由逾期签订土地交易合同，或擅自修改合同内容的；

（六）其他违反法律、法规及相关规范性文件、土地交易合同、土地交易文件等有关规定的行为。

第九条 对竞买（投标）人的监管内容

竞买（投标）人存在下述行为之一的，各监管主体认为继续交易可能损害国家或公共利益的，有权依据交易文件的规定，责令承办机构提前中止或终止交易活动，同时应视情节轻重取消其竞买（投标）人资格，限制其继续入市交易，并将其相关行为上网公示，记入诚信档案：

（一）参与土地入市交易活动时，存在操纵、垄断、排挤、串通、利益输送等不正当交易行为的；

（二）违背诚实信用原则，向土地交易承办机构提供虚假文件、隐瞒事实，或者未履行其他交易承诺的；

（三）参与土地交易预申请活动时，违反预申请文件的相关规定，或不履行相关义务的；

（四）阻挠主持人主持、妨碍其他竞买人竞价，影响现场交易秩序，经主持人劝阻无效的；

（五）其他违反法律、法规及相关规范性文件、土地交易合同、土地交易文件等有关规定的行为。

第十条 对承办机构的监管内容

承办机构存在下述行为之一的，应承担相应法律责任；影响土地交易活动正常进行的，各监管主体应依据交易文件的规定，责令其中止或终止土地交易活动：

（一）违反本市土地入市交易规程、土地交易文件等规定的要求组织实施土地交易活动的；

（二）擅自对已发布的土地交易公告、土地交易文件等内容进行撤换、篡改、变更、调整的；

（三）组织实施土地交易活动中隐瞒事实，或对危害正常交易秩序的围标、串标等不正当交易行为疏于防范，未按规定采取防控措施，影响国家或公共利益的；

（四）违反相关规定，提供竞买（投标）人名称、保证金到账情况、标底等保密信息的；

（五）其他违反法律、法规及相关规范性文件等有关规定的行为。

第十一条 对中介服务单位的监管内容

中介服务单位存在下述行为之一的，各监管主体应依据相关服务约定，停止其服务工作，并向其主管部门报告，将相关行为上网公示：

（一）违反相关规定，向规定以外的任何组织或个人泄露保密信息的；

（二）参与组织或协助土地交易围标、串标等不正当交易行为，或者获悉相关情况，未向各监管主体或承办机构报告的；

（三）评标专家在评标过程中存在恶意评标等违反《中华人民共和国招标投标法》《中华人民共和国招标投标法实施条例》相关规定的；

（四）执行工作过程中，违反相关操作规程和管理规定的；

（五）其他违反有关法律、法规及规章、保密协议等规定的行为。

第十二条 预警监测机制

市国土资源管理部门应当实施土地交易市场动态监测预警，评估分析可能存在异常交易状况、损害国家或公共利益、影响土地交易合同履约等风险因素，要求承办机构建立相应工作预案，采取及时通报信息、发布交易警示、运用人防技防手段、加大信息公开力度等方式实施防控，同时将事中交易监管和事后履约监管进行有效衔接。

第十三条 交易投诉机制

市国土资源管理部门应当建立和完善土地交易投诉和争议解决机制，设立土地市场监督投诉举报电话，并对外公示投诉途径、时间、地点及方式等内容，为土地交易当事人的权益维护提供规范途径。承办机构应当按照相关工作机制接受土地交易当事人的现场投诉，并根据相关工作机制及时处置。

第十四条 诚信监管机制

市国土资源管理部门应当实施和强化土地交易市场诚信监管。依据《国务院关于促进市场公平竞争维护市场正常秩序的若干意见》（国发〔2014〕20号）等文件要求，完善市场主体信用信息记录和信息征集、存储、共享与应用制度，在承办机构建立土地市场信用信息档案和信息公示系统，按要求纳入国家统一的信用信息共享交换平台，实现与地方、行业信用信息系统的互联互通，运用大数据平台和信息公示、信用约束等手段推动社会信用体系建设，形成跨地区、多部门的信用联动奖惩机制，对违背市场竞争原则和危害国家或公共利益的市场主体实行禁止、限制入市管控制度，构建公平诚信的市场环境。

第十五条 风险防控机制

市国土资源管理部门应当要求承办机构建立严格的土地交易市场违规操作和廉政风险的内部防控措施制度，通过常态化、制度化的业务督察，推进内部规章制度的健全和落实，促进土地入市交易操作行为的规范化和标准化建设。

第十六条 法律责任

监管对象违反土地交易文件、土地交易合同等约定的，应当承担相应违约责任；违反法律法规的，应依法、依规承担行政或刑事责任。涉及个人违纪的，应交由纪检监察机关处理；

构成犯罪的，应移交司法机关处理。

各监管主体应当依法依规并按本办法规定对监管对象进行监管。各监管主体及其工作人员在执行本办法过程中玩忽职守、滥用职权、徇私舞弊的，依法给予行政处分；构成犯罪的，依法追究刑事责任。

对土地交易活动中可能违反法律法规的不正当交易行为，任何组织或个人均有权向公安、工商等行政机关举报，由相应的行政机关依据法律程序处理。

第十七条 施行日期

本办法自 2015 年 12 月 1 日起施行，有效期至 2020 年 11 月 30 日。原《上海市土地交易市场监督管理办法（试行）》（沪房地资〔2008〕123 号）自本办法施行之日起废止。

上海市规划和国土资源管理局
2015 年 11 月 23 日

关于国有建设用地使用权招标拍卖挂牌出让投标竞买保证金专户管理有关问题的通知

沪规土资财规〔2015〕305 号

各区县规土局，市土地交易中心：

为了顺利推进土地交易市场国有建设用地使用权招、拍、挂工作，现就国有建设用地使用权招标拍卖挂牌出让投标、竞买保证金专户（以下简称“投标、竞买保证金专户”）有关操作管理流程通知如下：

一、根据《招标拍卖挂牌出让国有建设用地使用权规定》，参加国有建设用地使用权招标、拍卖或挂牌出让活动的投标人、竞买人应支付投标、竞买保证金。

二、土地出让公告发布后，投标人、竞买人应根据出让文件的具体要求，以贷记凭证、电汇或大额支付系统的形式将投标、竞买保证金汇入投标、竞买保证金专户开户银行。

三、投标、竞买保证金专户开户银行根据公告中规定的投标、竞买保证金截止时间节点和投标、竞买保证金实际到账时间节点来区分按期到账和逾期到账情况，并对该保证金专户中每次不同公告号下、不同地块、不同投标人、竞买人的保证金分别建立纸质和电子信息表。

四、公告地块保证金到账截止时，银行须对保证金到账情况进行统计，并将《保证金到账情况统计表》（以下简称“统计表”）、入账凭证的银行回单（以下简称“银行回单”）及投标人、竞买人的保证金入账纸质信息表（以下简称“入账信息表”）以密封信函形式于保证金截止日后下一个工作日上午 9 点半之前送至土地交易市场。

五、土地交易市场应在收到保证金到账情况资料当日转交公证部门，由公证部门解封后进行资格审查。

六、招标拍卖挂牌活动结束后，土地交易系统根据招拍挂结果自动生成《保证金退转名单》，土地交易市场于当日或下一个工作日将《保证金退转名单》、银行回单以及银行制作的入账信息表送交市规划国土资源管理部门。

七、市规划国土资源管理部门应在招标拍卖挂牌活动结束后5个工作日内，对《保证金退转名单》、银行回单和入账信息表核对后，办理未中标人、未竞得人或未获得投标、竞买资格申请人的投标、竞买保证金的退款事宜。

八、以人民币支付投标、竞买保证金之中标人、竞得人凭已支付出让金定金的国有建设用地使用权出让价款缴纳凭证，即《非税收入一般缴款书（收据）5》（以下简称“缴款凭证第五联”）及填写完整的《受让人保证金退还申请表》向土地交易市场申请办理保证金退还手续。土地交易市场通过非税收入信息系统查询出让价款核销后，在“缴款凭证第五联”复印件和“退还申请表”上盖章确认，并于2个工作日内送交市规划国土资源管理部门。市规划国土资源管理部门核对后，在2个工作日内办理退款事宜。

九、所有投标人、竞买人支付的人民币投标、竞买保证金一律按照其支付投标、竞买保证金的原途径予以退还，不计利息。

十、以外汇支付投标、竞买保证金之中标人、竞得人，未中标人、未竞得人或未获得投标、竞买资格的申请人，均按本市相关规定执行。

十一、市规划国土资源管理部门按土地出让公告设立保证金明细账，并建立与银行定期核对的长效机制。

本通知自2015年5月1日起施行，有效期至2020年4月30日。原《关于土地交易市场土地出让金保证金专户管理有关问题的通知》（沪房地资金〔2008〕182号）自本通知施行之日起废止。

上海市规划和国土资源管理局

2015年4月29日

关于印发《〈上海市外商投资企业土地使用管理办法〉实施中若干问题的说明与规定》的通知

沪规土资地规〔2015〕301号

为了切实贯彻执行《上海市外商投资企业土地使用管理办法》（以下简称《办法》），现就贯彻执行中的若干问题作如下说明和规定：

一、市规划国土资源管理部门负责本市使用国有土地的外商投资企业（浦东新区除外）的土地使用费的征收、管理，同时对本市各区县规划土地管理部门的征管业务进行归口指导、管理、监督检查。

各区县规划土地管理部门负责本辖区内使用集体所有土地的外商投资企业（浦东新区除外）的土地使用费的征收、管理；浦东新区规划土地管理部门负责浦东新区范围内的外商投资企业的土地使用费的征收、管理。

二、《办法》所称的外商投资企业是指使用未经土地使用权出让的国有土地和集体所有土地的中外合资经营企业、中外合作经营企业、外商独资经营企业。

内资以出让方式取得土地使用权的国有企业，改制为外商投资企业时，自办理完出让手续后的五年内不缴纳土地使用费，第六年起按当年的外商投资企业的标准缴纳土地使用费。

三、除依法以出让方式获得国有土地使用权以外，外商投资企业以其他形式取得土地使用权，或租赁房屋、场地的，均须按《办法》第八条的规定，向规划土地管理部门提供有关资料，并填写登记表，由规划土地管理部门核定土地使用费。应提供的资料如下：

1. 可行性研究报告；

2. 合同及批复；

3. 批准证书；

4. 营业执照；

5. 有关房屋、土地权属证件；

6. 划示用地范围的地形图；

7. 总平面图；

8. 外商投资企业使用租赁房屋、场地的，应提交租赁合同，并明确土地使用费的缴纳方，并可免送以上 5 至 7 资料；

9. 属“先进技术型”企业的，须提供确认、考核合格证明文件（如现尚未评定的，可在评定以后补送，补送前按一般企业的标准缴纳土地使用费）；

10. 中方以土地使用权作价入股的合资企业以及中方以土地使用权作为合作条件的合作企业，须提供由市场评估机构出具的土地使用权价格评估报告。

四、外商投资企业租赁房屋、场地的，应当由出租人缴纳土地使用费，但租赁合同中另有约定的，从其约定。

五、外商投资企业使用中方投资者原厂部分房屋、场地，或租赁其他单位的房屋共同使用土地的，均应按实际使用情况和合理分摊的原则计算使用土地的面积。具体可按以下公式分摊：应缴纳土地使用费的土地使用面积 = 房屋总建筑面积除以外商投资企业占用房屋的建筑面积再乘以厂区总占地面积。

六、利用地下建筑物开办中外合资企业的，参照《办法》及本规定执行，其用地面积按以下原则计算：

1. 有地面建筑物的，地下建筑的楼层划入地面建筑物的总楼层中，按地面、地下的总建筑面积分摊用地面积，并按其分摊到的用地面积减半征收；

2. 无地面建筑物的，其用地面积按地下分摊到的用地面积的一半计算。

七、中外合资企业的中方合营者以土地使用权作价入股的，应由中方合营者缴纳土地使用费，但下列情形除外：

1. 中方土地使用权作价的金额中未包括土地使用费的，则土地使用费应由合资企业缴纳；

2. 双方经营合同中约定由合资企业缴纳的，可以从其约定。

八、外商投资企业在经营期限内，用地情况发生变化增加用地的，可按以下原则确定新增用地缴纳土地使用费的起算日期：

1. 经审核批准使用土地的，以批准用地之日起计算；

2. 租赁房屋、场地的，以租赁合同生效之日起计算。

九、《办法》第十四条所称的“先进技术型”企业，必须经上海市商务委审核确认；“先进技术型”企业考核不合格的，必须按一般企业的标准补缴考核不合格年度的土地使用费。“先进技术型”企业的确认，按《关于确认和考核外商投资的产品出口企业和先进技术企业的实施办法》的有关规定执行。

外商投资企业设立满三年后，被确认为“先进技术型”企业的，从被确认年度起，按“先进技术型”企业的标准征收土地使用费，但不再享受免交土地使用费的优惠待遇。

十、《办法》第十五条规定“外商投资企业在营业或投产前，可以按应缴纳标准的50%缴纳土地使用费”，仅限于在试营业、试生产（部分营业、部分生产）前的筹建期。

筹建期须经《办法》第八条规定的土地管理部门核准，企业必须提供施工证明文件及企业申请报告。

享受筹建期的优惠政策不得超过两年。

十一、因不可抗力造成缴纳土地使用费困难的外商投资企业，经《办法》第八条规定的规划土地管理部门核准，可减缴或免缴阶段性的土地使用费。

企业由于经营管理、价格调整、市场变化、中外双方内部矛盾等原因所引起的暂时性亏损，不作为减缴或免缴减土地使用费的理由。

对非不可抗力造成缴费困难的外商投资企业申请缓缴土地使用费，须由企业提出申请，由《办法》第八条规定的土地管理部门审核批准，并报同级财政部门备案。申请缓缴土地使用费的企业，须向规划土地管理部门提供以下资料：

1. 申请缓缴的书面报告；

2. 经政府指定的审计部门审计的会计年报；

3. 制定缴费及付息计划；

4. 其他所需资料。

十二、对《关于调整外商投资企业土地使用费标准及土地等级的通告》，作如下规定：

1. 各级地段中的道路“两侧”是指道路两侧沿街牌号及弄号的范围；

2. 土地坐落在两条道路以上的，按主要道路的地段等级计算土地使用费；

3. 以道路作为区域性地区等级界限的，道路两侧均按高地段的标准计算土地使用费；

4. 一个企业用地在两处（含两处）以上，分属不同地段等级的，则分别按各地段等级标准及用地性质计算缴纳土地使用费。

十三、外商投资企业设立满五年后，均按市政府颁布的最新土地使用费标准每年缴纳。但《办法》第十三条第（二）款所列的情况除外。

十四、外商投资企业终止、歇业后，土地使用权无偿收回。但外商投资企业租赁房屋、场地的情况除外。

十五、《办法》实施后，外商投资企业订立“合同”中的有关条款与《办法》相抵触的，应按《办法》的规定执行。

上海市规划和国土资源管理局
2015年4月29日

第四节　房地产税费政策

关于调整个人住房转让营业税政策的通知

财税〔2015〕39 号

各省、自治区、直辖市、计划单列市财政厅（局）、地方税务局，西藏、宁夏、青海省（自治区）国家税务局，新疆生产建设兵团财务局：

为促进房地产市场健康发展，经国务院批准，现将个人住房转让营业税政策通知如下：

一、个人将购买不足 2 年的住房对外销售的，全额征收营业税；个人将购买 2 年以上（含 2 年）的非普通住房对外销售的，按照其销售收入减去购买房屋的价款后的差额征收营业税；个人将购买 2 年以上（含 2 年）的普通住房对外销售的，免征营业税。

二、上述普通住房和非普通住房的标准、办理免税的具体程序、购买房屋的时间、开具发票、差额征税扣除凭证、非购买形式取得住房行为及其他相关税收管理规定，按照《国务院办公厅转发建设部等部门关于做好稳定住房价格工作意见的通知》（国办发〔2005〕26 号）、《国家税务总局、财政部、建设部关于加强房地产税收管理的通知》（国税发〔2005〕89 号）和《国家税务总局关于房地产税收政策执行中几个具体问题的通知》（国税发〔2005〕172 号）的有关规定执行。

三、本通知自 2015 年 3 月 31 日起执行，《财政部、国家税务总局关于调整个人住房转让营业税政策的通知》（财税〔2011〕12 号）同时废止。

财政部
国家税务总局
2015 年 3 月 30 日

关于企业改制重组有关土地增值税政策的通知

财税〔2015〕5 号

各省、自治区、直辖市、计划单列市财政厅（局）、地方税务局，西藏、宁夏、青海省（自治区）国家税务局，新疆生产建设兵团财务局：

为贯彻落实《国务院关于进一步优化企业兼并重组市场环境的意见》（国发〔2014〕14 号），现将企业在改制重组过程中涉及的土地增值税政策通知如下：

一、按照《中华人民共和国公司法》的规定，非公司制企业整体改建为有限责任公司或者股份有限公司，有限责任公司（股份有限公司）整体改建为股份有限公司（有限责任公司）。对改建前的企业将国有土地、房屋权属转移、变更到改建后的企业，暂不征土地增值税。

本通知所称整体改建是指不改变原企业的投资主体，并承继原企业权利、义务的行为。

二、按照法律规定或者合同约定，两个或两个以上企业合并为一个企业，且原企业投资主体存续的，对原企业将国有土地、房屋权属转移、变更到合并后的企业，暂不征土地增值税。

三、按照法律规定或者合同约定，企业分设为两个或两个以上与原企业投资主体相同的企业，对原企业将国有土地、房屋权属转移、变更到分立后的企业，暂不征土地增值税。

四、单位、个人在改制重组时以国有土地、房屋进行投资，对其将国有土地、房屋权属转移、变更到被投资的企业，暂不征土地增值税。

五、上述改制重组有关土地增值税政策不适用于房地产开发企业。

六、企业改制重组后再转让国有土地使用权并申报缴纳土地增值税时，应以改制前取得该宗国有土地使用权所支付的地价款和按国家统一规定缴纳的有关费用，作为该企业“取得土地使用权所支付的金额”扣除。企业在重组改制过程中经省级以上（含省级）国土管理部门批准，国家以国有土地使用权作价出资入股的，再转让该宗国有土地使用权并申报缴纳土地增值税时，应以该宗土地作价入股时省级以上（含省级）国土管理部门批准的评估价格，作为该企业“取得土地使用权所支付的金额”扣除。办理纳税申报时，企业应提供该宗土地作价入股时省级以上（含省级）国土管理部门的批准文件和批准的评估价格，不能提供批准文件和批准的评估价格的，不得扣除。

七、企业按本通知有关规定享受相关土地增值税优惠政策的，应及时向主管税务机关提交相关房产、国有土地权证、价值证明等书面材料。

八、本通知执行期限为 2015 年 1 月 1 日至 2017 年 12 月 31 日。《财政部、国家税务总局关于土地增值税一些具体问题规定的通知》（财税字〔1995〕48 号）第一条、第三条，《财政部、国家税务总局关于土地增值税若干问题的通知》（财税〔2006〕21 号）第五条同时废止。

财政部

国家税务总局

2015 年 2 月 2 日

关于进一步发挥住宅专项维修资金在老旧小区和电梯更新改造中支持作用的通知

建办房〔2015〕52 号

各省、自治区住房城乡建设厅、财政厅，直辖市建委（房地局）、财政局，新疆生产建设兵团建设局、财务局：

根据《住宅专项维修资金管理办法》（建设部、财政部令第 165 号，以下简称《办法》）的有关规定，为进一步发挥住宅专项维修资金（以下简称维修资金）在老旧小区和电梯更新改造中的支持作用，提高维修资金的使用效率，维护维修资金所有者的合法权益，现将有关事项通知如下：

一、用好维修资金，支持老旧小区和电梯更新改造

老旧小区改造，有利于改善人居环境，提升人民群众的生活质量，促进城市的有机更新和持续发展，是惠及百姓的民生工程。老旧电梯更新，有利于方便业主居民的出行，消除电

梯运行的安全隐患，保障人民群众的生命财产安全。加大维修资金的投入，是建立老旧小区和电梯更新改造多方资金筹措机制的重要途径，有利于实现物尽其用，提高维修资金使用效率，发挥维修资金在保障住宅共用部位、共用设施设备维修、更新和改造中的积极作用。

二、明确使用范围，突出更新改造的目标重点

维修资金的使用，应当按照《办法》规定的使用范围和分摊规则，遵循方便快捷、公开透明、受益人和负担人相一致的原则。

在老旧小区改造中，维修资金主要用于房屋失修失养、配套设施不全、保温节能缺失、环境脏乱差的住宅小区，改造重点包括以下内容：

（一）房屋本体：屋面及外墙防水、外墙及楼道粉饰、结构抗震加固、门禁系统增设、门窗更换、排水管线更新、建筑节能及保温设施改造等；

（二）配套设施：道路设施修复、路面硬化、照明设施更新、排水设施改造、安全防范设施补建、垃圾收储设施更新、绿化功能提升、助老设施增设等。

在电梯更新中，维修资金主要用于运行时间超过 15 年的老旧电梯的维修和更换。未配备电梯的老旧住宅，符合国家和地方现行有关规定的，经专有部分占建筑物总面积三分之二以上的业主且占总人数三分之二以上业主（以下简称双三分之二）同意，可以使用维修资金加装电梯。

各地可以根据实际情况确定本地区老旧小区及电梯更新改造的标准和内容。

三、切实履行职责，加强维修资金使用的指导监督

使用维修资金改造老旧小区和更新电梯，应当按照《办法》第二十二条和第二十三条规定的程序办理。在使用维修资金过程中，各地住房城乡建设（房地产）部门应当加强对业主大会、业主委员会和物业服务企业的指导和监督，推行公开招投标方式选聘施工单位，引导第三方专业机构参与审价、监理、验收等使用管理工作，督促业主委员会和物业服务企业履行维修资金的用前表决、工程内容、验收结果及费用分摊等事项的公示义务，保证维修资金使用的公开透明。同时，应当督促建设单位或者公有住房售房单位，分摊未售出商品住宅或者公有住房的更新改造费用，强化落实住房城乡建设（房地产）部门或者街道办事处、乡镇人民政府组织代修的义务，以保证危及房屋安全的紧急情况发生时，老旧小区和电梯更新改造工作能够及时开展。

使用维修资金更新、加装电梯的，应当接受质监部门的技术指导和监督检查，应当取得质监部门出具的鉴定意见和验收合格证明。

使用维修资金开展老旧小区和电梯更新改造，应当符合财务管理和会计核算制度的有关规定。使用由财政部门负责管理的已售公有住房维修资金，业主委员会、物业服务企业或者公有住房售房单位应当向财政部门申请列支。

维修资金的使用和管理，应当依法接受审计部门的审计监督，并向社会公开审计结果。

四、优化表决规则，提高业主组织的决策效率

在老旧小区和电梯更新改造中使用维修资金，为解决业主“双三分之二”表决难题，降低业主大会和业主委员会的决策成本，提高业主使用维修资金的决策效率，各地可以根据《业主大会和业主委员会指导规则》（建房〔2009〕274 号）的有关规定，指导业主大会在管理

规约和业主大会议事规则中约定以下表决方式：

（一）委托表决：业主将一定时期内维修资金使用事项的表决权，以书面形式委托给业主委员会或者业主代表行使；

（二）集合表决：业主大会对特定范围内的维修资金的使用事项，采取一次性集合表决通过后，授权业主委员会或者物业服务企业分批使用；

（三）默认表决：业主大会约定将未参与投票的业主视为同意维修资金使用事项，相应投票权数计入已投的赞成票；

（四）异议表决：在维修资金使用事项中，持反对意见的业主专有部分占建筑物总面积三分之一以下且占总人数三分之一以下的，视为表决通过。

五、确保应急维修，及时消除房屋使用安全隐患

发生下列危及房屋使用和人身财产安全的紧急情况，需要使用维修资金对老旧小区和电梯立即进行更新改造的，可以不经过业主“双三分之二”表决同意，直接申请使用维修资金：

（一）电梯故障；

（二）消防设施故障；

（三）屋面、外墙渗漏；

（四）二次供水水泵运行中断；

（五）排水设施堵塞、爆裂；

（六）楼体外立面存在脱落危险；

（七）其他危及房屋使用和人身财产安全的紧急情况。

老旧小区和电梯更新改造需要应急使用维修资金的，业主委员会、物业服务企业或者公有住房售房单位向物业所在地的住房城乡建设（房地产）部门、公有住房维修资金管理部门提出申请。

没有业主委员会、物业服务企业或者公有住房售房单位的，可以由社区居民委员会提出申请，住房城乡建设（房地产）部门或者街道办事处、乡镇人民政府组织代修，代修费用从维修资金账户中列支。

住房城乡建设（房地产）部门、公有住房维修资金管理部门应当在接到应急使用维修资金申请后 3 个工作日内作出审核决定。应急维修工程竣工验收后，组织维修的单位应当将使用维修资金总额及业主分摊情况在住宅小区内的显著位置公示。

六、建设信息平台，保障业主的参与权和监督权

各地应当充分利用移动互联网、大数据和云计算等现代网络信息技术，建设业主共同决策电子平台，便于业主通过计算机和手机等电子工具参与小区共同事务决策，提高业主参与维修资金使用表决的投票率，保证计票的准确率，解决业主到场投票表决的难题。

各地维修资金管理部门应当建立统一的维修资金信息管理系统，推进维修资金归集、使用、核算、查询和监督等工作的信息化和网络化，逐步实现维修资金管理流程规范化、过程要件格式化、监督管理透明化，开辟方便快捷的查询渠道，切实保障业主维修资金的知情权和监督权。

为加大维修资金使用管理的公开力度，各地维修资金管理部门应当建立维修资金公告制

度，将本地区年度维修资金交存、支出、增值和结余等情况在当地政府网站、报刊等媒体上进行公告。各地住房城乡建设（房地产）主管部门应当指导监督业主委员会、物业服务企业建立维修资金公示制度，将本小区年度维修资金使用、增值和结余等情况在住宅小区内的显著位置公示。

七、加强统计分析，改革创新维修资金使用管理制度

2014年开始建立的维修资金归集、使用、增值和管理数据统计制度，是全面摸清维修资金底数，及时掌握维修资金管理动态信息，辅助维修资金监管工作和完善维修资金法规政策的基础性工作。各地维修资金管理部门应当高度重视此项工作，完善维修资金统计制度和信息报送制度，加强维修资金管理的动态监测和分析，全面、准确、及时汇总上报维修资金基础性数据信息。

在加大维修资金对老旧小区和电梯更新改造的支持力度的同时，各地应当以当前维修资金使用管理中存在的问题为导向，借鉴国内外先进经验，根据本地的实际情况，积极探索在维修资金使用中引入商业保险，在专户银行选择中引入市场竞争机制等制度创新，进一步发挥维修资金对于保障住房正常使用的积极作用。

中华人民共和国住房和城乡建设部办公厅

财政部办公厅

2015年10月17日

第五节　房地产金融政策

住房城乡建设部关于住房公积金异地个人住房贷款有关操作问题的通知

建金〔2015〕135号

各省、自治区住房城乡建设厅，直辖市、新疆生产建设兵团住房公积金管理委员会、住房公积金管理中心：

为落实《关于发展住房公积金个人住房贷款业务的通知》（建金〔2014〕148号）要求，推进住房公积金异地贷款业务，支持缴存职工异地购房需求，保障缴存职工权益，现就有关问题通知如下：

一、职责分工

（一）缴存城市公积金中心（含分中心，下同）负责审核职工缴存和已贷款情况，向贷款城市公积金中心出具书面证明，并配合贷款城市公积金中心核实相关信息。

（二）贷款城市公积金中心及受委托银行负责异地贷款的业务咨询、受理、审核、发放、回收、变更及贷后管理工作，并承担贷款风险。

（三）贷款城市公积金中心与缴存城市公积金中心要定期对异地贷款情况进行核对，掌握提取、还款、变更和逾期情况。

二、办理流程

（一）贷款城市公积金中心接受职工的异地贷款业务咨询，并一次性告知贷款所需审核材料。

（二）职工本人或其委托人向缴存城市公积金中心提出申请，缴存城市公积金中心根据职工申请，核实职工缴存贷款情况，对未使用过住房公积金个人住房贷款或首次住房公积金个人住房贷款已经结清的缴存职工，出具《异地贷款职工住房公积金缴存使用证明》。

（三）贷款城市公积金中心受理职工异地贷款申请后，向缴存城市公积金中心核实《异地贷款职工住房公积金缴存使用证明》信息真实性和完整性。核实无误的，应按规定时限履行贷款审核审批手续，并将结果反馈缴存城市公积金中心。缴存城市公积金中心对职工异地贷款情况进行标识，并建立职工异地贷款情况明细台账。

（四）缴存职工在异地贷款还贷期间，如住房公积金个人账户转移，原缴存城市公积金中心应及时告知贷款城市公积金中心和转入城市公积金中心。转入城市公积金中心应在接收职工住房公积金账户后，及时对异地贷款情况重新标识和记录。

（五）异地贷款出现逾期时，缴存城市公积金中心应配合贷款城市公积金中心开展贷款催收等工作，根据贷款合同可扣划贷款职工公积金账户余额用于归还贷款。

三、相关要求

（一）各省、自治区住房城乡建设厅要加强对住房公积金异地贷款业务的指导监督。各城市和新疆生产建设兵团住房公积金管理委员会要抓紧出台异地贷款业务细则，确保异地贷款业务有序开展。

（二）异地贷款业务缴存信息核实联系人要尽职尽责。缴存城市公积金中心和贷款城市公积金中心要相互配合，认真核实相关信息。如信息核实联系人、联系方式有变动，请以书面形式，及时报我部住房公积金监管司予以更新。

（三）我部将建设全国住房公积金异地贷款业务信息交换系统。各城市和新疆生产建设兵团公积金中心要按照异地贷款政策要求，抓紧开展信息系统升级改造，优化个人住房贷款业务流程，适应全国异地贷款业务信息化要求。

中华人民共和国住房和城乡建设部
2015 年 9 月 15 日

关于个人住房贷款政策有关问题的通知

银发〔2015〕98 号

为进一步完善个人住房信贷政策，支持居民自住和改善性住房需求，促进房地产市场平稳健康发展，经国务院批准，现就有关事项通知如下：

一、继续做好住房金融服务工作，满足居民家庭改善性住房需求。鼓励银行业金融机构继续发放商业性个人住房贷款与住房公积金委托贷款的组合贷款，支持居民家庭购买普通自住房。对拥有 1 套住房且相应购房贷款未结清的居民家庭，为改善居住条件再次申请商业性个人住房贷款购买普通自住房，最低首付款比例调整为不低于40%，具体首付款比例和利率水平由银行业金融机构根据借款人的信用状况和还款能力等合理确定。

二、进一步发挥住房公积金对合理住房消费的支持作用。缴存职工家庭使用住房公积金委托贷款购买首套普通自住房，最低首付款比例为20%；对拥有1套住房并已结清相应购房贷款的缴存职工家庭，为改善居住条件再次申请住房公积金委托贷款购买普通自住房，最低首付款比例为30%。

三、加强政策指导，做好贯彻落实、监督和政策评估工作。人民银行、银监会各级派出机构要按照“因地施策，分类指导”的原则，做好与地方政府的沟通工作，加强对银行业金融机构执行差别化住房信贷政策情况的监督；在国家统一信贷政策基础上，指导银行业金融机构合理确定辖内商业性个人住房贷款最低首付款比例和利率水平；密切跟踪和评估住房信贷政策的执行情况和实施效果，有效防范风险，促进当地房地产市场平稳健康发展。

请人民银行各分行、营业管理部、省会（首府）城市中心支行、副省级城市中心支行，各省（自治区、直辖市）银监局将本通知转发至辖区内城市商业银行、农村商业银行、农村合作银行、城乡信用社、外资银行、村镇银行。

中国人民银行
住房城乡建设部
中国银行业监督管理委员会
2015年3月30日

关于在沪工作的外籍人员、获得境外永久（长期）居留权人员和台湾香港澳门居民参加住房公积金制度若干问题的通知

沪公积金管委会〔2015〕10号

各住房公积金缴存单位：

为全面落实中央关于上海加快建设具有全球影响力的科创中心的新要求，实施更加开放的人才政策，进一步发挥住房公积金制度对在本市工作的外籍人员、获得境外永久（长期）居留权人员和台湾香港澳门居民（以下简称外籍、获得境外永久（长期）居留权和台、港、澳在沪工作人员）的住房保障作用，根据国务院《住房公积金管理条例》及《上海市住房公积金管理若干规定》，结合本市实际，现就有关事项通知如下：

一、与本市用人单位建立劳动（聘用）关系，并按照规定分别办理了上海市海外人才居住证（或原《上海市居住证》B证）、《外国人就业证》、《台港澳人员就业证》、《定居国外人员在沪就业核准证》等证件的外籍、获得境外永久（长期）居留权和台、港、澳来沪工作人员，在本人与单位协商一致的基础上，可按照本市现行规定缴存住房公积金，缴存基数和缴存比例等均按照本市现行规定执行。

二、外籍、获得境外永久（长期）居留权和台、港、澳在沪工作人员与本市用人单位解除或终止劳动（聘用）关系的，住房公积金账户封存、转移等情况按照本市现行规定执行。

三、外籍、获得境外永久（长期）居留权和台、港、澳在沪工作人员在本市发生购房、自住住房的房租或物业费等住房消费时，可按照本市现行住房公积金提取规定执行。

四、外籍、获得境外永久（长期）居留权和台、港、澳在沪工作人员在本市购买自住住房需申请住房公积金贷款的相关规定将另行制定。

五、住房公积金有关个人所得税按照国家税收有关规定执行。

六、本通知自发布之日起执行，有效期五年。

上海市住房公积金管理委员会

2015 年 9 月 24 日

第十七章 管理与服务机构

第一节 政府管理机构

【上海市住房和城乡建设管理委员会】根据《中共上海市委、上海市人民政府关于调整本市城市建设管理机构职能的批复》（沪委〔2015〕725 号）的规定，设立上海市住房和城乡建设管理委员会，为市政府组成部门。

一、主要职责

（一）贯彻执行有关住房、城乡建设和城市管理的法律、法规、规章和方针、政策；组织起草相关地方性法规、规章草案，并组织实施有关法规、规章。组织协调住房、城乡建设和城市管理领域综合性、系统性、长远性重大问题研究和重大政策的拟订并组织实施。负责组织行业发展重大改革工作。

（二）根据国民经济和社会发展总体规划、城市总体规划和土地利用总体规划，拟订住房、城乡建设和城市管理的发展战略、中长期发展规划和年度计划，并组织实施；协调拟订住房、城乡建设和城市管理各类行业发展规划，并组织实施；综合协调与平衡各层面市政基础设施建设管理规划；协调和平衡市政基础设施（除交通工程）年度项目建设计划，按照程序报批。

（三）组织编制市级城市维护项目年度预算安排计划，按照职责分工，加强对市级城市维护项目的监督管理；会同有关部门加强对区县城市维护资金使用的指导；参与住房保障和房屋管理有关资金的管理；参与公有住房出售价格、公有房屋租金标准调整；负责城市基础设施配套费的征收，并按照批准的年度计划使用和管理；参与研究住房、城乡建设和城市管理领域财政、价格政策；负责住房、城乡建设和城市管理领域统计管理、经济运行监测和分析；负责监督直属单位的财务管理、国有资产管理和内部审计等工作。

（四）会同有关部门做好城市建设和土地使用管理的衔接工作；会同有关部门组织开展城市基础设施项目实施可行性研究；会同有关部门审批政府投资项目的初步设计；负责建设工程抗震管理；参与确定本市重大工程项目，负责指导、组织、协调、推进重大建设工程的实施和目标考核；综合协调城市基础设施项目建设相关工作；组织指导、综合协调、督促检查黄浦江两岸开发工作；参与住房基地详细规划方案的审核以及土地招标、拍卖、挂牌文件中相关建设指标的确定。

（五）负责建筑市场综合监管和行业的行政管理；拟订监督管理建筑市场、规范市场各方行为的规章制度并监督执行；负责建筑市场工程报建、招投标监督管理与施工图设计文件审查的监督管理；负责建设市场各类企业资质、从业人员执业资格的管理以及从业单位与人员市场行为的诚信管理；负责房屋建筑和市政工程（除交通工程）的施工许可管理；负责建设市场管理信息平台的建设、运行管理；负责建筑市场的稽查工作；负责本市新建住房交付使用管理，对区县新建住房交付使用的审核工作实施监督检查。

（六）负责建材市场监管和行业的行政管理；制定建筑节能政策并监督实施，负责建筑节能、墙体材料革新和散装水泥发展及管理工作；组织研究制定住宅产业科技进步规划；组织新型建筑材料的认定和推广应用；拟订推进绿色建筑发展行动规划，推动建筑业转型发展，推进建筑工业化工作；协调、推进本市住宅产业现代化及节能省地型住宅产业发展。

（七）组织制定和调整发布工程建设、住房设计标准以及居住区公共服务设施标准、造价、定额和技术规范并组织对实施情况进行监督；组织拟订城市管理相关工作标准定额、技术规范；组织拟订村镇建设相关建设标准、技术规范等。

（八）承担本市建筑行业安全生产监督管理责任，制定建设工程质量和安全生产规章制度并监督实施；监督参建主体建立健全质量和安全管理体系；强化勘察设计质量管理；负责建筑企业安全生产许可管理；负责建筑材料和机械设备现场使用的质量安全监管；负责本市房屋质量管理；参与建设工程较大及以上质量、施工安全事故调查处理。

（九）统筹推进城市管理领域相关工作，指导督促市有关部门以及区县政府落实城市管理各项任务和各类标准定额；负责指导城市管理综合执法工作；负责城市网格化综合管理推进协调工作，承担城市网格化管理体系建设、运行和管理工作；统筹协调绿化林业、市容景观、环境卫生以及供排水等需要多部门协调联动的工作；综合协调市有关部门和区县政府共同推进城乡环境综合治理及城乡生态环境建设和管理等相关工作；负责“世界城市日”事务协调工作。

（十）负责燃气行政管理和行业管理；会同有关部门组织编制燃气专项规划并组织实施；综合协调地下空间使用管理；综合协调地下市政基础设施建设和管理；参与地下管线综合规划平衡协调，负责地下管线项目建设的监督管理；负责道路和公共区域照明设施的行政管理；组织或参与编制房屋建筑、市政工程、燃气、综合管线突发事故应急处置预案并实施，组织或参与相关事故调查处理；组织协调住房、城乡建设和城市管理重大事故的应急处置以及综合治理工作。

（十一）指导推进旧区改造和“城中村”改造工作，研究拟订相关政策，组织编制旧区改造和“城中村”改造规划和年度实施计划；协调指导区县和镇乡开展旧区改造、“城中村”改造和农村危旧房改造工作。

（十二）参与本市城镇体系规划编制；指导区县研究编制郊区城镇和村庄基础设施专业规划及村镇建设计划；协同市有关部门拟订村镇建设相关政策；指导推进郊区城镇化和村庄市政基础设施及人居环境建设；协调推进城镇化建设工作；协调指导农村村民集中居住及住房建设工作；负责优秀历史建筑的保护管理；负责历史文化名镇（村）和传统村落保护、利用和开发的政策拟订、指导协调等相关管理工作。

（十三）负责建立健全本市住房保障制度，拟订保障性住房建设筹措、房源管理、分配供应、使用管理等政策，拟订调整住房保障准入和退出标准并组织实施，组织协调市相关部门和区县政府保障性住房建设和筹措工作，负责保障性住房供应分配工作。负责拟订公有房屋管理政策并组织实施，负责公有房屋租金调整落实工作和公有住房出售工作，参与直管公房经营管理的监督和考核，负责本市住房制度改革及相关工作。

（十四）负责本市各类房屋物业管理的监督管理工作，综合协调推进住宅小区综合管理；指导监督业主委员会的建设和运作；负责本市物业服务企业和从业人员的监督管理；推进物业服务市场发展；负责本市住房专项维修资金和住宅物业保修金的监督管理。

（十五）负责各类房屋的修缮、改造和安全鉴定的行政管理；受上海市国有资产监督管理委员会的委托，负责直管公房资产的监督和管理；负责落实私房政策和私房历史遗留问题及宗教房产代经管理；会同市有关部门推进既有住房的功能完善。

（十六）制定本市国有土地房屋征收的规章制度并监督执行；对区县国有土地房屋征收与补偿工作进行业务指导和监督管理；协调推进国有土地上企事业单位征收补偿工作；参与组织对国有土地房屋征收违规行为的查处工作；负责农村低收入户危旧房改造工作。

（十七）组织开展房地产市场的监测分析，建立健全并组织实施本市房地产市场信息系统和预警预报体系；组织拟订房地产市场政策、措施并监督执行；按照权限负责房地产业相关的开发经营、交易相关主体及行为管理，包括房地产开发企业的资质管理、商品房预售许可和现售备案、存量房转让合同网签备案、交易资金监管、房屋租赁管理，以及房地产开发、估价、经纪相关的行政管理。

（十八）负责拟订本市房屋产权管理制度并指导监督；负责本市房屋产权管理、楼盘表和房屋面积管理、房屋交易与产权档案管理等工作；负责房屋权属信息系统、楼盘表及房屋面积数据库的建设维护管理工作。

（十九）负责制定住房配套建设管理制度及相关实施办法，监督指导住房配套设施建设管理；组织拟订保障房配套建设综合性政策，协调大型居住社区内外市政配套建设工作。

（二十）负责拟订住房公积金管理法规、政策并对执行情况进行监督，承担市住房公积金管理委员会的日常管理工作，监督住房公积金和其他住房资金的管理、使用和安全。

（二十一）组织指导协调并监督住房、城乡建设和城市管理的行政执法工作；依法对各种违法行为进行行政处罚。

（二十二）推进住房、城乡建设和城市管理领域科技进步；指导监督住房、城乡建设和城市管理职业技术教育培训工作；协调推进住房、城乡建设和城市管理信息化建设；负责住房、城乡建设和城市管理综合资料的收集、统计和分析，制订发布住房、城乡建设和城市管理行业发展报告。

（二十三）承担有关行政复议受理和行政诉讼应诉工作。

（二十四）承办市政府交办的其他事项。

二、内设机构

根据上述职责，上海市住房和城乡建设管理委员会内设24个处室，分别是：办公室、政策研究室、法规处、综合计划处、综合规划处（市抗震办公室、浦江两岸开发协调处）、科技信息处、工程建设处（市重大工程建设办公室）、建筑市场监管处（稽查办公室）、建筑节能和建筑材料监管处（市建材业管理办公室）、标准定额管理处、质量安全监管处、城市管理处、村镇建设处、设施管理处（燃气处）、住房保障管理处（市廉租住房管理办公室）、住房配套管理处、房地产市场监管处（房产权籍管理处）、物业管理处、房屋修缮改造和安全监督处（历史建筑保护处）、落实私房政策处、旧区改造和房屋征收监管处、审计处（公积金处）、应急保障处、信访办公室。

【上海市规划和国土资源管理局】根据《中共中央办公厅国务院办公厅关于印发〈上海市人民政府职能转变和机构改革方案〉的通知》（厅字〔2014〕20号）的规定，设立上海市规划和国土资源管理局，为市政府组成部门。

一、主要职责

（一）贯彻执行有关城乡规划、土地、地质矿产的法律、法规、规章和方针、政策；研究起草有关城市规划编制和规划实施、土地、地质矿产的地方性法规、规章草案和政策，并组织实施。

（二）参与编制社会、经济发展与城市建设中长期规划和年度计划；根据本市国民经济和社会发展总体规划，具体组织编制城市总体规划、分区规划、重要地区的详细规划及市政府其他指令性规划，对其他专业系统规划进行综合协调与平衡；指导区县编制职责范围内的各类规划；依法审核、审批各类规划。

（三）根据本市国民经济和社会发展总体规划，研究制定土地利用总体规划、矿产资源保护与合理利用规划、地质灾害防治规划等中长期规划；负责编制并组织实施地质勘查年度计划；会同市有关部门，编制土地开发利用年度计划，经批准后组织实施。

（四）负责城市地名、城市规划设计、城市建设档案等管理工作，组织实施重大问题调研；领导、指导测绘管理部门开展测绘管理工作；负责城市规划设计单位的资质管理工作；负责历史文化名城、历史风貌保护区、历史文化名镇、优秀历史建筑和市级以上历史文物古迹的规划管理工作。

（五）依法实行建设项目选址意见书、建设用地规划许可证、建设工程规划许可证管理制度；对建设项目审批后到竣工验收前规划执行情况实行跟踪监督。

（六）负责土地使用权和集体土地所有权登记管理工作，负责地籍和土地利用现状调查管理，依法对土地权属争议进行调处，指导建立地籍数据库和土地利用现状数据库。

（七）统一管理城乡土地资源，确保本市耕地保有量和基本农田面积不减少，保障农业生产发展的需要；负责城镇建设用地规模的总量控制和用途管制，并承担监管责任；依法负责土地划拨、征收征用、农用地转用、政府土地储备等各类建设用地以及土地开垦、整理、复垦的审批和管理。

（八）组织实施城市规划、土地、地质矿产的行政执法工作；依法对各种违法行为进行行政处罚；依法处理各类城市规划、土地、地质矿产的纠纷。

（九）依法负责土地收回、土地储备和各类建设用地的审批和管理，拟订并实施节约集约用地评价；研究制定深化土地使用制度改革的政策措施，并按规定组织实施土地使用权的出让、租赁、作价出资、转让、交易和政府收购的管理；指导农村集体非农土地使用权的流转管理。

（十）依法管理矿产资源的开发、利用和保护；承担矿产资源储量及其探矿权、采矿权的管理；征收矿产资源补偿费；负责地质勘查、地质灾害防治、地质遗迹保护的行业管理和具体实施；负责地质环境调查、监督和管理；负责地面沉降的监测和防治，并承担监管责任；会同市有关部门，按规定负责矿泉水和地热资源开采中有关管理职责。

（十一）加强国土资源资产管理；建立基准地价等公示地价制度，依法参与管理土地、矿产等资源性资产；负责土地储备资金收支预算的审核，负责编报年度土地出让收支决算及土地储备资金收支项目决算，负责编制市级土地出让收入支出预算，负责本市土地储备成本认定工作，负责本市地质矿产资源费用的征收使用。

（十二）承担国土资源服务行业监管职责；监测土地市场和建设用地利用情况，监管地价，参与拟订涉及国土资源的调控政策和措

（十三）承担有关行政复议受理和行政诉讼应诉工作。

（十四）承办市政府交办的其他事项。

二、内设机构

上海市规划和国土资源管理局机关行政编制为220名。其中，局长1名、副局长5名、总工程师1名，正副处级领导职数55名。非领导职数按照《公务员法》有关规定设置。下设十八个处室，分别是：办公室（政策研究室、外事办、信访办）；组织人事处；政策法规处；财务管理处；科技管理处（总师办）；总体规划管理处；详细规划管理处；建筑规划管理处；市政规划管理处；监督管理处；历史风貌保护处（城市雕塑管理处）；地名管理处；土地综合计划处（耕地保护处）；土地利用处；土地权籍管理处；矿产资源管理处（地质环境和勘查管理处）；行政许可处；监察室；直属机关党委（文明办）、工会、团委。

第二节　行业协会与学会

【上海市房地产行业协会】成立于1986年1月（成立之初为上海市房地产业协会），是上海改革开放后最早成立的一批协会之一。2004年7月与上海市住宅产业协会合并为上海市房地产行业协会。

协会的业务范围：房地产开发经营的行业调研、行业培训、行业评比、优秀住宅评选、会展服务、中介咨询、国内外行业信息交流和编辑出版等。

围绕“提供服务、反映诉求、规范行为”的办会宗旨，近几年来，本协会在提供服务的过程中将“规定动作”和“自选动作”相结合，努力提高为会员企业的服务水平。

【上海市房产经济学会】成立于1981年5月，现有5000多名会员。设有秘书处、学术部、咨询服务部、编辑部、组织联络部等职能部门。学会在坚持改革开放、从计划经济向市场经济转变、建设有中国特色社会主义的前提下，进行房地产经济理论的研究与探索。在实践发展中，不断地研究其发展轨迹，并作出新的理论概括，以新的理论指导新的实践，推动上海房地产经济的发展。与此同时，学会也取得了丰硕的科研成果，并初步形成房地产经济理论的框架体系。学会的理论刊物为《上海房地》（有刊号，公开发行），信息刊物为（房地产研究与动态》。学会有18个分会和8个专业委员会，覆盖全市各区（县）和有关高校、科研、金融、企事业、综合、经济管理等部门，形成了一支房地产经济理论研究的骨干队伍，为上海房地产经济理论研究与发展奠定了基础。

【上海市土地学会】上海市土地学会是上海市从事土地管理、土地科技、土地经济理论

研究和土地开发经营等专业人员及相关单位自愿组成的学术性、非营利性的社会团体法人。上海市土地学会成立于 1989 年 3 月 16 日。登记管理机关是上海市社会团体管理局；业务主管单位是上海市社会科学界联合会；挂靠上海市规划和国土资源管理局。协会接受上述单位的业务指导和监督管理。

学会设有办公室、学术部、咨询服务部、《上海土地》编辑部四个工作部门。本市各区县设有上海市土地学会联络处；根据工作需要，还设立了若干专业委员会等分支机构。2011 年 1 月 17 日，上海市土地学会召开第六次会员代表大会选举产生了上海市土地学会第六届理事会及其新的领导班子。

【上海市房地产经纪行业协会】成立于 1996 年 12 月。协会由本市房地产居间介绍、代理营销、咨询策划、金融服务、信息服务等机构，相关企事业单位和在沪注册的中华人民共和国房地产经纪人，依法自愿组成的全市性行业组织，是实行行业服务和自律管理、具有法人资格的非营利性社会团体。协会单位会员基本涵盖全市有一定规模、良好品牌的房地产经纪骨干企业。

2010 年 10 月 12 日第三次会员大会通过的《章程》第二十二条规定：协会会长由房地产经纪企业经营者或业内专家担任，实行届内轮值制。新一届理事会选出两位轮值会长，同时确定轮值次序，第一位的任期为换届履职之日起两年，第二位的任期为接任履职期到届满。常务副会长、副会长每届四年，驻会常务会长、副会长连任不得超过两届。《章程》第二十三条规定：协会常务副会长为法定代表人。协会宗旨：发挥提供服务、反映诉求、规范行为的作用，促进房地产经纪行业的繁荣和健康发展。多年来，协会积极发挥“服务、代表、自律、协调”的职能，2005 年，被评为上海市先进民间组织，2006 年被中国房地产行业协会评为优秀行业协会。为会员单位服务是行业协会应尽的职责。面对新情况，解决新问题，上海市房地产经纪行业协会做了许多努力。

【上海市房地产海外联谊会】成立于 1989 年 8 月 19 日，其业务主管部门为上海市房屋土地资源管理局。主要职能是：起到海内外房地产及相关行业投资与政府部门之间的一个桥梁作用，并为广大投资者做好服务及促进工作，为上海房地产的振兴持续发展作贡献。主要任务为：一、发展对外联系，沟通上海与港、澳、台同胞，海外侨胞，外籍华人及其商会、同行会、校友会等社会团体之间的联系。二、开展对外宣传，招商引资，为外商投资开发上海牵线搭桥。三、提供咨询服务。为到上海开发的外商申报有关报批手续；提供营销策划、咨询服务、中介服务、物业管理、办理权证等从土地批租到商品房销售的“一条龙”服务。四、沟通信息，将房地产及相关行业的法律、法规、楼盘及中介咨询信息等，适时提出市场分析，并汇总相关资料定期汇编成册（《房地产海联会专版》），分发给会员单位及相关部门。五、协助政府及时了解外商意见及建议，同时传达政府有关政策法规，组织各种大型研讨会，沟通外商投资者与政府间的对话。六、开展对外经济技术文化艺术等民间交流，每年定期举行有关房地产政策、信息、市场分析等方面的讲座及讨论会；组织国内外考察交流活动。

【上海市物业管理协会】成立于 1994 年 12 月，2006 年 4 月 26 日经会员代表大会通过，更名为上海市物业管理行业协会，英文缩写为 TASPM。

协会由上海市物业管理企业、注册物业管理师以及相关企事业单位自愿组成，是实行行业服务和自律管理的非营利性社会团体。协会接受上海市住房保障和房屋管理局、上海市社团管理局管理。

协会的宗旨是：遵循国家有关法律、法规、规章和政策，引导、培育和发展上海市物业管理市场，为会员提供服务，维护会员合法权益，倡导行业自律和公平竞争，促进本市物业管理行业的繁荣和健康发展。

协会的最高权力机构为会员代表大会，执行机构为理事会。秘书处为理事会的日常办事机构，下设综合管理办公室、培训部、咨询服务部、信息部、协调指导部和鉴定部六个部门。同时协会根据本市区县设置，下设 18 个工作委员会，目前共有会员单位千余家。

协会旨在发挥政府和企业的桥梁、纽带作用，宣传和贯彻国家和本市关于本行业的法律、法规和政策，协助政府主管部门进行行业调查和立法调研，参与行业政策和立法的论证和听证；制定并监督执行本行业的自律措施，倡导公平竞争，维护会员权益；为政府、行业、会员之间沟通信息，对会员关心的热点、难点问题开展调研，反映会员的呼声和建议；协同有关部门调解会员与会员、非会员或者消费者之间的重大争议；组织行业培训，提高从业人员素质；收集和整理国内外本行业技术、市场信息、行业动态和经营管理经验，定期出版行业刊物；开展与行业相关的各类咨询服务，举办会展招商等市场推广活动，帮助会员拓展市场；开展与国内外同行业社会团体、经济团体之间的交流和合作；根据政府有关部门要求，进行企业资质和从业人员资格管理，进行企业、管理项目和从业人员评比，对物业收费价格进行评估和协调，进行行业调查统计，推进行业技术标准的制定。

【上海市房地产估价师协会】于 1997 年 1 月 16 日成立，通过了协会章程，选举产生了第一届理事会，张重光任首届会长。2001 年 3 月 23 日，协会召开了第二届会员大会，审议修改了协会章程，选举产生了第二届理事会，吴赛珍任第二届会长。

上海市房地产估价师协会（英文简称：SREAA）是由在上海市注册执业的房地产（土地）国家机构和从事房地产估价工作的注册房地产估价师、土地估价师组成的社会团体。依照中华人民共和国和国务院颁布的《社会团体登记管理条例》的规定，本协会已在上海市社会团体管理局登记，领取社会团体法人登记证书，取得社会法人资格。

【上海市房地产估价师协会（房屋拆迁估价专家委员会）】是上海市房地产估价师协会的分支机构，已经上海市房地资源局、上海市社团管理局审核，于 2002 年 4 月 30 日批准成立。2002 年 4 月 11 日协会二届二次常务理事会议审定了首批专家委员会名单（30 名）。2002 年 6 月 21 日，协会二届三次理事会议选举产生了专家委员会主任、副主任。

【上海市装饰装修行业协会】成立于 2002 年 4 月，是由原上海市建筑装饰协会和上海市家庭装饰行业协会归并组建而成的行业性、非营利性的社会团体。协会遵守国家的法律、法规，接受政府委托，承担对本市装饰装修行业的行业管理开展行业统计、行业调查、行业评比，发布行业信息、公信证明、价格协调、行业准入资格审核等项活动。

第十八章 学术研究机构

【复旦大学房地产研究中心】成立于1994年，是国内高校中著名的房地产经济研究机构。中心主要研究我国房地产经济走势及政策，也为各级政府和境内外机构提供决策咨询。中心先后完成多项省部级纵向研究课题和近百项地方政府和企业委托的横向研究课题，为政府决策提供多项咨询报告，出版多部房地产业、房地产金融和房地产政策相关的专著，在报刊发表文章数百篇，经常在新华社、中央电视台、凤凰卫视等境内外主流媒体发表观点和意见，深受各级政府、企事业单位和广大群众的关注和重视，在国内具有崇高的学术地位和影响。中心自成立以来，为各级政府、金融机构和房地产行业输送了大量的人才。它通过组织定期和不定期的内部交流，已经成为圈内联系紧密、公信力卓著、渠道资源专享的圣殿。尤其是，2010年中心专门成立了分支机构——复旦大学商业地产研究所。目前复旦大学房地产研究中心主任和商业地产研究所所长由复旦大学经济学院尹伯成教授担任。

【东方房地产学院】由华东师范大学、建设部房地产业司、上海市房屋土地管理局、建设银行上海分行、中房上海总公司于1995年联合创立。

学院坚持“产学研结合、育人为本、科研领先、紧贴行业、争创一流”的办学理念，经过近20年的发展，目前学院已经建立了结构完善、层次分明、专业互补的学科研究梯队，聚集了近20名教授、副教授或具有博士学位的专业教学和研究人员，并形成了从本科到硕士、博士、博士后的完整的教学体系。在房地产经济理论研究、学科建设、人才培养、为政府决策咨询及行业改革发展服务等方面，均取得了政府部门和房地产界的广泛认可，东方房地产学院已是我国房地产领域内知名的学科名牌。

学院实行董事会领导下的院长负责制。第三届董事单位由华东师范大学、上实城开（0563.HK）、中华企业（600675.SH）、嘉凯城集团（000918.SZ）、旭辉股份（00884.HK）、复旦复华（600624.SH）、西藏城投（600773.SH）、中铁置业集团、吴中地产集团、联银恒通基金、易居房地产研究院等单位组成。南极论坛秘书长蔡育天先生出任董事长、张永岳教授出任院长；龙胜平、华伟出任常务副院长、顾志敏、彭加亮出任副院长、谢福泉出任董事会秘书。

【上海财经大学不动产研究所】上海财经大学不动产研究所成立于1998年，具有悠久历史，成果卓著。本所以上海财经大学从事房地产领域研究的教师为核心研究人员，有大量国际国内权威房地产专家作为兼职研究人员。创始人、首任所长和荣誉所长为王洪卫教授（现任上海金融学院院长），现任所长为姚玲珍教授（上海财经大学副校长）、执行所长陈杰教授。

【上海易居房地产研究院】2005年正式成立，院长为张永岳，是本市首家具有独立法人实体地位的民办非企业的专业房地产研究机构。研究院致力于深入探索房地产行业研发系统的创新，不断加强房地产业领域重大理论和应用问题的研究，持续推动房地产产学研一体化的发展，以求建立较为完善的房地产研究运作机制。目前，该院设立了市场研究中心、教育培训中心、技术开发中心、投资咨询中心四个职能机构。此外，研究院还设立了产业环境、地产营销、建筑产品等研究室及开放式公共服务平台，以便能对一些前沿课题进行专题研究和深入探索，并吸引相关领域的行业专家进行研发创新及教育培训。

【上海社会科学院房地产业研究中心】成立于1988年，由上海社会科学院会同政府管理部门和著名房地产企业组成的专业研究机构。研究重点集中在房地产业和房地产市场的重大理论与实际问题。既为政府提供政策研究，也为企业发展与项目决策提供咨询。

【上海大学房地产学院】是由上海大学与上海市房屋土地资源管理局联合组建的专业学院，于2004年5月正式揭牌，同年首次招收计划内全日制本专科生。

学院实行董事会领导下的院长负责制。董事会由上海大学、上海市房屋土地资源管理局及投资企业组成。由上海市房屋土地资源管理局与上海大学主要领导担任董事长，聘请国家建设部副部长刘志峰、国土资源部副部长李元、市人大常委会副主任刘伦贤、市人大城市建设与环境保护委员会副主任姜夔富等领导担任顾问，并将聘请有关知名人士、企业家担任名誉董事。

院长受董事会委托全面负责学院的教学与日常行政管理工作，定期向董事会述职。高校与行业联办的管理体制，对学院培养适合社会经济发展需要的应用型人才以及学院的发展带来了得天独厚的活力。

【上海市房地产科学研究院】上海市房地产科学研究院始建于1975年3月，是一所在全国房地产行业中创立最早、规模最大、专业设置齐全、技术力量雄厚的科研院所。建院30多年来，房科院已逐渐发展成为一个多学科、综合型的科研院所。自1985年房科院被确定为上海科研系统科技体制改革试点单位以来，房科院在体制机制、学科建设、人才培养与引进、经济效益等方面均取得了一定的成绩。其中，在科研工作方面共获得9项国家建设部级的科技成果奖、12项上海市科技进步奖、19项专利。目前房科院的业务范围涉及房地产经济研究、历史建筑保护、房屋质量检测评估、既有建筑综合改造、住宅产业现代化、建筑结构加固工程、房屋防水及新型材料等。同时还受建设部，开展对全国房地产行业技术标准进行归口管理。房科院坚持以科学发展观统领自身的发展，以科技创新为先导，以面向行业，面向市场，服务社会为宗旨，注重功能定位，为适应房地产行业飞速发展和房科院自身发展的需要，促进科学研究、产品开发、技术服务相结合，提高房科院科技创新能力，起到引领房地产行业科技创新的作用。

第十九章　优秀企业展示

【上海地产（集团）有限公司】成立于2002年，是经上海市委、市政府批准的国有企业集团公司，旗下有170多家企业，业务范围横跨房地产、保障房建设、滩涂储备、开发建设管理等多个领域，在市场运作的同时，承担着大量市政府赋予的职能和交办的任务。

根据市委市政府对地产集团功能类企业定位和要求，综合分析集团现有条件和资源，地产集团的未来发展方向分为“两个平台”和“八大板块”，重点在于构筑生态、生产、生活高度融合的城市更新平台，从国际化、专业化和市场化三个方面入手打造核心竞争力。

上海地产集团未来将用前瞻性的眼光和市场化的手段，以更高的效率和更可持续的方式在更高的层次服务市委市政府，构筑生态、生产、生活高度融合的城市更新平台，从国际化、专业化和市场化三个方面入手打造核心竞争力，在服务市委市政府大局中做强、做优、做大房地产集团，为上海城市功能完善和城市面貌改变作出应有的贡献。

【上海城建置业发展有限公司】是上海城建集团全资子公司，拥有房产开发一级资质，获评2012年中国房地产百强企业“百强之星”，位列上海市房地产开发50强企业第16位。

公司秉承“质量第一，诚信至上”的核心价值观，以“专业化、纵深化、市场化”的发展理念，先后开发建设了古北瑞仕花园、金桥瑞仕花园、悠和家园、瑞和新苑、沪东商业中心、城建国际中心、城建地产大厦、瑞和宜山大厦、瑞和国顺大厦等100多万平方米的优秀住宅和高档写字楼。至今，公司累计开发面积近1 250万平方米，在市场上逐步形成了以中档商品房为主的“瑞和”及以高档精装修住宅为主的“瑞仕”两大品牌。

开发建设的楼盘曾先后荣获“上海最受欢迎楼盘综合金奖”“十大国际品质楼盘”“建设部中国住宅经典示范楼盘”“上海市优秀住宅金奖”“上海市‘四高’优秀住宅小区”“首届上海十大经典全装修示范楼盘”“首届全国新时代优秀规划建筑设计方案全国优秀商务楼金奖”“上海市‘白玉兰’奖”“中国建筑工程‘鲁班奖’”等多项殊荣。

目前公司在建的楼盘有浦江大型居住社区保障房项目、青浦华新及徐泾北配套商品房项目、嘉定云翔大型居住社区经适房项目、大宁瑞仕花园、安亭瑞仕华庭、无锡渔港瑞仕花园、无锡蠡湖瑞仕花园、上海城建大厦、城建路桥研发中心等，共计开发面积达370多万平方米。

公司始终以企业战略引领业务发展，以质量促效率、以质量提品质、以质量树口碑，努力实现社会效益和经济效益的双丰收，为打造城建房产品牌，推进上海的住房建设，构建和谐社会不断作出贡献。

【上海古北（集团）有限公司】原名上海古北新区联合发展有限公司，1986年，由市建委批准，中华企业公司、长宁住宅建设综合开发公司和浦江工程承包公司共同投资组建，负责规划并实施136.6公顷古北新区的开发建设，开发模式为一级土地开发。2001年中华企业股份有限公司收购至占87.5%股权，上海新长宁集团公司占12.5%的股权。公司注册资本为 20 930 万元，拥有房地产城市综合开发二级资质。

28 年来，公司在负责 136.6 公顷的古北新区的开发建设中，力求规划设计超前，布局先进合理。至 20 世纪末完成了古北一期约 185 万平方米具有欧陆风格楼宇的建设，率先在上海营造了国际化大都市高尚住宅区，1995 年被评为“九十年代上海十大新景观”之一，1999 年被评为新中国 50 年上海最佳住宅小区。跨入新世纪，公司以更科学的态度规划和建设了古北二期约 103 万平方米的新古北国际社区，以黄金城道步行街为中轴线的布局，为居住者提供了交流、休闲、活动和购物的空间，延续和提升了古北新区独特的人文环境，古北新区二期被评为中国社区规划示范住宅。古北新区在上海乃至全国享有广泛的影响，来自 36 个国家和地区的境外人士在此居住，成功地创建了古北品牌。正在进行的古北新区三期 26.6 公顷商务用土地开发建设中，由公司开发的建筑面积约 23 万平方米。古北新区三期建筑设计基本理念在于把自然和都市、文化和艺术、工作和购物融为一体，开发建造具有浓郁国际商贸文化的智能化生态商业综合建筑楼群，为海内外成功人士创造和搭建国际商贸活动和文化交流的平台。公司建成的古北国际财富中心一期（9-4 地块）、古北国际财富中心二期（9-3 地块）已成功吸引包括日本高岛屋百货在内的众多世界知名企业入驻。

公司在积极推进古北新区建设的同时，努力拓展房地产开发业务，先后在苏州、青浦、宝山、嘉定、浦东新区开发低密度别墅、高级公寓、保障房等项目建设，为古北品牌再铸辉煌。

在未来的日子里，公司将秉承客户至尊，品质建筑，绿色环保，关爱世界的企业理念，继续为客户、为股东、为社会创造价值。

【上海东苑房地产开发（集团）有限公司】起步于 1993 年，是一家致力于上海城市化建设、推动住宅发展的综合性房地产开发集团，下辖房地产开发、营销代理和物业管理等十多家全资及合资子公司，具有房地产开发一级资质。

十几年来，东苑集团一直秉承“发展住宅产业，营造居住文化”的先进理念，在绿化环境、建筑风格、商业氛围等方面，将居住者的文化、功能需求全面加以渗透，以卓越的品质、诚信的作风和创新的思维，为“创造诗意生活新空间”而不懈努力。2003 年上海东苑房地产开发（集团）有限公司荣获首届上海市房地产开发企业 50 强第七位，2004 年上海东苑房地产开发（集团）有限公司荣获“2004 年度上海房地产关注品牌（商标）”，2005 年上海东苑房地产开发（集团）有限公司荣获年度中国建设系统企业信用 AAA 级。

东苑集团近年来的开发总量和综合排名，均获得上海房地产开发企业前 50 强之誉。如今已相继开发了东苑绿世界、东苑半岛花园、东苑世纪名门、东苑现代缘墅、塞纳左岸、东苑新天地、东苑米蓝城等超过百万平方米的数十个社区，并获得各种荣誉几十项。开发的项目受到了普遍赞誉和一致好评，并深受消费者的欢迎和喜爱。

早在 1998 年公司开发的东苑锦都花园荣获上海优秀住宅房型奖，2000 年开发的东苑绿世界荣获年度“四高”优秀小区，2000 年开发的东苑半岛花园荣获“创新风暴”全国住宅设计“综合金奖”、“全国人居经典”综合大奖、第三届“上海优秀住宅”绿化景观奖，2002 年开发的东苑世纪名门荣获年“四高”优秀小区，2003 开发的塞纳左岸荣获第三届“上海市优秀住宅”银奖、上海市“四高”优秀小区称号，2005 年开发的东苑米蓝城荣获 2005

上海优秀生态水景住宅“金巢奖”，2006年开发的东苑福邸获得中国上海成熟社区最佳人气户型奖。

【绿地集团】绿地控股集团股份有限公司（简称为“绿地”或“绿地集团”）是一家全球经营的多元化企业集团，创立于1992年7月18日，总部设立于中国上海，在中国A股实现整体上市（600606.SH），并控股多家香港上市公司。

以2000万元注册资金起步，绿地集团历经24年蓬勃发展，资产规模突破6 000亿元，连续5年入榜世界企业500强……在改革开放大潮中应运而生、搏击成长，以超常规式的发展走出了一条富有时代烙印和自身特色的发展路径。

绿地目前已在全球范围内形成了“以房地产开发为主业，大基建、大金融、大消费等新兴产业并举发展”的多元经营格局，实施资本化、公众化、国际化发展战略，旗下企业及项目遍及全球四大洲十国百城。

绿地正努力成为一家主业突出、多元发展、全球经营，产业与资本双轮驱动，并在房地产、金融、地铁等若干行业具有领先优势的跨国公司，真正从“中国的绿地”成长为“世界的绿地”。

绿地先人一步的国际化步伐迸发出巨大能量，深耕中国几乎所有省市自治区，广泛布局美国、澳大利亚、加拿大、英国、德国、日本、韩国、马来西亚等海外国家，着力塑造品牌国际声望与全球竞争力，并通过参与全球市场竞争，淬炼激发出深化转型的蓬勃活力。未来的绿地将以培育世界级企业为目标，力争在经济全球化背景下，真正成就中国企业的未来无限。

绿地依托房地产主业优势，积极发展大基建、大金融、大消费及新兴产业等关联板块集群，实现“3+X”综合产业布局，保障企业平衡经济波动、实现持续增长。“一业特强、多元并举”的多元产业板块，更有利于绿地充分打通并嫁接各产业板块优势，打造稳健增长、基业长青的“绿地系”企业群。

绿地坚持产业经营与资本经营并举发展，实体产业与金融、投资之间的协同效应日益放大，已实现国内A股整体上市（600606.SH），并控股多家香港H股上市公司，构筑起境内外资源整合的资本平台。未来，绿地金融将涵盖保险、信托、证券、银行等金融领域，打造“资金＋资管”产业链，使产融结合发挥更强发展动力。

【上海卫百辛（集团）有限公司】成立于1996年的国有独资公司，注册资本32.5亿元人民币，具有国家房地产开发企业二级资质，经营管理范围涉及房地产开发、物业管理、旧住房成套改造、动拆迁等惠及民生的工程，连续16年获得“上海市重点工程实事立功竞赛优秀公司”荣誉称号，并先后被评为上海市厂务公开民主管理工作先进单位、上海市双拥模范先进集体、上海市群众体育先进单位、上海房地产18年杰出贡献企业。公司自成立以来，秉承“便民利民为百姓、创业创新求发展”的企业精神，以“建设和谐社区”为己任，用心打好“服务民生”这张牌，承担好杨浦区680多万平方米直管公房（含售后公房）的授权经营，在各项民生工作的推进中，不断提升服务意识和技能水平，不断深化“卫百辛”品牌中

“为百姓服务”的内涵。近年来，公司在关注企业社会责任的同时，积极谋求自身发展，拓展多种业务经营，实现了经济效益和社会效益的双提升。公司党政领导班子将携手全体员工，以十八大精神为引领，加快企业经济结构的转型，以更加饱满的工作热情、更加昂扬的精神状态投入杨浦国家创新型试点城区建设，为杨浦的繁荣稳定再作贡献。

【上海闵行房地（集团）有限公司】上海闵行房地（集团）有限公司成立于1996年12月，是一家集房地产投资、开发、经营等相关服务为一体，以及股权投资等多元发展的企业集团。上海闵行置业发展有限公司成立于2002年4月，是国家二级资质房地产开发企业，现位列上海房地产开发企业50强。上海闵行置业发展有限公司担负起了上海闵行房地集团房地产开发业务的重任。

作为上海最早从事房地产开发经营管理的房地产企业集团，上海闵行房地集团始终致力于旧城改造和房地产综合开发，从单一住宅区开发到商业综合体开发，从古镇的保护性开发到历史人文建筑的修缮保护，见证了上海西南城区变化的历程，推动城区发展的步伐。在房地产开发经营的核心业务方面，上海闵行房地集团，上海闵行置业发展有限公司已形成城市大型生态社区、古典民族建筑、城市商业体、旅游地产四大产品体系。住宅地产“凤凰城”“丽都城”“枫桦景苑”，旅游地产“御前街”、古典民族建筑“江南御府”、商业地产“置业广场”“金平广场”，保障性住房“源枫景苑”，旧城改造项目“华夏茗苑”“星河景苑”已成为沪上享有知名度和影响力的房地产项目。

上海闵行房地集团、上海闵行置业发展有限公司拥有一支在房地产开发、经营、管理，以及建筑、规划、设计、景观等方面经验丰富的高素质员工队伍，还有来自高校院所、科研机构等领域具有社会影响力的专家团队，并形成了完整的设计、开发、建设、物业管理产业链。

2014年，上海闵行置业发展有限公司实施海外发展战略，在澳大利亚成立了全资子公司，并以SHMH（上海闵行）品牌命名。目前，已获得悉尼Eastwood、ElizabethBay、Waterloo，以及Penrith 四城区4个大中型住宅项目，总计可建住宅超过2 300套以上。2015年11月10日，位于Eastwood的“Vantage”项目率先破土动工，奏响了上海闵行房地集团、上海闵行置业发展有限公司拓展海外市场的序曲。

上海闵行房地集团秉承“诚信、守法、务实、开拓”的企业宗旨，融汇东西方居住理念，关注和强调人与自然的协调，关注人类生态系统的稳定和发展，重视和珍惜每一次的土地开发活动，不断探索符合社会需求的居住理念并付诸实践，形成了具有自身特点的开发理念和企业发展成功之道。

经过十数年的发展，上海闵行房地集团，上海闵行置业发展有限公司已从当年的以管理经营为主的企业，脱胎成为从事国内和国外房地产开发、经营，以及贸易、投资和科创园区建设，实现跨国经营发展，位列上海房地产开发企业50强的知名房地产开发企业。

【上海万科房地产有限公司】1992年，上海万科第一个项目万科城市花园项目正式启动，上海从此有了城市大型社区的典范。1993年11月，上海万科物业管理有限公司注册成立。1994年，上海万科城市花园第一批业主入住。1995年5月，万科商务广场投入使用。

1996年6月，与复旦大学合作成立上海民办复旦万科实验学校（位于城市花园内）；同年11月，上海万科城市花园获评“全国城市物业管理优秀示范住宅小区（大厦）”。1997年，上海万科城市花园二期海棠苑荣获上海市“白玉兰”奖。1998年8月，万科推出“万客会”，建立了全国首家由房产商发起的客户俱乐部。1999年，上海万科城市花园二期紫薇苑荣获国家建设部“鲁班奖”。2000年10月，万科集团入选《福布斯》评出的“全球300家最佳中小企业”。2001年，万科推出全新的造镇计划，假日风景应时诞生。2002年6月，春申万科城获“2002中国创新夺标——创新示范楼盘”称号。2003年，万科倾力打造兰乔圣菲，为上海筑就国际化贵族社区；同年朗润园项目获上海市第一个一级生态型住宅小区创建项目称号。2004年7月，朗润园/蓝山小城同时获2004年度上海“最受欢迎楼盘”特别大奖，同年8月上海万科获ISO认证证书。2005年，万科建设和谐社区，成就万科新里程；同年9月春申万科城荣获“2005年詹天佑大奖优秀住宅小区金奖”。2006年，红郡项目获2006年度上海最受欢迎楼盘“特别大奖”。2007年2月，上海万科新里程一期B标工厂化住宅楼全面启动。植根上海、承启无限。经历了将近18年的发展，上海万科始终秉持“对客户，意味着了解你的生活，创造一个展现自我的理想空间。对投资者，意味着了解你的期望，回报一份令人满意的理想收益。对员工，意味着了解你的追求，提供一个成就自我的理想平台。对社会，意味着了解时代需要，树立一个现代企业的理想形象”的经营宗旨，一路走来，从发展到壮大，并已成为中国房地产行业领跑者。

【上海新松江置业（集团）有限公司】属国有独资企业，于1997年3月成立，公司注册资金2.86亿元。所属有上海城凯置业有限公司、上海广源房地产开发有限公司、上海松江茸城动拆迁有限公司（上海市松江第一房屋征收服务事务所有限公司）三家子公司。

公司目前有四大建设任务：一是动迁安置房建设，已建和在建的工程有“华亭新家苑”“三辰苑”“辰丰苑”等；二是财政性公建项目，已建和在建的工程有中山中路休闲绿地、中心医院一期二期代建等；三是老城改造，已建和在建的有岳庙街、长桥街、华亭老街、“龙潭苑”二期等；四是“城中村”改造，现有项目为沪松路21弄等“城中村”地块改造、戴家浜等“城中村”地块改造。公司每年的开发建设量都超过20万平方米。

公司通过不断的努力，在松江区老城建设中打造了强有力的品牌，锤炼了一支能打善战的铁军，曾获得上海市年度住宅立功竞赛先进集体等多项市级荣誉。在今后的发展中将继续发扬“梦想平地而起，团队构筑神奇”的企业精神，为建设美丽、宜居的现代化新松江而努力奋斗。

【上海保集（集团）有限公司】保集控股集团成立于1996年，总部设在上海，是一家集地产开发、国际贸易、金融投资、产业投资、资产管理为一体，在全球拥有近40家全资子公司的多元化集团企业。

近20年来，保集控股集团在地产开发中坚持以“造就品质生活”为使命，致力于成为最值得信赖的居住服务运营商。截至2015年底，保集控股集团总资产规模超近200亿，至今累计开发量近700万平方米。保集控股集团业务从地产+贸易发展成地产、大健康、智能制造、资产管理、金融投资等，业务开展区域从国内华东、华北走向了日本、澳大利亚、香港。保集启动了国际化业务布局研究探索，在香港参与收购了创业板上市公司，在澳洲成立了基金公司，积聚了在境内外购并上市公司的能量，为实现产业+基金+上市公司模式奠定了基础。

保集控股集团在新的经济形势下提出“一核三体，顺势而为”的战略定位。一核代表资本运作，通过资本市场获取资金，服务于地产、投资及产业。三体代表地产、金融投资、产业；地产作为保集的主业，今后继续创新发展；金融投资与资本运作互为依托，抓准机遇发展资产管理，以高水平的投资收益为目标，探索新的利润增长点；产业包括大健康、智能制造和贸易等业务，顺应社会对大健康、大消费的需求。

“保集”品牌通过多年精品项目的建设和客户良好口碑的积累，已赢得了市场的好评和社会的尊重。2008 年被国家统计局收录为中国最大企业集团 500 强之一，保集控股集团 2010 ～ 2016 年连续 7 年荣获中国房地产 TOP10 研究组颁发的“中国房地产百强企业”称号，并在 2016 中国房地产百强企业研究中，蝉联“2016 中国房地产百强之星”。

在以裘东方董事长为核心的决策层的卓越领导下，保集奉行“创新、共享、服务”的核心价值观，将企业文化贯穿于经营活动中，优化资源配置，极大提升了企业的核心竞争力。保集用心为客户打造品质空间，为员工搭建事业平台，为合作伙伴共享发展成就，为社会创造长远价值，不断超越，全力向中国综合实力百强企业挺进，在实现保集梦的发展征程中全速远航。

第二十章　大事记（2015 年）

1 月

1 月 10 日，佳兆业公司陷债务危机，银行、信托共计 24 家金融机构向法院申请查封佳兆业公司资产，其中，仅尚未兑付的房地产信托产品的融资总额就超过 100 亿元。

1 月 12 日，中共中央办公厅和国务院办公厅日前联合印发了《关于农村土地征收、集体经营性建设用地入市、宅基地制度改革试点工作的意见》，这标志着我国农村土地制度改革进入试点阶段。

1 月 29 日，在上海市人大会议上，市长杨雄表示 2015 年上海的房地产调控目标和方向不变，进一步促进市场平稳发展，防止大起大落，原有的限购措施不会改变。

2 月

2 月 5 日，中国人民银行决定，自 2015 年 2 月 5 日起下调金融机构人民币存款准备金率 0.5 个百分点。同时，为进一步增强金融机构支持结构调整的能力，加大对小微企业、“三农”以及重大水利工程建设的支持力度，对小微企业贷款占比达到定向降准标准的城市商业银行、非县域农村商业银行额外降低人民币存款准备金率 0.5 个百分点，对中国农业发展银行额外降低人民币存款准备金率 4 个百分点。

2 月 6 日，上海市建设管理委、房管局联合制定了《关于加强上海住宅小区综合治理工作的意见》，并出台《住宅小区综合治理三年行动计划》。《意见》指出，今后上海将建立业主居住信用管理制度，拒交物业服务费、拒不续筹专项维修资金、违法建设和破坏房屋承重结构、“群租”、擅自改变房屋使用性质等违法违规违约行为将被录入上海公共信用信息服务平台，并依法面向社会提供查询。

2 月 28 日，中国人民银行决定，自 2015 年 3 月 1 日起下调金融机构人民币贷款和存款基准利率。金融机构一年期贷款基准利率下调 0.25 个百分点至 5.35%；一年期存款基准利率下调 0.25 个百分点至 2.5%，同时结合推进利率市场化改革，将金融机构存款利率浮动区间的上限由存款基准利率的 1.2 倍调整为 1.3 倍；其他各档次存贷款基准利率及个人住房公积金存贷款利率相应调整。

3 月

3 月 1 日，链家地产与德佑地产正式宣布合并，共同打造新链家平台。链家在全国多地迅猛扩张，是中国房产中介市场的大事件。标志着互联网企业大规模涌入房地产中介市场。

3 月 1 日，《不动产登记暂行条例》正式开始施行。“不动产登记”实施前的解读、宣传力度较大，无论是一手房方面还是二手房方面都早已做出相应准备，大多理性的业主会选择在合适的时机出售物业。

3月1日起，上海市下调个人住房公积金存款利率。当年归集的个人住房公积金存款利率不变，仍为0.35%；上年结转的个人住房公积金存款利率由2.35%下调至2.10%；同时下调个人住房公积金贷款利率。五年期以上个人住房公积金贷款利率由4.25%下调至4.00%；五年期以下（含五年）个人住房公积金贷款利率由3.75%下调至3.50%；并且上海市利用住房公积金支持保障性住房建设试点项目贷款利率按照五年期以上个人住房公积金贷款利率上浮10%执行。

3月30日，中国人民银行、住建部、银监会三部委联合发布《关于个人住房贷款政策有关问题的通知》，宣布将二套房首付比例，降至四成。同时，对于使用公积金购买首套普通自住房，首付20%；拥有一套住房并已结清贷款的家庭，再次申请住房公积金购房，首付30%。同日财政部、税务总局也联合出台新政，宣布二手房满2年交易免征营业税。

4月

4月9日，上海发布公积金新政，购首套房及二套普通住宅，个人和家庭公积金贷款上限分别由30万元、60万元上调至50万元、100万元；缴补充公积金的，各自上限再分别增加10万元、20万元。新政策将自4月15日起实施。

4月20日，中国人民银行决定下调各类存款类金融机构人民币存款准备金率1个百分点。在此基础上，为进一步增强金融机构支持结构调整的能力，加大对小微企业、“三农”以及重大水利工程建设等的支持力度，自4月20日起对农信社、村镇银行等农村金融机构额外降低人民币存款准备金率1个百分点，并统一下调农村合作银行存款准备金率至农信社水平；对中国农业发展银行额外降低人民币存款准备金率2个百分点；对符合审慎经营要求且“三农”或小微企业贷款达到一定比例的国有银行和股份制商业银行可执行较同类机构法定水平低0.5个百分点的存款准备金率。

5月

5月1日，上海开始施行《上海市城市更新实施办法》，这标志着上海正式启动“城市更新”战略。根据战略部署，2015年为上海城市更新开局之年，重点推进试点项目，总结经验，修改完善《更新办法》。

5月11日，中国人民银行下调金融机构人民币贷款和存款基准利率。金融机构一年期贷款基准利率下调0.25个百分点至5.1%；一年期存款基准利率下调0.25个百分点至2.25%。央行同时宣布，结合推进利率市场化改革，将金融机构存款利率浮动区间的上限由存款基准利率的1.3倍调整为1.5倍；其他各档次贷款及存款基准利率、个人住房公积金存贷款利率相应调整。

6月

6月15日，住房和城乡建设部、财政部、中国人民银行联合对外发布《全国住房公积金2014年年度报告》，这份涵盖全国31个省份大数据的年度报告，是我国管理机构首次向社会全面亮出公积金“国家账本”。

6月24日，国务院常务会议通过了《中华人民共和国商业银行法修正案（草案）》，并决定将草案提请全国人大常委会审议。本次修正草案删除了贷款余额与存款余额比例不得超过75%的规定，将存贷比由法定监管指标转为流动性监测指标。

6月30日，《国务院关于进一步做好城镇棚户区和城乡危房改造及配套基础设施建设有关工作的意见》正式公布。《意见》提出，制定城镇棚户区和城乡危房改造及配套基础设施建设三年计划（2015～2017年）。改造包括城市危房、城中村在内的各类棚户区住房1 800万套（其中2015年580万套），农村危房1 060万户（其中2015年432万户），加大棚改配套基础设施建设力度，使城市基础设施更加完备，布局合理、运行安全、服务便捷。

7月

7月3日，国家税务总局公布了“关于简化个人无偿赠与不动产土地使用权免征营业税手续的公告”指出，为减轻纳税人负担，决定不再要求相关人员提交赠与公证材料。

7月6日，上海市委市政府发布《关于深化人才工作体制机制改革促进人才创新创业的实施意见》(即人才新政20条)。共分四大部分、20条，旨在创新更有竞争力的人才集聚制度。《意见》中规定，对达到上海市居住证积分标准分值且缴纳个人所得税达到一定数额或职工社会保险缴费基数达到一定标准的非沪籍人员，定向微调住房限购政策。

8月

8月18日，绿地集团在上海证券交易所上市，当日A股开盘，绿地控股在交易大厅的巨幅显示屏上以25.1元/股的开盘价亮相，开盘市值超过3 000亿，达3 054亿，超过万科和新鸿基，成为全球最大房企。

8月27日，住建部等六部委下发《关于调整房地产市场外资准入和管理有关政策的通知》，允许机构和个人在中国购房。外资在华房地产投资、购房限制被“松绑”。

2015年8月搜房网推出“搜房红包”营销，房地产营销电商化突飞猛进。搜房红包完全不同于以往电商时代红包的“小恩小惠”，单个红包的最高额度可以达到4.08万元，而首批发放的总额更是超过了200多万元。

9月

9月14日，虹桥商务区管委会与闵行、长宁、青浦和嘉定区人民政府共同发布《关于推进虹桥商务区发展的实施意见》，探索建立共同打造世界水准商务区的联动创新机制。意见明确了管委会和相关区政府的职责和工作原则：管委会以先进技术和理念为抓手，着力功能打造，推动“产城融合”。通过统筹协调各方力量、搭建服务平台等举措，在上海市各部门的支持下，全力协调相关区域的规划布局、产业发展，联动各区加强协作、科学定位、错位发展、有序竞争；四个区政府则围绕商务区发展规划和区域产业功能定位，在商务区所涉及范围内着力推进区域规划、开发建设、市场监管、城市管理、社会管理等方面，细化职责范围、工作内容和目标任务。

9 月 15 日，住建部出台了《住房城乡建设部关于住房公积金异地个人住房贷款有关操作问题的通知》。

10 月

10 月 7 日，住建部、财政部、央行联手发布《关于切实提高住房公积金使用效率的通知》，自 10 月 8 日起，全面推行公积金异地贷款业务。有条件的城市要推行住房公积金个人住房贷款资产证券化。

10 月 9 日，上海市委书记韩正主持召开上海建设交通系统干部大会，会上宣布上海市将组建住房和城乡建设管理委员会，撤销上海市城乡建设和管理委员会、上海市住房保障和房屋管理局（即“房管局”），其职责整合划入上海市住房和城乡建设管理委员会。

10 月 13 日，财政部、发改委发布通知称，自 2015 年 11 月 1 日起，在全国统一取消和暂停征收包括房屋租赁手续费等在内的 37 项行政事业性收费，同时，通知还要求各地区、有关部门和单位要对公布取消和暂停征收的收费项目，不得以任何理由拖延或者拒绝执行。

10 月 20 日，国务院总理李克强主持召开国务院常务会议，通过《居住证暂行条例（草案）》，明确了居住证持有人通过积分等方式落户的通道。会议认为，落实户籍制度改革，用法治方式完善居住证管理，保障持证人合法权益，是推进以人为核心的新型城镇化、推动农业现代化、促进社会公平正义的重要举措，也有利于扩大内需。

11 月

11 月 10 日，中共中央总书记习近平在中央财经领导小组第十一次会议上强调“要化解房地产库存，促进房地产业持续发展”。这是习近平十八大以来首次提到房地产行业，并为房地产行业定调。随后，李克强也在国务院常务会议上提到加快户籍制度改革，带动住房家电等消费。

11 月 14 日，中共上海市委、市政府举行撤销闸北区、静安区设立新的静安区工作大会。市委书记韩正强调，实施闸北、静安两区行政区划调整，是事关上海长远发展的一件大事，要统一思想、立足全市工作大局，有序实施“撤二建一”工作。

11 月 22 日，恒大集团宣布进入保险业，旗下保险公司恒大人寿正式亮相。恒大人寿隶属恒大集团旗下，在亚冠决赛赛场首次亮相便成为关注焦点。根据其发展规划，恒大人寿将在12月底前保费确保突破100亿，力争300亿。据了解，恒大进军保险业，将在扎实巩固主业的基础上，与健康、互联网社区服务等其他各产业协同发展。

11月23日，上海市公积金中心在全市17个公积金业务网点均可以接受职工因异地贷款、账户转移等原因申请办理向贷款城市公积金中心开具缴存使用证明的业务，职工如有需要可以前往办理。

12月

12月12日，国务院公布《居住证暂行条例》，该条例将于2016年1月1日起施行。《居住证暂行条例》规定，居住证持有人在居住地依法享受劳动就业，参加社会保险，缴存、提取和使用住房公积金的权利。同时还为居住证持有人列出了六大基本公共服务和七项便利。它赋予了流动人口一些基本权利和公共服务，使居住证首次有了“权利含金量”，实现了农村人口权利的“零突破”，将加大方便流动人口办证，促进人才流动，也从制度源头开始消除对农村人口的“歧视”，城乡的身份距离将进一步缩小。

第二十一章 房地产开发企业

房地产开发企业（一级资质）

编号	企业名称	法人代表
1	上海城建置业发展有限公司	周松
2	上海陆家嘴金融贸易区开发股份有限公司	徐而进
3	上海城开（集团）有限公司	季刚
4	上海地产（集团）有限公司	冯经明
5	农工商房地产（集团）股份有限公司	张志刚
6	上海市漕河泾新兴技术开发区发展总公司	刘家平
7	上海瀛通(集团)有限公司	陈伟峰
8	上海城投置地(集团)有限公司	戴光铭
9	上海景瑞地产（集团）股份有限公司	陈新戈
10	上海安居房产开发有限责任公司	李卫东
11	上海顾村房地产开发（集团）有限公司	盛友兴
12	上海华丽家族(集团)有限公司	王伟林
13	华能房地产开发公司	赵如冰
14	上海嘉宝实业（集团）股份有限公司	钱明
15	上海绿洲投资控股集团有限公司	管育民
16	上海西部企业（集团）有限公司	董素铭
17	天地源股份有限公司	俞向前
18	上海新黄浦置业股份有限公司	王伟旭
19	上海鹏欣房地产开发有限公司	姜照柏
20	经纬置地有限公司	陈经纬
21	中邦置业集团有限公司	卫平
22	中华企业股份有限公司	姜维
23	上海永业企业(集团)有限公司	钱军
24	上海汇成房产经营有限公司	张德敏
25	旭辉集团股份有限公司	林中
26	上海静安地产（集团）有限公司	刘毅
27	复地（集团）股份有限公司	张华
28	上海中环投资开发（集团）有限公司	胡礼刚
29	上海嘉定区房地产（集团）有限公司	陈爱民
30	上海万科房地产有限公司	陈东彪
31	上海建工房产有限公司	蒋志权
32	上海中虹（集团）有限公司	徐廉芳
33	上海中星（集团）有限公司	徐孙庆
34	大华（集团）有限公司	金惠明
35	上海金外滩（集团）发展有限公司	陈永亮

房地产开发企业（二级资质）

编号	企业名称	法人代表
1	上海巨龙房地产有限公司	戚时明
2	上海外高桥集团股份有限公司	刘宏
3	上海张江房地产有限公司	倪伟忠
4	上海豪都房地产开发经营有限公司	屠海鸣
5	上海证大置业有限公司	王辅捷
6	上海东苑房地产开发（集团）有限公司	侯抗胜
7	上海奥林匹克置业投资有限公司	陈阳庆
8	上海市宝山区房产经营公司	张培明
9	上海金山新城区建设发展有限公司	吴珺
10	上海嘉房置业发展有限公司	徐表德
11	上海曹峰置业有限公司	王正春
12	上海平土实业（集团）有限公司	李彦斌
13	金大元集团（上海）有限公司	顾文元
14	上海华辰房地产开发有限公司	朱永兴
15	上海枫围房地产有限公司	张萍
16	上海保利佳房地产开发有限公司	夏文伟
17	上海安裕置业有限公司	胡兵
18	上海联鑫房地产有限公司	屠旋旋
19	上海博锦房地产开发中心有限公司	朱骏
20	上海仓桥房产经营有限公司	唐菊芳
21	上海日月明房地产开发(集团)有限公司	秦宝君
22	上海市上投房地产有限公司	王卫平
23	上海市天宸股份有限公司	叶茂菁
24	上海江浙置业集团有限公司	毛卫强
25	上海朋大置业有限公司	张卫娟
26	上海昌鑫（集团）有限公司	陈招贵
27	上海康桥实业发展（集团）有限公司	汤柳鹕
28	上海仲义建设实业有限公司	许金龙
29	上海世博土地控股有限公司	皋玉凤
30	上海佳铭房产有限公司	徐学青
31	上海建佳房地产开发有限公司	胡建国
32	上海潼港置业有限公司	徐赐祥
33	上海中万置业投资有限公司	任国龙
34	上海振龙房地产开发有限公司	周国强
35	上海联益房地产实业公司	王菁
36	上海盛青房地产发展有限公司	陈晓燕
37	上海晟地集团有限公司	陈伟兴
38	上海同丰房地产开发有限公司	袁楚丰
39	上海上南房产有限公司	吴玲莺
40	上海亚通置业发展有限公司	沈建良
41	上海云间房地产开发有限公司	王澍陶
42	上海张江高科技园区置业有限公司	彭望爵
43	上海新黄浦(集团)有限责任公司	周海鹰
44	上海漕河泾开发区经济技术发展有限公司	桂恩亮
45	上海临港新城投资建设有限公司	俞建龙

房地产开发企业（二级资质）

编号	企业名称	法人代表
46	上海南汇房地产开发经营有限公司	姚龙飞
47	上海康妙置业有限公司	陶国兴
48	上海华飞投资集团股份有限公司	石耀飞
49	上海罗店房地产有限责任公司	金海龙
50	上海金牛房地产有限公司	沈伟平
51	上海慧创现代服务园发展有限公司	丁雪祥
52	上海鉴诚韵置业有限公司	徐军
53	上海住宅科技置业发展有限公司	钱国忠
54	上海市龙峰企业集团有限公司	任国龙
55	上海嘉定城发置业有限公司	陈晓东
56	上海虹桥经济技术开发区联合发展有限公司	冯晓明
57	上海紫竹置业(集团)有限公司	龚建忠
58	上海星腾房产开发有限公司	桂祖达
59	上海浦程房地产发展有限公司	朱根林
60	上海金山土地开发服务公司	陈江华
61	上海圣陶沙置业有限公司	郭聪聪
62	上海松江新城建设工程服务有限公司	陈朝
63	上海中融置业集团有限公司	倪召兴
64	上海南房（集团）有限公司	马作宇
65	上海华岳房地产开发经营有限公司	
66	上海张江高科技园区开发股份有限公司	陈干锦
67	上海九韵置业有限公司	朱震宇
68	上海明旺房地产有限公司	沈宏泽
69	上海大众房地产开发经营公司	杨国平
70	上海蓝印实业有限公司	高幸奇
71	上海中通置业(集团)有限公司	袁佳旺
72	上海国际汽车城（集团）有限公司	荣文伟
73	上海浦东软件园股份有限公司	杨军
74	上海维罗纳置业发展有限公司	董希北
75	上海兴盛实业发展（集团）有限公司	张兴标
76	上海华能天地房地产有限公司	陆美芳
77	上海市外高桥保税区新发展有限公司	姚忠
78	上海麦格茂置业有限公司	赵向伟
79	上海浦东发展置业有限公司	刘朴
80	上海高新房地产发展有限公司	蒋国兴
81	上海金山卫房地产经营有限公司	黎大奎
82	上海总泉置业有限公司	陈立群
83	上海通联房地产有限公司	李东
84	中信地产(上海)投资有限公司	许志雄
85	上海华业房地产发展有限公司	陆国先
86	上海华敏置业（集团）有限公司	吴蓉蓉
87	上海爱建股份有限公司	徐风
88	上海月浦房地产开发有限责任公司	陈卫
89	上海国际汽车城置业有限公司	肖宏振
90	上海新发展房地产开发有限公司	DING FURU
91	上海东紫房地产发展有限公司	邵东明
92	上海原脉房地产开发有限公司	池通林
93	上海金山房产经营有限公司	郭骥谡
94	上海复兴建设发展有限公司	于洪
95	上海嘉实房地产发展有限公司	章亦男
96	上海奉贤住宅建设有限公司	蔡立
97	上海花木房地产开发经营公司	倪胜群
98	上海玉宇房地产开发有限公司	朱昌言

房地产开发企业（二级资质）

编号	企业名称	法人代表
99	上海隧峰房地产开发有限公司	田军
100	上海永业股份有限公司	钱军
101	上海中建申拓投资发展有限公司	高洪彦
102	上海莘松房地产有限公司	陆根良
103	上海莘盛发展有限公司	叶立培
104	上海中暨置业有限公司	郑金云
105	上海松江方松建设投资有限公司	方亚弟
106	上海松江新城投资建设有限公司	胡柳强
107	上海仁杰河滨园房地产有限公司	钟百灵
108	上海五隆置业发展有限公司	朱黎庆
109	上海金工企业发展有限公司	陈晓娟
110	上海申能房地产有限公司	姚志坚
111	上海西郊庄园房地产开发有限公司	王树清
112	上海环城置业发展有限公司	孙俊
113	上海界龙房产开发有限公司	高祖华
114	上海两港装饰材料城有限公司	胡景荣
115	上海瑞虹新城有限公司	王颖
116	上海长甲置业有限公司	赵长甲
117	上海丽华投资发展有限公司	郁玉生
118	上海爱家豪庭房地产集团发展有限公司	薛萍
119	上海刚泰置业集团有限公司	徐建刚
120	上海天祥华侨城投资有限公司	吴学俊
121	上海中冶成工置业有限公司	徐永峰
122	上海诚建建设投资有限公司	王华惠
123	龙盛置地集团有限公司	阮兴祥
124	上海罗南房地产有限公司	周建龙
125	上海三盛房地产（集团）有限责任公司	潘功成
126	上海洲海房地产开发有限公司	康龙
127	上海永圣房地产有限公司	沈俞
128	上海申昶房地产开发有限公司	盛凤祥
129	上海张江微电子港有限公司	丁磊
130	上海绿地实业发展有限公司	黄骏
131	上海源恺城建开发有限公司	
132	中国中建地产有限公司	贺海飞
133	上海陆洋经济联合发展有限公司	马友良
134	上海捷博房地产发展有限公司	瞿荣国
135	上海华门置业有限公司	王玉华
136	上海城投资产管理（集团）有限公司	刘强
137	上海绿洲花园置业有限公司	蒋旭东
138	上海新发展新团房地产开发有限公司	葛建军
139	上海舜元置业有限公司	陈炎表
140	华鑫置业（集团）有限公司	毛辰
141	上海华鑫股份有限公司	毛辰
142	上海四通国际科技商城物业公司	王云龙
143	上海沙田房地产开发有限责任公司	梁振民
144	上海金沪投资有限公司	黄少荣
145	上海兴城建设发展有限公司	沈伊行
146	上海东波房地产开发经营有限公司	黄稚燕
147	上海恒信源置业有限公司	顾仁源
148	上海致达建设发展有限公司	严彭丰
149	上海北蔡房地产发展有限公司	顾桂兴
150	上海嘉定区住宅建设综合开发有限责任公司	李俭
151	上海双鸥置业有限公司	马佩君

房地产开发企业（二级资质）

编号	企业名称	法人代表
152	上海绿地海珀置业有限公司	吴卫东
153	上海浦东星河湾房地产开发有限公司	吴惠珍
154	上海集伟投资发展有限公司	徐耀昌
155	上海开天房地产开发经营有限公司	吴斌
156	上海龙华房地产有限公司	侯军欣
157	上海临江控股（集团）有限公司	谈意道
158	上海嘉定城市建设投资有限公司	赵强
159	上海正阳投资集团有限公司	邹建明
160	上海荣联房地产有限公司	王德荣
161	上海江南造船厂房地产开发经营公司	杨青海
162	上海海东房地产有限公司	苏俊坤
163	上海汉石投资管理有限公司	姚培明
164	上海中建房产(集团)有限公司	李永芬
165	上海新高桥开发有限公司	刘樱
166	上海龙仓置业有限公司	何建树
167	上海骏丰物业有限公司	衣振涛
168	上海陆家嘴东城开发有限公司	徐而进
169	上海锦绣华城房地产开发有限公司	陈宁
170	上海欧美亚置业有限公司	林国弟
171	上海国飞绿色置业有限公司	潘锋
172	上海昕城房地产有限公司	徐宝棣
173	上海崇裕置业发展有限公司	陈尹文
174	上海周康房地产有限公司	杨昌硕
175	通用地产（上海）有限公司	沈银发
176	上海锦江国际地产有限公司	邵晓明
177	上海华纺房地产发展有限公司	白利伟
178	上海南方房地产有限公司	俞培德
179	上海万业企业股份有限公司	朱旭东
180	上海东上海联合置业有限公司	黄兆伟
181	上海浦陈房地产开发经营有限公司	赵茂祥
182	上海保辉房地产开发有限公司	林隆彬
183	上海枫枫房地产置业有限公司	沈纪根
184	上海百倍置业有限公司	李文新
185	上海金禧房地产开发有限公司	阮其惠
186	上海东方城市花园有限公司	山佳明
187	上海祁连房地产开发总公司	李惠良
188	上海朱家角房地产发展有限公司	蔡利平
189	上海象屿置业有限公司	王澍陶
190	上海广昊房产集团有限公司	夏品云
191	上海祝桥新镇投资发展有限公司	顾林昌
192	上海康发房产经营有限公司	薛晓容
193	上海古北（集团）有限公司	戴智伟
194	上海爱法房地产经营开发有限公司	庞爱珠
195	上海新城万嘉房地产有限公司	唐云龙
196	上海浦东伟业房地产开发有限公司	张建良
197	上海金桥房地产发展有限公司	杨蔷芳
198	上海万源房地产开发有限公司	倪建达
199	上海杨浦滨江投资开发有限公司	徐建华
200	上海港房地产经营开发公司	范长清
201	上海住联房地产（集团）有限公司	朱卫杰
202	上海新松江置业(集团)有限公司	王旨
203	上海兴景房地产经营有限公司	潘建根
204	上海飞士房地产开发经营有限公司	江庆

房地产开发企业（二级资质）

编号	企业名称	法人代表
205	上海中地圣世置业有限公司	苏沪光
206	上海金韵房地产发展有限公司	朱国斌
207	上海佳运置业有限公司	沈仁兴
208	上海城申置业有限公司	夏平
209	上海绿洲房地产（集团）有限公司	王惠琪
210	上海鹏欣(集团)有限公司	姜照柏
211	上海电力房地产有限公司	包辰震
212	上海地纬（集团）股份有限公司	郁鑫
213	上海松山房地产开发有限公司	张义才
214	上海中城企业集团房地产有限公司	林宁光
215	上海亚联置业有限公司	郁建中
216	上海友谊集团置业有限公司	浦静波
217	上海昂立房地产开发有限公司	朱敏骏
218	上海汇峰房地产开发有限公司	童锦泉
219	上海万临置业有限公司	宋祥麟
220	上海黄浦建设发展（集团）有限公司	钱家琪
221	上海金房置业有限公司	谢鹤鸣
222	上海祥腾投资有限公司	于教清
223	上海营巢房产开发有限公司	王新其
224	上海乾溪置业总公司	朱红兵
225	上海山阳房产开发有限公司	朱龙明
226	上海隆宇企业发展有限公司	钱思解
227	上海千秋置业股份有限公司	杨敏杰
228	上海同盛投资集团房地产有限公司	胡晨
229	上海奉贤正阳置业有限公司	邵兴华
230	上海广洋房地产开发经营有限公司	
231	上海曹路房地产开发经营公司	张新标
232	上海意得实业投资有限公司	林汝琴
233	上海信盛置业有限公司	郑朝龙
234	上海海欣建设发展有限公司	陈谋亮
235	上海泉山房地产开发有限公司	陶基劲
236	上海珠江投资有限公司	林海涛
237	上海虹房(集团)有限公司	张作理
238	上海盛帆房地产开发有限公司	盛明其
239	上海市浦东新区房地产(集团)有限公司	刘朴
240	上海富润房地产发展有限公司	徐荣璞
241	上海外高桥保税区联合发展有限公司	姚忠
242	上海同济房地产有限公司	王明忠
243	上海阳光欧洲城投资发展集团有限公司	杨文龙
244	上海万星房地产集团有限公司	董大根
245	上海通城房地产经营开发有限公司	朱建芳
246	上海新申房产建设有限公司	桑新弟
247	上海浦东土地控股（集团）有限公司	李俊兰
248	上海高远置业（集团）有限公司	邹蕴玉
249	上海凯通置业有限公司	程宏利
250	上海天歌置业有限公司	吴华
251	上海陆家嘴（集团）有限公司	李晋昭
252	上海意邦置业有限公司	张许秀
253	上海外高桥新市镇开发管理有限公司	刘樱
254	上海吉联房地产开发经营有限公司	黄勇
255	东方国际集团上海外经贸房地产开发经营有限公司	高国琳
256	保利置业集团有限公司	雪明

房地产开发企业（二级资质）

编号	企业名称	法人代表
257	上海华盛建设(集团)有限公司	陈华
258	上海信达银泰置业有限公司	周卓
259	上海中星集团新城房产有限公司	董鸿
260	上海市房地产实业有限公司	柴之元
261	上海新长宁（集团）有限公司	冯燮堃
262	农工商房地产集团上海虹阳投资有限公司	沈宏泽
263	上海金镇城镇建设发展有限公司	俞高强
264	上海徐房（集团）有限公司	冯上达
265	上海保利建锦房地产有限公司	陈冬桔
266	上海飞洲房地产开发有限公司	郑生华
267	上海石化城市建设综合开发公司	周潸
268	上海中金房地产（集团）有限公司	周传有
269	上海漕河泾开发区松江新兴产业园发展有限公司	丁桂康
270	上海鑫昌房地产开发经营有限公司	俞长仁
271	上海西上海房地产有限公司	陈德兴
272	上海江海置业有限公司	张吉明
273	上海闵行置业发展有限公司	华允弟
274	上海贝越实业有限公司	贝秋荣
275	上海张江（集团）有限公司	陈干锦
276	上海明兴房地产开发经营有限公司	黄汉兴
277	上海贵来房产发展有限公司	徐桂来
278	上海浦东金三角房地产实业有限公司	厉瞬敏
279	上海大发房地产集团有限公司	葛和凯
280	上海三林房地产开发经营有限公司	全晓军
281	上海思致置业有限公司	万思文
282	上海广顺房地产开发公司	
283	上海众众房地产开发有限公司	吴嘉禄
284	上海申马房地产实业有限公司	张志清
285	上海住德房地产开发有限公司	王建忠
286	上海界龙联合房地产有限公司	费钧德
287	上海万宇房地产（集团）有限公司	王素云
288	上海漕河泾开发区高科技园发展有限公司	桂恩亮
289	上海市申懋房地产经营公司	瞿宏伟
290	上海万科长宁置业有限公司	刘爱明
291	上海新泾房地产开发有限公司	苏菊弟
292	上海申亚房地产有限公司	李忠
293	上海中盛房地产有限公司	张宗宝
294	上海莲森实业（集团）有限公司	马献平
295	上海一方置业发展有限公司	唐钟录
296	上海静安置业股份有限公司	王中斌
297	上海市静安区房地产开发经营公司	许惟铮
298	上海静安新成置业有限公司	王永康
299	上海汽车工业房地产开发有限公司	陈德美
300	上海兴海房产综合开发有限公司	陈建荣
301	上海沪中房地产联合发展总公司	张英杰
302	上海吉富绅置业集团有限公司	斯朝富
303	上海运杰置业有限公司	陈祖新
304	景港控股集团有限公司	张页帆
305	上海建德企业（集团）有限公司	周志成
306	上海民强投资（集团）有限公司	杨春
307	上海浦西房地产开发有限公司	康峻
308	上海三友房地产有限公司	俞兴泉

房地产开发企业（二级资质）

编号	企业名称	法人代表
309	上海兴荣房地产发展有限公司	姚荣春
310	上海物资集团房地产有限公司	
311	上海市城市建设综合开发有限公司	梁镇海
312	上海硕诚置业有限公司	李华
313	上海泰宇房地产(集团)有限公司	黄贤芳
314	上海市机电工业房地产公司	邱志宇
315	上海东北明园实业发展有限公司	李松坚
316	上海望源房地产开发有限公司	季宝红
317	上海锦威房产开发经营有限公司	陈炎茶
318	上海市北高新（集团）有限公司	丁明年
319	上海铁路房地产开发经营有限公司	俞光耀
320	上海市工业系统房地产联合总公司	王信华
321	上海浦联房地产发展公司	樊革平
322	上海和田城市建设开发公司	曾云
323	上海不夜城联合发展（集团）有限公司	张冬平
324	上海宏润地产有限公司	周玉成
325	上海交大南洋房地产（集团）有限公司	朱敏骏
326	上海永和房地产有限责任公司	杨永法
327	上海紫元房地产有限公司	周满娟
328	上海城凯置业有限公司	金红江
329	上海振华房地产开发经营有限公司	莫少幸
330	上海申豪房地产有限公司	吴桂玲
331	上海市嘉定区建设工程（集团）有限公司	朱参参
332	上海中汇投资发展总公司	陶国强
333	上海上科实业有限公司	吴菲菲
334	上海莘闵房地产有限公司	
335	上海明泉企业（集团）有限公司	王云
336	上海建都房地产开发有限公司	万石龙
337	上海奉贤城乡建设投资开发有限公司	曹辉
338	上海奉贤城建（集团）有限公司	唐爱国
339	上海崇明房地产开发有限公司	陈浪
340	上海言青房产开发有限公司	许成旺
341	上海山鑫置业有限公司	吴振来
342	上海朋鑫房地产有限公司	封纪良
343	上海恒大房产股份有限公司	苏红雷
344	上海金桥出口加工区房地产发展有限公司	黄国平
345	上海静安城建投资有限公司	周宝森
346	上海中亚城市建设综合开发公司	王和泉
347	嘉凯城集团中凯有限公司	张德潭
348	上海桥升商贸置业有限公司	刘国忠
349	上海卫百辛（集团）有限公司	梁超
350	上海青浦房地产有限公司	
351	上海豫园商城房地产发展有限公司	梅红健
352	上海市黄浦区房地产开发实业总公司	王长宝
353	上海阳城房地产有限公司	金建明
354	上海大家置业有限公司	徐崇峰
355	上海新梅房地产开发有限公司	张静静
356	上海盛大房地产开发有限公司	石建极
357	上海市徐汇区城市建设投资开发有限公司	丁建华
358	上海市浦东新区房地产交易市场有限公司	高幸奇
359	上海华升房地产开发有限公司	蒋家艳
360	上海临港泥城经济发展有限公司	黄吉仁

房地产开发企业（二级资质）

编号	企业名称	法人代表
361	上海东方明珠房地产有限公司	凌钢
362	上海上实城市发展投资有限公司	唐钧
363	上海智富企业发展（集团）有限公司	丁勤富
364	上海万千投资开发有限公司	范俊华
365	上海新发展金汇房地产开发有限公司	葛建军
366	上海汇达建设发展实业有限公司	严建华

房地产开发企业（三级资质）

编号	企业名称	法人代表
1	上海陈氏集团有限公司	朱学干
2	上海大闻房地产有限公司	莫启康
3	上海兰开房地产开发有限公司	陆惠玲
4	上海江东土地房产开发有限公司	邵永飞
5	上海联洋集团有限公司	徐鸿昌
6	上海嘉宝奇伊房地产经营有限公司	陈正友
7	上海新耀房地产开发有限公司	王海松
8	上海堡镇房地产开发有限公司	
9	上海中星集团振城不动产经营有限公司	郑诗达
10	上海上风科盛投资有限公司	陈继谨
11	上海嘉定商晟房产经营有限公司	朱冬兴
12	上海兄弟见龙苑房产开发有限公司	
13	上海广普置业有限公司	毛辰
14	上海兴吉房地产开发有限公司	潘丽峰
15	上海电子商城有限公司	王建东
16	上海泽欣房地产开发有限公司	李国华
17	上海立地房地产有限公司	陈炎茶
18	上海吴淞住宅建设开发有限公司	刘厚生
19	上海江桥建设开发有限公司	沈明兴
20	上海明华房地产有限公司	毛逸铭
21	上海美尔置业发展有限公司	孙忠清
22	上海东方金融广场企业发展有限公司	方晓忠
23	上海怡泰房地产开发（集团）有限公司	蔡勇
24	上海紫勋房地产开发有限公司	史志林
25	上海强拓房产发展有限公司	庄永华
26	上海海岛房地产开发有限公司	朱晓中
27	上海菊缘房地产发展有限公司	冯琛
28	上海中福置业控股集团有限公司	胡培毅
29	上海新世纪创业有限公司	汪建玎
30	上海同进置业有限公司	孙益功
31	上海鸿海房地产发展有限公司	忻鸿良
32	上海嘉乐房地产开发有限公司	武忠兴
33	上海龙盟房地产开发有限公司	毛志红
34	上海丰扬房地产开发有限公司	蒋铁峰
35	上海松江建通房地产开发有限公司	李月明
36	上海慧氏企业发展有限公司	谢方
37	上海通达房地产有限公司	冯伟建
38	上海国亭置业有限公司	陈一元
39	上海复旦软件园建设有限公司	杨玉良
40	上海欧筑实业发展有限公司	杨亳
41	上海金山国际贸易城市场经营管理有限公司	夏灵勇

房地产开发企业（三级资质）

编号	企业名称	法人代表
42	上海万峰房地产有限公司	黄秀文
43	上海黄浦投资（集团）发展有限公司	江丽玲
44	上海富中置业有限公司	严富源
45	上海保利金鹏置业有限公司	雪明
46	上海宏城房地产开发有限公司	高国武
47	上海宏利房地产开发有限公司	
48	上海弘扬房地产开发有限公司	符奇荣
49	上海申惠房地产开发经营有限公司	顾瑞芬
50	上海东方国际文体休闲产业城发展有限公司	康海华
51	上海原申投资有限公司	金银华
52	上海宸东房地产开发有限公司	阮威
53	上海金金置业有限公司	唐宝良
54	上海欣达房地产经营有限公司	陆利刚
55	上海实久公司	诸成
56	上海新兴技术开发区联合发展有限公司	桂恩亮
57	上海振川物业有限公司	尹善峰
58	上海闵行房地（集团）有限公司	沈金荣
59	上海金合房地产有限公司	何晓
60	上海行通房地产发展有限公司	范桂元
61	上海海燕房地产经营有限公司	瞿富官
62	上海松辽房地产公司	毕希文
63	上海弘辉房地产开发有限公司	杜自弘
64	上海浦东唐安房地产开发有限公司	龙文明
65	上海鑫唐置业发展有限公司	黄维梅
66	上海杨浦房地产开发经营有限公司	薛小弟
67	上海金明投资集团有限公司	卢泽明
68	上海开创企业发展有限公司	丁明年
69	上海金品房产经营有限公司	徐佳时
70	上海华邸房地产发展有限公司	黄光祖
71	上海瑞禾房地产发展有限公司	姚百祥
72	上海莲申房地产有限公司	金静福
73	上海禹洲房地产投资有限公司	郭英兰
74	上海申舟房产开发经营公司	郑为民
75	上海恒和置业有限公司	何青
76	上海福乐思特房地产发展有限公司	黄崇圣
77	上海士林置业有限公司	徐勇民
78	上海春郭房地产开发有限公司	施跃鸣
79	上海兴申房地产经营有限公司	苏长荣
80	上海通盛(集团)发展有限公司	潘万盛
81	上海颛桥房地产有限公司	叶月明
82	上海佘山房地产经营开发有限公司	陈功
83	上海市外高桥保税区三联发展有限公司	李伟
84	上海博佳房地产开发有限公司	应立富
85	上海海港新城房地产有限公司	印博
86	上海九亭房地产开发有限公司	陈惠其
87	上海绿地弘途投资发展有限公司	徐荣璞
88	上海东宏房地产开发有限公司	周龙宝
89	上海品兴房地产开发有限公司	张建国
90	上海宏士达房地产开发有限公司	陶若亮
91	上海华江建设发展有限公司	闫浩
92	上海泰元置业有限公司	张春泽
93	上海康敏置业有限公司	徐锦章
94	上海兴高房地产有限公司	陈美付

房地产开发企业（三级资质）

编号	企业名称	法人代表
95	上海锦茸房地产开发经营有限公司	马立峰
96	上海市市政房地产经营公司	裴建群
97	上海鑫泰房地产发展有限公司	严志荣
98	上海嘉定区菊园房地产开发有限公司	高铭
99	上海裕生房地产发展有限公司	倪思礼
100	上海华闽房地产开发有限公司	吴蓉蓉
101	上海金高房地产有限责任公司	徐伟国
102	上海西庭网球公寓开发有限公司	Richard Johannes
103	上海东航投资有限公司	栗锦德
104	上海泰华房地产开发实业有限公司	王诚民
105	上海伟立房地产有限公司	吴四荣
106	上海华神置业发展有限公司	楼满月
107	上海亲和源置业有限公司	奚志勇
108	上海临港南汇新城经济发展有限公司	黄峰
109	上海富友房产有限公司	刁祥瑞
110	上海国际汽车城产业发展有限公司	唐忠
111	华丽家族股份有限公司	林立新
112	上海众合地产开发有限公司	吕仁杰
113	上海安都房地产发展有限公司	张杏元
114	上海嘉宏房地产有限责任公司	金红
115	上海亚龙投资（集团）有限公司	张文荣
116	上海华天房地产发展有限公司	Richard Anthony David
117	盛旅置业（上海）有限公司	朱海发
118	上海盛勤房地产有限公司	陈建方
119	上海远正置业有限公司	崔月明
120	上海庆宁置业有限公司	王祥宝
121	上海凌港置业有限公司	黄维梅
122	上海明师房地产开发有限公司	李岳庆
123	上海康桥房地产开发经营有限公司	沈惠中
124	上海市杨浦区房屋建设开发公司	刘绍旭
125	长江联合置地有限公司	闵师林
126	上海金纬房地产发展有限公司	周永兴
127	上海中惠投资控股有限公司	张剑
128	上海张江东区高科技联合发展有限公司	金明华
129	上海蔚蓝置业有限公司	封纪良
130	上海安基置业有限公司	钱美君
131	绿地地产集团有限公司	张玉良
132	上海新望房地产经营有限公司	金卫国
133	华润超智房地产开发有限公司	唐勇
134	上海建创置业有限公司	汤正华
135	华侨城（上海）置地有限公司	张立勇
136	华润（上海）房地产开发有限公司	唐勇
137	上海虹桥高尔夫俱乐部有限公司	杨思汉
138	上海松征房地产开发有限公司	李国强
139	上海深长城地产有限公司	尹善峰
140	银基发展（上海）投资控股有限公司	刘博巍
141	上海万业企业宝山新城建设开发有限公司	张峻
142	上海周房置业有限公司	周冬
143	上海新凯房地产开发有限公司	奚岳峰
144	上海美郊房地产有限公司	孙忠清
145	上海西郊庄园资产经营管理有限公司	王树清

房地产开发企业（三级资质）

编号	企业名称	法人代表
146	上海颛盛房地产有限公司	叶月明
147	上海绿地湾置业有限公司	黄敏康
148	上海弘久实业集团有限公司	洪根云
149	上海爱迪房产开发有限公司	
150	嘉里发展(上海)有限公司	
151	上海车墩房地产开发有限公司	金海林
152	上海瑞锦房地产开发有限公司	张锦明
153	上海漕河泾开发区华港实业有限公司	袁国华
154	上海临港书院经济发展有限公司	毛国生
155	上海华隆房地产发展有限公司	吴渭凉
156	上海绿地景汇置业有限公司	徐荣璞
157	上海海港国际贸易有限公司	范月闺
158	中集申发建设实业有限公司	麦伯良
159	上海源程置业有限公司	王政
160	上海迎博房地产开发有限公司	魏红萍
161	广东黄河实业集团上海房地产有限公司	郑强辉
162	上海临港万祥经济发展有限公司	瞿惠明
163	上海华夏房地产开发经营有限公司	柳向林
164	上海临港商业建设发展有限公司	杨国昌
165	上海环源房地产开发有限公司	邢志浩
166	上海杨浦置地有限公司	徐建华
167	上海明光房地产发展有限公司	章巨焕
168	上海康奕置业有限公司	陶国兴
169	金茂(上海)置业有限公司	陶天海
170	上海若兰投资有限公司	陈龙英
171	上海广盛房地产开发有限公司	盛凤祥
172	上海祖鼎实业有限公司	朱乐宁
173	上海嘉频房地产开发有限公司	郑好
174	上海平苑房地产开发有限公司	杨永清
175	上海徐房房地产开发有限公司	冯上达
176	上海碧橙房地产有限公司	谢琨
177	上海市卢湾区房产经营有限公司	庞立彪
178	上海东鼎房地产发展有限公司	邵东明
179	上海同济科技园有限公司	杨东援
180	上海信拓置业有限公司	罗存荣
181	上海中铁市北投资发展有限公司	张安民
182	上海信通浦皓置业有限公司	金亚春
183	百旌（上海）控股集团有限公司	章引
184	上海康都置业有限公司	金仁友
185	上海新崇建设发展有限公司	张俊
186	上海龙锡置业有限公司	谈龙彬
187	上海东扬房地产开发有限公司	高幸奇
188	上海铭源房地产开发经营有限公司	李铮理
189	上海新和置业管理有限公司	潘亚立
190	上海亚龙企业有限公司	张文荣
191	上海万科投资管理有限公司	张海
192	上海孜诚置业有限公司	朱励
193	上海金廊房地产开发有限公司	陆金光
194	上海久事置业有限公司	张建伟
195	上海兴江房地产综合开发公司	王屹
196	上海广源房地产开发有限公司	
197	上海永久房地产开发经营有限公司	顾觉新
198	上海新富港房地产发展有限公司	王喆

房地产开发企业（三级资质）

编号	企业名称	法人代表
199	上海浙联房地产开发有限公司	王迪海
200	上海富林房地产发展有限公司	俞熔
201	上海中新房地产开发有限公司	
202	上海浦东陆家嘴置业发展有限公司	李晋昭
203	上海新湖房地产开发有限公司	冯希蒙
204	上海浦阳置业有限公司	王宏元
205	振丰（上海）有限公司	姚征
206	上海爱家实业有限公司	王志红
207	上海荣海房地产发展有限公司	任妙娣
208	上海绿宇房地产开发有限公司	寿柏年
209	上海安联投资发展有限公司	
210	上海宝安企业有限公司	
211	上海隆济建设发展有限公司	胡均
212	上海驰华房地产开发有限公司	俞美凤
213	上海众众实业发展有限公司	吴嘉禄
214	上海凯托房地产发展有限公司	张文耀
215	上海先达房地产发展有限公司	马守中
216	上海富都世界发展有限公司	
217	上海金山土地整理发展有限公司	沈文强
218	上海华谊集团房地产有限公司	江秋霞
219	上海恒顺远置业有限公司	蔡东巍
220	上海泗泾房地产开发经营有限公司	慎永明
221	上海同润投资(集团)有限公司	范荣
222	上海虹桥东苑置业有限公司	沈慧琴
223	上海久阳房地产开发有限公司	李德伟
224	上海东开置业有限公司	陆斌
225	上海锦和置业有限公司	郁敏珺
226	上海杨泰房地产开发有限公司	郑建国
227	上海复鑫房地产开发有限公司	张华
228	上海新湾投资发展有限公司	王洪伟
229	上海三新企业发展有限公司	张明园
230	上海莘闵宝铭房地产开发有限公司	王荣铭
231	上海星际房地产发展有限公司	陈少东
232	上海新徐房地产开发有限公司	廖茸桐
233	上海群达置业有限公司	赵斌
234	上海杨浦科技创业中心有限公司	林旭伟
235	中国二十冶集团有限公司	张进贤
236	上海大业房地产开发有限公司	黄苏东
237	上海中大股份有限公司	周先强
238	上海招商奉瑞置业有限公司	王晞
239	上海虹叶置业发展有限公司	谭国平
240	上海招商奉盛置业有限公司	王晞
241	上海上泰置业有限公司	黄敬捷
242	中海发展（上海）有限公司	齐大鹏
243	上海骏丰置业发展有限公司	曲桂仕
244	上海汇鑫房地产有限公司	曹凌雯
245	上海金午置业有限公司	施建
246	上海歌信置业有限公司	王华生
247	上海浦东现代产业开发有限公司	花明
248	上海亚东房地产有限公司	张益堂
249	上海华世置地有限公司	林秀芳
250	上海欧港置业有限公司	周仕供
251	上海建浦房地产有限公司	须绍宗

房地产开发企业（三级资质）

编号	企业名称	法人代表
252	上海桑园置业有限公司	姜世良
253	上海瑞明置业有限公司	胡问鸣
254	上海莘城实业有限公司	薛晓路
255	上海西北盛唐房地产有限公司	叶子生
256	上海嘉城兆业房地产有限公司	达伟
257	上海境逸房地产有限公司	张少波
258	上海市黄浦区职工住宅开发有限公司	陈波
259	上海闵行区杜行沿浦房地产经营有限公司	赵茂祥
260	上海博泰房地产发展有限公司	凌福昌
261	上海鑫荣房地产综合开发有限公司	邵惠国
262	上海岭南实业有限公司	高幸奇
263	上海松江工业区房地产开发有限公司	李伟
264	上海氯碱化工房产开发经营有限公司	王锦淮
265	上海恒杰房地产开发有限公司	朱益民
266	上海浦东川城房地产经营开发有限公司	杨秋菊
267	上海万兆房地产发展有限公司	宋小云
268	上海东方明珠置业有限公司	徐辉
269	上海汇华房地产有限公司	钱荣德
270	上海凌桥房地产有限公司	朱晓丹
271	上海荣惠置业有限公司	屈国明
272	上海新竹房地产有限公司	
273	上海闵行公房资产经营有限公司	陈耀辉
274	上海泰江置业发展有限公司	林华中
275	上海富盛经济开发区开发有限公司	张振飞
276	上海漕河泾房产开发有限公司	杨铁牛
277	上海大柏树房地产开发经营有限公司	王福民
278	上海好世置业有限公司	薛晓路
279	上海博捷房地产开发有限公司	任金荣
280	上海强健房地产开发有限公司	徐瑞平
281	上海六合房地产有限公司	董建军
282	上海泰银置业有限公司	张春泽
283	上海市公房资产经营(集团)有限公司	张永恒
284	上海华阳房地产开发有限公司	薛金林
285	上海南市房地产经营有限公司	鲍伟忠
286	上海亿峰置业有限公司	高凤飞
287	上海北桥房地产有限公司	陈惠民
288	上海招商置业有限公司	王晞
289	上海新嘉房地产发展有限公司	吴荣辉
290	上海江湾房地产开发经营有限公司	沈龙海
291	上海天亿置业发展有限公司	刘爱明
292	上海晶松房地产开发有限公司	沈华其
293	上海康桥半岛(集团)有限公司	王煦菱
294	上海香溢房地产有限公司	王根宝
295	上海瑞华置业（集团）有限公司	孟明荣
296	上海爱家投资管理有限公司	王志红
297	上海服装机械城企业发展有限公司	王科威
298	上海绍盛房地产发展有限公司	娄冬虎
299	上海申丰房地产开发有限公司	蒋镇林
300	上海康达房地产实业有限公司	席建华
301	上海新景房地产开发有限公司	孟明荣
302	上海沪总送变电房地产经营公司	寿冠阳
303	上海联农房产有限公司	
304	上海市龙威房地产有限公司	黄骏

房地产开发企业（三级资质）

编号	企业名称	法人代表
305	上海海泰房地产（集团）有限公司	丁劲松
306	上海中钱房地产开发有限公司	潘辽原
307	上海地杰置业有限公司	苏红雷
308	上海金居投资管理有限公司	朱黎庆
309	上海平安欣仑物业发展有限公司	孙建德
310	上海三象房产发展有限公司	朱皓
311	上海碧云房地产开发有限公司	朱耀家
312	上海宝地置业有限公司	周竹平
313	上海方舟房地产开发有限公司	朱小弟
314	上海泰日房地产有限公司	曹纳弟
315	上海培润实业发展有限公司	樊培力
316	上海东苑利景置业有限公司	侯抗胜
317	上海浦东富成房地产有限公司	唐钟录
318	上海虹桥房地产有限公司	王缨
319	上海汇裕置业有限公司	张海威
320	上海金罗店开发有限公司	任晓威
321	上海东方康桥房地产发展有限公司	王煦菱
322	上海环恒房地产有限公司	蔡永康
323	上海平高企业集团有限公司	俞跃良
324	上海江兴置业有限公司	孙德兴
325	上海昌大房地产发展有限公司	蒋元昌
326	上海新天鸿高尔夫物业发展有限公司	彭中州
327	上海新舒房地产开发有限公司	曾文星
328	上海双拥文化园投资开发有限公司	缪世鸿
329	上海振亭房地产开发有限公司	曾振波
330	上海森泽房地产有限公司	王雅美
331	上海颛元置业有限公司	牟震
332	上海颐和置业有限公司	卫福才
333	上海陆发房地产开发有限公司	陶开辽
334	上海鸿顺置业发展有限公司	卢福
335	上海景荣置业有限公司	吴宝林
336	上海新闵房地产联合发展有限公司	李怀靖
337	上海五角场（集团）有限公司	王德来
338	上海宝域房地产发展有限公司	薛荣坤
339	上海申东房地产开发有限公司	富心荧
340	上海复旦科技园股份有限公司	朱克勤
341	上海华宝房地产发展有限公司	
342	上海庙行房地产开发经营公司	朱国忠
343	上海新练塘城建开发有限公司	沈明
344	上海由由房地产开发有限公司	王福祥
345	上海闵行区商业建设有限公司	林亚夫
346	上海烟草集团房地产开发经营公司	周永森
347	上海申新房地产开发有限公司	杭鹏浩
348	上海金色紫都房地产有限公司	黄文仔
349	上海景秀置业发展有限公司	王正舜
350	上海信建房地产集团有限公司	赵正科
351	上海源东房地产开发有限公司	李从恺
352	上海盛昶房地产开发有限公司	盛凤祥
353	上海城桥房地产开发经营有限公司	庞志云
354	上海东苑兆业房地产发展有限公司	侯抗胜
355	上海峥宸房地产有限公司	沈文贵
356	上海南方国际购物中心有限公司	王雁
357	上海中福（集团）有限公司	高象柱

房地产开发企业（三级资质）

编号	企业名称	法人代表
358	上海张江集成电路产业区开发有限公司	葛培健
359	上海东方城乡房地产开发经营有限公司	
360	上海莘南房地产开发有限公司	谢德光
361	东方海外（上海）投资有限公司	曾文星
362	上海银河房地产经营有限公司	马新高
363	上海安新华诚实业发展有限公司	陆美芳
364	上海东陆房地产发展有限公司	吴永康
365	上海同文置业有限公司	肖小凌
366	上海浩城置业有限公司	孙龙根
367	上海金栋房地产开发有限公司	金守红
368	上海强生房地产开发经营公司	孙冬琳
369	上海新崇房地产开发有限公司	张俊
370	上海宝静置业有限公司	高俊骅
371	上海绿庭房地产开发有限公司	俞乃奋
372	上海市北置业发展有限公司	朱朝晖
373	上海金山嘴房地产开发有限公司	朱龙明
374	上海谷元房地产开发有限公司	高天国
375	上海益海房地产开发有限公司	奚德龙
376	上海浦东南汇房地产有限公司	钱文台
377	上海银都商城发展有限公司	陈秀钦
378	上海银欣房地产有限公司	杜锦豪
379	上海连兴经济发展合作公司	马友良
380	上海莎海实业（集团）有限公司	王卫兵
381	上海万博房地产开发有限公司	黄志源
382	上海亚达投资发展有限公司	李忠
383	上海新天地置业发展有限责任公司	黄建春
384	上海市工业区开发总公司	叶敞
385	上海长峰房地产开发有限公司	童锦泉
386	上海名鹰房地产发展有限公司	芮永祥
387	上海昌辉企业发展有限公司	苏萍
388	上海上投置业发展有限公司	陈申
389	上海英达莱置业有限公司	胡逢祥
390	上海科事发房地产有限公司	陈剑
391	上海锦迪城市建设开发有限公司	王中斌
392	上海静安公房资产经营有限公司	许惟铮
393	上海众立房地产开发有限公司	夏莲珊
394	上海梅山房地产开发经营有限公司	周荣龙
395	上海申城房地产开发实业总公司	李春农
396	上海华鑫物业管理顾问有限公司	张厚伟
397	上海市房屋实业有限公司	孙明基
398	上海三和房地产有限公司	顾建国
399	上海东鹤房地产有限公司	童彬彬
400	上海乔华房产经营管理有限公司	李珩
401	上海珠街阁房地产开发有限公司	王安德
402	上海恒舜置业有限公司	潘凤杰
403	上海尚晋实业有限公司	黄奕雄
404	上海衡泰房地产有限公司	
405	上海振威投资发展有限公司	魏宝龙
406	上海安盛房产开发有限公司	陈勤帮
407	上海裕康房地产有限公司	
408	上海凤翔房地产开发有限公司	匡放
409	上海越盛房地产开发有限公司	宋世敏
410	上海徐泾房地产有限公司	邵国旗

房地产开发企业（三级资质）

编号	企业名称	法人代表
411	上海锦城房地产有限公司	叶贵勋
412	上海久青房地产开发经营有限公司	黄有根
413	上海恒力房地产发展有限公司	顾宝林
414	上海前晋企业(集团)有限公司	
415	上海民都置业有限公司	谢飞
416	上海北杰旺房地产有限公司	丁明年
417	上海环龙房地产开发经营有限公司	钱一
418	上海跃进房地产开发有限公司	励一鸣
419	中铁二十四局集团上海房地产开发有限公司	白圻业
420	上海裕都房地产开发有限公司	张钧
421	上海汇京置业发展有限公司	杜元龙
422	上海源丰投资发展有限公司	黄成林
423	上海康德利房地产经营有限公司	胡礼刚
424	上海松城房地产有限公司	沈杏芳
425	上海万业企业两湾置业发展有限公司	程光
426	上海彩虹房地产有限公司	陈建彬
427	上海长宁房地产经营有限公司	卓越强
428	上海汇丽房地产开发有限公司	吴镔
429	上海贡霄房地产开发有限公司	蔡为超
430	上海鸿越实业有限公司	周保云
431	上海佳源置业有限公司	方壮源
432	上海五角场房地产开发公司	邢志浩
433	上海公房实业有限公司	包永镭
434	上海华商房产发展公司	张引浩
435	华润置地（上海）有限公司	唐勇
436	上海世茂房地产有限公司	许世坛
437	上海亚萌置业有限公司	李剑峰
438	上海九城置业有限公司	李文壅
439	上海市城镇建设发展有限公司	游玉云
440	上海市金辉工业房地产发展公司	常振华
441	上海清水颐园房地产有限公司	
442	上海陆家嘴城市建设开发投资有限公司	毛德明
443	上海中坤置业有限公司	陈伟元
444	上海莱建置业有限公司（暂定资质）	田发永

第二十二章 部分物业管理企业

物业管理企业（一级资质）

编号	企业名称	法人
1	和记物业服务（深圳）有限公司上海东方汇经中心分公司	龙秀慧
2	广州市三原物业管理有限公司上海分公司	冯 微
3	北京中铁第一太平物业服务有限公司上海分公司	周士杰
4	苏州易亚物业管理有限公司上海分公司	梁珊珊
5	中海物业管理有限公司上海分公司	魏 民
6	北京燕侨物业管理有限公司上海分公司	郑永军
7	上海诚信中宁物业服务有限公司	罗登科
8	浙江鸿翔物业管理服务有限公司上海兴瑞物业管理分公司	麻永明
9	北京戴德梁行物业管理有限公司上海分公司	林启贤
10	上海中一物业管理有限公司	邱天明
11	和记物业服务（深圳）有限公司上海湖畔名邸分公司	龙秀慧
12	苏州悦华置合物业服务有限公司上海分公司	储高平
13	深圳市盛孚物业管理有限公司上海分公司	董振雷
14	新工(厦门)物业管理服务有限公司上海分公司	王建勇
15	上海市申江两岸开发建设投资（集团）有限公司	戴志伟
16	兆丰国际(上海)有限公司	蔡政吉
17	上海弘辉房地产开发有限公司	杜自弘
18	上海金樱房地产发展有限公司	方厚海
19	上海士林置业有限公司	李子塘
20	上海益力实业有限公司	金正国
21	上海金光外滩置地有限公司	黄柏年
22	中航物业管理有限公司	石正林
23	上海仁恒物业管理有限公司	周轶群
24	上海景瑞物业管理有限公司	阳 侃
25	上海德律风物业有限公司	江永兴
26	上海宏阳物业有限公司	陈澄如
27	上海生乐物业管理有限公司	柏志成
28	上海延吉物业管理有限公司	周 强
29	上海浦东房地产集团物业管理有限公司	仇峻炜
30	上海圣维仕物业管理有限公司	罗 维
31	上海虹桥经济技术开发区物业经营管理有限公司	应祖同
32	上海芸绮物业管理有限公司	沈建中
33	上海永绿置业有限公司	钱 杰
34	上海东方大学城物业管理有限公司	周 强
35	上海古北物业管理有限公司	徐跃明
36	上海孜诚置业有限公司	朱 励
37	上海金地物业服务有限公司	周亨林
38	港联物业服务（上海）有限公司	黄建邦
39	上海虹达物业管理有限公司	朱有荣
40	上海富都物业管理有限公司	宋安琪
41	上海三湘物业服务有限公司	张 涛
42	上海东方航空物业有限公司	张 杰
43	上海浦江物业有限公司	肖兴涛
44	上海招商局物业管理有限公司	石 寒
45	上海中星集团申城物业有限公司	丁晓枚
46	上海联源物业发展有限公司	耿海宁

物业管理企业（一级资质）

编号	企业名称	法人
47	上海安荣物业管理服务有限公司	傅　平
48	上海申能物业管理有限公司	徐致丰
49	上海复欣物业管理发展有限公司	袁德炯
50	上海文化物业管理有限公司	杨　侃
51	狮城怡安（上海）物业管理有限公司	徐　新
52	上海紫泰物业管理有限公司	沈　雯
53	上海万科物业服务有限公司	黄　圣
54	上海阳光投资（集团）物业管理有限公司	袁玉俊
55	上海陆家嘴物业管理有限公司	李晋昭
56	上海上置物业管理有限公司	李耀民
57	上实物业管理（上海）有限公司	巢爱莲
58	中海物业管理（上海）有限公司	罗　肖
59	上海新世纪房产服务有限公司	王卫平
60	上海丰诚物业管理有限公司	王克活
61	上海东湖物业管理公司	李　风
62	上海采林物业管理有限公司	陈才林
63	仲量联行测量师事务所（上海）有限公司	吴允燊
64	上海瑞创物业管理有限公司	姚　炯
65	上海新长宁（集团）仙霞物业有限公司	张金秀
66	上海农工商旺都物业管理有限公司	张志敏
67	上海百联物业管理有限公司	陈宇伟
68	上海明华物业管理有限公司	顾凤惠
69	上海宝钢源康物业管理有限公司	杨建君
70	上海威斯特物业经营有限公司	张　亮
71	上海科瑞物业管理发展有限公司	张鑫国
72	上海上房物业管理有限公司	李文洁
73	上海地铁东方置业发展有限公司	刘耀民
74	上海欧鼎物业管理有限公司	田明鑫
75	上海新金桥物业管理有限公司	潘建中
76	中信泰富（上海）物业管理有限公司	卢建华
77	上海新市北企业管理服务有限公司	王若冰
78	上海中企物业管理有限公司	朱建华
79	上海锐翔物业管理有限公司	张圣哲
80	上海华敏物业管理有限公司	纪　蕊
81	上海复瑞物业管理有限公司	徐　骏
82	上海新湖物业管理有限责任公司	叶正猛
83	上海中远物业管理发展有限公司	申延财
84	上海上勤物业管理有限公司	徐　伟
85	上海同涞物业管理有限公司	翁国强
86	深圳市特发物业管理有限公司上海分公司	刘春根
87	深圳市华侨城物业服务有限公司上海分公司	丘学梅
88	上海上水市南物业管理有限公司	任星伟
89	上海益中亘泰物业管理有限公司	朱春堂
90	深圳市金地物业管理有限公司	张　明
91	北京世邦魏理仕物业管理服务有限公司上海分公司	LUKE PETER
92	上海中浦物业管理有限公司	陈文忠
93	嘉里建设管理（上海）有限公司	周崇濂
94	上海漕河泾开发区物业管理有限公司	由　杨
95	上海外高桥物业管理有限公司	钟林富
96	长城物业集团股份有限公司上海分公司	陈耀忠
97	深圳市开元国际物业管理有限公司	郑　涛
98	上海兴桥盛物业有限公司	孙胜大
99	无锡金马物业管理有限公司上海分公司	顾建洪

物业管理企业（二级资质）

编号	企业名称	法人
1	上海中仪物业有限公司 卫立柱	
2	上海安亦物业服务有限公司	张红军
3	上海长柳实业有限公司	陆惠剑
4	上海国际医学园区管理有限公司	乔仲欣
5	上海乐伊物业管理有限公司	袁文战
6	上海真贤物业管理有限公司	吉建平
7	上海复医天健医疗服务产业股份有限公司	方 强
8	上海智富物业管理有限公司	丁冬梅
9	上海金陵投资有限公司	刘祖相
10	上海静安地产集团物业有限公司	曹仕红
11	上海明嘉物业管理有限公司	吴政明
12	上海金洋芸绮物业管理有限公司	陈春萍
13	上海庆有余物业管理有限公司	吴宇超
14	上海东泰物业管理有限公司	张 艳
15	上海瑞永投资有限公司	孙金祥
16	上海安盛物业有限公司	勤 帮
17	上海国际贸易中心有限公司	唐贵发
18	上海优扬物业管理有限公司	荣 玉
19	上海海存物业管理有限公司	郑善挺
20	上海沙田物业管理有限公司	戴立家
21	上海纺织物业经营管理有限公司	邵 峰
22	上海大至物业管理有限公司	任 鹏
23	上海钰鼎物业管理有限公司	王得正
24	上海华寿物业管理有限公司	吴伟民
25	上海盈尚物业管理有限公司	张 武
26	上海金榜物业有限公司	孙立伟
27	上海鑫铭物业管理有限公司	李 兵
28	上海阳光工联物业管理有限公司	徐俊福
29	上海仲源物业有限公司	邵连祥
30	上海欣晨物业管理有限公司	陈 捷
31	上海马桥物业管理有限公司	顾志兴
32	上海不凡物业管理有限公司	张月师
33	上海新轻物业管理有限责任公司	王立安
34	上海联昌物业管理有限公司	赵春波
35	上海嘉隆物业管理有限公司	唐祖昌
36	深圳市太平物业管理有限公司上海分公司	王泰勤
37	上海居怡物业管理有限公司	沈正丽
38	上海宜安物业管理有限公司	周 斌
39	上海洋安物业管理有限公司	郑国强
40	无锡上都物业管理有限公司上海分公司	张震亚
41	上海逸思曼企业管理服务有限公司	夏 登
42	浙江保亿物业服务有限公司上海分公司	董 菁
43	深圳市鼎太物业管理有限公司上海分公司	刘喜淑
44	上海东慧庄原物业管理有限公司	侯新娟
45	上海宝鼎物业管理有限公司	施 晖
46	上海宏华物业管理有限公司	赵洪文
47	上海洲建物业服务有限公司	李 琼
48	上海众联物业管理有限公司	陈 立
49	上海赛宝物业发展有限公司	曹渭铭
50	上海天伟物业管理有限公司	曹 耕
51	上海丛中笑物业管理有限公司	易光志
52	上海意利物业管理有限公司	郑桂宝
53	上海奥菲思房产经营管理有限公司	黄忠和

物业管理企业（二级资质）

编号	企业名称	法人
54	上海兆安物业管理有限公司	李学军
55	上海长宜物业管理有限公司	张　帆
56	上海耐嗣实业发展有限公司	谭为忠
57	上海晨昊物业管理有限公司	刘月琴
58	上海益镇物业管理有限公司	刘文洋
59	上海智强物业管理有限公司	成汝旗
60	上海仰宏物业管理有限公司	陈轶阳
61	上海博嘉物业管理有限公司	潘智峰
62	上海世茂物业服务有限公司	卓亚岚
63	上海沪东财富国际广场物业管理有限公司	贺　征
64	上海吉利物业管理有限公司	龚　华
65	上海信缘物业管理有限公司	朱小晶
66	上海和迅物业管理有限公司	杨锦塑
67	上海意晟物业管理有限公司	岳章旭
68	上海中乔物业管理有限公司	钟巧萍
69	上海东亚明华物业管理有限公司	徐　闯
70	上海晟新物业经营管理有限公司	沙贤捷
71	上海锋颖实业有限公司	陈　荣
72	上海沪杰物业管理有限公司	马孟杰
73	上海长风生态商务区物业经营管理有限公司	陈　敏
74	上海吾诚物业管理有限公司	陈锦兰
75	上海鑫遥物业经营管理有限公司	康文华
76	上海远基物业管理有限公司	武文勇
77	上海虞新物业管理有限公司	张　颖
78	上海奉缘物业服务有限公司	徐伟勇
79	上海铭杰物业管理有限公司	李　花
80	上海盛政物业管理有限公司	周学高
81	上海勤涛物业管理有限公司	朱　涛
82	上海跃盛物业管理有限公司	潘春飞
83	上海华晅投资管理有限公司	张　蔚
84	上海万正物业管理有限公司	杨志强
85	上海城升商用物业发展有限公司	黄　非
86	上海宝房(集团)大楼物业管理有限公司	沈国斌
87	上海奉房置业有限公司	夏　平
88	上海新寓物业管理有限公司	贺　亮
89	上海松茂物业管理有限公司	周明辉
90	上海上安物业管理有限公司	颜维新
91	上海惠乐物业有限公司	贾晓霞
92	上海华宇物业有限公司	张金兴
93	上海纺原物业有限公司	李红兵
94	上海瑞福物业有限公司	丁勤发
95	上海浦东东龙物业有限公司	盛龙德
96	上海航新物业管理有限公司	陈素珍
97	上海青浦第一物业管理有限公司	石坤华
98	上海申舟物业有限公司	顾继海
99	上海彩虹房屋物业管理有限公司	陈建彬
100	上海民盈城投物业管理有限公司	刘原君
101	上海万群物业管理有限公司	黄竟成
102	上海申松物业管理有限公司	张　华
103	上海能宝物业有限责任公司	张建中
104	上海中凯物业有限公司	叶荣强
105	上海磊成物业管理有限公司	高品良

物业管理企业（二级资质）

编号	企业名称	法人
106	上海绿岛物业发展有限公司	徐文渊
107	上海欣城物业有限公司	季　俊
108	上海兴虹物业管理有限公司	徐永康
109	上海北城物业有限公司	沈　峥
110	上海东昱物业管理有限公司	林海清
111	上海茸盛物业管理有限公司	费永兴
112	上海南汇惠房物业管理有限公司	姚龙飞
113	上海安华物业管理有限公司	刘　斌
114	上海高境物业管理有限公司	路治华
115	上海申厦物业有限公司	谈正懿
116	上海保集物业管理有限公司	邬美君
117	上海环连物业管理有限公司	俞建荣
118	上海北外滩物业管理有限公司	刘水淋
119	上海万涓物业有限公司	张团胜
120	上海瀛通物业管理有限公司	陈伟峰
121	上海宝月物业管理有限公司	文华国
122	上海纪联物业管理有限公司	潘丽华
123	上海永福物业有限公司	俞晓洁
124	上海爱建物业管理有限公司	万雯娟
125	上海泰发物业管理有限公司	宋丽萍
126	上海锦南物业经营有限公司	余建国
127	上海北安物业管理有限公司	刘学金
128	上海安得物业管理有限公司	黄振荣
129	上海申华物业有限公司	张宝林
130	上海友全物业管理有限公司	童　琳
131	上海中西物业管理有限公司	张明亮
132	上海民德物业管理有限公司	王永林
133	上海瑞业物业管理有限公司	崔明军
134	港力物业管理（上海）有限公司	李成伟
135	上海国光物业管理有限责任公司	韩　瑾
136	上海杨行物业管理有限公司	顾七妹
137	上海宝嘉物业管理有限公司	王惠国
138	上海华园物业管理有限公司	乐晖晔
139	上海高建物业有限公司	余丽敏
140	上海营巢物业管理有限公司	王丹花
141	上海掌心物业管理有限公司	丁跃峰
142	上海民强物业管理有限公司	杨　春
143	上海汇银物业管理有限公司	杨文新
144	上海欣源物业管理有限公司	张　燕
145	上海现代金晨物业管理有限公司	陈　伟
146	上海兴城物业有限公司	汤锡渊
147	上海海尚物业管理有限公司	程　栋
148	上海东莲物业管理有限公司	顾桂兴
149	上海三杨物业公司	奚顺利
150	上海爱德华物业管理有限公司	童志群
151	上海建跃物业管理有限公司	施　晶
152	上海丹意物业管理有限公司	张龙标
153	上海万庄物业管理有限公司	李证君
154	上海吴泾物业管理有限公司	华泵明
155	上海见畅物业有限公司	夏灵机
156	上海合众企业发展有限公司	周金妙
157	上海强丰物业管理有限公司	吴连强
158	上海高桥石化物业管理有限公司	徐志刚

物业管理企业（二级资质）

编号	企业名称	法人
159	上海安必盛物业管理有限公司	俞世杰
160	上海宏苑物业管理经营有限公司	王培华
161	上海永平置业有限公司	韩　军
162	上海轩宇物业管理有限公司	朱正冕
163	上海新张江物业管理有限公司	张　雷
164	上海畅苑物业管理有限公司	缪金荣
165	上海锦江物业管理公司	蔡湧钧
166	上海开伦物业管理有限公司	李兴元
167	上海光大会展中心有限公司	朱慧民
168	上海凯基置业有限公司	陈远腾
169	上海玉星物业管理有限公司	周　明
170	上海南房集团物业管理有限公司	张纪明
171	上海中建物业管理有限公司	梅元鼎
172	上海银顺物业管理有限公司	丁彦伟
173	上海通翼物业有限公司	张华根
174	上海徐体物业管理有限公司	吴贤康
175	上海中青酒店物业管理有限公司	吴为圣
176	上海富锦物业管理有限公司	须福根
177	上海利马物业管理有限公司	傅正平
178	上海大柏树物业有限公司	黄培东
179	上海江湾物业管理有限公司	秦树华
180	上海顺达物业管理有限公司	李克非
181	上海广厦物业管理有限公司	章建平
182	上海虹叶物业管理有限公司	方　震
183	上海琮元物业管理有限公司	顾雨杰
184	上海华东房产物业有限公司	戴承康
185	上海中房物业管理有限公司	肖立荣
186	上海锦润物业管理有限公司	朱文俊
187	上海太实物业管理有限公司	陈铭刚
188	上海永开置业有限公司	董连云
189	上海永佳物业管理有限责任公司	卫永强
190	上海同科物业管理有限公司	沈田华
191	上海康旺物业有限公司	火　钧
192	上海新桃源物业管理有限公司	陈　粱
193	上海南汇团房物业管理有限公司	顾根龙
194	上海杨房物业管理有限公司	戴建东
195	上海宝房通河物业管理有限公司	曹锦根
196	上海世德物业管理有限公司	董雪春
197	上海长峰物业管理有限公司	童锦泉
198	上海同进物业服务有限公司	杨德林
199	上海嘉宝物业服务有限公司	邵　龙
200	上海浦华物业管理有限公司	吴世颖
201	上海春川物业服务有限公司	张春来
202	上海理家物业管理有限公司	孙志强
203	上海新贵盛物业管理有限公司	赵　炜
204	上海齐佳物业管理有限公司	吴光明
205	上海大华物业管理有限公司	高凤妹
206	上海天吉物业管理有限公司	俞爱明
207	上海千亿物业有限公司	沈　川
208	上海昌悦物业管理有限公司	王　维
209	上海现代时尚商业管理有限公司	高幸奇
210	家利物业管理（上海）有限公司	周伟淦
211	上海张江物业发展公司	顾国平

物业管理企业（二级资质）

编号	企业名称	法人
212	上海世江物业管理有限公司	方瑞康
213	上海孙林物业管理有限公司	吴孙林
214	上海浦东新区高桥物业发展公司	戈雅敏
215	上海浦东新区新川物业公司	马闻明
216	上海中慧物业管理有限公司	狄延银
217	上海东方物产物业管理有限公司	骆国芬
218	上海隆庆物业管理有限公司	马卫昌
219	上海久阳滨江酒店有限公司	李德伟
220	上海浦东利群物业有限公司	奚培鸿
221	上海中邦物业管理有限公司	卫　平
222	上海老西门物业管理有限公司	忻善康
223	上海爱家物业管理有限公司	薛　萍
224	上海长安物业管理有限公司	张永芳
225	上海仟宸置业发展有限公司	孙　辉
226	上海硕业物业管理有限公司	姚舟琦
227	上海银帆物业管理有限公司	胡　玮
228	上海宝矿钻石物业有限公司	徐玉梅
229	上海浦东新区花木物业公司	李爱明
230	上海伟发物业有限公司	张勤国
231	上海松开物业管理有限公司	潘菊华
232	中观物业管理（上海）有限公司	姚　郁
233	上海金桥物业有限公司	吴志明
234	上海捷森物业服务发展有限公司	潘文静
235	上海谷海物业管理有限公司	杨仓兵
236	上海广同物业有限公司	陆　昶
237	上海吉波物业管理有限公司	吴芝萍
238	上海美兰湖物业管理有限公司	冯达绮
239	上海盛宇物业经营服务有限公司	陈俊伟
240	上海格多物业管理有限公司	周克明
241	上海外高桥保税物流园区物业管理有限公司	邢廉弟
242	宏腾物业服务（上海）有限公司	MICHAEL DEVOY SU
243	上海先行信汇物业管理有限公司	陈鑫德
244	上海西房物业管理有限公司	毛妮娜
245	上海华天物业管理有限公司	陈伟能
246	上海豪斯物业管理有限公司	牛建荣
247	上海文广物业管理有限公司	郑东海
248	上海古北房产租赁有限公司	徐跃明
249	上海国际汽车城物业管理有限公司	宋斌
250	上海乔爱物业管理有限公司	郭祖晃
251	上海南汇周房物业管理有限公司	汤德兴
252	上海启华物业管理有限公司	诸谨华
253	上海永恒物业管理有限公司	黄爱平
254	上海乾溪物业管理有限公司	张建兴
255	上海宝房友宜物业管理有限公司	顾爱林
256	上海欣康物业经营管理有限公司	朱明祥
257	上海奥林匹克物业管理有限公司	甘木荣
258	上海高博物业管理有限公司	王　巍
259	上海悦华物业管理有限公司	吴榹华
260	上海泰喜物业管理有限公司	陈　华
261	上海欣周物业管理有限公司	毛逸清
262	上海永南物业管理有限公司	黄　石
263	上海龙邸物业管理有限公司	周雪春
264	上海风华物业管理有限公司	沈明华

物业管理企业（二级资质）

编号	企业名称	法人
265	上海华城物业有限公司	刘晓莹
266	上海振鹊物业管理有限公司	陆添翼
267	上海豫园旅游商城物业管理有限公司	蒋建军
268	上海汇佳物业管理有限公司	郑来兴
269	上海浦东世纪花园物业管理有限公司	黄兆伟
270	上海美佳物业管理有限公司	许　盾
271	上海殷润物业管理有限公司	诸葛小梅
272	上海陆家嘴双乐物业管理有限公司	彭小林
273	上海锦茸物业管理有限公司	马立峰
274	上海国寿物业管理有限公司	钱新荣
275	上海洋泾物业公司	计　闯
276	上海锦驰物业管理有限公司	崔伟亮
277	上海良宇物业管理有限公司	王晓峰
278	上海轻工物业管理有限公司	季作林
279	上海瀛海三幸物业管理有限公司	于庆新
280	上海巨星物业有限公司	杨锡荣
281	上海英达方物业有限公司	邢荣华
282	上海电力物业管理有限公司	胡幸一
283	上海怡东物业管理有限公司	梁　兵
284	上海达安物业管理有限公司	马夏良
285	上海家宝物业管理有限公司	周湘理
286	上海房地集团物业服务有限公司	陈　仁
287	上海欣茂物业管理有限公司	倪云珠
288	上海阳厦物业管理有限公司	赵文伍
289	上海南汇新房物业管理有限公司	黄　健
290	上海实开物业管理有限公司	吕清远
291	上海安洁物业管理中心	彭冬其
292	上海硕雅物业管理发展有限公司	夏晓光
293	上海国顺物业管理有限公司	季晓峰
294	上海颐景园物业管理有限公司	缪岳忠
295	上海诚成物业管理有限公司	郭永富
296	上海新东慧物业管理有限公司	俞　卫
297	上海佳信物业管理有限公司	徐国良
298	上海菁泓实业有限公司	罗　强
299	上海保力皇都物业管理有限公司	李　琳
300	上海莘闵物业发展有限公司	水朕哲
301	上海实红物业管理有限公司	孙振富
302	上海爱仁物业有限公司	花爱民
303	上海锦日物业管理有限公司	毛利茂
304	上海精舍物业管理有限公司	张伟方
305	上海六角物业管理有限公司	郑书坦
306	上海中鑫物业管理有限公司	钮心体
307	上海中城集团物业公司	许建国
308	第一太平戴维斯物业顾问（上海）有限公司	ROBERT MCKELLAR
309	上海禾和物业管理有限公司	魏晓龙
310	上海同康物业管理有限公司	陆忠明
311	上海景鸿物业管理有限公司	张企龙
312	上海沙林物业管理有限公司	李伟佳
313	上海大众物业管理有限责任公司	张文华
314	上海海鸿福船物业管理有限公司	陆　伟
315	上海恒联物业有限公司	忻智发
316	上海上远物业管理有限公司	王世平
317	上海绿安物业管理发展有限公司	吴晓晖

物业管理企业（二级资质）

编号	企业名称	法人
318	上海虹康物业管理有限公司	金 亮
319	上海金晨物业经营管理有限公司	盛正廷
320	上海亚大物业发展有限公司	马永仪
321	上海驰骋物业管理有限公司	施嘉霖
322	上海绿洲物业管理有限公司	徐平康
323	上海新驰物业有限公司	张爱华
324	上海外经贸物业管理有限公司	张建新
325	上海诸翟物业管理有限公司	陆 成
326	上海真如物业有限公司	余舒浩
327	上海安居物业有限公司	刘 蒨
328	上海曹杨物业有限公司	陈建伟
329	上海科房物业管理有限公司	李东波
330	上海市工联物业公司	夏晓民
331	上海瑞运物业管理有限公司	孟明荣
332	上海天鸿尊逸物业管理有限公司	董 军
333	上海金辉物业有限公司	周 喆
334	上海住安物业管理有限公司	张美康
335	上海建纬置业发展有限公司	郭永富
336	上海新青浦物业管理有限公司	朱 强
337	戴德梁行房地产咨询（上海）有限公司	张国正
338	上海新城物业有限公司	沈 杰
339	上海申通物业管理有限公司	陈海涛
340	上海锦城物业管理有限公司	王芬芬
341	上海新纺物业经营管理有限公司	陆富荣
342	上海金明房地产物业管理有限公司	贺德文
343	上海中环陆家嘴物业管理有限公司	黄有训
344	上海燎原物业有限公司	王永庆
345	上海馨城物业管理有限公司	王建华
346	上海振新物业管理有限公司	陆建初
347	上海联讯物业管理有限公司	李建超
348	上海沪西物业有限公司	汤宝龙
349	上海建玮物业管理有限公司	葛克申
350	上海协沁物业管理有限公司	徐善庆
351	上海祥和物业管理有限公司	何芝恒
352	上海华谊集团置业有限公司	章志德
353	上海新新物业管理有限公司	周永强
354	上海中山物业有限公司	赵南祥
355	上海邮政物业管理有限公司	盛 伏
356	上海普陀物业有限公司	曹 青
357	上海东渡物业管理有限责任公司	茆春梅
358	上海华欣物业管理有限公司	刘代伟
359	上海遥瞻物业管理有限公司	朱 军
360	上海柏泽房地产咨询有限公司	应峻立
361	上海新秀物业管理有限公司	陈敏学
362	上海朴优仕物业管理有限公司	陈蔚伦
363	上海长升工程管理有限公司	陆士明
364	上海乐道物业管理有限公司	徐 军
365	上海申新虎城物业管理有限公司	赵德明
366	上海汉仁物业管理有限公司	朱汉仁
367	上海亭东物业管理有限公司	沈连兴
368	上海吉和物业管理服务有限公司	毛本和
369	上海凯晨物业管理有限公司	
370	上海车城物业管理有限公司	李思践

物业管理企业（二级资质）

编号	企业名称	法人
371	上海福聚商业经营管理有限公司	宋颖犁
372	上海人民企业集团物业管理有限公司	金沪敏
373	华基美信(上海)物业管理有限公司	陈学忠
374	上海新曹杨集团物业管理有限公司	王罗弟
375	上海天颐物业管理有限公司	姜节湧
376	上海国昕物业管理有限公司	包建国
377	上海翔禧物业管理有限公司	王 婷
378	上海陆家嘴贝思特物业管理有限公司	毕海琳
379	上海外滩物业有限公司	肖兴涛
380	远雄物业（上海）有限公司	李至春
381	上海警虹物业管理有限公司	应惠敏
382	上海良友物业管理有限公司	沈国辉
383	交银企业管理服务（上海）有限公司	周笑雷
384	上海海港新城物业服务有限公司	徐 忠
385	申杰环境发展（上海）有限公司	陈 升
386	上海益健物业管理有限公司	庞 华
387	上海佳禹物业管理有限公司	谢忠云
388	上海诚信中宁物业管理有限公司	钱 润
389	上海景征物业管理有限公司	丁爱国
390	上海新盛元物业管理有限公司	孙爱民
391	南京朗诗物业管理有限公司上海分公司	田 明
392	上海路劲物业服务有限公司	吴晓林
393	广州星河湾物业管理服务有限公司上海分公司	霍淑芬
394	佳兆业物业管理（深圳）有限公司上海分公司	罗汉敦
395	上海锦宾物业管理有限公司	王惠超
396	上海金伟颐家物业管理有限公司	李 建
397	上海民逸物业管理有限公司	郭文斌
398	上海凯德置地物业管理有限公司	曾文星
399	上海绿洲中亿置业有限公司	陈卫东
400	上海安锐盟企业服务有限公司	刘伟
401	上海闵华物业管理有限公司	郑必春
402	五角场物业管理有限公司	
403	上海新长宁集团天山物业有限公司	李士华
404	上海新长宁集团新华物业有限公司	朱木深
405	上海虹桥临空经济园区物业管理有限公司	陆建峰
406	上海川北物业有限公司	
407	上海殷行物业管理有限公司	魏均平
408	上海汇虹物业管理有限公司	顾维彬
409	上海海顿物业管理有限公司	王志康
410	上海新长宁集团华阳物业有限公司	刘成砖
411	上海新长宁集团大楼物业有限公司	柏左安
412	上海新长宁集团新程物业有限公司	张治钧
413	上海方达物业经营公司	
414	上海长风物业有限公司	贾祖亮
415	上海永乐物业有限责任公司	吴剑嵘
416	上海新长宁集团遵义物业有限公司	胡文虎
417	上海闵碧物业管理有限公司	马传宝
418	上海吴安物业管理有限公司	曾 焱
419	上海徐房物业有限公司	张惠荣
420	上海至诚环境服务有限公司	凌永富
421	上海上工物业发展有限公司	梅喜连
422	上海地矿物业管理有限公司	许 锋
423	上海浚浦物业发展有限公司	卞政明

物业管理企业（二级资质）

编号	企业名称	法人
424	上海大桥物业管理有限公司	陆松桥
425	上海莘旺物业管理有限公司	姜桂品
426	上海平凉物业管理有限公司	许国强
427	上海易达物业管理有限公司	瞿洪飞
428	上海邦龙物业管理有限公司	陈兆源
429	上海上钢物业公司	李庆荣
430	上海锦龙物业管理有限公司	许经锡
431	上海九海金狮物业管理有限公司	葛　静
432	上海海阳物业管理有限公司	徐　超
433	上海淮海商业集团置业发展有限公司	刘金红
434	上海朗泰医院后勤管理有限公司	李冠群
435	上海西潭子物业管理有限公司	
436	上海佳灵杰物业管理有限公司	夏守忠
437	上海地益物业管理有限公司	夏继秋
438	上海辰星物业管理中心	余新民
439	上海荣苍物业管理有限公司	
440	上海舜得物业管理有限公司	韩燕敏
441	上海城投置业管理有限公司	赵　勇
442	上海浦钦物业管理有限公司	刘家兴
443	上海东宁物业经营管理有限公司	吴粉强
444	上海华鑫物业管理顾问有限公司	朱大祁
445	上海建盛物业服务中心	
446	上海金加园物业管理有限公司	潘建中
447	上海伟康卫生后勤服务有限公司	袁文国
448	上海万达广场商业管理有限公司	李耀汉
449	上海文通物业有限公司	陆文达
450	上海胜百电力物业管理有限公司	
451	上海中融物业管理有限公司	
452	上海铭弘经济发展有限公司	张　鑫
453	上海申江怡德投资经营管理有限公司	曾　风
454	上海智仕物业管理有限公司	徐志平
455	上海朗悦酒店物业管理有限公司	任　佳
456	上海优联物业管理有限公司	施立新
457	凯德商用房产管理咨询（上海）有限公司	吴顺永
458	上海美通物业管理有限公司	郭晓旭
459	上海景冠物业管理有限公司	汪　华
460	上海五星浦江物业经营服务有限公司	
461	上海新诚物业管理有限公司	夏顺忠
462	上海振翔物业管理有限公司	郑胜明
463	上海威狮堡物业管理有限公司	丁中华
464	上海申华金融大厦有限公司	翟　锋
465	中外运上海集团物业发展有限公司	
466	上海金桃物业管理有限公司	张惠忠
467	上海新长征物业管理有限公司	王伟明
468	上海创环物业管理有限公司	谢吉华
469	上海置友物业管理有限公司	周　韧
470	上海化学工业区物业管理有限公司	杨延辉
471	上海房地大厦物业管理有限公司	蔡宽余
472	上海瑞强物业管理有限公司	何乃明
473	上海天为物业管理服务有限公司	赵永明
474	上海四平物业管理有限公司	陈益明
475	上海方正置业有限公司	朱　海
476	上海普陀大楼物业有限公司	张　亮

物业管理企业（二级资质）

编号	企业名称	法人
477	上海鼎高物业管理有限公司	顾新荣
478	上海银程物业管理有限公司	赵福元
479	上海欣赛物业管理服务有限公司	古　钦
480	上海欣达房产服务公司	
481	上海捷艾尔物业管理有限公司	谈晓冬
482	上海一百第一太平物业管理有限公司	张建华
483	上海华仕物业管理有限公司	郭　忠
484	上海辰展物业管理有限公司	朱　刚
485	上海爱生特商用物业管理有限公司	黄文华
486	上海荣广商务中心有限公司	胥荣庆
487	上海三凯物业经营管理有限公司	钟林富
488	上海共贺物业管理有限公司	黄　淳
489	上海临南物业经营管理有限公司	吴建明
490	上海同济物业管理有限公司	吴俊东
491	上海浦东新区潼港物业管理有限公司	孙惠强
492	上海爱心物业有限公司	丁锡林
493	上海广汇物业管理服务有限公司	金为贤
494	上海丽都苑物业管理有限公司	孔金林
495	上海华府天地物业管理有限公司	宋家妹
496	上海正昌物业管理有限公司	李正武
497	江苏辰星物业管理有限公司上海分公司	冯晨晨
498	上海银顶峰物业管理有限公司	顾泉源
499	上海圆外物业管理有限公司	颜黎敏
500	上海家佳物业有限公司	冯晨曦
501	上海证大物业管理有限公司	张　霞
502	上海浦东新区潍坊物业公司	朱彬伟
503	上海贝成物业管理有限公司	韩　良
504	上海伟莱物业有限公司	黄新华
505	上海勇博物业管理有限公司	姜　啸
506	上海恒豪基业物业服务有限公司	李胜平
507	上海正阳物业管理有限公司	邹建国
508	上海新金翔物业管理有限公司	张圣哲
509	上海绿宇物业管理有限公司	李海荣
510	金茂（上海）物业服务有限公司	丁建军
511	上海军盛物业管理有限公司	王　钧
512	上海丰柏物业管理有限公司	姚佳全
513	上海百特物业管理有限公司	周　翼
514	上海明新物业管理有限公司	王　芳
515	上海家必安物业管理有限公司	俞宏欢
516	上海枫宇物业管理有限公司	沈爱根
517	上海北方物业管理有限公司	薛在庭
518	上海春晖物业管理有限公司	沈晓弟
519	上海新东湖物业管理有限公司	李　风
520	上海百永物业管理有限公司	秦　秦
521	上海戴发物业管理有限公司	代宜学
522	上海悦聘物业管理有限公司	陆月美
523	上海浦东华沙物业有限公司	王文喜
524	上海同丰物业管理有限公司	黄云兰
525	上海世浩物业管理有限公司	钱小弟
526	上海中福联合物业管理有限公司	龚洪昌
527	上海振南物业公司	张永明
528	上海暄龙物业管理有限公司	石凤香
529	上海星跃物业管理有限公司	罗寒冰

物业管理企业（二级资质）

编号	企业名称	法人
530	上海悦佳物业管理有限公司	沈 峥
531	上海晟际物业管理有限公司	MUN HON PHENG
532	上海科箭物业服务有限公司	陈岳才
533	上海恒筑置业有限公司	刘宝全
534	上海凡根物业管理有限公司	申凡根
535	上海平浦物业管理有限公司	盛 洁
536	上海新电后勤服务有限公司	毛 霆
537	上海号众物业管理有限公司	陈当号
538	上海奕文物业管理有限公司	刘婷婷
539	上海家善物业管理有限公司	张屿钒
540	上海安邸物业管理有限公司	陈晓峰
541	上海舜苑华物业管理有限公司	李学军
542	上海豪家物业管理有限公司	陈 浪
543	上海新黄浦资产管理有限公司	冯 岚
544	上海联洋物业服务有限公司	姜三根

第二十三章 部分房地产经纪企业

编号	企业名称	交易套数	交易面积
1	上海中原物业代理有限公司	499	53813.72
2	上海汇成房产置换有限公司	266	1616.4
3	上海九间伴房地产经纪有限公司	263	18572
4	上海辉腾房地产经纪有限公司	246	17555.92
5	上海中原物业顾问有限公司	242	22912.46
6	上海住商房地产经纪有限公司	122	12801.04
7	上海康健房屋置换有限公司康健新村分公司	100	6369.74
8	上海远见房地产经纪有限公司	99	10700.66
9	上海福人居房地产经纪有限公司	93	9156.32
10	上海先原房地产经纪有限公司	93	9740.1
11	上海志远房地产经纪有限公司古北分公司	86	10823.3
12	上海中原物业顾问有限公司漕宝路分公司	75	8501.92
13	上海我爱我家房屋租赁置换有限公司大木桥路分公司	69	3927.18
14	上海金哲房地产经纪有限公司	63	5201.38
15	上海全程房地产经纪有限公司	61	5679.87
16	上海德佑房地产经纪有限公司	59	6684.1
17	上海晟曜资产管理有限公司	49	5548.53
18	上海合富置业顾问有限公司	46	4573.09
19	上海房屋交换有限公司黄浦业务二部	45	1967.92
20	美联物业顾问（上海）有限公司	45	5005.06
21	上海南宏房地产服务有限公司	42	3576.29
22	上海兴荣企业有限公司	32	4294.3
23	上海乐居房地产经纪有限公司	31	2374.28
24	上海安廷房地产经纪事务所	30	2196.17
25	上海美墅房地产经纪有限公司	28	4510.18
26	上海盛家房地产服务有限公司桂林西街分公司	26	1443.22
27	上海虹民房地产经纪有限公司	24	1401.03
28	上海聚光房地产经纪事务所	22	1218.38
29	上海星旺房地产经纪有限公司	22	1405.54

30	上海高陵房地产经纪事务所	21	1515.06
31	上海涌流房地产经纪事务所	21	1706.34
32	上海良友房屋销售有限公司第五十五分公司	20	1426.05
33	上海双宏房地产经纪服务部	20	1484.95
34	上海劲升房屋咨询有限公司	19	1108.42
35	上海信义房屋中介咨询有限公司	19	2559.93
36	上海越真房地产经纪事务所	19	875.66
37	上海三千石房地产经纪有限公司	19	3208.24
38	上海双缘房地产经纪服务部	19	1585.83
39	上海中大房地产经纪有限公司第二分公司	19	1449.39
40	上海松江觅巢房产经纪事务所	18	1408.11
41	上海如日房地产经纪事务所	18	1134.25
42	上海信丹房地产经纪有限公司	18	1305.13
43	上海神舟房地产咨询有限公司	18	1640.54
44	上海明盟房地产经纪事务所	18	1093.41
45	上海房屋交换有限公司黄浦业务一部	17	795.69
46	上海东鹰房地产经纪有限公司	17	1212.56
47	上海联安房地产经纪有限公司	16	2337.95
48	上海建阳房地产经纪有限公司	16	1096.04
49	上海利光房地产经纪事务所	16	1484.52
50	上海宝山房屋置换有限公司	15	843.51
51	上海枫林房地产经纪有限分司	15	1135.51
52	上海置怡房地产经纪有限公司桂林路分公司	15	946.6
53	上海日虹房地产经纪有限公司	14	1191.79
54	上海春豪房地产经纪事务所	14	847.39
55	上海托尼房地产经纪有限公司	13	1113.4
56	上海明明房产经纪有限公司田林东路分公司	13	670.93
57	上海立秦行房产经纪有限公司	13	1131.74
58	上海臣信房地产经纪有限公司	13	1556.37
59	上海水乡房产经纪事务所	13	1244.19
60	上海美和房地产咨询有限公司	13	789.18
61	上海仁智房屋置换有限公司	13	951.76
62	上海万忻房屋置换有限公司	12	649.91

63	上海盛家房地产服务有限公司	12	751.07
64	上海市立房地产置换有限公司	12	650.55
65	上海君都房地产经纪事务所	12	822.21
66	上海申馨房屋置换有限公司鹤庆置换部	12	676.52
67	上海居高房地产经纪事务所	12	815.22
68	上海祥天房地产经纪事务所	12	1207.84
69	上海祥福房地产经纪事务所	12	1002.97
70	上海承衡房地产经纪有限公司	12	980.59
71	上海吉杰房地产经纪有限公司第五分公司	12	649.52
72	上海都利房地产经纪事务所	12	1037.38
73	上海祥益房地产咨询有限公司	11	557.82
74	上海旺运房地产经纪有限公司	11	662
75	上海房屋置换股份有限公司	11	655.2
76	上海虹民房地产经纪有限公司茅台路分公司	11	472.66
77	上海虹民房地产经纪有限公司第六分公司	11	429.49
78	上海创林房地产经纪有限公司	11	607.46
79	上海辉腾房地产经纪有限公司延长中路分公司	11	731.76
80	上海景乐房地产经纪事务所	11	476.51
81	上海欧伦房产经纪事务所	10	574.71
82	上海天田房地产经纪有限公司	10	1806.38
83	上海招发房地产经纪服务部	10	834.68
84	上海金管家房产经纪有限公司	10	911.26
85	上海卫百辛房地产经纪有限公司	10	742.07
86	上海智迅房地产经纪有限公司	10	712.58
87	上海太平洋房屋服务有限公司	10	892.08
88	上海高乐房产经纪有限公司	10	499.58
89	上海吉伴房地产经纪服务部	10	723.35
90	上海恒祥房地产经纪有限公司	10	736.27

62	上海沪港房地产估价有限公司	一级	李军
63	上海东方房地产估价有限公司	二级	常宝君
64	上海上审房地产估价有限公司	二级	朱伟明
65	上海上咨资联房地产估价有限公司	二级	陆永喜
66	上海万隆房地产估价有限公司	一级	袁梅
67	上海万千房地产估价有限公司	一级	刘卫国